# ALTERAÇÕES CONTRATUAIS DURANTE A PANDEMIA COVID-19

O Laboratório Americano de Estudos Constitucionais Comparados - LAECC procura aprofundar as discussões temáticas comparativas entre os vários sistemas constitucionais americanos. O grupo desenvolve abordagens comparativas em 4 diferentes linhas, procurando cobrir todas as dimensões materiais do constitucionalismo e fomentar a produção científica nos diversos ramos do direito, sempre primando pela abordagem de abrangência interdisciplinar.

# ALTERAÇÕES CONTRATUAIS DURANTE A PANDEMIA COVID-19

*Coordenadores:*
**Amanda Terumi Souza Takata**
**Carlos José Cordeiro**
**Igor Costa Vieira**
**Thaís Onofre Caixeta de Freitas**

# ALTERAÇÕES CONTRATUAIS DURANTE A PANDEMIA COVID-19

**Coordenação** Amanda Terumi Souza Takata
Carlos José Cordeiro
Igor Costa Vieira
Thaís Onofre Caixeta de Freitas

**Capa** Equipe LAECC
**Projeto gráfico e diagramação** Equipe LAECC

**Laboratório Americano de Estudos Constitucionais Comparados**
CNPJ/MF nº 33.097.820/0001-00
Rua Johen Carneiro, 377, Uberlândia – MG
CEP 38.400-070
www.laecc.org.br

Dados Internacionais de Catalogação na Publicação (CIP)

A466 Alterações contratuais durante a pandemia Covid-19 / Amanda Terumi
2021 Souza Takata, Carlos José Cordeiro, Igor Costa Vieira, Thaís Onofre Caixeta de Freitas [Coordenadores]. Uberlândia: LAECC, 2021.
442 p.

Inclui bibliografia.
Obra coletiva. Vários autores.
ISBN: 978-65-88563-28-1

1. Direito Público. 2. Direito Privado. 3. Pandemia. I. Takata, Amanda Terumi Souza. II. Cordeiro, Carlos José. III. Vieira, Igor Costa. IV. Freitas, Thaís Onofre Caixeta de.

CDU: 340/CDD: 34:004.738.5

Catalogação na fonte

# Conselho Editorial

**Laboratório Americano de Estudos Constitucionais Comparados - LAECC**

http://laecc.org.br/conselho-editoria

Universitat de Barcelona - UB. Professor Titular na Faculdade de Filosofia da Universitat de Barcelona - UB.

### Ilton Norberto Robl Filho

Doutor e Mestre em Direito pela Universidade Federal do Paraná - UFPR. Professor Adjunto da Faculdade de Direito da UFPR e do Instituto Brasiliense de Direito Público - IDP. Diretor da Academia Brasileira de Direito Constitucional (ABDConst).

### José Carlos Remotti Carbonell

Doutor em Direito pela Universitat Autònoma de Barcelona - UAB. Professor da Universitat Autònoma de Barcelona - UAB.

### Luciana Oranges Cezarino

Pós-Doutora pelo Politécnico de Milão - POLIMI. Doutora pela Faculdade de Economia, Administração e Contabilidade da Universidade de São Paulo - FEA/USP. Professora da Universidade Federal de Uberlândia - UFU.

### Milla Alves Baffi

Pós-Doutora em Microbiologia de Alimentos pela Universidad de Castilla La Mancha - UCLM. Doutora em Genética e Bioquímica pela Universidade Federal de Uberlândia - UFU. Professora da Universidade Federal de Uberlândia - UFU.

### Moacir Henrique Júnior

Doutor em Direito e Ciência Política, Mestre em Criminologia e Sociologia Jurídico-Penal, ambos pela Universidade de Barcelona - UB. Professor da Universidade Estadual de Minas Gerais - UEMG.

### Paulo César Corrêa Borges

Pós-Doutor em Direito pela Universidade de Sevilla - US. Doutor e Mestre em Direito pela Universidade Estadual Paulista Júlio de Mesquita Filho - UNESP. Professor da Universidade Estadual Paulista Júlio de Mesquita Filho - UNESP Campus Franca.

### Paulo Roberto de Almeida

Doutor em História pela Pontifícia Universidade Católica de São Paulo - PUC/SP. Professor da Universidade Federal de Uberlândia - UFU.

### Renato César Cardoso

Pós-Doutor em Filosofia pela Universitat de Barcelona - UB. Doutor em Direito pela Universidade Federal de Minas Gerais - UFMG. Professor da Universidade Federal de Minas Gerais - UFMG.

### Ricardo Padovini Pleti Ferreira

Doutor e mestre em Direito Empresarial pela Universidade Federal de Minas Gerais - UFMG. Professor da Universidade Federal de Uberlândia - UFU.

### Rodrigo Vitorino Souza Alves

Doutoranto em Direito pela Universidade de Coimbra - UC. Mestre em Direito pela Universidade Federal de Uberlândia - UFU. Professor da Universidade Federal de Uberlândia - UFU.

### Saulo Pinto Coelho

Pós-Doutor pela Universitat de Barcelona - UB. Doutor em Direito pela Universidade Federal de Minas Gerais - UFMG. Professor da Universidade Federal de Goiás - UFG.

### Thiago Paluma

Doutor em Direito Internacional pela Universidad de Valencia. Professor da Universidade Federal de Uberlândia.

### Viviane Séllos-Knoerr

Pós-Doutora pela Universidade de Coimbra - UC. Doutora em Direito pela Pontifícia Universidade Católica de São Paulo - PUC/SP. Professora do Centro Universitário Curitiba - UniCURITIBA.

### Wellington Migliari

Doutor e Mestre em Direito Internacional Público pela Faculdade de Direito, Universitat de Barcelona - UB.

# APRESENTAÇÃO

A ideia da presente obra surgiu quando dos preparativos da disciplina Direito dos Contratos que lecionei, de modo remoto, no 2º semestre do ano 2021, para as duas turmas da graduação da Faculdade de Direito Prof. Jacy de Assis, da Universidade Federal de Uberlândia (UFU).

Em reunião mantida com os discentes da minha equipe: Thaís Onofre Caixeta, Amanda Terumi Souza Takata e Igor Costa Vieira, a primeira minha orientanda do mestrado da FADIR e que faria Estágio Docente em minha disciplina, e os outros dois, meus ex-alunos e monitores da disciplina, buscamos definir estratégias para o melhor aproveitamento didático do conteúdo da matéria. Importante destacar que a preocupação era grande, como de certa forma continua no momento desta apresentação, pelo fato de estarmos vivendo uma época de muitas incertezas e angústias, porém a exigência da dinâmica da vida impunha e impõe novos desafios e, com isso, novas perspectivas e comportamentos educacionais.

De fato, o ensino remoto, diferentemente do presencial e do Ead, exige uma mudança de paradigmas de todos os envolvidos, seja no comprometimento com o conteúdo programático, nas ferramentas tecnológicas ofertadas, nas técnicas didáticas utilizadas e na forma de avaliação. Por isso, foi tão importante a reunião a que me referi, pois pude perceber, a partir das considerações práticas dos integrantes da minha equipe, a apreensão e dificuldades que eles discentes estavam passando, o que não seria diferente com as minhas turmas naquele período.

Por isso, definimos estratégia que, além de oferecer o conteúdo programático da disciplina, instigasse os alunos a buscarem entender as Repercussões da Pandemia do Covid-19 no Direito dos Contratos, sobretudo pelo fato de que os efeitos nefastos da doença não seriam percebidos somente em certo momento da história da sociedade, mas que mudariam, sobremaneira, a própria forma de se ver a vida humana e, consequentemente, a de se interpretar as leis e os institutos jurídicos.

Assim, foi lançado o desafio, dentro do sistema avaliativo proposto, que os discentes elaborassem artigo científico relacionando os efeitos/implicações da Pandemia do Covid-19 em face das relações contratuais, sendo que os melhores trabalhos, caso realmente se apurasse qualidade, poderiam vir a compor obra coletiva na temática.

E foi exatamente isso que aconteceu! Para a minha surpresa e satisfação, os alunos conseguiram se aprofundar, para além de nossas aulas, em pesquisas dos mais variados temas, produzindo textos afora da capacidade que eu imaginava que teriam naquele momento de suas formações acadêmicas. Isso se deve muito ao fato da sintonia da equipe da disciplina e dos alunos, bem como do reconhecimento da importância do tema proposto e da pesquisa científica.

Foram selecionados 20 (vinte) artigos para compor a presente obra, com as mais variadas temáticas, cumprindo destacar os nomes dos autores-convidados: Carolina Barcelos Bontempo, Dara Célia Andrade Santos, Clara Fernandes Barbon, Laura Alesxandra Moraes Marques Andrade, Lorrane Evangelista de Oliveira, Raianny Oliveira Rosa, Jéssica Cristina Coutinho Dias, Ana Vitória Tannús Bernardes, Sérgio Nogueira Mendes, Isabela Soares Bicalho, Rúbia Rossato Ribeiro, Laura Borges de Resende, Sara Ferreira Cury, Cairo Gabriel Sousa Andrade, Enzo Bellini Machado, João Vitor Caligaris Bernadino, Laís Ribeiro Almeida Manna, Magale Lemos Paim, Paulo César Marques Júnior, Santhiago Gonçalves Cardoso, Gabriel Araújo Soncini, Gustavo Bueno de Araújo, Izabelle Deon de Melo, Vinícius Soares Oliveira de Sousa Gervásio, Yhago Alves Silva, Juliana Duarte Nunes, Natália Galvão Gonçalves, Daniel Urias Pereira Feitoza, Tatiana Cardoso Squeff, Lúcia Souza d'Aquino, Amanda Terumi Souza Takata e Igor Costa Vieira.

Entre os 20 (vinte) temas tratados, destaco que foram feitas abordagens pontuais sobre algumas especificidades de contratos de locação, de prestação de serviços educacionais, de academias de ginástica, de autoescola, de *call center*, de plano de saúde, eletrônicos, de seguro, de licitação, de emprego (empregadas domésticas), de passagens de empresas aéreas e do sistema de milhagem, além da análise do regime jurídico emergencial transitório, e dos postulados da imprevisibilidade, da boa-fé objetiva e do equilíbrio contratual, como também da autocomposição e do mercado de *shopstreaming*.

Destaco que as pesquisas empreendidas, além de outras matrizes de pesquisa, basearam-se em três fontes legislativas emergenciais que foram editadas no ano de 2020 para resolver/minimizar os problemas decorrentes da pandemia, quais sejam: a Lei nº 14.010/2020, a Lei nº 14.034/2020 e a Lei nº 14.046/2020.

A Lei nº 14.010/2020, que teve origem no Projeto de Lei 1.179/2020, dispõe sobre o Regime Jurídico Emergencial e Transitório das relações jurídicas de Direito Privado (RJET) no período do Coronavírus (Covid-19). A vigência da aplicação da lei, com caráter transitório, foi fixada entre 20 de março e 30 de outubro de 2020, imaginando-se que nesta última data os efeitos nefastos da pandemia já teriam cessado, o que acabou não ocorrendo e nem há previsão para ocorrer neste momento, considerando que "novas ondas" da pandemia vêm ocorrendo no mundo e a aspirada "vacinação em massa" ainda dá os seus primeiros passos.

De qualquer modo, o Regime Jurídico Emergencial e Transitório, em seus poucos artigos sancionados, trouxe impacto grandioso para o Direito Privado, como, por exemplo: impediu ou suspendeu os prazos de prescrição e de decadência entre a sua entrada em vigor - em 12 de junho e 30 de outubro; trouxe parâmetros para a revisão e extinção dos contratos; em prol da conservação dos contratos, trouxe critérios para a análise limitada e objetiva da imprevisibilidade; nas hipóteses de revisão, mesmo dos contratos e negócios submetidos ao CDC e a outras leis específicas, as execuções dos contratos não terão efeitos jurídicos retroativos ou ex tunc, mas apenas efeitos a partir de então ou ex nunc.

De sua vez, a Lei nº 14.034/2020 trouxe, para o sistema jurídico, normas emergenciais para a aviação civil brasileira, em razão da pandemia da Covid- 19, com o objetivo de também proteger as empresas do setor. Assim a mencionada lei trouxe, por exemplo, a previsão de reembolso do valor das passagens que foram canceladas em virtude da pandemia, no longo prazo de doze meses, contados da data do voo cancelado. Vale dizer que a Lei 14.034/2020 não tratou somente de temas legislativos transitórios, na medida em que fez incluir, como regras permanentes, alguns dispositivos no Código Brasileiro de Aeronáutica, a fim de exigir prova efetiva do dano moral, para os casos de má prestação de serviço no contrato de transporte, como também novas e específicas excludentes de responsabilidade civil contratual para o transporte aéreo.

Por fim, a Lei nº 14.046/2020, originária da Medida Provisória nº 948/20, dispõe sobre medidas emergenciais para atenuar os efeitos da crise decorrente da Covid-19 nos setores de turismo e de cultura. Aliás, a referida lei visa proteger as empresas dos referidos setores, equilibrando os seus interesses em relação aos direitos dos consumidores, como, por exemplo, na hipótese de adiamento ou de cancelamento de serviços, de reservas e de eventos, incluídos shows e espetáculos, em razão da pandemia.

Como se viu, rapidamente, a Pandemia do Covid-19 motivou a elaboração de uma legislação emergencial como acima apontado, o que trouxe muitos efeitos para o sistema jurídico, notadamente na seara contratual, o que dependerá, para a exata compreensão de sua extensão, de muita análise doutrinária e jurisprudencial. A partir de tal premissa, é inegável a contribuição dos estudos que compõem a presente obra, considerando que trazem a reflexão de todos os autores-convidados sobre as Repercussões da Pandemia do Covid-19 no Direito dos Contratos, o que, por certo, contribuirá como ponto de sinergia para o aprimoramento das discussões de temas tão relevantes para o Direito Privado.

Uberlândia, 25 de abril de 2021

*Carlos José Cordeiro*

Doutor e Mestre em Direito das Relações Sociais Pela Pontifícia Universidade Católica de São Paulo (PUC/SP). Professor Titular da Faculdade de Direito Prof. Jacy de Assis, da Universidade Federal de Uberlândia (UFU). Professor Permanente do Curso de Mestrado da Faculdade de Direito da UFU. Juiz de Direito do Tribunal de Justiça de Minas Gerais (TJMG)

# SOBRE OS AUTORES

*Coordenadores*

**AMANDA TERUMI SOUZA TAKATA**
Bacharelanda do curso de Direito da Universidade Federal de Uberlândia.
tterumitakata@gmail.com

**CARLOS JOSÉ CORDEIRO**
Doutor e Mestre em Direito das Relações Sociais pela Pontifícia Universidade Católica de São Paulo. Professor titular da Faculdade de Direito Prof. Jacy de Assis, da Universidade Federal de Uberlândia. Professor do quadro permanente da pós-graduação em Direito da Universidade Federal de Uberlândia. Juiz de Direito do Tribunal de Justiça de Minas Gerais. Endereço eletrônico: carlos.cordeiro@ufu.br

**IGOR COSTA VIEIRA**
Bacharelando do curso de Direito da Universidade Federal de Uberlândia.
igor.costav@ufu.br.

**THAÍS ONOFRE CAIXETA DE FREITAS**
Mestranda em Direitos e Garantias Fundamentais pela Universidade Federal de Uberlândia. Especialista em Direito público pela IEC PUC MINAS. Pós-graduada em direito imobiliário pela Faculdade Estácio de Sá. Graduada em Direito pela Faculdade ESAMC Uberlândia. Advogada. thais_onofre_caixeta@hotmail.com

*Autores*

**AMANDA TERUMI SOUZA TAKATA**
Bacharelanda do curso de Direito da Universidade Federal de Uberlândia.
tterumitakata@gmail.com

**ANA VITÓRIA TANNÚS BERNARDES**
Bacharelanda do curso de Direito da Universidade Federal de Uberlândia (UFU).
anavi.bernardes03@gmail.com

**CAIRO GABRIEL SOUSA ANDRADE**
Discente do curso de graduação em Direito da Faculdade "Prof. Jacy de Assis", da Universidade Federal de Uberlândia.
cairog.andrade@gmail.com

**CAROLINA BARCELOS BONTEMPO**
Bacharelanda do curso de Direito da Universidade Federal de Uberlândia (UFU).
carolinabontempo@yahoo.com

**CLARA FERNANDES BARBON**
Bacharelanda do curso de Direito da Universidade Federal de Uberlândia (UFU).
barbonclara@gmail.com.

**DANIEL URIAS PEREIRA FEITOZA**
Bacharelando do curso de Direito da Universidade Federal de Uberlândia. Pesquisador no Grupo de Estudos e Pesquisa em Direito Internacional (GEPDI-UFU).
http://lattes.cnpq.br/5374299256344083
danielurias31@gmail.com

**DARA CÉLIA ANDRADE SANTOS**
Graduanda do quarto período em Direito pela Universidade Federal de Uberlândia.
darandradesantos@yahoo.com.br

**ENZO BELLINI MACHADO**
Discente do curso de graduação em Direito da Faculdade "Prof. Jacy de Assis", da Universidade Federal de Uberlândia.
enzomachado@ymail.com

**GABRIEL ARAÚJO SONCINI**
Bacharelando em Direito na Universidade Federal de Uberlândia (UFU).
gabrielaraujosoncini@gmail.com

**GUSTAVO BUENO DE ARAÚJO**
Bacharelando em Direito na Universidade Federal de Uberlândia (UFU).
gustavo.bda@hotmail.com

**IGOR COSTA VIEIRA - Coordenador**
Bacharelando do curso de Direito da Universidade Federal de Uberlândia.
igor.costav@ufu.br.

**ISABELA SOARES BICALHO**
Bacharelanda em Direito pela Universidade Federal de Uberlândia (UFU). Estagiária do Centro de Análise da Liberdade e do Autoritarismo (LAUT).
Isabela.bicalho@yahoo.com.br

**IZABELLE DEON DE MELO**
Bacharelanda do curso de Direito da Universidade Federal de Uberlândia (UFU).
izabelle.melo@ufu.br

**JÉSSICA CRISTINA COUTINHO DIAS**
Bacharelanda do curso de Direito da Universidade Federal de Uberlândia (UFU).
jessica.coutinho@ufu.br

**JOÃO VITOR CALIGARIS BERNADINO**
Bacharelando do curso de Direito da Universidade Federal de Uberlândia.
caligaris_joao@hotmail.com

**JULIANA DUARTE NUNES**
Bacharelanda do curso de Direito da Universidade Federal de Uberlândia. Membro do Centro Brasileiro de Estudos em Direito e Religião.
julianaduarte677@gmail.com.

**LAÍS RIBEIRO ALMEIDA MANNA**
Bacharelanda do curso de Direito da Universidade Federal de Uberlândia (UFU).
Laismanna7@gmail.com

**LAURA ALESXANDRA MORAES MARQUES ANDRADE**
Bacharelanda do curso de Direito da Universidade Federal de Uberlândia (UFU).
lauragna15@gmail.com

**LAURA BORGES DE RESENDE**

Bacharelanda do curso de Direito da Universidade Federal de Uberlândia.
lauraborgesresende@gmail.com.

**LORRANE EVANGELISTA DE OLIVEIRA**
Graduada no curso Técnico em Agroindustria Integrado ao Ensino Médio pelo Instituto Federal do Norte de Minas Gerais/ IFNMG-Campus Salinas, atualmente Bacharelanda do curso de Direito da Universidade Federal de Uberlândia (UFU).
lorraneevangelistadeoliveira20@gmail.com

**LÚCIA SOUZA D'AQUINO**
Professora Substituta de Direito Civil na Universidade Federal da Grande Dourados. Doutora em Direito pela Universidade Federal do Rio Grande do Sul. Especialista em Direito Francês e Europeu dos Contratos pela Université de Savoie-Mont Blanc/UFRGS.
http://lattes.cnpq.br/5248033690404165.
https://orcid.org/0000-0002-0838-3566.
luciasdaquino@gmail.com

**MAGALE LEMOS PAIM**
Bacharelanda do curso de Direito da Universidade Federal de Uberlândia.
magalepaim@yahoo.com.br

**NATÁLIA GALVÃO GONÇALVES**
Bacharelanda do curso de Direito da Universidade Federal de Uberlândia.
nataliagalvao.juridico@gmail.com.

**PAULO CÉSAR MARQUES JÚNIOR**
Bacharelando em Direito na Universidade Federal de Uberlândia (UFU).
paulomarqq113@gmail.com

**RAIANNY OLIVEIRA ROSA**
Bacharelanda do curso de Direito da Universidade Federal de Uberlândia.
raiannyrosa6@gmail.com

**RÚBIA ROSSATO RIBEIRO**
Bacharelanda em Direito pela Universidade Federal de Uberlândia (UFU). Bolsista no Programa de Educação Tutorial (PET) do curso de Direito da UFU.

rubiarossato@outlook.com

SANTHIAGO GONÇALVES CARDOSO
Bacharelando em Direito na Universidade Federal de Uberlândia (UFU).
Email: santhiagogc1@gmail.com

SARA FERREIRA CURY
Bacharelanda do curso de Direito da Universidade Federal de Uberlândia.
sf.cury@gmail.com.

SÉRGIO NOGUEIRA MENDES
Bacharelando em Direito na Universidade Federal de Uberlândia. Curso de Introdução ao Direito das Políticas Públicas e introdução aos Direitos Humanos Digitais, ambos pela Fundação Getúlio Vargas.
sergionetomendes@gmail.com

TATIANA CARDOSO SQUEFF
Professora permanente da pós-graduação em Direito da Universidade Federal de Uberlândia, onde também atua como professora-adjunta de Direito Internacional na graduação. Doutora em Direito Internacional pela UFRGS, com sanduíche junto à University of Ottawa (Canadá) e Mestre em Direito Público pela Unisinos, bolsista CAPES.
Orcid n. 0000-0001-9912-9047.
tatiana.squeff@ufu.br

VINÍCIUS SOARES OLIVEIRA DE SOUSA GERVÁSIO
Mestre em Gestão Pública pela Universidade Federal de Uberlândia, graduado em Administração pela Universidade de Uberaba - MG e em Ciências Contábeis pela Universidade Federal de Uberlândia, atualmente Bacharelando do curso de Direito da Universidade Federal de Uberlândia. viniciussos@ufu.br

YHAGO ALVES SILVA
Bacharelando em Direito pela Universidade Federal de Uberlândia (UFU).
yhago.silva@ufu.br

# SUMÁRIO

# NOTAS SOBRE A (IM)POSSIBILIDADE DE RESOLUÇÃO DE CONTRATOS DE PLANO DE SAÚDE POR INADIMPLEMENTO DO CONSUMIDOR DURANTE A PANDEMIA DO COVID-19

# 1

**Igor Costa Vieira**

**Thaís Onofre Caixeta de Freitas**

## 1. Introdução

O estudo ora proposto tem por objeto de análise o entendimento adotado pelo ordenamento nacional, expresso por meio da jurisprudência dos tribunais pátrios e pela investigação teórica levada a efeito pela doutrina, a respeito da impossibilidade de resolução de contratos de plano de saúde em decorrência do inadimplemento por parte do beneficiário, contando como pano de fundo a pandemia do Covid-19 e os seus impactos econômicos.

A toda evidência, os consumidores de serviços médico-hospitalares, que contam com o resguardo que seus planos de saúde lhes oferecem, necessitam priorizar ou tras despesas, em razão do abalo à sua estabilidade financeira, ocasionando o aumento das taxas de inadimplemento, rendendo oportunidade à denunciação unilateral do contrato pelas operadoras. Entretanto, não são considerados, na esfera administrativa, os consectários legais de primazia da manutenção do vínculo negocial e de proteção ao consumidor, nem mesmo são observados os mecanismos de modulação e adequação do contrato ao contexto social.

Dessa forma, o presente estudo se faz necessário para que seja compreendida, de forma adequada, a inexistência de nexo de causalidade entre o ato, em tese, volitivo, consubstanciado pelo não pagamento da mensalidade devida, e o dano à integridade contratual. Além disso, é imperioso evidenciar a inviabilidade de imposição de sanção em face do consumidor pelo mencionado descumprimento.

Nesse passo, a fim de responder a problemática apresentada, primeiramente deverão ser abordadas as particularidades dos pactos de assistência suplementar à saúde, ressaltando a sua função social e os desdobramentos dela na esfera jurídica, identificando o seu esteio hermenêutico e apontando as fontes que auxiliam na sua composição. Adiante, necessita-se investigar quais os elementos interpretativos pertinentes, para, ao final, porfiar acerca do seu enquadramento nas causas de excludente de responsabilidade pelo inadimplemento contratual, tese esta defendida no Direito brasileiro por grande parte dos pesquisadores.

Em vista disso, para a realização do estudo ora proposto, utilizar-se-á da análise de disposições normativas existentes no sistema jurídico nacional, da avaliação crítica dos impactos jurídico-sociais da crise sanitária mundial e do estudo da erudição da literatura jurídica acerca do tema, sem prejuízo da interpretação crítica de todos os textos e julgados examinados.

Diante do exposto, espera-se, ao final deste ensaio, a construção de uma argumentação substancialmente suficiente para sustentar a tese de que a pandemia do coronavírus adequa-se à locução jurídica da "força maior", prevista pelo Código Civil, de forma a exonerar, em algum nível, o consumidor do plano de saúde, privilegiando a manutenção do contrato, por se tratar, eminentemente, de interesse público.

## 2. Noções acerca dos contratos de assistência suplementar à saúde

A Constituição Federal, dita cidadã, representa, em si mesma, o rompimento para com a inércia estatal em relação aos movimentos de progresso social, circunstância esta que influenciou sobremaneira em sua sistemática e conteúdo.

Repleta de garantias fundamentais e direitos sociais positivados, possui, no que tangencia o direito de acesso à saúde pública, uma previsão vanguardista, inserta em seu artigo 196, segundo o qual "a saúde é direito de todos e dever do Estado, garantido mediante políticas sociais e econômicas que visem à redução do risco de doença e de outros agravos e ao acesso universal igualitário às ações e serviços para sua promoção, proteção e recuperação"[1].

Com efeito, trata-se de consectário correlato a outros direitos fundamentais, como o direito à vida e a dignidade da pessoa humana, que extrapola a sua função individual para resguardar a própria ordem social democrática, *ex vi* do artigo 193[2], também do texto constitucional, sob a alcunha de "bem-estar" e "justiça social". E, a propósito, é essa a sua motivação fundante: prover aos cidadãos brasileiros a garantia indelével, qual seja, a vida, em sua plenitude.

O direito constitucional à saúde traz consigo duas prerrogativas, sendo uma negativa, consubstanciada pela exigência empreendida em face do Estado, para que este se abstenha da prática de atos considerados vilipendiosos no que pertine, notadamente, a saúde pública; e outra positiva, que, por sua vez, diz respeito à garantia de acesso a um sistema capaz de proporcionar uma rede de profissionais e insumos médicos, com o objetivo de prevenir, combater, erradicar, diagnosticar e tratar enfermidades diversas.[3]

A fim de providenciar o implemento desta última obrigação institucional, o texto da Constituição prevê a sistematização unificada de um programa nacional, porém descentralizado, de atendimento integral, comunitário e gratuito, que veio a se tornar, com o advento das Leis 8.080/90 e 8.142/90, o Sistema Único de Saúde (SUS) como o conhecemos hoje:

> Os contornos do novo modelo de atenção estão configurados nos princípios constitucionais da universalidade, equidade e integralidade da assistência. Tais elementos de natureza doutrinária apontam a construção de um sistema de saúde que reverta a lógica de provisão de ações e serviços, reorientando a tendência hegemônica da assistência médico-hospitalar, predominante no modelo anterior, e substituindo-a por um

1. BRASIL. Constituição (1988). Constituição da República Federativa do Brasil. Brasília, DF: Senado Federal, 1988.
2. Art. 193. "A ordem social tem como base o primado do trabalho, e como objetivo o bem-estar e a justiça sociais."
3. SILVA, José Afonso da. Curso de direito constitucional positivo. 20. ed. São Paulo: Malheiros Editores, 2002.

modelo de atenção orientado para a vigilância à saúde.[4]

Não obstante, é certo que a assistência à saúde não é monopólio do Estado[5], cabendo às empresas privadas que se dispuserem a atuar no ramo da saúde suplementar suprir determinadas deficiências que o setor público, por diversas razões, possua. E veja-se, aliás, que a contratação de planos de assistência à saúde, no Brasil, remonta aos anos de 1920 e 1930, não constituindo prática recente[6] ou vinculada a um evento jurídico-legislativo específico, senão à necessidade de arrefecer as consequências da ineficiência do Estado.

Mas, foi durante a década de 1990 que se observou a consolidação e, consequentemente, a expansão dessa vertente negocial, engendrada pelas restrições financeiras e pela precarização do sistema público de saúde[7], que levaram, mais uma vez, a classe trabalhadora a recorrer ao sistema privado para ver o seu direito fundamental de acesso à saúde efetivado. Assim, o Poder Público, que há muito furtava-se desta tarefa, foi instado a regulamentar, decisivamente, a prática das operadoras, o que se deu, em primeiro lugar, pela promulgação da Lei 9.656/98 e, posteriormente, com a criação da Agência Nacional de Saúde Suplementar (ANS).

A valer, a "Lei dos planos de saúde" (nº 9.656/98), redigida com ampla participação da comunidade interessada, a despeito da resistência apresentada pelas empresas especializadas, representa o marco regulatório fundamental da saúde privada[8], através do qual criou-se uma gama de proteção jurídica ao consumidor, visando à extirpação de abusividades dos pactos celebrados sob a sua égide. Referido ato legislativo importou no surgimento de novos direitos e obrigações para ambas as partes da respectiva relação contratual, dentre os quais destacam-se a vedação à exclusão de

---

4. MERCADANTE, O.A. (coord.) (2002). Evolução das políticas e do sistema de saúde. Capitulo 3. In: Caminhos da saúde pública no Brasil. Org.: Finkelman, J. Ed. FIOCRUZ, p. 250.
5. Art. 199, da Constituição Federal: "A assistência à saúde é livre à iniciativa privada."
6. GREGORI, Maria Stella. Planos de Saúde: a ótica da proteção do consumidor. 3ª ed. São Paulo: Revista dos Tribunais, 2011 (Biblioteca de Direito do Consumidor, v.31), p. 36.
7. Cf. SOUZA, Rodrigo M. L. de. O mercado de saúde suplementar no brasil: regulação e resultados econômicos dos planos privados de saúde. Tese (Doutorado em Políticas Públicas, Estratégias e Desenvolvimento) - Instituto de Economia, Universidade Federal do Rio de Janeiro. Rio de Janeiro, 2014, p. 99.
8. Ibidem, p. 148.

beneficiários em razão de sua idade, a proibição do estabelecimento prévio de um limite temporal de internação hospitalar e a regulamentação da validade de cláusulas de carência[9].

Sem prejuízo, a ANS, instituída pela Lei 9.961/00, tornou-se o órgão regulador oficial do setor de saúde privada, responsável por implementar uma fiscalização efetiva da atuação das empresas prestadoras de serviços concernentes à saúde, em detrimento daquela que, até então, era praticada, em que somente o seu desempenho econômico-financeiro era objeto de escrutínio por parte do Poder Público[10].

Em vista dessas considerações, é seguro afirmar que o ramo empresarial relacionado à contratação de planos de saúde difere de uma mera negociação comercial, na medida em que o seu objeto mediato é a concessão – eventual – de insumos necessários à manutenção e à recuperação da saúde do contratante. Dessarte, não se pode permitir que o caráter econômico da contratação se sobreponha ao dever de proteção ao bem jurídico que compõe a sua estrutura, de tal sorte que o conceito de contrato de plano de saúde engloba os serviços e produtos nele contidos[11], numa tentativa de desvincular a sua eficácia e aplicabilidade prática do aspecto patrimonial.

Segundo os ensinamentos complementares de Schulman[12], Moreira[13] e Figueiredo[14], a própria definição da dição "saúde suplementar" refere-se à assunção da obrigação de assistência à saúde por uma parte estranha ao eixo Estado-cidadão, ou seja, pela operadora de planos de saúde, cujo financiamento para manutenção das suas atividades deriva do beneficiário. Por consequência, o que atrai a aplicação das

---

9. SÁ, Renata C. Melo de. A problematização dos planos de saúde no Brasil. Trabalho de Conclusão de Curso (graduação em Direito) - Faculdade de Direito, Universidade Tiradentes. Aracaju, 2015, pp. 05-06.
10. MERCADANTE. Op. cit., pp. 284-285.
11. FERNANDES NETO, Antonio Joaquim. Plano de Saúde e Direito do Consumidor. Belo Horizonte: Del Rey, 2002, p. 130.
12. SCHULMAN, Gabriel. Planos de saúde: saúde e contrato na contemporaneidade. Rio de Janeiro: Renovar, 2009, pp. 201-203.
13. MOREIRA, M. R. M. O contrato de plano de saúde e sua função social. Revista da Faculdade de Direito, Universidade de São Paulo, [S. l.], v. 110, 2016, p. 258.
14. FIGUEIREDO, Leonardo Vizeu. Curso de direito de saúde suplementar. 2ª ed. Rio de Janeiro: Gen – Forense, 2012, pp. 97-98

normas de regime privado a esta relação não é a economicidade do negócio, mas sim a formação de um regime participativo.

Sobre este particular, ressalte-se, outrossim, ter sido superada a distinção temática entre as espécies contratuais primitivamente previstas pelo artigo 1º, inciso I, da Lei 9.656/98, quais sejam, "plano de saúde" e "seguro-saúde", uma vez que as alterações introduzidas pela Medida Provisória 2.177-44/01 aglutinou ambos os termos sob a locução "plano de assistência à saúde".[15].Em síntese:

> Os contratos de plano de saúde são aqueles em que a operadora do plano se obriga frente ao consumidor em cobrir os riscos de assistência à sua saúde, de forma que prestará serviços médicos hospitalares e/ou odontológicos ou reembolsará eventuais despesas do consumidor em casos de urgência. Em contrapartida, o consumidor possui a obrigação de pagar o valor contratado à prestadora.[16]

Adiante, relativamente à classificação dos contratos de saúde suplementar, estes podem ser ordenados como de adesão, pela regra da imutabilidade de suas cláusulas, sinalagmático e oneroso, diante da paridade entre a prestação (garantia de atendimento médico) e a contraprestação pecuniária, havendo, evidentemente, reciprocidade obrigacional. Em tempo, ele é aleatório, tendo em vista que a prestação depende de um evento futuro e incerto, isto é, a depreciação da saúde do contratante e, finalmente, formal, porquanto a legislação estabelece um protocolo específico a ser aplicável aos atos negociais desta natureza[17].

Não exaustivamente, inclui-se nesta rotulagem a qualidade de cativo de longa duração, porque espera-se que o trato seja duradouro, havendo comumente previsões, inclusive, no sentido de renovar automaticamente a sua eficácia a partir de um termo pré-estabelecido[18].

Isto posto, cumpre dizer que esses contratos possuem inúmeras outras particularidades, as quais, no entanto, são prescindíveis para este ensaio. Repise-se, mesmo

---

15. NUNES, Luiz Antonio Rizzato. Comentários à lei de plano privado de assistência à saúde. 2ª ed. São Paulo: Saraiva, 2000, p. 13.
16. MOREIRA, M. R. M. Op. cit., p. 263.
17. FERNANDES NETO, Antonio Joaquim. Op. cit., p. 128.
18. MARQUES, Claudia Lima. Contratos no Código de Defesa do Consumidor: o novo regime das relações contratuais. 6ª ed. São Paulo: Revista dos Tribunais, 2011, p. 522;

assim, que os pactos de assistência à saúde são expoentes sócio jurídicos do direito à vida e da dignidade da pessoa humana, além do que possuem nuances atreladas tanto ao Direito Constitucional quanto ao Direito Privado.

## 3. O Código de Defesa do Consumidor como vetor interpretativo dos contratos de plano de saúde

Em razão de suas peculiaridades, como exposto linhas acima, uma das controvérsias teóricas mais substanciais que envolve o contrato de assistência suplementar à saúde – e importante, também, para a discussão do objeto temático específico deste trabalho – é a medida de aplicação dos ditames consumeristas, consignados na Lei 8.078/90 (Código de Defesa do Consumidor), e das disposições da legislação específica, notadamente a Lei 9.656/98 (LPS).

Para compreender as nuances desta discussão, é preciso antever que, assim como se deu em relação ao direito à saúde, a Constituição atribui ao consumidor papel de destaque no ordenamento nacional, a ponto de incluir a sua defesa como princípio norteador da garantia da existência digna[19] e incumbir o legislador infraconstitucional, no Ato das Disposições Constitucionais Transitórias, a tarefa de regulamentar as relações consumeristas[20]. Surgiu, neste contexto, o Código de Defesa do Consumidor, tido como uma adaptação da legislação protecionista ao pós-modernismo constitucional[21].

À vista disso, defende-se que o CDC se qualificaria como um microssistema protecionista principiológico relacionado aos direitos de terceira geração ("*principe de fraternité*"[22]), ocupando, pois, lugar privilegiado no esquema piramidal de Hans

19. Art. 170. "A ordem econômica, fundada na valorização do trabalho humano e na livre iniciativa, tem por fim assegurar a todos existência digna, conforme os ditames da justiça social, observados os seguintes princípios: (...) V - defesa do consumidor; (...)"
20. Art. 48. "O Congresso Nacional, dentro de cento e vinte dias da promulgação da Constituição, elaborará código de defesa do consumidor."
21. NEVES, Daniel A. A.; TARTUCE, Flávio. Manual de direito do consumidor: direito material e processual. 6ª ed. São Paulo: Método, 2017, p. 19.
22. Em tradução livre: "princípio da fraternidade".

Kelsen[23], entre a Constituição e as normas ordinárias. Tal conclusão nos conduz à tese de que a legislação consumerista serve como esteio jurídico de formulação e aplicação de outras leis, na hipótese em testilha a LPS, fornecendo os princípios básicos e garantias fundamentais[24] que devem ser respeitados no ato de escrituração dos termos da avença celebrada entre a operadora e o beneficiário.

Por outro lado, tem-se, ainda, como elemento probatório da legitimidade de aplicação do CDC aos contratos de plano de saúde, o fato de que a relação jurídica estabelecida nesta espécie negocial se enquadra na estrutura da relação jurídica de consumo, senão vejamos.

Consideram-se como elementos da relação jurídica de consumo a existência de um vínculo contratual que enseje na delegação de atribuições a ambas as partes contratantes, que figuram, mesmo que concomitantemente, como credoras e devedoras de um produto ou serviço[25]. Além disso, de acordo com os ensinamentos da melhor doutrina, toda esta dinâmica deve estar regulamentada pelo ordenamento[26], a fim de conferir-lhe legalidade e segurança jurídica.

Neste espeque, ao se inspecionar o liame composto pelo beneficiário e empresa especializada de assistência à saúde, é de fácil depreensão que o primeiro se encarrega do pagamento de um determinado valor, previamente acertado, enquanto a última fica responsável pelo custeio eventual de procedimentos, medicamentos e insumos variados que o contratante precise, a fim de restabelecer sua saúde, em caso de necessidade. A toda evidência, as respectivas obrigações são constituídas por meio de um negócio jurídico – em *stricto sensu* –regido pela Lei 9.656/98, que em seu corpo, aliás, menciona, expressamente, que os planos privados de assistência à saúde materializam-se pela prestação continuada de serviços (inteligência do artigo 1º, inciso I, da Lei 9.656/98[27]).

---

23. Cf. KELSEN, Hans. Teoria pura do Direito. 8ª ed. São Paulo: Martins Fontes, 2009.
24. NERY JR., Nelson; NERY, Rosa Maria de Andrade. Código Civil Anotado. 2ª ed. São Paulo: RT, 2003, p. 906.
25. NEVES, Daniel A. A.; TARTUCE, Flávio. Op. cit., pp. 54 et seq.
26. DINIZ, Maria Helena. Compêndio de introdução à ciência do Direito. 21ª ed. São Paulo: Saraiva, 2010, p. 515.
27. Art. 1o "Submetem-se às disposições desta Lei as pessoas jurídicas de direito privado que operam

A valer, a figura dos contratantes amolda-se àquelas tipicamente definidas pelo CDC, em seus artigos 2º e 3º, *caput*, assim como o objeto prestacional equivale ao definido pelo artigo 3º, §2º, também do digesto consumerista. Confira-se a transcrição dos dispositivos mencionados:

> Art. 2° Consumidor é toda pessoa física ou jurídica que adquire ou utiliza produto ou serviço como destinatário final.
>
> Parágrafo único. Equipara-se a consumidor a coletividade de pessoas, ainda que indetermináveis, que haja intervindo nas relações de consumo.
>
> Art. 3° Fornecedor é toda pessoa física ou jurídica, pública ou privada, nacional ou estrangeira, bem como os entes despersonalizados, que desenvolvem atividade de produção, montagem, criação, construção, transformação, importação, exportação, distribuição ou comercialização de produtos ou prestação de serviços.
>
> (...)
>
> § 2° Serviço é qualquer atividade fornecida no mercado de consumo, mediante remuneração, inclusive as de natureza bancária, financeira, de crédito e securitária, salvo as decorrentes das relações de caráter trabalhista.[28]

Havendo, dessa forma, a cumulação de elementos da formação da relação de consumo, trata-se, evidentemente, de hipótese de aplicação do CDC, como pacificado pelo Superior Tribunal de Justiça (STJ), cujo enunciado da Súmula nº 608 pretexta: "Aplica-se o Código de Defesa do Consumidor aos contratos de plano de saúde, salvo

---

planos de assistência à saúde, sem prejuízo do cumprimento da legislação específica que rege a sua atividade, adotando-se, para fins de aplicação das normas aqui estabelecidas, as seguintes definições: I - Plano Privado de Assistência à Saúde: prestação continuada de serviços ou cobertura de custos assistenciais a preço pré ou pós estabelecido, por prazo indeterminado, com a finalidade de garantir, sem limite financeiro, a assistência à saúde, pela faculdade de acesso e atendimento por profissionais ou serviços de saúde, livremente escolhidos, integrantes ou não de rede credenciada, contratada ou referenciada, visando a assistência médica, hospitalar e odontológica, a ser paga integral ou parcialmente às expensas da operadora contratada, mediante reembolso ou pagamento direto ao prestador, por conta e ordem do consumidor; (...)"

28. BRASIL. Lei nº. 8.078, de 11 de setembro de 1990. Código de Defesa do Consumidor. Dispõe sobre a proteção do consumidor e dá outras providências.

os administrados por entidades de autogestão"[29-30].

Com efeito, é imperioso ressaltar que a aplicação do CDC aos contratos de plano de saúde não expurga a eficácia da legislação específica (Lei 9.656/98), mas, ao revés, a complementa[31], pois, a partir da Teoria do Diálogo das Fontes, a conexão entre fontes legislativas atribui ao ordenamento jurídico dinamicidade capaz de torná-lo, diante de um caso concreto, coerente e efetivamente justo[32], equilibrando a vontade das partes, os consectários legais e os princípios do Direito. A partir disso, especificamente no que diz respeito à revisão e resolução de contratos, tema deste estudo, podem as partes valerem-se de princípios de custódia de direitos, evitando a abusividade e o prejuízo de uma em favor de outra.

## 4. A pandemia e a resolução de contratos de plano de saúde

Aos 11 de março de 2020, a Organização Mundial da Saúde (OMS) declarou, pela primeira vez, que os surtos de síndrome respiratória aguda grave, ocasionadas pela contaminação pelo vírus "Sars-CoV-2" (coronavírus/Covid-19), poderiam ser considerados uma pandemia[33], termo este que se refere à disseminação global de um agente epidemiológico de alta transmissibilidade[34]. Desde então, a comunidade mundial observa a escalada do número de mortos e contaminados, enquanto a adoção de medidas de distanciamento social e biossegurança recrudescem-se a cada dia.

---

29. BRASIL. Superior Tribunal de Justiça. Súmula 608. Aplica-se o Código de Defesa do Consumidor aos contratos de plano de saúde, salvo os administrados por entidades de autogestão. Julgado em 11/04/2018. DJ 17/04/2018.
30. Consideram-se como "entidades de autogestão", para fins de aplicação desta Súmula, aquelas empresas especializadas em assistência suplementar à saúde que atuam sem finalidade lucrativa, possuindo como única função a administração dos planos de saúde de uma categoria específica de beneficiários.
31. Cf. MARQUES, Cláudia Lima. Op. cit., pp. 652-660.
32. BENJAMIN, Antônio Herman V.; MARQUES, Claudia Lima; BESSA, Leonardo Roscoe. Manual de Direito do Consumidor. 2ª ed. São Paulo: Revista dos Tribunais, 2009, pp. 89-90.
33. ORGANIZAÇÃO MUNDIAL DA SÁUDE. WHO Director-General's opening remarks at the media briefing on COVID-19. Genebra: OMS, 2020.
34. MORENS, David M.; FOLKERS, Gregory K.; FAUCI, Anthony S. What is a pandemic?. The Journal of Infectious Diseases, vol. 200, n. 07, 2009, p. 1.021.

Seguindo a marcha política do restante do planeta, o governo brasileiro, já em um cenário deveras crítico, promulgou a Lei 13.979/20, que assenta medidas de enfrentamento ao vírus, e, posteriormente, a Lei 14.010/20, que dispõe sobre o Regime Jurídico Emergencial e Transitório das relações jurídicas de Direito Privado (RJET) no período da pandemia do coronavírus. A propósito, notadamente quanto a esta última, destaca-se que o legislador buscou resguardar diversos aspectos da ordem civil, prevendo alterações desde a Parte Geral do Código Civil, até a de Sucessões, passando, por óbvio, pelos contratos[35].

De acordo com Gagliano e Oliveira[36], a Lei do RJET apresenta três diretrizes gerais, sendo elas: o estabelecimento de um marco temporal inicial – o dia 20 de março de 2020 –, a partir do qual surge uma presunção de prejudicialidade de negócios jurídicos em razão da pandemia; a ausência de alteração legislativa permanente, como forma de proporcionar, minimamente, segurança jurídica aos contratos; e a reafirmação de regras gerais do ordenamento, que poderiam, independentemente da pandemia, ajudar a resolver casos concretos trazidos ao Judiciário, em decorrência de inadimplemento relacionado a situações excepcionais. E, em que pese não tenha havido, por parte do legislador, menção direta a estas instruções, as mesmas são depreendidas por meio da interpretação sistemática do retro mencionado ato normativo.

Em seu corpo material, a Lei 14.010/20 traz duas disposições sobre a resilição, resolução e revisão de contratos, expressas nos artigos 6º e 7º, *in verbis*:

> Art. 6º As consequências decorrentes da pandemia do coronavírus (Covid-19) nas execuções dos contratos, incluídas as previstas no art. 393 do Código Civil, não terão efeitos jurídicos retroativos.
>
> Art. 7º Não se consideram fatos imprevisíveis, para os fins exclusivos dos arts. 317, 478, 479 e 480 do Código Civil, o aumento da inflação, a variação cambial, a desvalorização ou a substituição do padrão monetário.
>
> § 1º As regras sobre revisão contratual previstas na Lei nº 8.078, de 11 de setembro de 1990 (Código de Defesa do Consumidor), e na Lei nº 8.245, de 18 de outubro de 1991,

35. GAGLIANO, Pablo Estolze; OLIVEIRA, Carlos E. Elias de. Comentários à "Lei da Pandemia" (Lei nº 14.010, de 10 de junho de 2020 - RJET): análise detalhada das questões de Direito Civil e Direito Processual Civil. Revista Direito UNIFACS – Debate Virtual, vol. 241, 2020, passim.

36. Ibidem, pp. 05-06.

não se sujeitam ao disposto no caput deste artigo.

§ 2º Para os fins desta Lei, as normas de proteção ao consumidor não se aplicam às relações contratuais subordinadas ao Código Civil, incluindo aquelas estabelecidas exclusivamente entre empresas ou empresários.[37]

Muito bem. É fato que o ordenamento, antes mesmo da pandemia, contava com mecanismos de modulação de relações obrigacionais, cuja função precípua seria resguardar a função social do contrato, aplicando a boa-fé como elemento de revisão dos termos do pacto, por meio de institutos como o da força maior e do caso fortuito, e teorias da imprevisão e da onerosidade excessiva. Veja-se, neste sentido, que o legislador se aproveitou destas circunstâncias gerais de exoneração de responsabilidade, em conformidade com a terceira diretriz do RJET, alhures mencionada, para tentar minimizar os impactos da pandemia em face aos contratos, o que fica claro pela simples leitura dos dispositivos acima transcritos.

Nessa linha de entendimento, repise-se que o contrato de assistência suplementar à saúde possui importância colossal no plano jurídico, porquanto prevê uma garantia de acesso a insumos médicos variados, em caso de necessidade e impossibilidade de prestação por parte do Estado. Esse objeto torna-se ainda mais fundamental no cenário da pandemia, tendo em vista o aumento da porcentagem de ocupação de leitos hospitalares, nas alas de atendimento intensivo e enfermaria, e na quantidade limitada de recursos disponíveis. Dessarte, a manutenção dos vínculos contratuais desta natureza é de interesse público, pois se os cidadãos beneficiários de planos de saúde recorrem a nosocômios particulares, a aparelhagem pública será capaz de absorver uma parcela maior daquelas pessoas que não possuem condições de arcar com um tratamento privado.

Não obstante, a crise econômica que acompanhou a adversidade sanitária não só aumentou consideravelmente os índices de desemprego no país[38], como também levou diversos trabalhadores a aderirem à informalidade, a contratos de trabalho em

---

37. BRASIL. Lei nº 14.010, de 10 de junho de 2020. Dispõe sobre o Regime Jurídico Emergencial e Transitório das relações jurídicas de Direito Privado (RJET) no período da pandemia do coronavírus (Covid-19).

38. GERBELLI, Luiz Guilherme. Pico da crise do coronavírus deve ter 2,5 milhões a mais de desempregados no país, prevê Santander. 2020.

regimes diferenciados – como o temporário – e a acordos coletivos de redução de jornada (e de salário)[39]. Tudo isso contribui para a diminuição do poder aquisitivo das entidades familiares e, via reflexa, da capacidade de arcar com despesas de segunda relevância[40], como é o caso dos planos de saúde, ensejando o crescimento das taxas de inadimplemento contratual.

Sobre a hipótese de dissolução de contratos individuais em caso de inadimplemento culposo, a LPS estipula que o ato resolutório somente pode ser levado a efeito após o período de sessenta dias, consecutivos ou não, de não-pagamento de mensalidades, contados ao longo de doze meses, e após a notificação do consumidor, até o quinquagésimo dia de inadimplência[41], possibilitando a regularização do pagamento nos dez dias subsequentes.

Diante disso, a ANS, atenta à perniciosidade financeira da pandemia, negociou junto às operadoras um pacote de incentivos regulatórios, que incluem a retirada de exigência de ativos garantidores de Provisão de Eventos/Sinistros a Liquidar (PESL-SUS), a possibilidade de movimentação dos ativos garantidores em montante equivalente à Provisão de Eventos Ocorridos e Não Avisados (PEONA) e a redução da exigência da margem de solvência para 75%, também para as seguradoras especializadas em saúde e operadoras que não estão em fase de escalonamento; disponibilizando, assim, aproximadamente 15 bilhões de reais em capital e recursos financeiros ao mercado. Em contrapartida, a Agência exigiu das empresas aderentes a oferta de termos de renegociação de contratos e o comprometimento com a preservação da

39. Cf. COSTA, Simone da Silva. Pandemia e desemprego no Brasil. Revista de Administração Pública, Rio de Janeiro, vol. 54, n. 4, 2020, pp. 972-973.
40. Locomotiva Instituto de Pesquisa. Com isolamento, 58% dos brasileiros deixaram de pagar alguma dívida. São Paulo. 2020.
41. Art. 13. "Os contratos de produtos de que tratam o inciso I e o § 1o do art. 1o desta Lei têm renovação automática a partir do vencimento do prazo inicial de vigência, não cabendo a cobrança de taxas ou qualquer outro valor no ato da renovação. Parágrafo único. Os produtos de que trata o caput, contratados individualmente, terão vigência mínima de um ano, sendo vedadas: (...) II - a suspensão ou a rescisão unilateral do contrato, salvo por fraude ou não-pagamento da mensalidade por período superior a sessenta dias, consecutivos ou não, nos últimos doze meses de vigência do contrato, desde que o consumidor seja comprovadamente notificado até o quinquagésimo (sic) dia de inadimplência; (...)"

assistência aos beneficiários dos contratos individuais e familiares, coletivos por adesão e coletivos com menos de 30 beneficiários.[42]

Ademais, o Poder Judiciário tem exercido sensível influência na moderação de conflitos entre consumidores e operadoras, na medida em que, em grande parte das vezes, as súplicas administrativas de retomada do vínculo contratual após um período de inadimplência tornam-se demandas judiciais, colocando, então, o Estado-juiz, na condição de conciliador entre o interesse econômico das empresas e a necessidade dos beneficiários. Notabilize-se que, dessarte, sobretudo frente à incerteza das consequências das imposições legislativas ora aplicáveis, a jurisprudência se torna instância pavimentadora de uma nova "moldura legal da teoria geral do contrato"[43], calcada na "adoção definitiva de um mecanismo de renegociação contratual, bem como de uma maior gama de instrumentos de mitigação de sanções decorrentes do inadimplemento contratual em situações excepcionais"[44].

*Exempli gratia*, em decisão paradigmática, o Superior Tribunal de Justiça concedeu antecipação de tutela recursal, requerida nos autos do Recurso Especial de nº 1.840.428/SP, para determinar a retomada precária do vínculo contratual entre uma determinada operadora e dois consumidores, com fundamento – utilizado de forma comparativa – na excepcionalidade do contexto mundial e na necessidade de adoção de parâmetros jurídicos mais flexíveis. A decisão monocrática, proferida pela Ministra Maria Isabel Gallotti, preleciona, à letra:

> (...) a Organização Mundial de Saúde declarou a pandemia do Covid-19, o que ensejou edição de decreto de calamidade pública no Brasil desde o dia 20.3.2020, circunstância que também desaconselha a suspensão do contrato de plano de saúde dos requerentes no presente momento, especialmente em razão de contarem eles com mais de 60 anos idade (...), portanto, estarem incluídos no grupo de risco em caso de serem infecctados pelo vírus.

---

42. ANS flexibiliza uso de mais de R$ 15 bilhões em garantias financeiras e ativos garantidores. Agência Nacional de Saúde Suplementar, 2020.
43. ANDRADE, Fábio Siebeneichler de. O impacto da pandemia da COVID-19 para a teoria do contrato no Direito Civil brasileiro: uma oportunidade para um modelo solidarista de relação contratual?. Revista Brasileira de Direito Civil, Belo Horizonte, vol. 25, n. 03, 2020, p. 437.
44. Ibidem, loc. cit.

> Ressalto que, em decorrência dessa situação absolutamente peculiar vivenciada pela população brasileira (e do mundo), a Procuradoria-Geral da República consultou a Agência Nacional de Saúde Suplementar - ANS sobre as providências a serem adotadas para garantir 'a continuidade da prestação de serviços aos segurados que, porventura, percam as condições de manter o pagamento de suas mensalidades em dia durante esse período de calamidade pública' (Ofício 43/2020/AC/3CCR, fls. 330-331).
>
> Diante disso, ao que tudo indica, a agência reguladora decidiu recomendar às operadores de plano de saúde que não suspendam ou rescindam os contratos de planos de saúde de usuários inadimplentes há mais 60 dias (...). Dessa forma, com maior razão, deve ser mantido o contrato dos usuários que estão em dia com as mensalidades (hipótese dos autos).[45]

A decisão do tribunal superior, como esperado, irradiou aos colegiados estaduais, que passaram, daí, a adotar entendimentos semelhantes. O Tribunal de Justiça do Estado de São Paulo, a título ilustrativo, nos autos do Agravo de Instrumento de nº 2149620-57.2020.8.26.000, proferiu, recentemente, acórdão assim ementado:

> Agravo de instrumento. Ação de obrigação de fazer. Plano de Saúde. Deferimento do pedido de tutela provisória de urgência para que a operadora de plano de saúde mantenha o contrato durante o período da pandemia de COVID-19. Inconformismo. Descabimento. Presença dos requisitos para a concessão da tutela de urgência ao caso. A suspensão ou o cancelamento do plano de saúde por inadimplência durante a pandemia de COVID-19 pode, em tese, caracterizar prática abusiva. Observância da boa-fé objetiva, equilíbrio na relação de consumo e função social do contrato. Operadora de plano de saúde impedida de suspender ou rescindir o contrato com fundamento no inadimplemento do consumidor durante a pandemia de COVID-19. Decisão mantida. Agravo improvido.[46]

---

45. BRASIL. Superior Tribunal de Justiça. Tutela provisória no Recurso Especial 1.840.428/SP. Decisão monocrática. Recorrente: Rubens Comar; Margarida de Oliveira Comar. Recorrida: UNIMED São José do Rio Preto Cooperativa de Trabalho Médico LTDA. Relatora: Min. Maria Isabel Gallotti, 27 de março de 2020.
46. BRASIL. Tribunal de Justiça do Estado de São Paulo. Agravo de Instrumento de nº 149620-57.2020.8.26.0000. Agravante: Notre Dame Intermédica Saúde S.A. Agravada: Pommelo Producoes Artisticas e Eventos Ltda. Relator: Pedro de Alcântara da Silva Leme Filho, 10 de fevereiro de 2021.

Em suas razões, o relator, Desembargador Pedro de Alcântara da Silva Leme Filho, argumentou, em síntese, que a denunciação do contrato pelo inadimplemento neste contexto configura abusividade e violação aos preceitos de regência das relações contratuais e de consumo. Aduz, ainda, o julgador, que por se tratar de uma situação de extrema excepcionalidade, a pandemia do coronavírus deve ser interpretada sob uma perspectiva humanista, não para eximir o consumidor do pagamento da mensalidade, a qual o magistrado destaca que pode ser cobrada pelas vias adequadas, mas para impedir a sua penalização por desequilíbrios econômicos causados por fatos supervenientes, aos quais não tenha dado causa.

De mais a mais, o entendimento adotado pelos tribunais nacionais assenta-se na hipótese de compreensão da pandemia como causa excludente de responsabilidade da força maior[47], esta compreendida, em seu turno, como um evento inevitável, externo à relação contratual, pelo qual o consumidor não pode ser tido como responsável direto, e que enseja na inexecução involuntária de prestação diferida[48]. Trazida pelo artigo 393, do Código Civil,[49] a expressão pode ser definida, de forma mais concreta, como um "impedimento transitório de fato"[50], que ocasiona na perda da capacidade de arcar com uma determinada obrigação assumida perante terceiros.

A valer, a adequação fática é evidente. O surgimento do vírus e a sua disseminação ocorreram de forma natural, servindo o ser humano como transmissor biológico. As suas causas, de origem controversa, remontam, por óbvio, a um espectro de ingerência estranho à realidade de qualquer consumidor brasileiro que, por conta disso, aliás, viu-se impedido de honrar compromissos financeiros face à diminuição do poder aquisitivo da população em geral e da estagnação econômica evidenciada.

---

47. BERTONCELLO, Karen Rick Danilevicz; LIMA, Clarissa Costa de; MARQUES, Cláudia Lima. Exceção dilatória para os consumidores frente à Força maior da pandemia De COVID-19: pela urgente Aprovação do PL 3.515/2015 de atualização do CDC e por uma moratória aos consumidores. Revista de Direito do Consumidor, vol. 129, 2020, p. 53.
48. ANDRADE, Fábio Siebeneichler de. Op. cit., p. 437.
49. Art. 393. "O devedor não responde pelos prejuízos resultantes de caso fortuito ou força maior, se expressamente não se houver por eles responsabilizado. Parágrafo único. O caso fortuito ou de força maior verifica-se no fato necessário, cujos efeitos não era possível evitar ou impedir".
50. LARENZ, Karl. Derecho de obligaciones. Madrid: Editorial Revista de Derecho Privado, 1958, p. 343.

Independentemente disso, não se seguiu a implementação de alterações contratuais que oportunizassem condições diferenciadas de pagamento das mensalidades dos respectivos contratos de plano de saúde, não obstante a necessidade de manter-se vinculado a eles, já que, a qualquer momento, poderia ser preciso o seu acionamento para cobertura de custos, como a realização de testes de verificação de contaminação, internação hospitalar e utilização de aparelhagem médica.

Ora, é insofismável, pela própria natureza de uma pandemia, a presença da necessariedade e inevitabilidade necessárias à caracterização do instituto da força maior[51].

Resta superada, inclusive, com estes fundamentos, a corrente doutrinária que professa a inaplicabilidade das causas de excludente de responsabilidade do Código Civil nas relações regidas pela legislação consumerista[52]. A um, porque a já mencionada Teoria do Diálogo das Fontes institui o dever de conexão entre fontes legislativas, especialmente em momentos em que a complementação de uma norma com o objetivo de torna-la mais justa é necessária, não havendo qualquer impeditivo para que tal adjetivação se dê, também, em relação à verificação de responsabilidade; e a dois, pois o acontecimento inevitável, neste caso a pandemia e suas consequências econômicas, possui força suficiente para romper a relação de causalidade[53].

Bertoncello, Lima e Marques[54] afirmam, diante disso, que a pandemia, como causa de força maior, deve ser considerada para afastar a configuração da mora no inadimplemento de contratos em geral enquanto perdurar a crise sanitária, criando-se uma espécie de exceção dilatória em favor do consumidor:

> Nessa linha de entendimento, considerada a pandemia de COVID-19 como 'impedimento transitório de fato' para a configuração da mora, por força maior, parece impositiva a verificação da qualidade de exceção dilatória desempenhada pelo

51. Cf. PEREIRA, Caio Mario da Silva. Responsabilidade Civil. Rio de Janeiro: Forense, 1993, p. 302.
52. Ver, nesse sentido: LISBOA, Roberto Senise. Responsabilidade Civil nas Relações de Consumo. Revista dos Tribunais: São Paulo, 2001, pp. 270-271; e NASCIMENTO, Tupinambá Miguel Castro do. Responsabilidade Civil no Código do Consumidor. Rio de Janeiro: Aide, 1991, pp. 53-54.
53. SANSEVERINO, Paulo de Tarso Vieira. Responsabilidade civil no Código do Consumidor e a defesa do fornecedor. 2ª ed. São Paulo: Saraiva, 2007, p. 312.
54. BERTONCELLO; et al. Op. cit., passim.

> inadimplemento decorrente da pandemia, porquanto assegurada a existência da obrigação para cumprimento futuro, mas sem a incidência dos encargos da mora. Em outras palavras, a pandemia e o estado de emergência, que isolam pessoas doentes, idosos e consumidores em geral, é uma força maior que impede a mora. Como ensina Cristiano Zanetti, a mora é uma espécie de inadimplemento parcial, no modo e no tempo devido. Consideramos, porém, que a força maior impede que a mudança no 'tempo e no modo devido' seja considerada injusta ou mesmo seja definida como mora.[55]

A toda evidência, considera-se que, de um lado, a pessoa jurídica possui uma estrutura capaz de suportar, por algum tempo, ao menos, a crise econômica – sem prejuízo da adoção de medidas que visem ao arrefecimento do impacto por ela causado, como a permissibilidade de suspensão da cobertura de procedimentos eletivos –, enquanto, de outro, o consumidor transita entre a insegurança de ver a sua saúde desguarnecida e a necessidade de suprir suas obrigações de primeira urgência.

Em vista dessas considerações, pode se dizer que, não havendo ingerência do beneficiário contratante de plano de saúde no agravamento da pandemia que deu origem à situação de inadimplemento, não se justifica a resolução contratual operada pela empresa prestadora de serviços, tendo vista a inexistência de nexo de causalidade entre o fato gerador e o respectivo dano. Se concretizada a denunciação do contrato, constitui-se abusividade anulável por meio do manejo de ação judicial.

Há, neste caso, uma ponderação de princípios, em que a função social do contrato se alia à boa-fé, à supremacia da ordem pública e à presunção de vulnerabilidade do consumidor, para sobrepujar a intangibilidade contratual, afastando, assim como o faz a Lei 9.656/98, a estrutura do negócio jurídico da economicidade, e aproximando-a do bem jurídico tutelado, qual seja, a vida. Forma-se, portanto, uma superestrutura principiológica de salvaguarda do interesse social, que avoca a honestidade e a lealdade dos contratantes para privilegiar a utilidade pública do negócio jurídico, protegendo o consumidor vulnerável da reconhecida circunstância de força maior.

---

55. Ibidem, Op. cit., pp. 53-54.

## 5. Conclusão

Crise não esperada, a pandemia do Covid-19 demonstrou que adversidades sanitárias não estão restritas, apenas, à história da humanidade, mas, ao contrário, a busca pela sua prevenção deve fazer parte do cotidiano da sociedade, também por meio do estabelecimento de mecanismos no sistema jurídico capazes de absorver e solucionar, de forma eficaz, eventuais conflitos ensejados por situações de exceção. No Direito brasileiro – e na seara contratual –, atuam neste sentido as excludentes de responsabilidade de caso fortuito e força maior, previstas pelo artigo 393, do Código Civil.

Os contratos de assistência suplementar à saúde, em razão de sua função precípua (a preservação da vida), figuram, neste cenário, não como uma negociação qualquer, mas como institutos *per se*, cuja manutenção é de interesse coletivo. Dessa forma, tem-se como invariavelmente abusiva a denunciação do contrato pela operadora em caso de inadimplemento das prestações devidas pelo consumidor – se trata, de fato, de uma relação de consumo –, sobretudo porque o aviltamento da capacidade econômica do beneficiário deriva de um evento incontrolável e imprevisível, ao qual ele não deu causa.

Com efeito, é dever do Poder Judiciário zelar pela proteção da parte hipossuficiente da relação jurídico-contratual, aplicando a principiologia do ordenamento e os respectivos instrumentos de exoneração de responsabilidade pelo inadimplemento em seu favor, a fim de provisionar a manutenção do vínculo, ao menos enquanto perdurar a calamidade pública.

## Referências

ALMEIDA, Célia Maria de. (1998). O mercado privado de serviços de saúde no Brasil: panorama atual e tendências da assistência médica suplementar. IPEA. Texto para discussão n. 599.

ANDRADE, Fábio Siebeneichler de. O impacto da pandemia da COVID-19 para a teoria do contrato no Direito Civil brasileiro: uma oportunidade para um modelo solidarista de relação contratual? Revista Brasileira de Direito Civil, Belo Horizonte, vol. 25, n. 03, pp. 421-437, jul./set. 2020. Disponível em:

<https://rbdcivil.ibdcivil.org.br/rbdc/article/view/623>. Acesso em: 22 fev. 2021.

ANS flexibiliza uso de mais de R$ 15 bilhões em garantias financeiras e ativos garantidores. Agência Nacional de Saúde Suplementar, 2020. Disponível em: <http://www.ans.gov.br/aans/noticias-ans/coronavirus-covid-19/coronavirus-todas-as-noticias/5475-ans-flexibiliza-uso-de-mais-de-r-15-bilhoes-em-garantias-financeiras-e-ativos-garantidores>. Acesso em: 22 fev. 2021.

BENJAMIN, Antônio Herman V.; MARQUES, Claudia Lima; BESSA, Leonardo Roscoe. Manual de Direito do Consumidor. 2ª ed. São Paulo: Revista dos Tribunais, 2009.

BERTONCELLO, Karen Rick Danilevicz; LIMA, Clarissa Costa de; MARQUES, Cláudia Lima. Exceção dilatória para os consumidores frente à Força maior da pandemia de COVID-19: pela urgente Aprovação do PL 3.515/2015 de atualização do CDC e por uma moratória aos consumidores. Revista de Direito do Consumidor, vol. 129, pp. 47-71, 2020. Disponível em: <https://revistadedireitodoconsumidor.emnuvens.com.br/rdc/article/view/1312/1231>. Acesso em: 23 fev. 2021.

BRASIL. Constituição (1988). Constituição da República Federativa do Brasil. Brasília, DF: Senado Federal, 1988.

______. Lei nº 8.078, de 11 de setembro de 1990. Código de Defesa do Consumidor. Dispõe sobre a proteção do consumidor e dá outras providências. Disponível em: <http://www.planalto.gov.br/ccivil_03/Leis/L8078.htm>. Acesso em: 14 fev. 2021.

______. Lei nº 9.656, de 3 de junho de 1998. Dispõe sobre os planos e seguros privados de assistência à saúde. Disponível em:<http://www.planalto.gov.br/ccivil_03/leis/l9656.htm>. Acesso em: 09 fev. 2021.

______. Lei nº 10.406, de 10 de janeiro de 2002. Código Civil. Institui o Código Civil. Disponível em: <http://www.planalto.gov.br/ccivil_03/leis/2002/l10406compilada.htm>. Acesso em: 20 fev. 2021.

______. Lei nº 14.010, de 10 de junho de 2020. Dispõe sobre o Regime Jurídico Emergencial e Transitório das relações jurídicas de Direito Privado (RJET) no período da pandemia do coronavírus (Covid-19). Disponível em:

<http://www.planalto.gov.br/ccivil_03/_ato2019-2022/2020/lei/L14010.htm>. Acesso em: 17 fev. 2021.

______. Superior Tribunal de Justiça. Súmula 608. Aplica-se o Código de Defesa do Consumidor aos contratos de plano de saúde, salvo os administrados por entidades de autogestão. Julgado em 11/04/2018. DJ 17/04/2018. Disponível em: <https://www.stj.jus.br/internet_docs/biblioteca/clippinglegislacao/Sumula_608_2018_segunda_secao.pdf>. Acesso em: 18 fev. 2021.

______. Superior Tribunal de Justiça. Tutela provisória no Recurso Especial 1.840.428/SP. Decisão monocrática. Recorrente: Rubens Comar; Margarida de Oliveira Comar. Recorrida: UNIMED São José do Rio Preto Cooperativa de Trabalho Médico LTDA. Relatora: Min. Maria Isabel Gallotti, 27 de março de 2020. Disponível em: <https://processo.stj.jus.br/processo/revista/documento/mediado/?componente=MON&sequencial=108102567&tipo_documento=documento&num_registro=201902898922&data=20200331&tipo=0&formato=PDF>. Acesso em: 23 fev. 2021.

______. Tribunal de Justiça do Estado de São Paulo. Agravo de Instrumento de nº 149620-57.2020.8.26.0000. Agravante: Notre Dame Intermédica Saúde S.A. Agravada: Pommelo Producoes Artisticas e Eventos Ltda. Relator: Pedro de Alcântara da Silva Leme Filho, 10 de fevereiro de 2021. Disponível em: <https://esaj.tjsp.jus.br/pastadigital/abrirDocumentoEdt.do?origemDocumento=M&nuProcesso=2149620-57.2020.8.26.0000&cdProcesso=RI005XMU30000&cdForo=990&tpOrigem=2&flOrigem=S&nmAlias=SG5TJ&cdServico=190201&ticket=MX0UHU9QI3xhDMraFDVa7jbDmGLf%2FMwTyeWqRiDkbRiCy4IUZbNOKN4F0xYudKlvnYjqSnYZn%2FYfZcr9KisXkn01dlp92%2BGHI0iHgKWVoS2vkQg%2Fd2Uzp%2BGny%2BKR%2BYOwuTd5gBE17nK8ACfcvdctvpXYmzgLD2nf%2FCm2bOvazir4fCSM5MploZgtEePPcRLEbaXRURa2dwayOVyAm4yh%2BK69i6STN3aZLYkoZAdlbrslNQoWf%2BSkMiGU37ipFBOKUqZgRXiFaa7DI0yI7K5XXcb232VGqUoF3MfoNHH2IrVHLcJKNLPbTzQ%2BMSa9lsPfg%2Fj0ZXAZdWqtYXWXpCT29ns7FAWoLUD7k9TUZRv%2Bt8lNHxkZWvLNLFlqqDcl0xRxo04ZEVcwSkfH42cjGM01hQ%3D%3D>. Acesso em: 24 fev. 2021.

COSTA, Simone da Silva. Pandemia e desemprego no Brasil. Revista de Administração Pública, Rio de Janeiro, vol. 54, n. 4, pp. 969-978, 2020. Disponível em: <https://doi.org/10.1590/0034-761220200170>. Acesso em: 22 fev. 2021.

DINIZ, Maria Helena. Compêndio de introdução à ciência do Direito. 21ª ed. São Paulo: Saraiva, 2010.

FERNANDES NETO, Antonio Joaquim. Plano de Saúde e Direito do Consumidor. Belo Horizonte: Del Rey, 2002.

FIGUEREDO, Dannilo Ferreira; SANTOS, Thiago Silva. A teoria da imprevisão e a sua (in)aplicabilidade nos contratos aleatórios por natureza. Âmbito Jurídico. Setembro, 2019. Disponível em: <https://ambitojuridico.com.br/cadernos/direito-civil/a-teoria-da-imprevisao-e-a-sua-inaplicabilidade-nos-contratos-aleatorios-por-natureza>. Acesso em: 20 fev. 2021.

FIGUEIREDO, Leonardo Vizeu. Curso de direito de saúde suplementar. 2ª ed. Rio de Janeiro: Gen – Forense, 2012.

GAGLIANO, Pablo Estolze; OLIVEIRA, Carlos E. Elias de. Comentários à "Lei da Pandemia" (Lei nº 14.010, de 10 de junho de 2020 - RJET): análise detalhada das questões de Direito Civil e Direito Processual Civil. Revista Direito UNIFACS – Debate Virtual, vol. 241, pp. 01-24, 2020. Disponível em: <https://revistas.unifacs.br/index.php/redu/article/view/6793/4098>. Acesso em: 18 fev. 2021.

GERBELLI, Luiz Guilherme. Pico da crise do coronavírus deve ter 2,5 milhões a mais de desempregados no país, prevê Santander. Disponível em: https://g1.globo.com/economia/noticia/2020/04/06/pico-da-crise-do-coronavirus-deve-ter25-milhoes-a-mais-desempregados-no-pais-preve-santander.ghtml. Acesso em: 23 fev. 2021.

GREGORI, Maria Stella. Planos de Saúde: a ótica da proteção do consumidor. 3ª ed. São Paulo: Revista dos Tribunais, 2011 (Biblioteca de Direito do Consumidor, v.31).

KELSEN, Hans. Teoria pura do Direito. 8ª ed. São Paulo: Martins Fontes, 2009.

LARENZ, Karl. Derecho de obligaciones. Madri: Editorial Revista de Derecho Privado, 1958.

LISBOA, Roberto Senise. Responsabilidade Civil nas Relações de Consumo. Revista dos Tribunais: São Paulo, 2001.

Locomotiva Instituto de Pesquisa. Com isolamento, 58% dos brasileiros deixaram de pagar alguma dívida. São Paulo. 2020. Disponível em: <https://www.ilocomotiva.com.br/single-post/2020/04/22/ag%C3%AAncia-brasil-com-isolamento-58-dos-brasileiros-deixaram-de-pagar-alguma-d%C3%ADvida>. Acesso em: 22 fev. 2021.

MARQUES, Claudia Lima. Contratos no Código de Defesa do Consumidor: o novo regime das relações contratuais. 6ª ed. São Paulo: Revista dos Tribunais, 2011.

MERCADANTE, O.A. (coord.) (2002). Evolução das políticas e do sistema de saúde. Capitulo 3. In: Caminhos da saúde pública no Brasil. Org.: Finkelman, J. Ed. Fiocruz.

MOREIRA, M. R. M. O contrato de plano de saúde e sua função social. Revista da Faculdade de Direito, Universidade de São Paulo, vol. 110, pp. 251-276, 2016. Disponível em: <https://www.revistas.usp.br/rfdusp/article/view/115493>. Acesso em: 14 fev. 2021.

MORENS, David M.; FOLKERS, Gregory K.; FAUCI, Anthony S. What is a pandemic? The Journal of Infectious Diseases, vol. 200, n. 07, pp. 1.018-1.021, 2009. Disponível em: <https://doi.org/10.1086/644537>. Acesso em: 18 fev. 2021.

NASCIMENTO, Tupinambá Miguel Castro do. Responsabilidade Civil no Código do Consumidor. Rio de Janeiro: Aide, 1991.

NERY JR., Nelson; NERY, Rosa Maria de Andrade. Código Civil Anotado. 2ª ed. São Paulo: RT, 2003.

NEVES, Daniel A. A.; TARTUCE, Flávio. Manual de direito do consumidor: direito material e processual. 6ª ed. São Paulo: Método, 2017.

NUNES, Luiz Antonio Rizzato. Comentários à Lei de Plano Privado de Assistência à Saúde. 2ª ed. São Paulo: Saraiva, 2000.

ORGANIZAÇÃO MUNDIAL DA SAÚDE. Coronavirus. Tópicos de Saúde. Disponível em: <https://www.who.int/health-topics/coronavirus#tab=tab_1>. Acesso em: 15 fev. 2021.

______. WHO Director-General's opening remarks at the media briefing on COVID-19. Genebra: OMS, 2020. Disponível em: <https://www.who.int/dg/speeches/detail/who-director-general-s-opening-remarks-at-the-media-briefing-on-covid-19---11-march-2020>. Acesso em 18 fev. 2021.

PAIM, Jairnilson Silva. Sistema Único de Saúde (SUS) aos 30 anos. Revista Ciência & Saúde Coletiva, vol. 23, n. 06, pp. 1.723-1.728, 2018. Disponível em: <http://dx.doi.org/10.1590/1413-81232018236.09172018>. Acesso em: 04 fev. 2021.

PEREIRA, Caio Mario da Silva. Responsabilidade Civil. Rio de Janeiro: Forense, 1993.

SÁ, Renata C. Melo de. A problematização dos planos de saúde no Brasil. Trabalho de Conclusão de Curso (graduação em Direito) - Faculdade de Direito, Universidade Tiradentes. Aracaju, p. 25, 2015. Disponível em: <https://openrit.grupotiradentes.com/xmlui/bitstream/handle/set/1367/A%20Problematiza%C3%A7%C3%A3o%20do%20Plano%20de%20S%C3%A1ude.pdf?sequence=1>. Acesso em: 13 fev. 2021.

SANSEVERINO, Paulo de Tarso Vieira. Responsabilidade civil no Código do Consumidor e a defesa do fornecedor. 2ª ed. São Paulo: Saraiva, 2007.

SANTOS, Rafael Menguer Bykowski. A situação dos contratos diante da pandemia COVID-19. Anais do Congresso Brasileiro de Processo Coletivo e Cidadania, n. 8, p. 38-56, 14 dez. 2020. Disponível em: <https://revistas.unaerp.br/cbpcc/article/view/2058>. Acesso em: 20 fev. 2021.

SCHULMAN, Gabriel. Planos de saúde: saúde e contrato na contemporaneidade. Rio de Janeiro: Renovar, 2009.

SILVA, José Afonso da. Curso de direito constitucional positivo. 20. ed. São Paulo: Malheiros Editores, 2002.

SOUZA, Rodrigo M. L. de. O mercado de saúde suplementar no Brasil: regulação e resultados econômicos dos planos privados de saúde. Tese (Doutorado em Políticas Públicas, Estratégias e Desenvolvimento) - Instituto de Economia, Universidade Federal do Rio de Janeiro. Rio de Janeiro, p. 296, 2014. Disponível em: <https://www.ie.ufrj.br/images/IE/PPED/Teses/2014/RodrigoMendesLeal.pdf>.

Acesso em: 09 fev. 2021.

# *CALL CENTERS*: UMA ATIVIDADE ESSENCIAL NA PANDEMIA

# 2

**Sérgio Nogueira Mendes**

## 1. Introdução

No Brasil, o setor que envolve os *Call Centers* é um dos que mais empregam na atualidade, oferecendo uma gama de atividades que vão desde o simplório telefonema até o uso de *I.A.* (inteligência artificial) visando sempre proporcionar a melhor experiência para o usuário. Segundo dados empíricos, este setor, nos anos de 2018 e 2019, arrecadou mais de 50 bilhões de reais em cada ano. Segundo um levantamento do Ministério da Economia, que foi publicado pelo portal de notícias *G1*: "*os maiores empregadores formais do país são atualmente empresas de teleatendimento [...]*"[1]. Este levantamento, promovido em 2019, apresentou as 50 empresas com mais carteiras assinadas no Brasil, 8 das citadas são empresas que atuam no ramo do teleatendimento.

Com a decretação do *Estado de Calamidade Pública*, não pareceu nada indevida a escolha de elevar o setor de *Call Center* ao patamar de atividade essencial. Como dito pelo próprio Governador do Estado de São Paulo, João Dória: "*os setores de atendimento ao cliente por telefone (telemarketing e call center) serão muito demandados*

1. PORTAL G1: empresas de teleatendimento, alimentos e saúde lideram lista de maiores empregadores do país (por Darlan Alvarenga). Disponível em: < https://g1.globo.com/economia/concursos-e-emprego/noticia/2019/04/24/empresas-de-teleatendimento-alimentos-e-saude-lideram-lista-de-maiores-empregadores-do-pais-veja-ranking.ghtml > Acesso em: 08 dez. 2020.

*daqui para a frente*"[2]. Percebe-se que o escopo das atividades essenciais é formado, como o próprio termo já demonstra, por serviços que são de extrema importância para o funcionamento básico do país, assim como os setores de segurança, de saúde e de amparo aos consumidores e/ou aderentes à serviços, como é o caso das Centrais de Relacionamento com Cliente (*call centers*).

## 2. Por que uma atividade essencial?

Rotineiramente o *Call Center* é visto como um "*termômetro*" que proporciona a medição da experiência do usuário de determinado serviço, ou seja, visa manter uma boa imagem da organização ao passo que apresenta os remédios necessários para o problema erguido pelo cliente. Tudo o que engloba este setor pode ser resumido nos termos "*prestação de serviço & relacionamento com cliente*". Contudo, diante do período atual, as Centrais de Relacionamento com Cliente deixaram de ser uma mera ferramenta e tornaram-se aliadas ou, até mesmo, o principal meio de comunicação entre a empresa e seu cliente, ou, ainda, o único meio disponibilizado para que o usuário entre em contato para requerer um serviço/amparo que venha a necessitar neste cenário de crise sanitária. O *Call Center* encurtou de modo único a distância entre o fornecedor e seu consumidor diante das imposições legais e sanitárias aplicadas no combate à epidemia, fazendo com que mesmo num cenário de distanciamento social o contato e, principalmente, o auxílio aos usuários de determinados serviços continuasse a ser oferecido de maneira plena e necessária para o funcionamento de trâmites econômicos e da qualidade de vida dos cidadãos.

Diante da imposição do "*distanciamento social*" como uma manobra de combate à propagação do vírus, o *Call Center* tornou-se uma ferramenta de grande valia, pois, mesmo com a distância continuou razoavelmente possível o oferecimento do pleno auxílio e contato direto com os usuários. *Reynaldo Garcia*[3], em artigo publicado em

2. PORTAL DNK: call center é serviço essencial e não para durante a quarentena do COVID-19. Disponível em: < https://www.dnkinfotelecom.com.br/call-center-e-servico-essencial-durante-covid-19/ > Acesso em: 08 dez. 2020.
3. GARCIA, Reynaldo. Especialista em call center e televendas com mais de 20 anos de experiência na área de contact center. Disponível em: < https://blog.guiacontato.com.br/conheca-o-reynaldo-garcia/ >. Acesso em: 10 dez. 2020.

seu blog, denominado de *"A importância do call center em tempos de pandemia"*, reconheceu a contribuição do *Call Center* como uma atividade essencial, dizendo que:

> "Provavelmente ele nunca foi tão requisitado como em 2020 e reconhecido como estratégico para o crescimento de uma empresa. O call center sempre foi o responsável por gerar oportunidades, prestar serviços e, claro, manter uma boa imagem da empresa. Durante este período de pandemia não foi diferente. As empresas que ainda não utilizavam, passaram a aderir o serviço para melhorar a sua relação com os consumidores e gerar oportunidades de crescimentos. Entre as vantagens e importância de ter um call center em tempos de pandemia está a aproximação e, consequentemente, a fidelização do cliente e a melhoria de suporte."[4]

### 3. Um novo normal para os Call Centers

Mesmo sendo incorporado pela esfera de atividades essenciais, foi necessário que o setor observasse determinadas condutas de proteção aos seus trabalhadores para que este serviço essencial viesse a ser oferecido durante a pandemia, proporcionando não apenas uma qualidade no atendimento à vasta procura por seus serviços, mas, também, a qualidade na saúde de seus operadores frente às precauções impostas pelos *Órgãos Competentes.* Sabe-se que as Centrais de Relacionamento são na verdade grandes salas fechadas e protegidas por paredes e repartições, ocupadas por centenas de atendentes divididos em *P. A's* (pontos de atendimento), ou seja, centenas de mesas colocadas uma ao lado da outra, onde cada mesa é ocupada por um operador.

Logo, um ambiente fechado e com aglomeração de pessoas é tudo o que os *Órgãos Fiscalizadores* visavam impedir nesta crise epidêmica; ergueu-se, portanto, uma problemática para os *Call Centers* lidarem e conseguirem se adaptar, para somente assim estarem aptos a oferecerem sua atividade essencial. Tendo em vista este cenário, diversas figuras do Poder Público Federal e Estadual entraram em ação, como é o caso do, na época, *Secretário Estadual da Justiça, Família e Trabalho do Paraná, Ney*

4. BLOG DO REYNALDO: a importância do call center em tempos de pandemia. Disponível em: < https://blog.guiacontato.com.br/importancia-do-call-center-em-tempos-de-pandemia/ >. Acesso em: 10 dez. 2020.

*Leprevost*[5] que, além de expor uma resolução com orientações para este setor, também disse:

> "Os call centers foram tipificados como atividade essencial pelo governo federal, mas não vamos permitir que descumpram as regras que foram criadas para combater a pandemia de coronavírus e coloquem em risco a saúde dos trabalhadores."[6]

Igualmente aos demais setores econômicos e empregatícios, os *Call Centers* também foram duramente atingidos pelo momento epidêmico. Pode-se dizer que este foi o setor que obteve a maior flexibilização no exercício de suas funções típicas; ocasionou alterações significativas no manuseio do trabalho e na própria maneira de desempenhar este trabalho. Houve uma notória necessidade de adaptação para conseguirem resguardar a prevalência de empregos, contratos e entregas de serviços, ao passo que também se adequavam às imposições sanitárias de proteção à saúde.

O ponto fulcral neste desempenho foi a transição das estações de trabalho fixas para as estações de trabalho remotas, trazendo com isso uma nova experiência acompanhada de um novo método para promover de igual forma o trabalho que antes repousava na estrutura física da organização, o que, por si só, acarretou incalculáveis desafios técnicos, econômicos e jurídicos.

Apesar da mudança do layout operacional ter sido a grande "*dor de cabeça*" dos gestores destas Centrais de Relacionamento com Cliente, não foi, porém, a única ação revisional necessária para a continuidade do pleno atendimento. Para aquelas estações de trabalho que continuaram fixas, ou seja, que permaneceram dentro do ambiente físico da empresa, diversas imposições legais tiveram que ser seguidas e fiscalizadas pelos próprios gestores e/ou pelos encarregados desta função, além de também serem fiscalizadas pelos *Órgãos Competentes*, como o Ministério Público do Trabalho, que atuaram de modo exemplar na sindicância das condutas exigidas.

---

5. NETO, Ney Leprevost. É um jornalista, administrador e político brasileiro filiado ao Partido Social Democrático (PSD) – Secretário da Justiça, Família e Trabalho do Paraná (12/02/19 à 03/06/2020). Disponível em: < https://pt.wikipedia.org/wiki/Ney_Leprevost > Acesso em: 12 dez. 2020.
6. AGÊNCIA ESTADUAL DE NOTÍCIAS: governo alerta sobre riscos com funcionários de call centerDisponívelem:<http://www.aen.pr.gov.br/modules/noticias/article.php?storyid=106264&tit=Governo-alerta-sobre-riscoscom-funcionarios-de-call-center > Acesso em: 12 dez. 2020.

Dentre estas condutas pode-se destacar como as mais comuns para todas as Centrais de Teleatendimento:

- Disponibilização de álcool em gel, distribuídos estrategicamente em todo o local;
- Fornecimento periódico de máscaras faciais aprovadas pelos Órgãos Regulamentadores;
- Distanciamento social dentro do espaço de trabalho de 1,5 a 2 metros entre um Ponto de Atendimento e outro;
- Distanciamento social nos ambientes de uso comum, proibindo aglomerações e compartilhamento de determinados locais e objetos;
- Esterilização constante dos equipamentos necessários para o trabalho;
- Acompanhamento diário do bem estar dos operadores com instrumentos de medição da saúde em tempo real;
- Ações de conscientização e aplicação de sanções disciplinares aos transgressores;
- Afastamento/realocação de funcionários que pertencem aos grupos de risco.

Exemplificando ainda mais esta dinâmica reinventada para os *Call Centers* e, visando ações de enfrentamento à pandemia, o Estado de Minas Gerais através da Justiça do Trabalho, determinou uma redução a ser observada pelas empresas de telemarketing de 50% do seu quadro de funcionários em todos os turnos enquanto houver pandemia no país; aplicando multa em caso de descumprimento[7].

### 3.1. O trabalho remoto (*home office*)

Como dito anteriormente, a mudança das estações de trabalho fixas para as estações de trabalho remotas determinou o maior desafio imposto às Centrais de

---

7. PORTAL CUT (Central Única dos Trabalhadores – SP): justiça obriga empresas de telemarketing a adotar regras de proteção ao coronavírus (por Vanessa Ramos). Disponível em: < https://sp.cut.org.br/noticias/justica-obriga-empresas-de-telemarketing-a-adotar-regras-de-protecao-ao-coronavi-0482 > Acesso em: 10 dez. 2020.

Relacionamento com Cliente em face das imposições administrativas/legais para o combate ao vírus. O distanciamento social e o fechamento de vários setores empregatícios, ou, pelo menos, fechamento da estrutura física da empresa foi o ato motivador de adesão ao chamado "*Home Office*".

Sem escolhas, os gestores encaminharam centenas, ou, em alguns casos, milhares de operadores para o trabalho em casa, acarretando um serviço logístico pouco visto por muitos destes gestores em sua experiência de trabalho. As instalações de estações de trabalho dentro da residência de associados, além do fornecimento de equipamentos, cabeamentos e o próprio suporte a ser oferecido demandaram um esforço em conjunto de todos os envolvidos nesta "*dança*" indo desde o próprio operador, aderindo ao trabalho remoto, passando também pelos trâmites técnicos e administrativos de liberação no ambiente interno da empresa e a devida aprovação dos setores responsáveis, até a anuência dos clientes que contrataram os serviços de *Call Center* – fala-se "*clientes*" as empresas públicas/privadas que contratam os serviços de teleatendimento e fornecem dados para o trabalho, ou seja, estabelecem termos e condições para o contato do operador com seus clientes/usuários particulares.

É fácil perceber o nível da transformação mundial trazida pelos efeitos desta pandemia, não seria nenhum absurdo dizer que o mundo jamais será o mesmo após os acontecimentos de 2020. Da mesma forma que a sociedade, como um todo, se deparou com uma ríspida mudança comportamental, o trabalho em si também foi impulsionado a se reinventar. Na verdade, os novos conceitos e atitudes implementados "*do dia para a noite*" já vinham sendo apresentados como tendências futuras e ganhando cada vez mais notoriedade, onde, em decorrência do cenário atual, pode-se dizer que houve apenas uma adesão antecipada e forçada em larga escala e não mais de modo gradual como se imaginava. No portal do "*3CPlus*", que é um sistema de telefonia que oferece suporte e garantias para a alta performance em operações de vendas, cobranças e atendimento ao cliente, foi desenvolvido um artigo denominado de "*qual será o novo normal dos contact centers?*" que apresenta uma base do que foi conversado neste parágrafo, veja o recorte a seguir:

> "A COVID-19 transformou muitas realidades. Mudou a forma com que as pessoas se relacionam, compram e também como elas trabalham.
>
> Muitas dessas transformações vieram para ficar e vão deixar a sociedade marcada

profundamente pela pandemia. O que era normal antes da COVID-19, hoje se modificou, e coisas novas tomaram o seu lugar. O que estamos vivendo agora é o nascimento de um novo normal.

> E isso tudo não foi causado apenas pela pandemia. As mudanças já estavam no ar.
>
> A explosão do mundo digital já estava modificando o que vivemos como "normal" e a COVID-19 apenas levou algumas transformações ao extremo. E isso tudo pode ser visto muito claramente nos call centers.
>
> A transformação já vinha chegando, o perfil dos clientes mudou, acompanhando o crescimento da internet, que já estava ocupando um espaço cada vez maior. As pessoas foram parar em um mercado globalizado, acessando serviços, produtos e informações na tela do seu celular.
>
> Assim, a gestão de call center já vivia em um mundo digital e competitivo, com as tendências para call center mudando. A pandemia pode ser um marco da consolidação disso – da criação desse novo normal. E do entendimento de que agora é essencial se adaptar a ele."[8]

O mesmo artigo do "*3CPlus*" citado acima, no que tange ao *Home Office*, traz à luz uma breve exemplificação do que já ocorria antes da decretação do Estado de Calamidade Pública no Brasil, dizendo:

> "Esse tipo de trabalho remoto já vinha como uma tendência que crescia lentamente no país. Os dados mais recentes do IBGE, divulgados em 2019, mostravam que o Brasil já contava com 3,8 milhões de trabalhadores nesse regime.
>
> Essa tendência era acompanhada pelos call centers e a existência de *operadores em home office já era uma realidade.*
>
> No entanto, a pandemia de COVID-19 trouxe um cenário extremo em que muitas cidades entraram em quarentena forçada para evitar a propagação do vírus. Outras localidades tiveram recomendações de isolamento social.
>
> Com tudo isso, o home office se tornou uma das poucas formas para manter seu negócio funcionando durante a pandemia"[9]

---

8. PORTAL 3C PLUS: qual será o novo normal dos contact centers? Disponível em: < https://3cplusnow.com/o-novo-normal-dos-contact-centers/ >. Acesso em: 12 dez. 2020.
9. PORTAL 3C PLUS: qual será o novo normal dos contact centers? Disponível em: <

Porém, nem tudo é problema. Como é dito num jargão muito utilizado por Grupos Econômicos que incorporam o setor de *Call Center*: *"são novas possibilidades, são novas oportunidades"*. Um ponto economicamente positivo trazido pelo trabalho remoto, ou seja, pela atividade exercida em casa pelo trabalhador, confere no corte de gastos na estrutura física da organização, como:

- Economia do espaço físico; acabando com o limite geográfico
- Economia na utilização de energia elétrica
- Economia no uso de água e produtos de higiene pessoal
- Economia com alimentação ou vale alimentação
- Economia com transporte ou vale transporte

Existem diversas pesquisas que apresentam consideráveis porcentagens de operadores transferidos para o *Home Office* que passaram a perceber vantagens em sua qualidade de vida e otimização do tempo diante desta nova modalidade de trabalho, já que passaram a atuar em ambientes mais confortáveis, mais cômodos e sem o estresse do trajeto percorrido até o local físico. A tendência mundial de *"encurtar"* a distância do operador com seu trabalho, trazendo, em rasas palavras, o trabalho para dentro de casa, veio a calhar perfeitamente com o cenário momentâneo: da exigência de resguardo e distanciamento social; que, neste aspecto, dialogou bem com a necessidade econômica de manter um trabalho ativo, seguro e com plena remuneração.

Ademais, determinadas empresas e Grupos Corporativos já anunciaram a adesão definitiva ao *Home Office*, ou seja, seus empregados não retornarão para a estrutura física da organização. Em alguns casos isso se deu porque foi percebida uma excelente melhora na qualidade do trabalho entregue e no próprio engajamento dos funcionários transferidos paras as estações de trabalho remotas. Algumas empresas anunciaram que farão uma mesclagem entre dias de trabalho no ambiente interno da organização & dias de trabalho em casa, enquanto que outras trouxeram a intenção do trabalho remoto facultativo, onde ficará a cargo do funcionário aderir ou não à modalidade *Home Office*. Em matéria oferecida por *Diogo Antônio Rodriguez* no portal *"UOL economia"* é tratado deste assunto com diversas citações dos *CEO's* de

https://3cplusnow.com/o-novo-normal-dos-contact-centers/ >. Acesso em: 12 dez. 2020.

Grupos Corporativos, elucidando o assunto:

> “A percepção de "ganho de tempo" para a vida particular dos colaboradores também pesou na decisão de outras empresas. "Tivemos colaboradores que relataram uma melhoria na qualidade de vida. Por exemplo, perdiam três horas por dia no trânsito, e agora usam esse tempo para se exercitar", afirma Eliana Aguiar, gestora de Recursos Humanos da Dynatrace.”
>
> “Em algumas empresas, é possível que os funcionários jamais voltem a pisar em um escritório. Muitas delas já têm planos para manter o home office facultativo ou parcial mesmo após o fim da pandemia. Esse novo modelo também seria útil caso o país sofra uma nova onda de contágio[...]”
>
> “No Bmg, os colaboradores poderão escolher quantos dias querem trabalhar de casa e quantos no escritório. E as salas já estão sendo reformulados para essa função. "Queremos que [o ambiente] seja algo inovador, social, que seja realmente um atrativo para quem decidir estar na empresa fisicamente", afirma a CEO Ana Karina”[10]

Além disso, instituições bancárias, como: *Banco do Brasil, Bradesco, Itaú Unibanco* e *Santander* – instituições estas que também são clientes de *Call Centers* – aderiram ao *Home Office* quase que por completo, como demonstra a revista econômica “*Valor*”, em matéria publicada no seu portal de notícias[11]. Algumas operações de *Call Center* que foram transferidas para o trabalho remoto também estão aderindo à ideia de concretizar esta modalidade e “*abandonar*” a estrutura física da Central de Teleatendimento, como o caso da operadora de telefonia *TIM* que já divulgou a adesão em definitivo ao *Home Office*[12].

---

10. PORTAL UOL economia: por que empresas como Bmg e Roche decidiram não voltar ao escritório (por Diogo Antônio Rodriguez). Disponível em: < https://economia.uol.com.br/noticias/redacao/2020/09/25/por-que-empresas-como-bmg-e-roche-decidiram-nao-voltar-ao-escritorio.htm >. Acesso em 12 dez. 2020.
11. REVISTA VALOR: adotado “no susto”, home office será permanente nos bancos (por Talita Moreira e Barbara Bigarelli) Disponível em: < https://valor.globo.com/financas/noticia/2020/06/23/adotado-no-susto-home-office-sera-permanente-nos-bancos.ghtml >. Acesso em: 12 dez. 2020.
12. PORTAL UOL economia: Tim adota home office em definitivo para call center. Disponível em: < https://economia.uol.com.br/noticias/redacao/2020/11/30/tim-adota-home-office-em-definitivo-para-call-center.htm >. Acesso em 12 dez. 2020.

### 3.2. LGPD e o Call Center

A Lei nº 13.709/18, denominada de *Lei Geral de Proteção de Dados* e usualmente reconhecida pela sua sigla *LGPD*, ergue condutas protetivas a serem observadas pelas empresas que tratam dados pessoais de cidadãos, seja criando, recebendo ou manuseando estes dados, onde, os *Call Centers* são um dos alvos diretos da intenção criadora desta lei.

Através dela as empresas, ou, neste caso, o *Call Center*, deverá se debruçar por completo sobre determinadas condutas exigidas e que repousam sobre algumas noções gerais de segurança da informação, como as que são livremente divulgadas no sitio " https://www.lgpdbrasil.com.br/ ". Acompanhe algumas logo abaixo para conhecimento:

- Identificação dos dados, departamentos, meios, operadores internos e externos para a mensuração de exposição da empresa à LGPD;
- Tratamento de dados, como: coleta, controle e eliminação; mediante revisão e criação de documentos, como: contratos, termos e políticas; visando o uso interno e externo;
- Criação de banco de dados para controle dos pedidos dos titulares dos dados, como: acesso, confirmação, anonimização, consentimento e portabilidade;
- Atendimento à ANPD e demais órgãos do Sistema Nacional de Proteção do Consumidor;
- Adoção das medidas de segurança da informação aptas a proteger os dados pessoais de acessos não autorizados e de situações acidentais ou ilícitas;
- Criação de regras de boas práticas e de governança que estabeleçam procedimentos, normas de segurança, ações educativas e mitigação de riscos no tratamento de dados pessoais;

Assim, a LGPD visa fazer com que prevaleça o direito à particularidade do cidadão, protegendo seus dados pessoais e sensíveis através de práticas seguras e transparentes dos agentes que manuseiam seus dados. Consequentemente, almeja aumentar a confiança do titular dos referidos dados, promovendo uma segurança jurídica, além da defesa das relações comerciais e de consumo, como também exposto no site citado acima[13].

Com a adesão ao *Home Office*, os *Call Centers* tiverem que estipular toda uma rede de proteção que fosse além do ambiente corporativo interno e que incorporasse as diretrizes da *LGPD* aos meios de manipulação dos dados de usuários pelos seus operadores em suas estações de trabalho remotas. Note que não é difícil perceber o grau de complexidade que o *Home Office* apresenta às vistas da *LGPD*, por exemplo: pessoas trabalhando dentro de suas casas e manuseando dados bancários de terceiros oferecidos pela sua empregadora para que estes consigam promover seu trabalho com exatidão. Logo, se a segurança da informação é indispensável na estrutura interna da organização, fora dela se torna incalculavelmente mais necessário, carecendo de protocolos regradores, termos de responsabilidade, além do controle de licenças e acessos.

Para não dar margem ao azar, ou, até mesmo à má-fé de seus associados os *Call Centers* desenvolveram sistemas e táticas específicas para o seu pessoal em *Home Office*, tentando ao máximo evitar o amplo contato dos operadores com dados pessoais de usuários, deixando boa parte do serviço à cargo de *bot's* (robôs) que, recolhem as informações, apresentam automaticamente a *"solução"* e faz o envio das solicitações do usuário para o *e-mail* ou *SMS* cadastrado em sistema; ficando a cargo do operador apenas *"ler"* para o usuário aquilo que o sistema lhe apresenta, incorporando novos dados oferecidos pelo cliente e fazendo seleções conforme as escolhas daquele. Um exemplo prático pode ser explicado assim:

> Uma Central de Cobrança, através do sistema de discagem, faz a ligação para um usuário que está com 2 meses de atraso nas prestações de seu contrato. Assim que o usuário atende a ligação, o sistema leva o contato até o ramal do operador; dali em diante o operador fará as saudações e validações do contato (para ter a certeza que estará

13. BRASIL. Lei nº 13.709, de 14 de agosto de 2018. Dispõe sobre a proteção de dados pessoais. Diário Oficial da União, Brasília, DF. Publicado em: 15 ago. 2018. Edição: 157, seção: 1, página: 59. Disponívelem:<https://www.in.gov.br/materia//asset_publisher/Kujrw0TZC2Mb/content/id/36849373/do1-2018-08-15-lei-no-13-709-de-14-de-agosto-de-2018-36849337 > LGPD BRASIL: conheça a Lei Geral de Proteção de Dados – Lei nº 13.709/18. Disponível em: < https://www.lgpdbrasil.com.br/o-que-muda-com-a-lei/ >. Acesso em 12 dez 2020.

conversando com a pessoa correta); feito isso, o operador apresenta as poucas informações trazidas pelo sistema: i) nome completo; ii) dias em atraso; iii) valor atualizado com juros. Num cenário em que o usuário tenha condições de efetuar somente o pagamento da prestação mais antiga, o operador fará então a confirmação selecionando a parcela a ser paga, informando o valor atualizado no sistema e registrando a data que ocorrerá o pagamento. Com o consentimento do usuário o operador "marcará" a opção para que o sistema faça a geração do boleto e envie automaticamente para o e-mail registrado; caso não tenha um e-mail no cadastro o operador estará permitido a preencher o campo com o endereço que o usuário informar.

## 4. A prática da atividade essencial

Diante deste momento que já se considera histórico, com crise nos empregos de todos os setores, crise nas economias mundiais e o perigoso inimigo biológico que ocasionou a escassez de serviços e o esvaziamento das ruas e trânsitos; chega a ser conveniente, utilizando um viés artístico, mencionar a canção de *Raul Seixas*[14] e *Claudio Roberto Andrade de Azevedo*[15], intitulada de *"o dia em que a terra parou"*[16]. Esta canção que também serviu de nome para o próprio álbum que foi lançado em 1977 e apresenta uma boa analogia para o momento atual, veja um curto recorte: Foi assim

No dia em que todas as pessoas

Do planeta inteiro

Resolveram que ninguém ia sair de casa

Como que se fosse combinado em todo

---

14. SEIXAS, Raul Santos. Salvador, 28 de junho de 1945 — São Paulo, 21 de agosto de 1989. Foi um cantor e compositor brasileiro, pioneiro do Rock no país. Disponível em: < https://www.letras.com.br/raul-seixas/discografia >. Acesso em: 13 dez. 2020.
15. AZEREDO, Cláudio Roberto Andrade de. Rio de Janeiro, 28 de maio de 1952. É um compositor brasileiro. Foi um dos principais parceiros de Raul Seixas. Disponível em: < https://pt.wikipedia.org/wiki/Cl%C3%A1udio_Roberto_Andrade_de_Azevedo >. Acesso em: 13 dez. 2020.
16. LETRAS: o dia em que a terra parou, Raul Seixas & Cláudio Roberto. Disponível em: < https://www.letras.com.br/raul-seixas/o-dia-em-que-a-terra-parou >. Acesso em: 13 dez. 2020.

o planeta

Naquele dia, ninguém saiu de casa, ninguém ninguém

[...]

O empregado não saiu pro seu trabalho

Pois sabia que o patrão também não tava lá

Dona de casa não saiu pra comprar pão

Pois sabia que o padeiro também não tava lá

E o guarda não saiu para prender

Pois sabia que o ladrão, também não tava lá

e o ladrão não saiu para roubar

Pois sabia que não ia ter onde gastar

Apesar da sociedade em si ter paralisado suas atividades isso não fez com que certas questões básicas também se paralisassem, afinal, as pessoas ainda precisavam se alimentar, cuidar de sua higiene, de suas famílias ao passo que também zelavam pela saúde e, como tudo isso, querendo ou não, está interligado com o setor financeiro do país, através de vínculos empregatícios, contratos de adesão, prestação de serviços, além daqueles mutuamente obrigados; ou seja, a parte móbil ficou paralisada, mas os juros, as transações bancárias, as contas de água e luz, os aluguéis, o mercado, entre outros... continuaram a bater à porta, ou, neste caso, a telefonarem, mandarem mensagens e notificações por aplicativos.

Juntando estes três pilares de comunicação – ligações, mensagens (sms, e-mail) e aplicativos – tem-se os principais e, talvez, os únicos meios de contato efetivo entre os clientes dos *Call Centers* e seus respectivos usuários; em paralelo a isso, o principal meio de comunicação disponível para que o usuário entre em contato com as instituições que lhe oferecem serviços são, exclusivamente, os próprios *Call Centers*, ocorrendo através dos famosos números de *"0800"* e das novas ferramentas de contato que estão ganhando cada vez mais força: as mensagens por aplicativos de bate-papo, como *"WhatsApp"* e *"Telegram"*.

Todavia, os *Call Centers*, nesta pandemia, não foram utilizados apenas para cobranças, solucionar dúvidas, ouvir as dores dos usuários e fazer pesquisas de pulso; na verdade, foram amplamente utilizados como ferramentas estratégicas para o combate das consequências trazidas pelo *Covid-19*. Através dos *Call Centers* foram oferecidas diversas modalidades de ajuda financeira, possibilidades de readequação/revisão contratual, oportunidades para findar ou evitar o inadimplemento, além do próprio amparo à saúde dos cidadãos, como será conversado nos tópicos a seguir.

### 4.1. Telemedicina e o "TeleSUS Coronavírus"

A telemedicina é reconhecida como um novo ramo do setor de *Call Center* que se debruça especificamente no atendimento voltado à saúde dos usuários, composta por atendentes formados em medicina, enfermagem e outros auxiliares da saúde e técnicos. Esta modalidade de *Call Center* veio a ser regulamentada somente neste ano de 2020 pelo Ministério da Saúde e agências reguladoras, impulsionadas pelo impacto trazido pelo *Covid-19*. Vale ressaltar que essa *"permissão"* está vigorando somente enquanto persistir o cenário epidêmico no Brasil, onde, obviamente, este ramo passará novamente por uma sindicância mais apurada para que seja regulamentado em definitivo no território brasileiro. Segundo informações trazidas pelo portal *"Consumidor Moderno"* a esfera da telemedicina movimentou cerca de 45 bilhões de dólares pelo mundo em 2019.[17]

Diversos Estados brasileiros aderiram à ideia de obterem uma Central de Relacionamento com Cliente destinada ao atendimento por telefone e/ou mensagens aos usuários que entrarem em contato para sanar dúvidas e receberem informações validas acerca do contágio pelo vírus, fortalecendo assim a concepção de *"teleconsulta"*. O próprio Ministério da Saúde abriu uma linha de comunicação, ou seja, um *Call Center* para que os cidadãos entrem em contato caso apresentem sintomas de contaminação, para serem devidamente orientados e registrados em bancos de dados estatísticos; esta central ficou reconhecida como *"TeleSUS Coronavírus"*.

Segundo a reportagem de *Vinicius Konchinski*, postada no portal de notícias *UOL*

---

17. CONSUMIDOR MODERNO: por dentro do call center do TeleSUS (por Ivan Ventura). Disponívelem:<https://www.consumidormoderno.com.br/2020/04/24/dentro-call-center-telesus/?cli_action=1607902268.455 >. Acesso em: 13 dez. 2020.

com o título: "*Governo investe R$ 144 milhões em call center da covid-19*"[18]; é demonstrado a contratação emergencial, ou seja, sem licitação, de uma empresa especializada para manusear a *Central Telefônica*, sendo uma empresa domiciliada em Santa Catarina e que já vinha oferecendo serviço semelhante na capital do Estado, Florianópolis e, que se reconhece como uma das pioneiras no ramo da telemedicina no Brasil.

A "*TopMed*", grupo contratado emergencialmente para o gerenciamento do *Call Center* do *TeleSUS Coronavírus*, oferece uma espécie de atendimento pré-clínico para os cidadãos que fizerem contato relatando incidência de sintomas da *covid-19*. Trata-se exatamente de uma teleconsulta que visa evitar trajetos desnecessários dos cidadãos aos hospitais e postos de saúde, já que a grande maioria destes comparecimentos podem ser efetivamente resolvidos conversando com um especialista por telefone.

Na reportagem trazida pelo portal "*Consumidor Moderno*" a Diretora da TopMed, *Renata Zobaran*, explica:

> "A companhia deve chegar a 50 mil atendimentos por dia. E vou dizer: esse número é só um braço dos contatos que fazemos. Depois que o atendimento humano ocorre, a gente avalia as pessoas e nós não encaminhamos para a emergência. Essas pessoas são orientadas a ficarem em casa. Então nós desligamos. A URA do Ministério da Saúde volta a fazer contato com essa pessoa, que passa a ser acompanhada para saber se os sintomas apresentados no atendimento humano persistem. Se no novo atendimento, o cidadão brasileiro, diz 'piorei', a URA joga de novo para o humano. Eu faço remonitoramento, de acompanhamento e encaminhamento"[19]

## 4.2. Contatos essenciais na crise financeira

18. PORTAL UOL notícias: governo investe R$ 144 milhões em call center da covid-19 (por Vinicius Konchinski).Disponívelem:<https://noticias.uol.com.br/saude/ultimas-noticias/redacao/2020/03/26/governo-investe-r-144-milhoes-e-abrira-call-center-da-covid-19.htm >. Acesso em 13 dez. 2020.
19. CONSUMIDOR MODERNO: por dentro do call center do TeleSUS (por Ivan Ventura). Disponívelem:<https://www.consumidormoderno.com.br/2020/04/24/dentro-call-center-telesus/ ?cli_action=1607902268.455 >. 13 dez. 2020.

No então cenário de crise sanitária – que não adoeceu somente a população, mas quase todo o setor financeiro e empregatício do país – as Centrais de Relacionamento com Cliente foram utilizadas como principais meios de ofertas e ajuda aos usuários. Foram abertas campanhas de regularização de dívidas com altos descontos; propostas de congelamento de contratos; redução no valor de parcelas; paralisação na cobrança de determinados juros, como, por exemplo, o *IOF* (imposto sobre operações financeiras). A vasta gama de possibilidades apresentadas aos consumidores de serviços comerciais e bancários foram quase que por completo repassadas aos clientes finais através dos *Call Centers.*

Para efeitos deste tópico serão utilizados aqui exemplos extraídos da Central de Negócios da Caixa, nomenclatura usada para descrever os *Call Centers* que prestam serviços de teleatendimento para a *Caixa Econômica Federal*, estas centrais dialogam sobre contratos habitacionais, empréstimos, cartão de crédito, renegociação de dívidas, financiamento estudantil, capitalização e diversos outros produtos onerosos. São milhares de clientes que recebem o contato ou que entram em contato diariamente em busca de soluções ou serviços.

Se buscarmos na plataforma digital " www.caixa.gov.br " pela "*missão*" desta instituição, encontraremos o seguinte: "*promover o desenvolvimento sustentável do Brasil, gerando valor aos clientes e à sociedade como instituição financeira pública e principal agente de políticas de Estado*"[20]. Logo, como sendo o "*principal agente de políticas de Estado* ", é a detentora de diversas ações sociais que permitem uma desenvoltura socioeconômica do país e, por ser uma promotora do desenvolvimento sustentável direciona-se à qualidade de vida das pessoas. A referida qualidade versa estritamente com o poder financeiro de seus clientes que, como discutido até aqui, sofreu duros golpes, acarretando uma inadimplência "*quase*" desenfreada. O termo "*quase* ", usado propositadamente, faz um link direto com o "*auxílio emergencial*"[21]

---

20. CAIXA ECONOMICA FEDERAL. Disponível em: < https://www.caixa.gov.br/sobre-a-caixa/apresentacao/Paginas/default.aspx >. Acesso em: 14 dez. 2020.
21. CAIXA ECONOMICA FEDERAL: auxílio emergencial – um suporte financeiro do Governo Federalparatrabalhadoresinformais.Disponívelem:<https://www.caixa.gov.br/auxilio/Paginas/default2.aspx?utm_source=site_caixa&utm_medium=botao_home&utm_campaign=auxilio >. Acesso em: 14 dez. 2020.

oferecido pelo *Governo Federal* através da *Caixa*, onde, para os beneficiários, realmente foi um auxílio, mas, para os líderes da pasta econômica, não passou de uma "*estratégia*" para injetar dinheiro na economia brasileira, almejando impedir um mal maior.

Outro tipo de ação socioeconômica, como a citada no parágrafo anterior, é o "*benefício emergencial de preservação do emprego e da renda*"; trata-se de uma ajuda oferecida pelo *Governo Federal* destinada aos trabalhadores que, mediante o momento epidêmico, tiveram que lidar com a redução salarial ou suspensão dos vínculos empregatícios. Concebida aqui como agente pagador da União, a Caixa é a instituição que manuseia todo este trâmite, como informado em seu próprio *site* acerca desta matéria:

> "O Benefício Emergencial de Preservação do Emprego e da Renda – BEm é destinado a trabalhadores que formalizaram acordo com os seus empregadores, durante o período da pandemia da COVID-19, para suspensão do contrato de trabalho ou redução proporcional de jornada de trabalho e de salário nos termos Lei nº 14.020, de 6 de julho de 2020 e Decreto nº 10.517, de 13 de outubro de 2020.
>
> A CAIXA atua como Agente Pagador do Benefício Emergencial de Preservação do Emprego e da Renda – BEm, cujos recursos são custeados pela União, por intermédio do Ministério da Economia, conforme definido no § 1º do Art. 5º da Lei nº 14.020/20."[22]

Neste escopo de amparo aos cidadãos, as Centrais de Negócios da Caixa, atuaram como interlocutoras de várias propostas, onde, através dos serviços de *Call Centers*, foi possível contactar milhões de pessoas em meio à crise, apresentando soluções para inúmeras consequências financeiras trazidas pelo vírus. A primeira medida foi a estipulação da chamada "*pausa emergencial dos contratos habitacionais*", permitindo que os pagamentos das prestações deste financiamento fossem pausados por até 180 dias (6 meses)[23] – serviço oferecido majoritariamente pelo teleatendimento.

---

22. CAIXA ECONÔMICA FEDERAL: benefício emergencial de preservação do emprego e da renda. Disponível em: < https://www.caixa.gov.br/beneficios-trabalhador/beneficio-emergencial/Paginas/default.aspx >. Acesso em: 14 dez. 2020.
23. CAIXA ECONOMICA FEDERAL: serviços para habitação. Disponível em: < https://www.caixa.gov.br/voce/habitacao/servicos/Paginas/default.aspx >. Acesso em: 14 dez.

Esta pausa emergencial ampliou-se e atingiu também os contratos comerciais, tanto de Pessoa Física, quanto de Pessoa Jurídica, como exemplo: crédito pessoal, renegociação de dívidas e microcrédito[24]. Por fim, esta pausa emergencial chegou aos contratos de financiamento estudantil[25].

Outras propostas oferecidas pela Caixa Econômica Federal através dos *Call Centers*, no decorrer deste período epidêmico foram:

- Pague 1 parcela em atraso e pause 2;
- Pagamento da parcela mais antiga em atraso e incorporação das demais parcelas no restante do contrato;
- Redução de 25% ou 50% no valor de prestações durante 3 ou 6 meses;
- Amortização de parcelas contratuais utilizando o saldo do FGTS;
- Campanha "Você no Azul": regularização de dívidas com até 90% de desconto.

## 5. Pesquisa de pulso

Trata-se de uma singela e curta pesquisa produzida exclusivamente para a produção deste artigo, composta de 12 perguntas destinadas aos trabalhadores do setor de Call Center. São perguntas que visam medir não a satisfação com o emprego em si, mas como se deram as tratativas trabalhistas dentro deste cenário epidêmico. A referida pesquisa, devido ao distanciamento social, foi realizada através da plataforma "Google Forms"[26] onde não houve o pedido de registro dos entrevistados, pois o

---

2020.

24. CAIXA ECONOMICA FEDERAL: caixa com você – não importa o momento, a Caixa está sempre com você. Disponível em: < https://www.caixa.gov.br/caixacomvoce/Paginas/default.aspx >. Acesso em: 14 dez. 2020.
25. CAIXA ECONOMICA FEDERAL: novo FIES – solicitação de pausa FIES. Disponível em: < https://www.caixa.gov.br/Downloads/credito-fies/Cartilha_Pausa_FIES_Solicitacao.pdf >. Acesso em: 14 dez. 2020.
26. GOOGLE FORMS: pesquisa de pulso. Disponível em:< https://docs.google.com/forms/d/1k2AgAc1Z230o7JTzTK-DAFLQnFY7rFgVLFrX-za4sJk/edit

objetivo foi de prevalência do anonimato, utilizando as respostas apenas para fins estatísticos.

A pesquisa contou com 52 entrevistados. As perguntas vão desde o "momento da contratação", passando por "consequências do atual cenário", também "alterações da rotina & fiscalização", até à própria "satisfação" do trabalhador com o atual momento.

No que tange à primeira pergunta, 51,9% dos entrevistados informaram que foram contratados após a decretação do Estado de Calamidade Pública (20/03/2020). Vide gráfico 1.

Na segunda resposta foi possível observar que 17,6% dos entrevistados estavam há mais 1 ano desempregados antes de serem contratados, enquanto que 25,5% estiveram desempregados por pelo menos 3 meses, mas, a maioria (31,4%) mantiveram seus empregos. Vide gráfico 2.

Na terceira pergunta, que visou observar a saúde dos entrevistados, o maior percentual (78,8%) disseram não possuir nenhuma das complicações que caracterizam os grupos de risco, enquanto que outros 17,3% disseram ter outra não mencionada; porém, 7,7% informaram ter Asma. Vide gráfico 3.

Na quarta pergunta, 40,4% dos entrevistados disseram que a crise sanitária causou medo ou desconforto, mas que não foi o suficiente para pensarem em desistir do trabalho; por outro lado, 30,8% disseram que ficaram felizes por estarem trabalhando e apenas promoveram os cuidados necessários para o combate ao vírus; já outros 26,9% não gostaram de serem expostos à riscos devido a não paralisação de suas atividades. Vide gráfico 4.

Na quinta pergunta houve uma igualdade de respostas, onde 34,6% dos entrevistados relataram terem sido bastante afetados pelas mudanças econômicas, sociais e trabalhistas e, os outros 34,6% disseram que foram afetados de maneira moderada. Por outro lado 23,1%, informaram que não foram afetados de modo extremo e os últimos 7,7% não foram afetados em nada. Vide gráfico 5.

Na sexta pergunta 42,3% dos entrevistados informaram que houve mudança no seu ambiente de trabalho e que gostaram destas modificações, enquanto que 36,5%

>. Acesso em: 16 dez. 2020.

disseram que não gostaram das modificações erguidas em seu trabalho. Vide gráfico 6.

Na sétima pergunta foram erguidas as modificações mais comuns no cenário epidêmico, onde 51,9% dos entrevistados perceberam a incidência do Home Office; 11, 5% presenciaram revezamento de funcionários, outros 7,7% se depararam com redução salarial; porém, 38,5% dos entrevistados não se depararam com Home Office, jornada reduzida, revezamento de funcionários, redução salarial e antecipação de férias. Vide gráfico 7.

Na oitava pergunta 57,7% consideram sua experiência trabalhista e social como "cautelosa", observando cuidados necessários e evitando aglomerações, contatos desnecessários e lugares fechados; 11,5% tem uma experiência de "imposição" seguindo apenas o que é determinado por lei e pelos locais que frequentam; outros 7,7% informaram uma experiência "pouco eficaz", por não terem o habito de seguir as determinações legais. Vide gráfico 8.

Na nona pergunta 48,1% dos entrevistados disseram que sua organização segue as orientações dos órgãos fiscalizadores, enquanto que 28,8% disseram que estes cuidados são moderados, pois a organização não tem controle sobre tudo; outros 11,5% informaram que a organização deixa a desejar nos cuidados necessários de enfrentamento a pandemia. Vide gráfico 9.

A décima pergunta tentou demonstrar quais foram as principais ações promovidas pela empresa no ambiente de trabalho, destacando-se a disponibilização de álcool em gel (90,4%), o distanciamento social (84,6%), a entrega de máscaras para uso obrigatório (80,8%) e a higienização de ambientes e objetos compartilhados (71,2%). Vide gráfico 10.

O objetivo da décima primeira pergunta foi entender o grau de contágio no ambiente em que o trabalhador esteve inserido. Sendo informado por 57,7% que pessoas da própria estação de trabalho contraíram o vírus, 30,8% tiveram familiares contaminados e 11,5% dos entrevistados afirmaram que contraíram o vírus. Vide gráfico 11.

A última pergunta analisou a satisfação do trabalhador dentro do cenário atual. 61,5% reconheceram um estado "bom", onde apesar das dificuldades ainda mantiveram o emprego e não obtiveram prejuízo financeiro ou na saúde; 17,3%

reconheceram o estado como "ótimo", pois perceberam novas oportunidades e se adaptaram para acompanhar e obter sucesso; 13, 5% reconheceram como "regular" por entenderem que foram afetados por mudanças, restrições e acordos, mas ainda mantiveram o emprego; o restante classificaram como "ruim" ou "péssimo", pois sentiram-se prejudicados e com pouca expectativa de melhora, ou, foram afetados diretamente em sua renda mensal, acarretando prejuízos em diversas áreas. Vide gráfico 12.

## 6. Conclusão

Por fim, fica reconhecida a importância dos *Call Centers* como atividade essencial, principalmente neste ano de 2020, sendo um serviço indispensável para grandes, médios e pequenos setores da economia nacional e capazes de atender todas as classes, etnias e necessidades gerais da população ou até as mais personalizadas de seus consumidores. Pode-se dizer que os contatos realizados pelas Centrais de Teleatendimento foram e ainda são vitais para a reestruturação financeira dos cidadãos diante de suas obrigações contratuais.

Este setor vem a cada ano se reinventando e aderindo às novas possibilidades de desenvolvimento e atuação. Um setor como o *Call Center*, que emprega milhões de pessoas e movimenta bilhões de papel moeda na economia dos países, não será tão cedo superado ou caído em desuso, pois a praticidade somada à rapidez e a dinâmica oferecida nestes atendimentos vem ganhando mais ferramentas a todo momento; pois, um contato que antes era feito exclusivamente por linha telefônica, hoje é embasado por aplicativos de bate-papo, robôs de triagem, Inteligência Artificial e diversos outros meios que promovem uma experiencia positiva ao usuário.

De tão essencial e já difundido na cultura, esta atividade passa despercebida durante o dia-a-dia, não causando mais estranheza. Já está incorporada por completo na vida dos brasileiros. Por acaso, seria algum absurdo dizer que qualquer brasileiro com mais de 18 anos já tenha recebido ou entrado em contato com uma Central de Teleatendimento, pelos diversos canais disponibilizados? Talvez não!

A comodidade oferecida por este serviço faz com que a procura seja instantânea. Da mesma maneira que os brasileiros ligam a TV para entretenimento, ligam o rádio para acompanharem o dia e ligam o micro-ondas para otimizar o tempo: também ligam para os *Call Centers*. E, não importa o motivo, seja para reclamações, dúvidas, requerimentos, consultas ou um simples uso de rotina: a adesão a este serviço é algo amplo e notório. O setor de *Call Center* é uma atividade essencial durante a pandemia mundial e continuará sendo após findado este cenário, talvez, até mais fortalecido e edificado que antes.

Gráfico 1

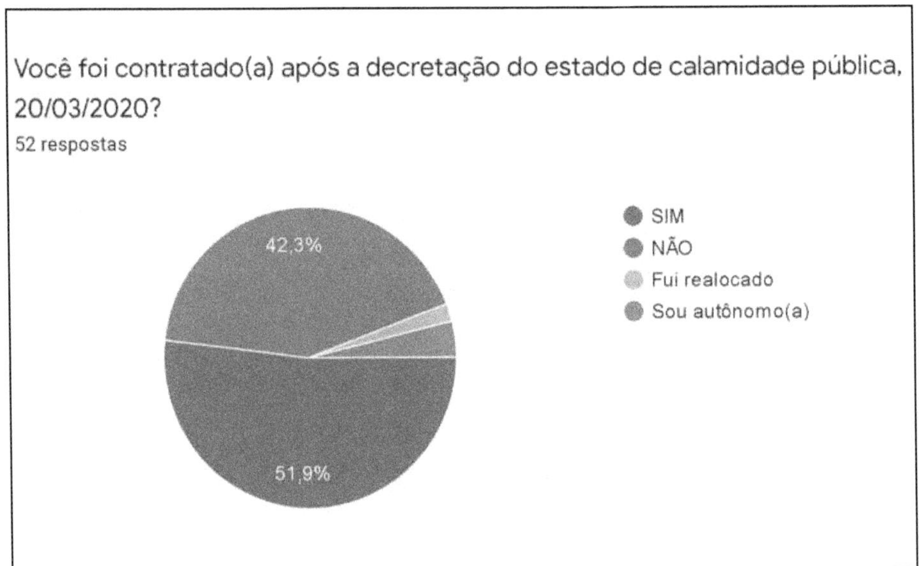


Gráfico 2

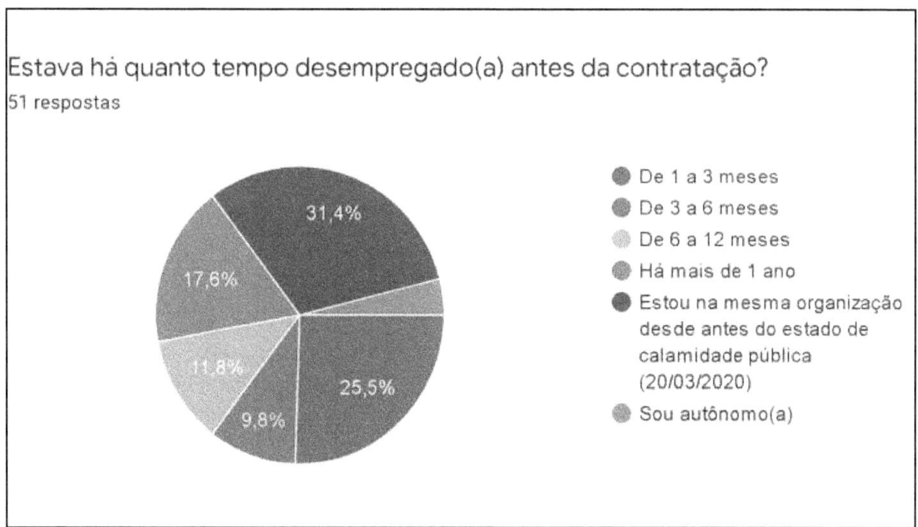


Gráfico 3

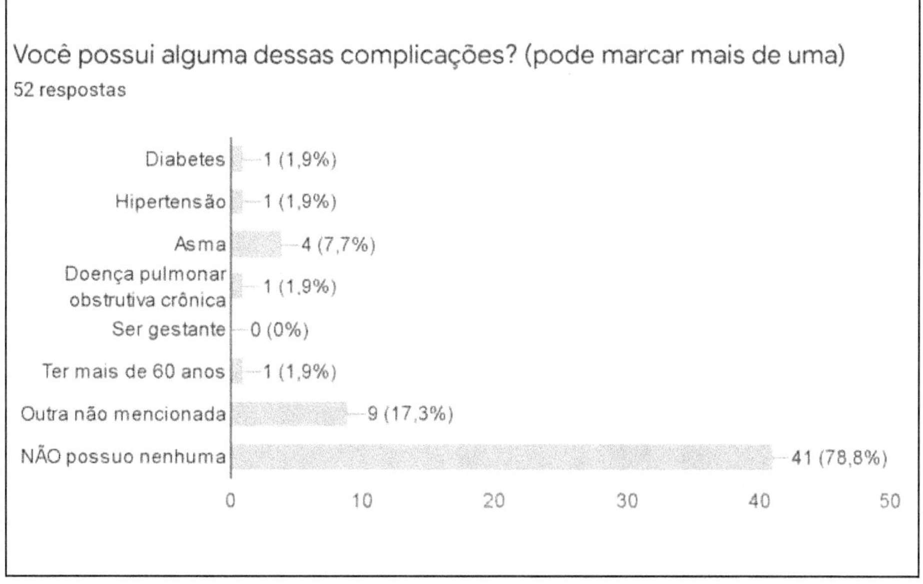


Gráfico 4

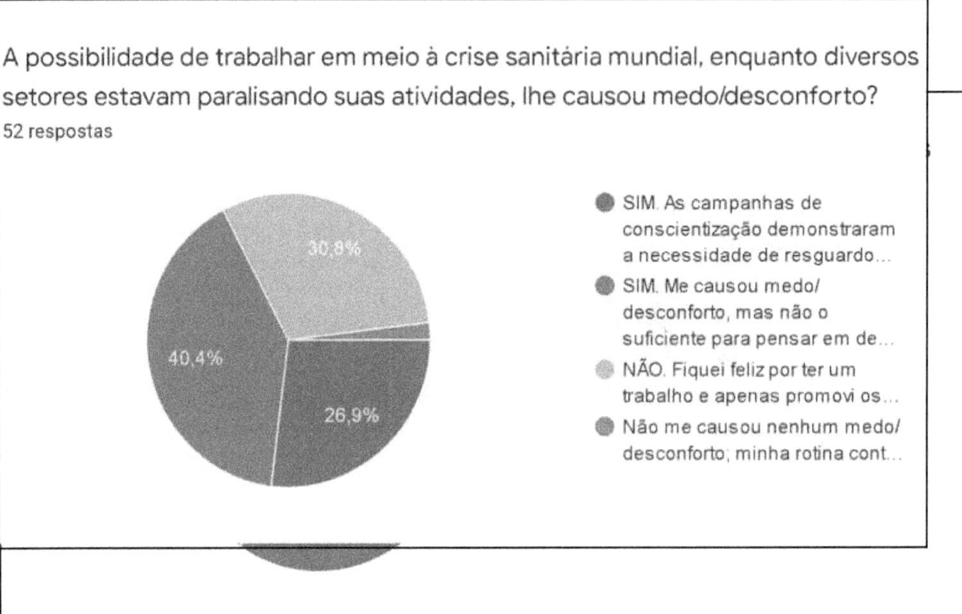


Gráfico 5

Gráfico 6

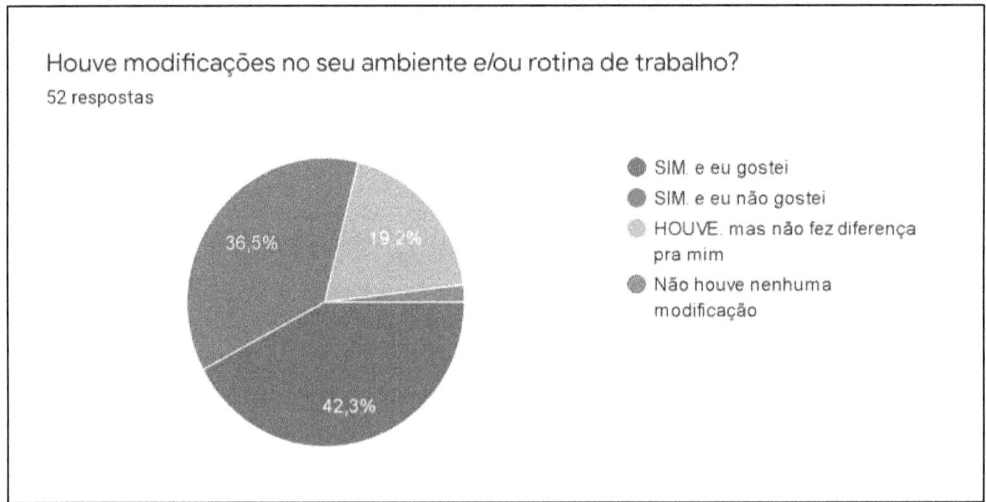

Gráfico 7

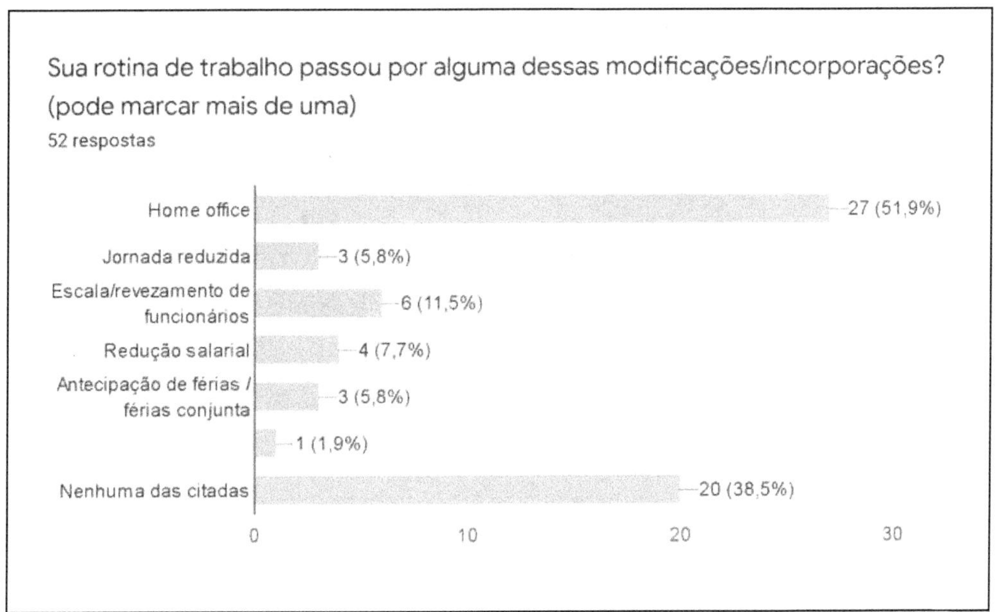


Gráfico 8

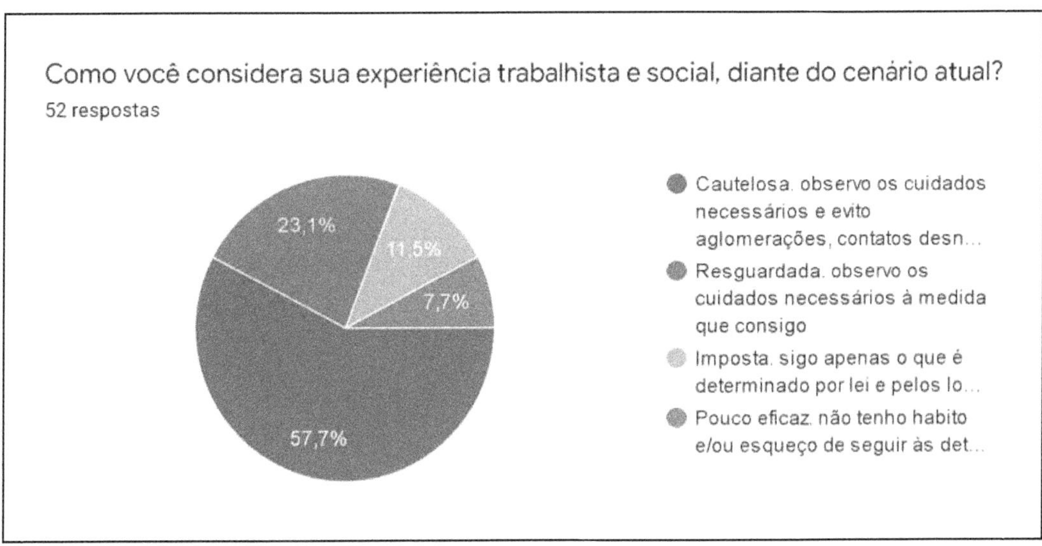

Gráfico 9

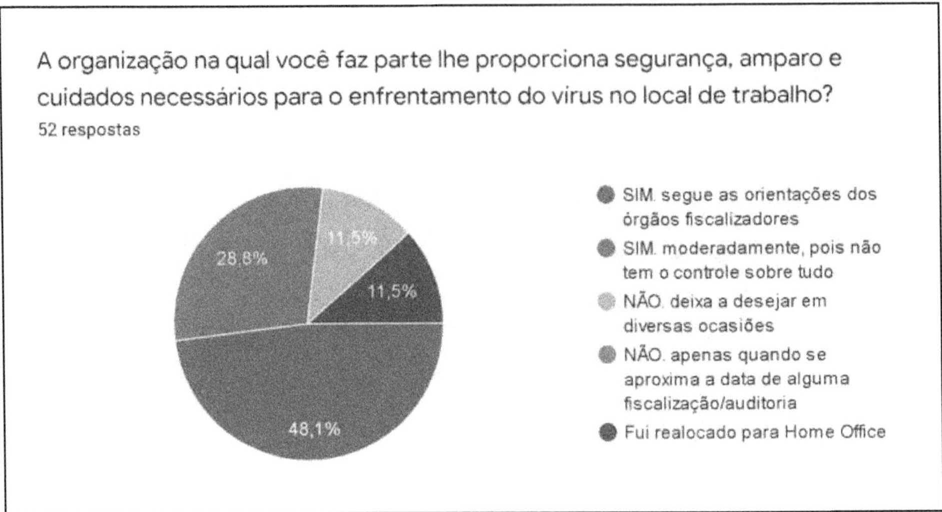


Gráfico 10

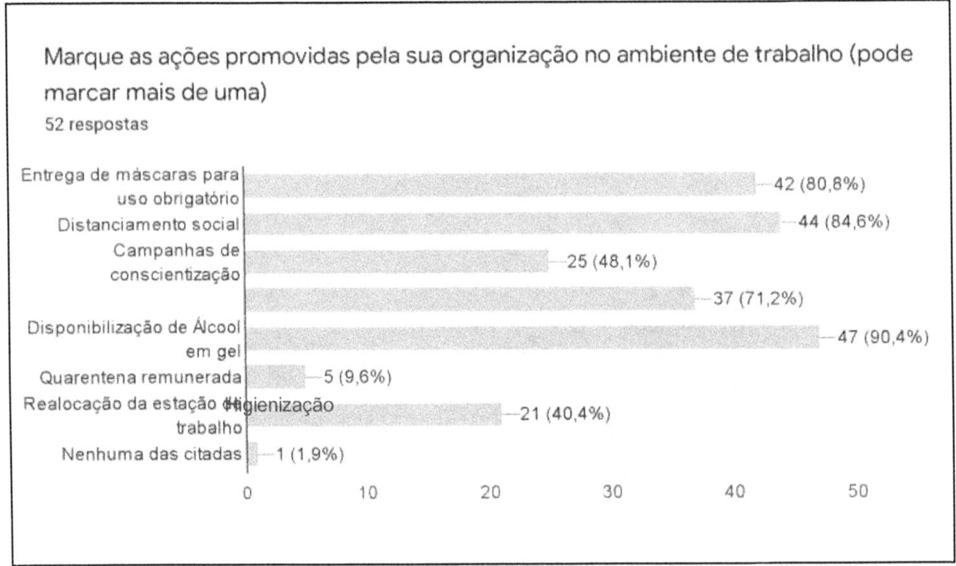

Gráfico 11

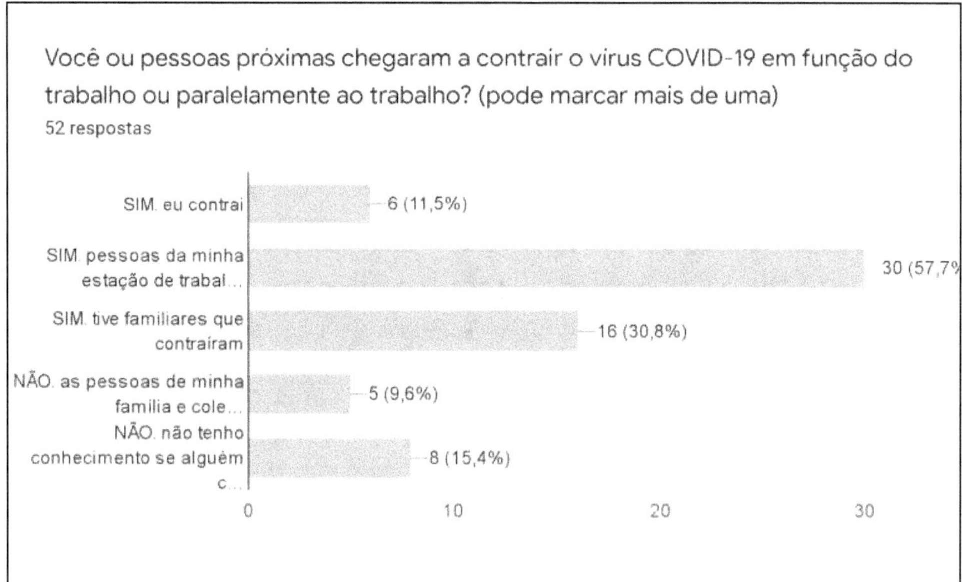


Gráfico 12

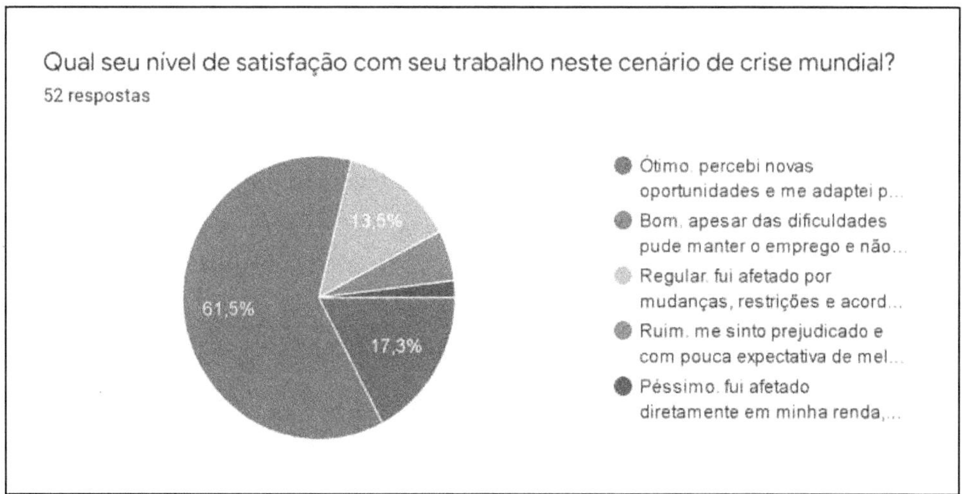

**Referências**

PORTAL G1: empresas de teleatendimento, alimentos e saúde lideram lista de maiores empregadores do país (por Darlan Alvarenga). Disponível em: < https://g1.globo.com/economia/concursos-e-emprego/noticia/2019/04/24/empresas-de-teleatendimento-alimentos-e-saude-lideram-lista-de-maiores-empregadores-do-pais-veja-ranking.ghtml > Acesso em: 08 dez. 2020.

PORTAL DNK: call center é serviço essencial e não para durante a quarentena do COVID-19. Disponível em: < https://www.dnkinfotelecom.com.br/call-center-e-servico-essencial-durante-covid-19/ > Acesso em: 08 dez. 2020.

GARCIA, Reynaldo. Especialista em call center e televendas com mais de 20 anos de experiência na área de contact center. Disponível em: < https://blog.guiacontato.com.br/conheca-o-reynaldo-garcia/ >. Acesso em: 10 dez. 2020.

BLOG DO REYNALDO: a importância do call center em tempos de pandemia. Disponível em: < https://blog.guiacontato.com.br/importancia-do-call-center-em-tempos-de-pandemia/ >. Acesso em: 10 dez. 2020.

NETO, Ney Leprevost. É um jornalista, administrador e político brasileiro filiado ao Partido Social Democrático (PSD) – Secretário da Justiça, Família e Trabalho do Paraná (12/02/19 à 03/06/2020). Disponível em: < https://pt.wikipedia.org/wiki/Ney_Leprevost > Acesso em: 12 dez. 2020.

AGÊNCIA ESTADUAL DE NOTÍCIAS: governo alerta sobre riscos com funcionários de call center. Disponível em: < http://www.aen.pr.gov.br/modules/noticias/article.php?storyid=106264&tit=Governo-alerta-sobre-riscoscom-funcionarios-de-call-center > Acesso em: 12 dez. 2020.

PORTAL CUT (Central Única dos Trabalhadores – SP): justiça obriga empresas de telemarketing a adotar regras de proteção ao coronavírus (por Vanessa Ramos). Disponível em: < https://sp.cut.org.br/noticias/justica-obriga-empresas-de-telemarketing-a-adotar-regras-de-protecao-ao-coronavi-0482 > Acesso em: 10 dez. 2020.

PORTAL 3C PLUS: qual será o novo normal dos contact centers? Disponível em: < https://3cplusnow.com/o-novo-normal-dos-contact-centers/ >. Acesso em: 12

dez. 2020.

PORTAL 3C PLUS: qual será o novo normal dos contact centers? Disponível em: < https://3cplusnow.com/o-novo-normal-dos-contact-centers/ >. Acesso em: 12 dez. 2020.

PORTAL UOL economia: por que empresas como Bmg e Roche decidiram não voltar ao escritório (por Diogo Antônio Rodriguez). Disponível em: < https://economia.uol.com.br/noticias/redacao/2020/09/25/por-que-empresas-como-bmg-e-roche-decidiram-nao-voltar-ao-escritorio.htm >. Acesso em 12 dez. 2020.

REVISTA VALOR: adotado "no susto", home office será permanente nos bancos (por Talita Moreira e Barbara Bigarelli) Disponível em: < https://valor.globo.com/financas/noticia/2020/06/23/adotado-no-susto-home-office-sera-permanente-nos-bancos.ghtml >. Acesso em: 12 dez. 2020.

PORTAL UOL economia: Tim adota home office em definitivo para call center. Disponível em: < https://economia.uol.com.br/noticias/redacao/2020/11/30/tim-adota-home-office-em-definitivo-para-call-center.htm >. Acesso em 12 dez. 2020.

BRASIL. Lei nº 13.709, de 14 de agosto de 2018. Dispõe sobre a proteção de dados pessoais. Diário Oficial da União, Brasília, DF. Publicado em: 15 ago. 2018. Edição: 157, seção: 1, página: 59. Disponível em: < https://www.in.gov.br/materia/-/asset_publisher/Kujrw0TZC2Mb/content/id/36849373/do1-2018-08-15-lei-no-13-709-de-14-de-agosto-de-2018-36849337 > LGPD BRASIL: conheça a Lei Geral de Proteção de Dados - Lei nº 13.709/18. Disponível em: < https://www.lgpdbrasil.com.br/o-que-muda-com-a-lei/ >. Acesso em 12 dez 2020.

SEIXAS, Raul Santos. Salvador, 28 de junho de 1945 — São Paulo, 21 de agosto de 1989. Foi um cantor e compositor brasileiro, pioneiro do Rock no país. Disponível em: < https://www.letras.com.br/raul-seixas/discografia >. Acesso em: 13 dez. 2020.

AZEREDO, Cláudio Roberto Andrade de. Rio de Janeiro, 28 de maio de 1952. É um compositor brasileiro. Foi um dos principais parceiros de Raul Seixas. Disponível em: <

https://pt.wikipedia.org/wiki/Cl%C3%A1udio_Roberto_Andrade_de_Azevedo >. Acesso em: 13 dez. 2020.

LETRAS: o dia em que a terra parou, Raul Seixas & Cláudio Roberto. Disponível em: < https://www.letras.com.br/raul-seixas/o-dia-em-que-a-terra-parou >. Acesso em: 13 dez. 2020.

CONSUMIDOR MODERNO: por dentro do call center do TeleSUS (por Ivan Ventura). Disponível em:< https://www.consumidormoderno.com.br/2020/04/24/dentro-call-center-telesus/ ?cli_action=1607902268.455 >. Acesso em: 13 dez. 2020.

PORTAL UOL notícias: governo investe R$ 144 milhões em call center da covid-19 (por Vinicius Konchinski). Disponível em: < https://noticias.uol.com.br/saude/ultimas-noticias/redacao/2020/03/26/governo-investe-r-144-milhoes-e-abrira-call-center-da-covid-19.htm >. Acesso em 13 dez. 2020.

CONSUMIDOR MODERNO: por dentro do call center do TeleSUS (por Ivan Ventura). Disponível em:<https://www.consumidormoderno.com.br/2020/04/24/dentro-call-center-telesus/ ?cli_action=1607902268.455 >. 13 dez. 2020.

CAIXA ECONOMICA FEDERAL. Disponível em: < https://www.caixa.gov.br/sobre-a-caixa/apresentacao/Paginas/default.aspx >. Acesso em: 14 dez. 2020.

CAIXA ECONOMICA FEDERAL: auxílio emergencial – um suporte financeiro do Governo Federal para trabalhadores informais. Disponível em: <https://www.caixa.gov.br/auxilio/Paginas/default2.aspx?utm_source=site_caixa&utm_medium=botao_home&utm_campaign=auxilio >. Acesso em: 14 dez. 2020.

CAIXA ECONÔMICA FEDERAL: benefício emergencial de preservação do emprego e da renda. Disponível em: < https://www.caixa.gov.br/beneficios-trabalhador/beneficio-emergencial/Paginas/default.aspx >. Acesso em: 14 dez. 2020.

CAIXA ECONOMICA FEDERAL: serviços para habitação. Disponível em: < https://www.caixa.gov.br/voce/habitacao/servicos/Paginas/default.aspx >. Acesso em: 14 dez. 2020.

CAIXA ECONOMICA FEDERAL: caixa com você – não importa o momento, a

Caixa está sempre com você. Disponível em: < https://www.caixa.gov.br/caixa-comvoce/Paginas/default.aspx >. Acesso em: 14 dez. 2020.

CAIXA ECONOMICA FEDERAL: novo FIES – solicitação de pausa FIES. Disponível em: < https://www.caixa.gov.br/Downloads/credito-fies/Cartilha_Pausa_FIES_Solicitacao.pdf >. Acesso em: 14 dez. 2020.

GOOGLE FORMS: pesquisa de pulso. Disponível em:< https://docs.google.com/forms/d/1k2AgAc1Z23007JTzTK-DAFLQnFY7rFgVLFrX-za4sJk/edit >. Acesso em: 16 dez. 2020.

# ALTERAÇÕES CONTRATUAIS DURANTE A PANDEMIA: A RELAÇÃO CONTRATUAL NO AVANÇO DO MERCADO DE *SHOPSTREAMING* EM TEMPO DE PANDEMIA

# 3

**Yhago Alves Silva**

## 1. Introdução

Temos percebido, ao longo dos últimos anos, na sociedade uma mudança tecnológica significativa afetando diversas relações de consumo e profissionais entre as pessoas e, com isso, surgindo a necessidade de transformações e adaptações em todo o cenário de relacionamento seja familiar, seja profissional e até mesmo na diversificação de formas na relação consumerista.

Posto isso, presenciamos a ascensão do novo coronavírus que não só afetou ainda mais essa relação existente, como também modificou e fez com que os próprios negócios tivessem que evoluir ao passo que o vírus se alastrava numa pandemia sem precedentes pelo mundo todo.

Nessa abordagem, nota-se que foi preciso ainda mais desenvoltura na aproximação entre vendedor e consumidor, pois para fazer um maior controle de proliferação do vírus fez-se necessário fechar as portas dos estabelecimentos comerciais e propor uma nova forma de venda desses produtos para que as empresas que dessa relação tiram seu faturamento não sofressem perdas ainda mais significativas.

Houve uma mudança em nossas vidas e, não somente na alteração da rotina nesses dias de isolamento, em que não podemos sair de casa para os nossos afazeres mais prazerosos, mas também nas relações de mudanças mais profundas, naquelas transformações que devem moldar a realidade à nossa volta e, claro, as nossas vidas depois que o novo coronavírus se tornar apenas passado.

Nessa perspectiva é necessário o entender do mundo novo em que estamos e nos prepararmos para enfrentar essas mudanças que já nos assola, pois de uma coisa não podemos discordar: de que nada no mundo não será como antes.

Nessa mesma visão, o biólogo doutor em microbiologia pela Universidade de São Paulo e pós-doutor pela Universidade Yale, Átila Iamarino, em entrevista para a BBC News Brasil, disse:

> O mundo mudou, e aquele mundo (de antes do coronavírus) não existe mais. A nossa vida vai mudar muito daqui para a frente, e alguém que tenta manter o status quo de 2019 é alguém que ainda não aceitou essa nova realidade. Mudanças que o mundo levaria décadas para passar, que a gente levaria muito tempo para implementar voluntariamente, a gente está tendo que implementar no susto, em questão de meses.[1]

A partir desse cenário de inexatidão encontrado em um mundo abalado pela pandemia da Covid-19 foi que tomou forma um conceito que já ganhou uma proporção gigantesca no mundo, incluindo assim o Brasil, e transformando essa relação consumerista, os chamados *shopstreamings*.

## 2. A ascensão do conceito

Nascido na China e difundido, principalmente, nos países asiáticos, o conceito de *shopstreamings*, também conhecido como *livestreaming commerce*, surgiu da ideia da proposta de alteração nas relações de consumo e melhor atendimento ao cliente, permitindo assim que o consumidor tenha acesso aos produtos sem que precise sair de casa, ou seja, de maneira rápida, prática e bastante eficiente.

Nessa análise foi que a força excepcional das relações de consumo se intensificou e alastrou pelo mundo virtual e, apropriando de um crescimento de tamanhas proporções pelo mundo. No Brasil, isso não foi diferente.

Acontece que, com a pandemia do coronavírus o comércio em que o consumidor escolhia seu produto nas vitrines fechou as portas e para que essa relação continuasse

---

1. Entrevista fornecida por Átila Iamarino para a BBC News Brasil, em Brasília, em março de 2020.

ativa foi necessária a adaptação a essa nova realidade. Com isso, a ideia da venda pela internet, sem que o consumidor precise escolher numa estante física e, possa fazer sua escolha com base em alguns cliques em sua navegação pela internet tornou-se mais acessível.

No Brasil diversas empresas apostaram nesse "novo normal" e as chamadas *lives* começaram a ficar cada vez mais frequentes pelas lojas na demonstração de seus produtos. A primeira a aderir a esse negócio foram as Lojas Americanas, que investiu em propaganda através do projeto do "Americanas Ao Vivo" e a partir desse modelo notou-se o crescimento das vendas, alavancando assim o seu comércio virtual, como relata Leonardo Rocha, head de Marketing da plataforma digital da Americanas:

> As visitas em produtos que foram apresentados nas lives aumentaram mais de 10 vezes. É uma nova forma de compras. Acreditamos que, em breve, todos os players de mercado estarão nesse negócio. Isso vai se tornar um hábito do consumidor brasileiro. Unificar entretenimento, informação e compra é uma tendência que veio para ficar.[2]

Para que surja uma *live* diversas redes sociais passaram por mudanças em suas plataformas de navegação, sendo que as mais famosas são o Youtube, Twitch, Facebook e, principalmente tendo o maior uso para esse fim, o Instagram, que já conta com uma série de ferramentas que ajudam empreendedores em seus negócios e que notou um aumento de 70% no número de *lives* no mês de março.

## 3. As *lives* como estratégia de marketing

Com a quantidade de empresas que estão aderindo ao conceito de *shopstreamings* é certo que se faz preciso investir em um bom marketing para sobressair sua marca em relação aos produtos que estão no mercado. Muitos desses há anos liderando as vendas e adquirindo popularmente o gosto pelo produto.

Notamos ao longo do tempo os microempreendedores se multiplicando e inovando na sua busca pela sobrevivência diante de um cenário tão incerto como o que estamos enfrentando. Isso dificulta bastante e faz com que se procure caminhos

2. Entrevista fornecida por Leonardo Rocha na Plataforma Digital da Americanas, em junho de 2020.

alternativos na hora de mostrar seu produto e conseguir vende-lo aos diversos tipos de público.

Nesse sentido, é que surge o mercado das estratégias de marketing para prestar auxílio no momento de fazer de sua marca um negócio lucrativo e que contribuirá na promoção de seus produtos.

E é por esses motivos que mais do que nunca o conceito está sobressaindo, pois a partir dessa estratégia de marketing adotada que as empresas estão ganhando espaço na sociedade e se popularizando na percepção de que os consumidores aderindo a ideia do entretenimento associa aquele produto às *lives* que curtiram em seu momento de lazer. Nessa ideia, as curtidas e comentários em tempo real ganham espaço para a aproximação entre o produto e o consumidor, sem que para isso tenha que, fisicamente, esse encontro acontecer.

Além da proximidade encontrada entre produto e cliente que ascende a ideia de maior credibilidade a esse tipo de comércio, permitindo que o público entre em contato e crie um vínculo com a marca adquirida, ainda existe a ideia em apresenta-las junto a rostos famosos que vendem a confiabilidade no produto demonstrando até mesmo o seu próprio uso e assimilando seu sucesso com a parceria que firma com o produto apresentado.

Diversas marcas inovaram não somente em rostos famosos, mas também em grandes nomes da própria marca no mercado, como presidentes, CEO's e, até mesmo fundadores das empresas, como é o caso da "Chilli Beans" que teve como um dos apresentadores em uma de suas *lives* o empresário e fundador da marca Caito Maia, que disse:

> Ter novos canais de venda já era uma necessidade. Como lançamos uma coleção toda semana, e todo mês temos um tema, as lives caem como uma luva. O caminho para levar o consumidor para as lives é apresentar uma história nova a cada edição.[3]

Para apresentar no mercado o diferencial de sua marca surge a necessidade de se investir no seu produto e se destacar, pois numa concorrência a marca precisa estar preparada para quaisquer desafios que possa vir a enfrentar. Com isso, em pesquisas encontramos diversos sites que ensinam como alavancar suas *lives* e o passo a passo

3. Entrevista fornecida por Caito Maia, em agosto de 2020.

para fazer desse novo modelo um sucesso para o seu negócio.

Diante dessa perspectiva, se torna necessário a regulamentação das relações formadas entre o mercado e o consumidor, pois com o avanço de tamanha tecnologia novas formas de vínculos obrigacionais começam a ser criadas e a importância de dar diretrizes para esse crescimento desenfreado começa a fazer parte de uma realidade atual.

Nisso, pairam sempre algumas indagações em que é necessário a regulamentação do Direito, ao passo que de um lado temos empresas que detém todo o mercado e monopólio financeiro em um montante bastante denso e de outro o consumidor com sua hipossuficiência e num campo frágil nessa relação.

Portanto, como se dá essa relação consumerista criada e qual sua relação com o Direito? Em que pese sua aplicação na prática de uma relação obrigacional, quais os direitos e deveres de ambos nessa relação?

Diante dessas perguntas que o Direito deve se intentar em responder, também é necessária a existência em seus pensamentos a importância dessas novas relações e a exposição do próprio consumidor num cenário atual que entra em vigor a proteção de seus dados pessoais e a discussão de defesa na exposição de tais artifícios.

## 4. A relação jurídica entre *shopstreamings*

### 4.1. Dos contratos virtuais

É certo que se faz necessária a intervenção do Direito no âmbito dessa relação obrigacional que ascende de uma ideia consumerista em que de um polo tem-se a figura do detentor de um poder e do outro o consumidor que se torna parte frágil nessa proposta de acordo.

De uma relação jurídica sólida em que nasce o viés do direito líquido e certo, temos os chamados contratos virtuais, pois é a partir desses que essa relação obrigacional se formaliza e começa assim a exercer um papel de litígio.

Sendo assim, podemos definir os contratos virtuais como a autora Cláudia Lima Marques[4] descreve:

4. MARQUES, Cláudia Lima. Confiança no comércio eletrônico e a proteção do consumidor – São

Podemos definir comércio eletrônico de uma maneira estrita, como sendo uma das modalidades de contratação não presencial ou à distância para a aquisição de produtos e serviços através do meio eletrônico ou via eletrônica. De maneira ampla, podemos visualizar o comércio eletrônico como um novo método de fazer negócios através de sistemas de redes eletrônicas.

Posto isso e, considerando que a relação de contratos virtuais já faz parte de um mundo tecnológico, evoluído e avançado que vem crescendo desde o advento dessa era de conexão, temos inclusive jurisprudências que tratam sobre o tema. Vejamos:

APELAÇÃO CÍVEL - AÇÃO COBRANÇA - CONTRATO VIRTUAL - ASSINATURA SUBSTITUÍDA POR CÓDIGO DE ADESÃO - AUSÊNCIA DE ASSINATURA DE PRÓPRIO PUNHO - DESNECESSIDADE - CONVENCIMENTO RACIONAL E MOTIVADO PELO JUIZ - APLICABILIDADE DA REGRA DE EXPERIÊNCIA - PEDIDO PROCEDENTE - SENTENÇA REFORMADA. O contrato virtual é meio atualmente aceito para celebração de negócios jurídicos de forma mais célere. O julgador deve se valer das regras de experiência quando houver necessidade de se extrair dos elementos dos autos o convencimento sobre o direito em conflito. Recurso não provido.

(TJ-MG - AC: 10024080760119002 Belo Horizonte, Relator: Gutemberg da Mota e Silva, Data de Julgamento: 12/07/2011, Câmaras Cíveis Isoladas / 10ª CÂMARA CÍVEL, Data de Publicação: 22/07/2011)

E também:

EMENTA: APELAÇÃO - AÇÃO DE COBRANÇA - CONTRATO VIRTUAL - ASSINATURA SUBSTITUÍDA POR CÓDIGO DE ADESÃO - AUSÊNCIA DE ASSINATURA DE PRÓPRIO PUNHO - DESNECESSIDADE - CONVENCIMENTO RACIONAL E MOTIVO DO JUIZ - APLICABILIDADE DA REGRA DE EXPERIÊNCIA - PEDIDO PROCEDENTE - SENTENÇA MANTIDA. O contrato virtual é meio atualmente aceito para celebração de negócios jurídicos de forma mais célere. O julgador deve se valer das regras de experiência quando houver necessidade de se extrair dos elementos dos autos o convencimento sobre o direito em conflito. Recurso desprovido.

(TJ-MG - AC: 10024120601745002 MG, Relator: Newton Teixeira Carvalho, Data de

---

Paulo: Revista dos Tribunais, 2004, p. 38/39.

Julgamento: 28/01/2016, Data de Publicação: 05/02/2016)

É notório que o Egrégio Tribunal de Justiça do Estado de Minas Gerais já colaciona a favor do modelo de contrato virtual e, assim estabelece a validade do contrato firmado de forma eletrônica, principalmente, no momento de sua fala em que deixa claro: "O contrato virtual é meio atualmente aceito para celebração de negócios jurídicos de forma mais célere".

No tocante a isso, diversos doutrinadores trazem em suas obras os conceitos dos contratos virtuais.

Maria Helena Diniz[5] conceitua como:

> O contrato virtual opera-se entre o titular do estabelecimento virtual e o internauta, mediante transmissão eletrônica de dados. É usual no escambo; na cessão de uso; nas operações de valores mobiliários, nas aplicações financeiras por meio de *homebanking*; na confecção de homepage; na criação de banners, na compra de softwares, automóveis, livros, flores, imóveis, etc.; barateando os custos dos serviços e dos produtos virtuais ou não, proporcionando comodidade na efetivação dos negócios, diminuindo a arrecadação de imposto sobre venda; reduzindo custos administrativos, encurtando o processo de distribuição e intermediação, dando maior celeridade nas negociações.

Diniz[6] ainda complementa sua fala dizendo:

> Frente a esta nova realidade, começa a aparecer, no mundo jurídico, vários questionamentos. Neste sentido, como assegurar-se, juridicamente, dos contratos eletrônicos concretizados através da internet? Qual a norma a ser aplicada para resolução destes conflitos? Como tratar estas novas características de negócio, entre outras questões?

Na mesma linha de raciocínio, o professor Fábio Ulhôa[7] diz:

> O direito positivo brasileiro não contém nenhuma norma específica sobre o comércio

5. DINIZ, Maria Helena. Curso de direito civil brasileiro, v.04. Direito das coisas, 22. ed. atualizada de acordo com o novo código civil. São Paulo: Saraiva, 2007. p. 754.
6. DINIZ, Maria Helena. Curso de direito civil brasileiro, v.04. Direito das coisas, 22. ed. atualizada de acordo com o novo código civil. São Paulo: Saraiva, 2007. p. 755.
7. COELHO, Fábio Ulhôa. Curso de Direito Comercial. 6 ed. São Paulo: Saraiva. 2006. v. 3.p. 42.

eletrônico, nem mesmo na legislação consumerista de 1990 (a lei argentina de defesa dos consumidores, de 1994, já se refere ao tema, ao conceituar as vendas por correspondências: art. 32). Assim, o empresário brasileiro dedicado ao comércio eletrônico tem, em relação ao consumidor, exatamente as mesmas obrigações que a lei atribui aos fornecedores em geral. A circunstância de a venda ter-se realizado num estabelecimento físico ou virtual em nada altera os direitos dos consumidores e os correlatos deveres dos empresários. O contrato eletrônico de consumo entre brasileiros está, assim, sujeito aos mesmos princípios e regras aplicáveis aos demais contratos (orais ou escritos) disciplinados pelo Código de Defesa do Consumidor.

## 4.2. Do código de defesa do consumidor (cdc)

Explicitando o Código de Defesa do Consumidor e aludindo a dois conceitos trazidos ao longo desse texto, verificamos assim a definição de cliente e fornecedor. Vejamos:

> Art. 2° Consumidor é toda pessoa física ou jurídica que adquire ou utiliza produto ou serviço como destinatário final.
>
> Art. 3° Fornecedor é toda pessoa física ou jurídica, pública ou privada, nacional ou estrangeira, bem como os entes despersonalizados, que desenvolvem atividade de produção, montagem, criação, construção, transformação, importação, exportação, distribuição ou comercialização de produtos ou prestação de serviços.

Nessa grande mudança da relação econômica que advém de um cenário muito atual, o Código de Defesa do Consumidor e também o Código Civil não distinguem e tampouco trazem uma regulamentação para esse ambiente. No entanto, levando em consideração que para a prática do *shopstreaming* há uma relação existente de consumidor e fornecedor prevalece o amparo assim ao CDC.

Carlos Alberto Bittar[8] colaciona:

> (...) é possível adequar de forma satisfatória as relações virtuais às atuais leis brasileiras, eis que os contratos pela internet se formam da mesma forma que os contratos tradicionais (negociações preliminares, proposta, aceite), sendo que a única diferença

8. BITTAR, Carlos Alberto. Direitos do Consumidor: Código de Defesa do Consumidor. Rio de Janeiro: Forense Universitária, 2013.

entre ambos é o meio por onde se desenvolvem. Por esta mesma razão o comércio eletrônico também se submete às disposições do Código de Defesa do Consumidor, sem maior esforço hermenêutico, o que é ponto pacífico na doutrina brasileira.

Com isso, é imprescindível constatar que o Direito não pode ignorar a realidade que cresce em um tempo tão remoto e que, devido as suas características se predispõe a se tornar parte dessa sociedade cada vez mais dependente da tecnologia pela sua presença em todos os espaços, fazendo com que o Direito, na adaptação desse desenvolvimento social, possa criar proteção para assegurar a garantia nas relações de consumo, principalmente, no advento do comércio eletrônico.

## 4.3. Da lei geral de proteção de dados pessoais (LGPD)

Em vigor, a Lei nº. 13.709 de 14 de agosto de 2018 dispõe sobre a proteção de dados dos usuários que estão conectados nesse cenário tecnológico desenvolvido.

Assim diz o art. 1º da referida lei:

> Art. 1º Esta Lei dispõe sobre o tratamento de dados pessoais, inclusive nos meios digitais, por pessoa natural ou por pessoa jurídica de direito público ou privado, com o objetivo de proteger os direitos fundamentais de liberdade e de privacidade e o livre desenvolvimento da personalidade da pessoa natural.

O advento da lei em questão traz uma complexidade maior em realizar os serviços de compra e venda online de seus produtos, pois além de se atentar com o Código de Defesa do Consumidor, conforme descrito em tópico anterior, ainda surge a importância de dar ênfase na proteção dos dados dos internautas que utilizam essas plataformas digitais a todo momento.

É certo assim, que a partir dessa análise nasce também a ideia de defesa da relação jurídica constituída pelo acordo através da relação firmada no *shopstreaming*, em que existe uma parte hipossuficiente e que precisa de amparo na sua preservação.

Sendo assim, através dessa relação construída surge a necessidade de adoção da LGPD também no firmar contrato de compra e venda, atendendo sempre a realização de tais medidas mediante a boa-fé de ambos lados na relação.

No tocante a isso, já presenciamos entendimento de diversos tribunais pelo Brasil em que colacionam sobre o tema. Vejamos:

AÇÃO DE OBRIGAÇÃO DE FAZER E DE INDENIZAÇÃO POR DANOS MORAIS. BANCO DE DADOS. APLICAÇÃO DA LEI 12.414/11. COLETA, ARMAZENAMENTO E DISPONIBILIZAÇÃO DE DADOS PESSOAIS DE PESSOAS SEM AUTORIZAÇÃO OU COMUNICAÇÃO DO CADASTRADO. DANO MORAL IN RE IPSA E DEVER DE EXCLUSÃO. APLICAÇÃO DO CÓDIGO DE DEFESA DO CONSUMIDOR. É causa bastante para ofensa moral a coleta, armazenamento e disponibilização a terceiros consulentes de dados pessoais de pessoa física de forma ilegal pelo gestor do cadastro ou banco de dados, se o faz de forma excessiva e à revelia do cadastrado, contrariamente ao que propugna a Lei do Cadastro Positivo – Lei 12.414/11 - e Código de Defesa do Consumidor. Precedentes do STJ e do TJSP. Quantum da reparação arbitrado com acerto em R$6.000,00. Sentença mantida. Recurso desprovido.

(TJ-SP - RI: 10045835120208260344 SP 1004583-51.2020.8.26.0344, Relator: José Antonio Bernardo, Data de Julgamento: 24/09/2020, 1ª Turma Cível, Data de Publicação: 25/09/2020)

Observemos também o acórdão abaixo:

EMENTA: APELAÇÃO CÍVEL - AÇÃO DE INDENIZAÇÃO - VIOLAÇÃO DE SIGILO DE DADOS POR ATAQUE CIBERNÉTICO - DANO MORAL CONFIGURADO - REDUZIR VALOR DA INDENIZAÇÃO. - As consequências que decorreram da invasão dos dados cadastrais da autora por terceiros desautorizados, causaram abalos moral, passíveis de reparação - Em acordo com as peculiaridades do caso, entendo que o valor da indenização fixada pelo juiz sentenciante deve ser reduzido, O que proporciona a reparação pecuniária do dano à ofendida e o efeito pedagógico ao ofensor, evitando-se a reiteração de condutas dessa natureza, sem que haja enriquecimento ilícito sem causa.

(TJ-MG - AC: 10000190612994001 MG, Relator: Shirley Fenzi Bertão, Data de Julgamento: 14/08/2019, Data de Publicação: 19/08/2019)

Podemos também presenciar o mandado de segurança abaixo na utilização de dados dos usuários de linhas telefônicas para monitoração de circulação para entender as taxas de isolamento no país durante a pandemia do Covid-19. No que se vê:

MANDADO DE SEGURANÇA "Acordo de Cooperação" firmado entre o Instituto de Pesquisas Tecnológicas - IPT e as operadoras Vivo, Claro, OI e TIM, para monitorar fluxos de deslocamento durante a quarentena de contenção do vírus COVID-19.

> PLATAFORMA BIG DATA gerida pela ABR Telecom recebe dados anonimizados e agregados, sem a possibilidade de identificação do titular do dado e da prestadora que a disponibilizou. Ferramenta WEB acessado pelos entes públicos que possui apenas recursos de visualização de gráficos e mapas de isolamento e de circulação com dados do dia anterior. Arcabouço legislativo que ampara a medida. Parecer favorável da ANATEL em caso semelhante, envolvendo compartilhamento de dados entre telefonias e o IBGE. Assegurado o anonimato. Não comprovada ofensa a direito individual. Precedentes do Eg. Superior Tribunal de Justiça. Ordem denegada.
>
> (TJ-SP - MS: 20737232320208260000 SP 2073723-23.2020.8.26.0000, Relator: Evaristo dos Santos, Data de Julgamento: 04/06/2020, Órgão Especial, Data de Publicação: 17/06/2020)

Com isso, podemos definir os modelos de contratos eletrônicos adotados e perceber a adesão que alcança em sua celebração, pois assim como relatado no decorrer desses tópicos sabemos que será uma relação muito comum e de grande crescimento não somente enquanto durar a pandemia enfrentada, mas também nas relações comerciais que irão permanecer.

Nisso, podemos dizer que será cada vez mais importante o Direito entrar em ação e fazer com que essas relações não sejam tão afetadas nem durante o cenário de pandemia e, nem mesmo no modelo de negócio de *shopstreaming* que se instalará como forma de celebração contratual num mundo pós-pandemia.

### 4.4. Do regime jurídico emergencial e transitório das relações jurídicas de direito privado (rjet) no período da pandemia do coronavírus (covid-19)

Com o avanço acelerado da pandemia do Covid-19 pelo Brasil e as mudanças nas relações comerciais existentes, além do sofrimento da economia do país surgiu então a necessidade de amparo às diversas formas de vínculos obrigacionais.

Nesse cenário surge então o Regime Jurídico Emergencial e Transitório das Relações Jurídicas de Direito Privado, o RJET, que vem com resolução aos conflitos contratuais percebíveis durante o período de crise vivenciado. Esse regime que entrou em vigor pela Lei nº. 14.010 de 10 de junho de 2020 dispõe acerca da propositura de garantia à hipossuficiência do consumidor e cliente. Vejamos:

> Art. 1º Esta Lei institui normas de caráter transitório e emergencial para a regulação

de relações jurídicas de Direito Privado em virtude da pandemia do coronavírus (Covid-19).

É necessário salientar a importância que se dá em torno das relações comerciais que ascendem a partir de uma grave crise na saúde, mas que propõe novas de formas de vivência e continuidade na transformação que o comércio vem sofrendo ao longo dos anos.

## 5. Conclusão

O que não pode deixar de ser notável, após toda essa reflexão demonstrada é que, certamente, no mundo pós pandemia haverá o *shopstreaming*, porém sendo adaptado às mudanças de cada cenário que encontraremos. Claro que teremos uma infinidade de incógnitas de como se dará essa relação, ao passo que não saberemos que mundo encontrar após o fim dessa crise mundial que estamos.

Certo é notar também que o crescimento que as *lives* tiveram no decorrer desse cenário não será mais um fim fácil e certo, pois o próprio consumidor foi acostumado a viver nesse mundo conturbado e ter à sua frente o seu produto, fazendo com que seu vínculo se solidifique e se construa de uma forma mais eficiente.

Percebe-se também que tutelar as diversas relações consumeristas não é algo atual e que mais uma vez ascende uma nova forma de propor essa relação e que, consequentemente, exige a figura jurídica como mediador dessa prática obrigacional.

Presenciamos também os diversos eixos dentro na normativa jurídica brasileira que já está trabalhando para regulamentar essa prática eletrônica de relação consumerista. Ao passo que temos o CDC, reconhecendo o consumidor numa situação de vulnerabilidade, na relação de consumo, e com isso necessário protege-lo de práticas abusivas.

Nessa perspectiva, o que é evidenciado ao longo desse texto é a prevalência da boa-fé e princípios constitucionais nessa relação de consumo, em que se nota a importância da análise do contrato que está sendo firmado no nascimento de tal relação, no que ambas estão cientes de seus direitos, deveres e garantias assumidos com a prática dessa relação.

E, com essas novas formas criadas por esse mundo globalizado e que usa da facilidade de serviços por meio do serviço eletrônico de contratos virtuais aumenta mais ainda as práticas de compras e vendas e o hábito intenso de consumo na sociedade.

Com isso, evidencia-se a legislação como forma de amparar a relação nascente e tomar suas devidas precauções nas celebrações e fiscalizações de tais medidas e ainda coloca em questão o Direito sendo preparado para atender as demandas essenciais que se cria com esse processo.

No tocante a isso, temos que nos perguntar e nos preocupar em responder essas questões, pois a pandemia veio para mudar o mundo, revitalizar e o colocar em uma profunda transformação e, a mediante todo à análise exposta a única coisa que continua sendo certeza é que: de que nada no mundo não será como antes.

**Referências**

APUD. Marques, Cláudia Lima. Confiança no comércio eletrônico e a proteção do consumidor. São Paulo: Revista dos Tribunais, 2004.

DINIZ, Maria Helena. Curso de direito civil brasileiro, v.04. Direito das coisas, 22. ed. atualizada de acordo com o novo código civil. São Paulo: Saraiva, 2007.

COELHO, Fábio Ulhôa. Curso de Direito Comercial. 6 ed. São Paulo: Saraiva. 2006. v. 3.

BRASIL. Lei nº 8.078, de 11 de setembro de 1990. Dispõe sobre a proteção do consumidor e dá outras providências.

BITTAR, Carlos Alberto. Direitos do Consumidor: Código de Defesa do Consumidor. Rio de Janeiro: Forense Universitária, 2013

BRASIL. Lei nº 13.709, de 14 de agosto de 2018. Lei Geral de Proteção de Dados Pessoais (LGPD).

BRASIL. Lei nº 14.010, de 10 de junho de 2020. Dispõe sobre o Regime Jurídico Emergencial e Transitório das relações jurídicas de Direito Privado (RJET) no período da pandemia do coronavírus (Covid-19).

# SEGURANÇA E VALIDADE JURÍDICA DOS CONTRATOS ELETRÔNICOS: ANÁLISE DAS RELAÇÕES DE CONSUMO NA PANDEMIA DE COVID-19 A PARTIR DO DIÁLOGO DE FONTES

# 4

**Isabela Soares Bicalho**

**Rúbia Rossato Ribeiro**

## 1. Introdução

O desenvolvimento tecnológico trouxe modificações significativas para o seio social, visto que as relações passaram a ser mais rápidas e tendenciosamente menos profundas. Assim sendo, negociações que demandavam tempo e eram efetivadas sobre pessoas de uma mesma comunidade, passaram a ser efetuadas em apenas um "click" e entre partes que estão à quilômetros de distância. Surgem neste contexto os contratos eletrônicos para facilitação dos negócios jurídicos em meio a essa modificação virtual.

A internet motivou inúmeros novos eventos sociais e as instituições, especificamente o âmbito jurídico, tiveram que iniciar um movimento de adaptação. Um sistema acostumado a firmar negociações entre partes físicas e próximas precisou se reinventar para instituir uma nova forma em que as partes, mesmo não se conhecendo fisicamente ou dialogando diretamente, pudessem celebrar o negócio jurídico.

Portanto, as legislações tiverem que criar institutos e materiais que regessem os contratos eletrônicos, visto que estes têm de oferecer segurança jurídica em meio as adversidades virtuais para se configurarem válidos, já que devem expor o resultado prometido para as partes. Nesse viés, surgem o Decreto nº 7.962/2013 e o Marco Civil da Internet, além das leis já vigentes que também passam a regular essa matéria, quais seja, o Código Civil e o Código de Defesa do Consumidor.

Por tudo isso, este artigo tem como objetivo central expor como o ordenamento jurídico brasileiro lida com os contratos eletrônicos, principalmente no que tange a sua ascensão em decorrência da pandemia de COVID-19, dado que a necessidade de ficar em casa e cumprir o isolamento social denotaram em uma maior procura por relações contratuais em meio virtual.

Destarte, este artigo também busca apresentar de que forma os contratos virtuais são determinados como válidos e seguros, ou seja, quais os requisitos e limites dessa tipificação sob a égide do direito brasileiro. Além disso, visa apontar quais os direitos e garantias são do consumidor na relação de consumo por meio eletrônico, desmitificando o mito de que a internet é um lugar que não se incide normas.

O presente artigo objetiva também expor como as relações de consumo podem ser interpretadas através do diálogo de fontes, visto que consiste em um mecanismo importante no ordenamento jurídico por possibilitar que mais de uma legislação alcance o ambiente virtual, colaborando umas às outras para que o espaço e as relações consumeristas por meio eletrônico sejam integralmente regularizadas.

Em relação à natureza da pesquisa, aplica-se a pesquisa qualitativa, uma vez que é utilizada na busca de percepções e entendimentos sobre a questão principal, buscando compreendê-la e explicá-la através de análise validada, com a demonstração da cientificidade dos dados aplicados e dos entendimentos produzidos[1].

Para Marilia Cecília de Souza Minayo[2]:

> A pesquisa qualitativa trabalha com o universo de significados, motivos, aspirações, crenças, valores e atitudes, o que corresponde a um espaço mais profundo das relações, dos processos e dos fenômenos que não podem ser reduzidos a operacionalizações de variáveis.

Ademais, em relação à sua classificação, utiliza-se a pesquisa bibliográfica, desenvolvendo-se a partir de materiais já elaborados, compostos essencialmente por livros e

1. CHIZZOTTI, Antônio. Pesquisa em Ciências Humanas e Sociais. 2 ed. São Paulo: Cortez Editora.
2. MINAYO, Marilia Cecília de Souza (Org.). Pesquisa social: teoria, método e criatividade. Petrópolis: Vozes, 2001.

artigos científicos. A pesquisa bibliográfica permite ao pesquisador abranger diversos fenômenos de forma ampla e em grandes espaços de tempo, sendo de grande importância na realização deste artigo[3]. Utiliza-se também o estudo da legislação brasileira para o embasamento legal e jurídico.

## 2. Contratos

Os contratos são instrumentos intrínsecos a vida humana, ou seja, é indubitável a importância desses instrumentos para o desenrolar das relações sociais e econômicas. O contrato é uma das principais fontes obrigacionais existentes, diante da sua importância no mundo jurídico, tendo como objetivo a geração, modificação ou a extinção de direitos e deveres patrimoniais.

A relação jurídica contratual é um negócio jurídico e necessita de alguns requisitos para ser formada, quais sejam, ser composta por mais de uma parte (bilateral ou plurilateral), depreender-se da vontade humana e estar conformada com a legislação. Ademais, é necessário salientar que o contrato não regula apenas a patrimonialidade no âmbito do direito privado, mas também as relações patrimoniais no âmbito do direito público.

Para a pensadora Maria Helena Diniz[4]:

> O contrato é o acordo de duas ou mais vontades, na conformidade da ordem jurídica, destinado a estabelecer uma regulamentação de interesses entre as partes, com o escopo de adquirir, modificar ou extinguir relações jurídicas de natureza patrimonial.

Todavia, com o advento da modernidade e as inúmeras alterações no cenário brasileiro, alguns autores construíram um conceito pós-moderno sobre os contratos que está sendo utilizado atualmente. Paulo Nalin[5], participante dessa corrente contemporânea, expõe que:

> Contrato é a relação jurídica subjetiva, nucleada na solidariedade constitucional,

---

3. GIL, Antônio Carlos. Como elaborar projetos de pesquisa. 4. ed. São Paulo: Atlas, 2007.
4. DINIZ, Maria Helena. Direito Civil Brasileiro. 1º volume – Teoria Geral do Direito Civil. São Paulo: Saraiva, 2003.
5. NALIN, Paulo. Do contrato: conceito pós-moderno. 1. ed., 5. tir. Curitiba: Juruá, 2005.

destinada à produção de efeitos jurídicos existenciais e patrimoniais, não só entre os titulares subjetivos da relação, como também perante terceiros.

O Código Civil de 2002[6] não expõe em sentido estrito o conceito de contrato, mas apresenta vinte e três espécies contratuais, dispostas nos artigos 481 a 853, além das declarações unilaterais da vontade, títulos de crédito e obrigações por atos ilícitos. O Código supra evidencia a matéria contratual sob a ótica do princípio da socialidade, ou seja, busca realizar valores sociais e proteger os direitos metaindividuais. Essa concepção social é denominada função social do contrato, um dos principais preceitos do cenário contratual que busca a justiça comutativa.

A função social dos contratos subordina a liberdade contratual, como é posto no artigo 421 do Código Civil, visto que mesmo que o contrato tenha sido acordado entre as partes, deve estar conformado com os interesses de ordem pública. Desta forma, é possível afirmar que a função social pode ser associada a autonomia de vontade e a obrigatoriedade do contrato, todavia, se não estiverem em consonância, pode impedir que estes prevaleçam.

Diante disso, além de cumprir a função social, o contrato também deve cumprir o aspecto individual, ou seja, o contrato deve visar também o interesse das partes. Segundo Carlos Roberto Gonçalves[7], a função social do contrato só estará preenchida quando o intuito expuser uma fonte de equilíbrio contratual. Além da cláusula geral que apresenta a função social do contrato, o Código Civil exige que os negócios jurídicos sejam exercidos com probidade e boa-fé, como ordena em seu artigo 422[8].

## 2.1. Contrato eletrônico

Com o advento da terceira revolução industrial houve o surgimento do ciberespaço e a modificação das relações sociais, as quais se tornaram majoritariamente

6. BRASIL. Lei n. 10.406, 10 de janeiro de 2002. Institui o Código Civil. Diário Oficial da União, Brasília, DF, 11 jan. 2002.
7. GONÇALVES, Carlos Roberto. Direito civil brasileiro: contratos e atos unilaterais. 14. ed. São Paulo: Saraiva, 2017.
8. BRASIL. Lei n. 10.406, 10 de janeiro de 2002. Institui o Código Civil. Diário Oficial da União, Brasília, DF, 11 jan. 2002.

virtuais e, consequentemente, mais complexas. A evolução dos meios de comunicação cooperou para que os mecanismos utilizados na celebração contratos se sofisticassem e se tornassem mais eficazes nesse novo cenário.

Cada vez mais as empresas se tornam mais presentes no meio virtual e consequentemente consagram majoritariamente seus contratos em vias eletrônicas, que tiveram destaque com a eclosão da pandemia proveniente do COVID-19. Assim, surge uma nova modalidade de contratos com características inovadoras a serem observadas.

A diferenciação do contrato físico e do contrato virtual se depreende primeiramente pelo momento de formação, visto que o este é formalizado eletronicamente. Além disso, Fábio Ulhôa Coelho[9] considera como necessária para legitimação do contrato virtual, a transmissão eletrônica de dados proveniente de uma exteriorização de vontade das partes que não se depreende oralmente ou decorrente da escrita, mas sim por meio virtual.

Destarte, a percepção jurisprudencial no Brasil sobre a matéria contratual eletrônica, depreende como:

> DIREITO DO CONSUMIDOR. AÇÃO DE COBRANÇA. CONTRATO ELETRÔNICO. ALEGADA AUSÊNCIA DOS TERMOS DO CONTRATO DE ADESÃO. ÔNUS DA PROVA. INVERSÃO. POSSIBILIDADE TECNOLÓGICA DE COMPROVAÇÃO. CONFIGURADA. NÃO IMPLEMENTADA. TERMO GERAL DO CONTRATO DE MÚTUO. INEXISTÊNCIA. ELEMENTOS PROBANTES. AUSÊNCIA. DEVER DE REGISTRO DOS ATOS PRATICADOS. COMPROMISSO DE TRANSPARÊNCIA E DE INFORMAÇÃO. INCIDÊNCIA. CAPITALIZAÇÃO MENSAL DE JUROS. AUSÊNCIA DE PACTUAÇÃO EXPRESSA. VEDADA. SENTENÇA REFORMADA. MAJORAÇÃO DA SUCUMBÊNCIA. 1. Serviços prestados por instituição bancária estão sob guarda do Código de Defesa do Consumidor, Súmula n. 297 do STJ. 2. O contrato eletrônico é de mesma espécie do contrato tradicional, não se tratando de uma nova modalidade de contratação, divergindo apenas em sua forma, pois possui os mesmos requisitos para a sua validade jurídica. 3. O documento digital deve atender aos requisitos de identificação, autenticação, impedimento de rejeição, verificação e integridade, privacidade e aos princípios da

9. COELHO, Fábio Ulhôa. Curso de Direito Comercial. 4. ed. São Paulo: Saraiva, 2003.

> neutralidade e da perenidade das normas reguladoras do ambiente digital, conservação e aplicação das normas jurídicas existentes aos contratos eletrônicos, boa-fé objetiva e figura do iniciador [...] [10].

A internet modificou inúmeras características contratuais com essa nova espécie de documento proveniente de um acordo de vontades, entre as novas configurações, estão: o caráter aberto, a internacionalidade, a interatividade, possibilidade de comunicação em tempo real e a capacidade de diminuição dos custos de transação. Logo, os contratos eletrônicos apresentam características diferentes dos contratos *strictu sensu*, visto que configuram uma nova forma de relação jurídica que prima pela rapidez e interação que transpassa distâncias.

A desterritorialização das relações contratuais virtuais, que corresponde ao fácil acesso geograficamente, desmistifica o ideal de territorialidade posto até então pela teoria contratual. As relações virtuais podem ser celebradas entre pessoas de lugares diferentes ou até mesmo continentes distintos, ou seja, o espaço virtual desconhece limites territoriais.

Diante dessa perda no significado de distância, é comum que ações contratuais virtuais sejam realizadas sem controle ou fiscalização estatal. Por esse motivo, há dificuldade em determinar a legislação estatal vigente já que pessoas de nacionalidade diferentes podem estar efetuando contratos em plataformas de origens distintas, sem que o Estado tenha ciência das operações firmadas.

As atividades virtuais têm como característica basilar a agilidade temporal, que ocorre devido à sobreposição de distâncias, fazendo com que a comunicação entre as partes seja em tempo real e que a celebração se dê quase imediatamente. A aceleração do tempo proveniente do advento virtual ignora as adversidades geográficas que são levadas em conta pelo legislador na teoria contratual. Ricardo Luis Lorenzetti[11] disserta sobre o "tempo virtual":

> O cidadão do século XIX que quisesse visitar um amigo ou contratar com determinada empresa de um país distante deveria despender um recurso escasso: o tempo. As viagens demoravam meses. Atualmente, a tecnologia permite a comunicação

10. BRASIL. Tribunal de Justiça do Distrito Federal e Territórios. Apelação Cível No 20120111804179. Relator: Min. Romeu Gonzaga Neiva Brasília, DF, 19 de julho de 2017.
11. LORENZETTI, Ricardo Luis. Comércio Eletrônico. São Paulo: Revista dos Tribunais, 2004.

instantânea com qualquer parte do mundo: já não se consome o recurso escasso, e, portanto, acentuam-se as trocas, independentemente das distancias.

A representação do estabelecimento se perfaz por meio eletrônico em contratos virtuais, sendo normal que empresas tenham perfis cibernéticos, mas sejam inacessíveis fisicamente. Esse efeito é proveniente da ascensão virtual e se acirrou em decorrência da atual pandemia, visto que houve o fechamento de inúmeros estabelecimentos fisicamente e um aumento considerável de vendas on-line, já que esse tipo de contrato eletrônico não necessita de estabelecimento físico para ser firmado.

Por fim, é necessário frisar que os contratos celebrados em plataforma virtuais se configuram como documentos eletrônicos. Essa tipificação se caracteriza pela ausência de estrutura física, já que tem seu por meio suporte eletrônico. O valor do documento contratual eletrônico advém da assinatura eletrônica, visto que essa tenta reduzir a problemática em torno da identidade da parte, a qual está celebrando a relação jurídica.

## 2.2. Segurança e validade jurídica do contrato eletrônico

Tanto os contratos eletrônicos quanto as demais tipificações contratuais, para serem válidas devem conter elementos intrínsecos a sua existência, já que a celebração por meio digital não descarta a necessidade de abranger os elementos de existência e validade dos contratos em geral. Esses pressupostos são determinados no artigo 104 do Código Civil, como: agente capaz, objeto lícito, possível, determinado ou determinável e com forma prescrita ou não defesa em lei.

Essa necessidade de pressupostos está conectada a segurança da relação jurídica, visto que caso haja algumas adversidades as partes podem levantar a documentação contratual válida como meio de prova. Desta forma, para que os contratos eletrônicos sejam dotados de segurança, mesmo que em um meio novo e imprevisível, devem apresentar os requisitos do artigo 104 do Código Civil.

Para que o contrato seja válido é necessário que as partes sejam capazes juridicamente de realizar os atos pretendidos. O Código Civil determina que são sujeitos plenamente capazes apenas os maiores de dezoito anos, porém há também os sujeitos que detém capacidade relativa, quais seja, os indivíduos que têm dezesseis até dezoito anos com auxílio de um sujeito plenamente capaz.

Em função disso, os sites da internet, antes da realização de um contrato eletrônico, solicitam que o usuário preencha um formulário com dados pessoais, dentre os quais está a data de nascimento, já que para estabelecer uma relação contratual é necessário ter mais de dezoito anos. Deste modo, são vedadas transações eletrônicas em que qualquer das partes tenha menos de dezoito anos.

Além disso, para firmar uma relação contratual é necessário que as partes tenham consentimento sobre o objeto do contrato, o acordo e as cláusulas que o compõem. Esse consentimento é imprescindível para que a relação contratual seja firmada e deve ser livre e espontâneo.

A maioria dos sites virtuais, ao final da compra, oferece uma alternativa que é indispensável para a formalização do contrato, apresentada com os dizeres "li e concordo com os termos e condições de uso". Sobre estes termos e condições, por serem majoritariamente firmados em contratos de consumo e de adesão, aplica-se o Código de Defesa do Consumidor.

Assim como os contratos gerais, os contratos eletrônicos devem ter um objeto lícito, possível e determinado ou determinável, o qual também é aplicado aos contratos de serviço. Por fim, para a formalização do contrato é necessário que este se realize de forma livre, desde que não seja prescrita outra forma em lei, como aborda o artigo 107 do Código Civil.

A relação contratual virtual está embasada sobre um documento eletrônico, tendo-se, diante dessa mudança, a necessidade de tornar mais seguras as relações contratuais postas através da internet. A substituição do contrato de papel advém do desenvolvimento social e tecnológico da contemporaneidade e tem se tornado cada vez mais comum.

Nesse sentido, para que houvesse maior segurança e validade nos negócios jurídicos eletrônicos, alguns meios foram adotados, quais sejam, a assinatura eletrônica, a certificação eletrônica e autenticação eletrônica. Assim, os documentos que constam esses requisitos são autênticos, íntegros e meios probatórios. Os documentos advindos de meios virtuais ainda não são disciplinados legalmente e por isso há a necessidade desses requisitos para que sejam considerados provas em algum litígio. A jurisprudência brasileira já entende a assinatura digital como manifestação de vontade das partes e ato probatório:

PROCESSUAL CIVIL. AGRAVO DE INSTRUMENTO. EXECUÇÃO DE TÍTULO EXTRAJUDICIAL. EXECUÇÃO DE PRÉ-EXECUTIVIDADE. CONTRATO ELETRÔNICO. ASSINATURA DIGITAL. VALIDADE. INCLUSÃO DO FIADOR APÓS A CITAÇÃO DO EXECUTADO. POSSIBILIDADE. ART. 264 DO CPC. INAPLICABILIDADE.

*In casu*, não merecem prosperar as alegações do excipiente de ausência de assinatura de duas testemunhas no contrato objeto da presente execução, bem como a indevida inclusão de seu nome no polo passivo, após a citação da principal devedora. A uma, porque conforme se infere do documento de f., o contrato foi assinado por testemunhas, ainda que se trate de assinatura digital; convém ressaltar que em razão das inovações eletrônicas, a forma do contrato pode ser diferente, mas não descaracteriza sua essência; a duas, porque não sendo localizados bens do executado passíveis de penhora, caberá ao fiador responder pela dívida, nos termos do contrato pactuado entre as partes. No que concerne à assinatura por duas testemunhas, a decisão agravada merece prosperar por seus próprios fundamentos. Consoante previsão do item 5.1 do instrumento contratual, 'a contratação de financiamento no âmbito do Programa Juro Zero será formalizada eletronicamente, com a utilização de assinatura digital da empresa, da FINEP e de testemunhas, no Formulário de Solicitação de Financiamento, o qual será também assinado digitalmente pelo Parceiro, na qualidade de Interveniente Anuente' (f.). O documento de f. representa o próprio formulário de solicitação referido na cláusula contratual, não havendo que se falar na apresentação de um segundo contrato, como alegado pelo recorrente, com a assinatura de duas testemunhas, nos termos do art. 585, II, do CPC. Destaque-se, ainda, que a possibilidade de assinatura eletrônica encontra-se prevista no art. 10 da MedProv 2.200-02, *in verbis*: 'Art. 10. Consideram-se documentos públicos ou particulares, para todos os fins legais, os documentos eletrônicos de que trata esta Medida Provisória. § 1.º As declarações constantes dos documentos em forma eletrônica produzidos com a utilização de processo de certificação disponibilizado pela ICP-Brasil presumem-se verdadeiros em relação aos signatários, na forma do § 2.º O disposto nesta Medida Provisória não obsta a utilização de outro meio de comprovação da autoria e integridade de documentos em forma eletrônica, inclusive os que utilizem certificados não emitidos pela ICP-Brasil, desde que admitido pelas partes como válido ou aceito pela pessoa a quem for oposto o documento[12].

12. BRASIL. Tribunal Regional Federal da Segunda Região. Agravo de Instrumento no

A assinatura eletrônica cumpre o papel de lograr a favor da segurança jurídica dos contratos, por meio da identificação da parte. A assinatura digital é a aplicação de uma chave particular em um documento virtual e pode ser encontrada por qualquer usuário da internet, portanto, tem um caráter público para checagem de autenticidade.

Em meio a inúmeras novas características contratuais advindas da ascensão virtual, são necessárias mudança e adoção de novas ferramentas que garantam que os contratos firmados sejam válidos, seguros e não consonantes com vícios e ilegalidades. Para Antônio Lago Júnior[13], a assinatura tem três principais funções:

> Declarativa, ou seja, individuar o autor do documento; declaratória, que nada mais é do que a afirmação da autoria do conteúdo do documento pela pessoa nele individualizada; e probatória, isto é, garantir a autenticidade do documento.

Por fim, é necessário salientar que a Medida Provisória 2200-2 de 24 de agosto de 2001, estabeleceu a ICP (Infraestrutura de Chaves Públicas Brasileiras). Esse instituto tem como proposito regulamentar o andamento das assinaturas digitais e também monitora para que as relações contratuais virtuais sejam seguras. Desta forma, as assinaturas eletrônicas cumprem o seu papel de autenticar, manifestar vontade e celebrar um negócio virtual, expondo as reviravoltas do direito em prol do acompanhamento das mudanças contemporâneas.

## 3. Código de Defesa do Consumidor

O número de transações comerciais celebradas virtualmente está em pleno crescimento. Uma vez que em decorrência da pandemia de COVID-19 tornou-se mais cômodo e seguro, evitando-se encontros físicos com o fornecedor ou prestador de serviço e possíveis contaminações.

Assim, o comércio eletrônico se tornou a principal forma de celebração de contratos em um período que requer isolamento social. Contudo, mesmo com esse intenso crescimento, em questões formais, o contrato eletrônico não apresenta

2013.02.01.012986-0, da 10 Vara de Justiça Federal do Rio de Janeiro. Relator: Des. José Antônio Neiva. Rio de Janeiro, RJ, 02 de janeiro de 2013.

13. LAGO JÚNIOR, Antônio. Responsabilidade por atos ilícitos na Internet. São Paulo, 2001.

nenhuma legislação que regula especificamente as relações firmadas virtualmente.

Diante do diálogo de fontes, há a aplicação do Código de Defesa quando a relação virtual contém, impreterivelmente, fornecedor ou prestador de serviços e consumidor. Ou seja, quando o fornecedor expõe seus produtos em um estabelecimento virtual sediado no Brasil, deve estar ciente que suas relações e suas condutas devem estar em concordância com a legislação consumerista. Fabio Coelho Ulhôa[14] esclarece essa incidência do CDC sobre os contratos virtuais:

> O direito positivo brasileiro não contém nenhuma norma específica sobre o comércio eletrônico, nem mesmo na legislação consumerista de 1990 (a lei argentina de defesa dos consumidores, de 1994, já se refere ao tema, ao conceituar as vendas por correspondências: art. 32). Assim, o empresário brasileiro dedicado ao comércio eletrônico tem, em relação ao consumidor, exatamente as mesmas obrigações que a lei atribui aos fornecedores em geral. A circunstância de a venda ter-se realizado num estabelecimento físico ou virtual em nada altera os direitos dos consumidores e os correlatos deveres dos empresários. O contrato eletrônico de consumo entre brasileiros está, assim, sujeito aos mesmos princípios e regras aplicáveis aos demais contratos (orais ou escritos) disciplinados pelo Código de Defesa do Consumidor.

Em primeiro plano é necessário expor que o Código de Defesa do Consumidor (CDC), apresenta no artigo 1º seu caráter de ordem social e interesse público. Diante disso, não há necessidade do desejo das partes para que as normas incidam na situação, ou seja, não podem ser excluídas da aplicação.

É apresentado na legislação consumerista também as especificações que determinam a existência do fornecedor e do consumidor. Essas matérias são tratadas respectivamente nos artigos 2º e 3º do CDC que aduz:

> Art. 2º: Consumidor é toda pessoa física ou jurídica que adquire ou utiliza produto ou serviço como destinatário final.
>
> Art. 3º: Fornecedor é toda pessoa física ou jurídica, pública ou privada, nacional ou estrangeira, bem como os entes despersonalizados, que desenvolvem atividade de produção, montagem, criação, construção, transformação, importação, exportação,

14. COELHO, Fábio Ulhôa. Curso de Direito Comercial. 4. ed. São Paulo: Saraiva, 2003.

distribuição ou comercialização de produtos ou prestação de serviços[15].

Além disso, outro instituto importante que também vigora no comércio eletrônico é a transparência, posta no artigo 4º do CDC. Assim sendo, o fornecedor deve agir com clareza e lealdade ao informar o consumidor sobre o objeto ou produto e também sobre o conteúdo contratual. Tanto em relações contratuais comuns quanto nas relações virtuais, o consumidor deve estar ciente das informações e ter acesso a estas em sua completude.

Nesse artigo também é exposto que a Política Nacional das Relações de Consumo tem como enfoque os interesses e necessidades consumeristas. Ou seja, há o reconhecimento nesse instituto que o consumidor é a parte vulnerável e requer uma maior atenção, já que essa relação está constantemente em desequilíbrio.

A vulnerabilidade para Cláudia Lima Marques[16] é caracterizada por:

> Uma situação permanente ou provisória, individual ou coletiva, que fragiliza, enfraquece o sujeito de direitos, desequilibrando a relação de consumo. Vulnerabilidade é uma característica, um estado do sujeito mais fraco, um sinal de necessidade de proteção.

Portanto, é necessário salientar que os consumidores que celebram contratos virtuais são considerados também hipossuficientes, tendo seus direitos e proteção garantidos, mesmo que a relação contratual tenha se instaurado em meio a um cenário sem lugar físico. Assim sendo, mesmo que esse tipo de relação seja uma novidade no meio contratual e legal, os consumidores não se encontram desemparados e possuem suas ações vinculadas a legislação consumerista.

Uma matéria importante posta no Código de Defesa do Consumidor que se conecta diretamente com o contrato eletrônico é o preceito da liberdade, evidenciado no artigo 30 da legislação, que disciplina que o fornecedor deve veicular informação e publicidade em relação ao produto independente de qual seja o meio de

15. BRASIL. Lei nº 8.078, de 11 de setembro de 1990. Código de Defesa do Consumidor. Dispõe sobre a proteção do consumidor e dá outras providências, Brasília, DF, 11 set. 1990.
16. MARQUES, Claudia Lima. Manual de direito do consumidor. 2. ed. Antônio Herman V. Benjamin, Claudia Lima Marques e Leonardo Roscoe Bessa. São Paulo: Editora Revista dos Tribunais, 2009.

comunicação escolhido para consagração do contrato. Desta forma, há a validação de contratos eletrônicos, já que esses são celebrados em meio adverso ao comum.

Por fim, o Código de Defesa do consumidor também tem como enfoque regular as relações comerciais em âmbito virtual, assim sendo as determinações quanto aos contratos consumeristas comuns regem também os contratos eletrônicos, desde que estes sejam de consumo. Portanto, princípios como boa-fé objetiva, transparência, confiabilidade e direitos e garantias do consumidor são estendidos sobre o âmbito virtual, já que neste também se preza pela proteção do consumidor e pela relação consumerista equilibrada.

### 3.1. Diálogo de fontes

O advento do meio virtual incorreu em inúmeras mudanças no mundo real, visto que novos atores sociais e eventos foram inseridos no cenário social. Assim, surgiu também a necessidade das instituições se adaptarem as novas modificações e a agregação de um novo ambiente. O direito brasileiro teve que criar novas normas para que os eventos decorrentes das relações contratuais eletrônicas fossem regulamentadas e, consequentemente, asseguradas às partes seus direitos e garantias.

Nessa linha, desponta no âmbito jurídico além do Código Civil, o Decreto nº 7.962/2013, que planifica acerca de contratações no comércio. A Lei nº 12.965/2014, Marco Civil da Internet, que dispõem sobre o aparato legal de utilização da Internet e o Código de Defesa do Consumidor (Lei nº 8.078/1990).

O Decreto nº 7.962/2013 dispõem sobre a contratação no comercio eletrônico e regulamenta instrumentos do Código de Defesa do Consumidor, já que este também deve conformar regras para o comércio virtual. Seu artigo 1º é uma adaptação que tem como intuito proteger o consumidor e evitar que este esteja alheio a legislação, vinculado à vontade do fornecedor.

O artigo sequente apresenta informações imprescindíveis em sítios eletrônicos para que sejam contemplados contratos virtuais. Diante desses dois artigos, é possível ponderar que essa legislação é bastante específica e tem como cerne a regulamentação de um novo cenário e uma conformação com o CDC.

O Marco Civil da Internet, Lei nº 12.965/2014, é um instituto principiológico que determina de que forma a internet deve ser utilizada e consequentemente como os Poderes devem se portar. Essa legislação não trata especificamente de contratos virtuais, todavia estipula direitos e garantias no meio virtual, além de regras especificas para operadores de sítios eletrônicos. O Marco Civil da Internet foi uma conquista jurídica em prol de segurança no meio eletrônico, além de apresentar um rol de princípios necessários para a defesa da Constituição Federal.

Diante dessa, enumeração de legislações é imprescindível expor o diálogo de fontes em determinadas materiais, visto que há institutos que preveem sobre os mesmo cenários porém com soluções diferentes. De acordo com Claudia Lima Marques[17], quando há diálogo de fontes, as leis não se excluem, mas se interligam. Ou seja, para a autora tem-se a concepção de diálogo, como:

> [...] Porque há influências recíprocas, 'diálogo' porque há aplicação conjunta das duas normas ao mesmo tempo e ao mesmo caso, seja complementarmente, seja subsidiariamente, seja permitindo a opção pela fonte prevalente ou mesmo permitindo uma opção por uma das leis em conflito abstrato – solução flexível e aberta, de interpenetração, ou mesmo a solução mais favorável ao mais fraco da relação (tratamento diferente dos diferentes).

Portanto, a multiplicidade de relações dos particulares se configura como um desafio para a área jurista, já que deve oferecer a forma mais segura e efetiva para resolução de conflitos. Nessa necessidade de preencher as lacunas e formalizar o máximo possível do cenário virtual, há o surgimento extensivo de regras e consequentemente a inevitabilidade de conflitos entre normas e o diálogo de fontes.

Existem inúmeros critérios para sanar antinomias, sendo os principais: critério cronológico, critério hierárquico e critério da especialidade. Porém, diante das diferenciações é improvável prover uma única solução de forma lógica, ou seja, cada critério vai elencar uma legislação. Diante desse impasse, surge a teoria do diálogo de fontes, que é a aplicação de todas conjuntamente e de forma harmônica.

17. MARQUES, Claudia Lima. Manual de direito do consumidor. 2. ed. Antônio Herman V. Benjamin, Claudia Lima Marques e Leonardo Roscoe Bessa. São Paulo: Editora Revista dos Tribunais, 2009.

## 3.2. Elementos da relação jurídica de consumo

Consoante Maria Helena Diniz[18], citando Del Vecchio:

> A relação jurídica consiste num vínculo entre pessoas, em razão do qual uma pode pretender um bem a que outra é obrigada. Tal relação só existirá quando certas ações dos sujeitos, que constituem o âmbito pessoal de determinadas normas, forem relevantes no que atina ao caráter deôntico das normas aplicáveis à situação. Só haverá relação jurídica se o vínculo entre pessoas estiver normado, isto é, regulado por norma jurídica, que tem por escopo protegê-lo.

Assim, de acordo com o entendimento dos dois juristas supramencionados, a relação jurídica de consumo possui três elementos essenciais, quais sejam, a presença de uma relação entre sujeitos jurídicos (ativo e passivo), a existência de poder do sujeito ativo sobre a prestação e o bem jurídico tutelado, e, por fim, fato ou acontecimento prático que seja capaz de provocar consequências para o plano jurídico[19]. Nesse sentido, a Lei 8.078/1990 traz de forma mais detalhada os elementos da relação jurídica de consumo.

Os elementos subjetivos consistem nos sujeitos da relação de consumo, ou seja, consumidor e fornecedor. Este, por sua vez, é disposto em sentido amplo pelo Código de Defesa do Consumidor, abrangendo tanto o fornecedor de produtos, como o prestador de serviços, os quais podem ser pessoa física ou jurídica, pública ou privada, nacional ou estrangeira, não havendo qualquer limitação relevante.

No caso do fornecedor ou prestador, o que de fato é pertinente é o desenvolvimento de uma atividade resultante de uma pluralidade de atos que visam uma finalidade comum. Assim sendo, caso o sujeito aja de forma isolada, não irá se configurar como fornecedor ou prestador, visto que é necessária a condição de habitualidade da atividade[20].

Em relação ao consumidor, a Lei 8.078/1990, ao definir quais elementos a relação

18. DINIZ, Maria Helena. Compêndio de introdução à ciência do direito. 20 ed. São Paulo: Saraiva, 2009.
19. TARTUCE, Flávio; NEVES, Daniel Amorim Assumpção. Manual de direito do consumidor: direito material e processual. 5. ed. Rio de Janeiro: Forense, 2016.
20. TARTUCE, Flávio; NEVES, Daniel Amorim Assumpção. Manual de direito do consumidor: direito material e processual. 5. ed. Rio de Janeiro: Forense, 2016.

jurídica de consumo é composta, se preocupou essencialmente em proteger a parte mais fraca dessa relação, "o consumidor-vulnerável"[21]. Deste modo, os conflitos existentes a partir dessa nova conjunta social seriam minimizados em decorrência da proteção e equivalência das posições jurídicas.

Partindo-se para os elementos objetivos da relação jurídica de consumo, têm-se o produto e o serviço. A partir dos termos literais do artigo 3º, § 1º, da Lei 8.078/1990, produto é qualquer bem, móvel ou imóvel, material ou imaterial, colocado no mercado de consumo. De acordo com Luiz Antônio Rizzatto Nunes[22], a intenção do Código de Defesa do Consumidor, ao aplicar o termo produto, é evitar divergências na aplicação da norma relativas aos conceitos de bem e coisa.

Nas palavras do autor citado:

> Esse conceito de produto é universal nos dias atuais e está estreitamente ligado à ideia de bem, resultado da produção no mercado de consumo das sociedades capitalistas contemporâneas. É vantajoso o seu uso, pois o conceito passa a valer no meio jurídico e já era usado por todos os demais agentes do mercado.

Em suma, o que o CDC busca com a disposição do artigo 3º, § 1º, é a compreensão do termo *bem* no sentido de *coisa*, a partir do entendimento de que não se constitui de algo humano e se tem interesse econômico e/ou jurídico.

A definição de serviço é disposta no parágrafo subsequente, sendo atividade fornecida no mercado de consumo, mediante remuneração, inclusive as de natureza bancária, financeira, de crédito e securitária, salvo as decorrentes das relações de caráter trabalhista. Contudo, desta disposição é importante salientar que, mesmo a lei se referindo de forma expressa à remuneração, o prestador de serviços pode ter vantagens indiretas sem qualquer prejuízo da qualificação da relação de consumo[23].

Por tudo exposto, é possível asseverar que as contratações no comércio eletrônico

---

21. ALMEIDA, Fabricio Bolzan de. Direito do consumidor esquematizado. 8. ed. São Paulo: Saraiva Educação, 2020.
22. RIZZATTO NUNES, Luiz Antônio. Comentários ao Código de Defesa do Consumidor. 3. ed. São Paulo: Saraiva, 2007.
23. TARTUCE, Flávio; NEVES, Daniel Amorim Assumpção. Manual de direito do consumidor: direito material e processual. 5. ed. Rio de Janeiro: Forense, 2016.

podem e devem ser objeto das relações de consumo. Nesse sentido, com a crescente importância deste tipo de contratação no cenário nacional e internacional, foi editado, em 2013, o Decreto nº 7.962, o qual dispõe sobre o comércio eletrônico no Código de Defesa do Consumidor, para que sejam protegidos os consumidores neste tipo de relação consumerista.

## 4. Comércio eletrônico na pandemia de COVID-19

Com a popularização da internet na contemporaneidade, as relações jurídicas precisaram se adaptar às novas tecnologias, as quais se tornaram cotidianas e crescentes. Uma das principais transformações no cenário jurídico consiste no contrato eletrônico, que ganhou grande destaque na pandemia de COVID-19 em decorrência da procura cada vez maior por compras em ambiente virtual no contexto de isolamento social.

Em março de 2020, o Decreto Federal nº 10.271/2020 determinou a execução da Resolução GMC nº 37/2019 do MERCOSUL, que dispõe sobre a proteção dos consumidores nas operações de comércio eletrônico, sendo imprescindível para a proteção dos consumidores que realizam compras online.

Assim sendo, o Decreto citado assegura ao consumidor que realiza compra em plataformas digitais a proteção informacional, o direito de arrependimento e a resolução de conflitos online. É importante destacar que as normas estabelecidas se estendem às transações transfronteiriças, assegurando proteção ao consumidor de todos os Estados que compõem o MERCOSUL.

Além disso, o Decreto nº 10.271/2020 tem como um de seus fundamentos a necessidade de aprofundamento e conformidade entre as legislações de defesa do consumidor no âmbito do MERCOSUL, aplicando-se normas internas, desde que não estejam em conflito com suas disposições. Assim sendo, o CDC e o Decreto 7.962/2013 devem continuar sendo obedecidos, de forma subsidiária, pelos fornecedores e prestados de serviços, aplicando-se sanções em caso de descumprimento das normas[24].

---

24. FILHO, Walberto Laurindo de Oliveira; OLIVEIRA, Fernanda Regina Negro de. Relação de consumo no comércio eletrônico em tempos de pandemia, 2020. Disponível em:

No Brasil, há duas plataformas de importante destaque para a resolução de conflitos decorrentes dos contratos eletrônicos, sendo elas, o Reclame Aqui, plataforma independente que estabelece o contato entre o consumidor e a empresa, e o Consumidor.Gov.Br, canal oficial vinculado à Secretaria Nacional do Consumidor (Senacom), que, outrossim, visa intermediar o contato direto entre consumidor e empresa, "para solução de conflitos de consumo pela internet de maneira ágil, justa, transparente, acessível e de baixo custo"[25].

De acordo com a Sociedade Brasileira de Varejo e Consumo, o comércio eletrônico cresceu 48% na pandemia de COVID-19 em comparação ao ano anterior, aumentando significantemente o número de novos consumidores que passaram a realizar compras no ambiente virtual. Apenas no ano de 2019, foram mais de 10 milhões de novos consumidores[26].

Deste modo, o comércio eletrônico se mostra essencial na sociedade hodierna, evidenciando-se como oportunidade para as empresas conquistarem novos consumidores. Principalmente neste momento de fragilidade e vulnerabilidade econômica, desde que respeitem a legislação acerca da realização de contratos claros, acessíveis e facilmente legíveis nas plataformas virtuais.

A Teoria dos Diálogo de Fontes se encaixa precisamente ao caso das relações jurídicas em meio virtual, visto que esse é plural e tem seus eventos e efeitos ainda sobre uma penumbra. Assim sendo, o diálogo de fontes apresenta uma possibilidade que visa um espaço de atuação maior e uma possibilidade de oferecer segurança e validade com mais eficiência, já que incide conjuntamente quatro legislações dentro dos seus limites. Dessa forma, o espaço virtual tende a se mostrar menos lacunoso e incerto e as partes têm seus direitos e garantias resguardados.

---

<https://migalhas.uol.com.br/depeso/325925/relacao-de-consumo-no-comercio-eletronico-em-tempos-de-pandemia>. Acesso em: 3 dez de 2020.

25. FILHO, Walberto Laurindo de Oliveira; OLIVEIRA, Fernanda Regina Negro de, loc. cit.
26. SOCIEDADE BRASILEIRA DE VAREJO E CONSUMO. E-commerce cresce 48% na pandemia, 2020. Disponível em: <http://sbvc.com.br/ecommerce-cresce-48-pandemia/>. Acesso em: 3 dez de 2020.

### 4.1. Direitos e garantias do consumidor

O artigo 6º do Código de Defesa do Consumidor dispõe que são direitos do consumidor:

> Art. 6º.
>
> I - a proteção da vida, saúde e segurança contra os riscos provocados por práticas no fornecimento de produtos e serviços considerados perigosos ou nocivos;
>
> II - a educação e divulgação sobre o consumo adequado dos produtos e serviços, asseguradas a liberdade de escolha e a igualdade nas contratações;
>
> III - a informação adequada e clara sobre os diferentes produtos e serviços, com especificação correta de quantidade, características, composição, qualidade, tributos incidentes e preço, bem como sobre os riscos que apresentem;
>
> IV - a proteção contra a publicidade enganosa e abusiva, métodos comerciais coercitivos ou desleais, bem como contra práticas e cláusulas abusivas ou impostas no fornecimento de produtos e serviços;
>
> V - a modificação das cláusulas contratuais que estabeleçam prestações desproporcionais ou sua revisão em razão de fatos supervenientes que as tornem excessivamente onerosas;
>
> VI - a efetiva prevenção e reparação de danos patrimoniais e morais, individuais, coletivos e difusos;
>
> VII - o acesso aos órgãos judiciários e administrativos com vistas à prevenção ou reparação de danos patrimoniais e morais, individuais, coletivos ou difusos, assegurada a proteção Jurídica, administrativa e técnica aos necessitados;
>
> VIII - a facilitação da defesa de seus direitos, inclusive com a inversão do ônus da prova, a seu favor, no processo civil, quando, a critério do juiz, for verossímil a alegação ou quando for ele hipossuficiente, segundo as regras ordinárias de experiências;
>
> IX - (Vetado);
>
> X - a adequada e eficaz prestação dos serviços públicos em geral[27].

Tratando-se de comércio eletrônico, não há qualquer limitação dos direitos

27. BRASIL. Lei nº 8.078, de 11 de setembro de 1990. Código de Defesa do Consumidor. Dispõe sobre a proteção do consumidor e dá outras providências, Brasília, DF, 11 set. 1990.

supramencionados, sendo plenamente aplicáveis aos consumidores que realizam compras pela internet. Assim, possuem caráter obrigatório, devendo ser cumpridos pelos fornecedores ou prestadores de serviços.

Ademais, há outros direitos dispostos na Lei 8.078/1990 atinentes ao consumidor, como o direito ao arrependimento, contado o prazo de sete dias após assinatura ou ato de recebimento do produto ou serviço (artigo 49, CDC), direito a informações objetivas e claras sobre as características do produto ou do serviço (artigo 31, CDC) e direito ao cumprimento da oferta, mesmo de forma forçada, caso necessário (artigo 35, CDC).

No que se refere às garantias do consumidor, há três fundamentais dispostas no CDC, quais sejam: a garantia real (artigo 26, CDC), a garantia contratual (artigo 50, CDC) e garantia estendida. Estas garantias possuem a função de consolidar o que é estipulado no negócio, proporcionando maior segurança jurídica tanto para o consumidor, quanto para a empresa[28].

Deliberada pelo Código de Defesa do Consumidor, a garantia real é intrínseca a todo serviço ou produto comercializado, amparando o produto adquirido pelo consumidor em caso de defeito, dano ou problema relativo a ele. Nestes casos, pode o consumidor requerer a adequação do produto em até 30 dias, data-limite da garantia legal ou pactuada contratualmente, ou solicitar a substituição do produto, a restituição da quantia paga ou o abatimento do preço caso o vício se estenda, no prazo de 90 dias, iniciado após a constatação do vício oculto, sob pena de decadência[29].

De modo contrário, a garantia contratual, firmada diretamente entre fornecedor e consumidor, não possui caráter obrigatório, constituindo-se em um prazo adicional àquele estabelecido pela garantia legal. Por ser estabelecida entre as partes, é

28. XIMENES, Alexia Praia; PIETZSCH, Ingo Dieter. A proteção dos consumidores nas compras pela internet em tempos de pandemia, 2020. Disponível em: <https://ambitojuridico.com.br/cadernos/direito-do-consumidor/a-protecao-dos-consumidores-nas-compras-pela-internet-em-tempos-de-pandemia/>. Acesso em: 3 dez de 2020.

29. GRINOVER, Ada Pellegrini; DENARI, Zelom; NERY JUNIOR, Nelson [et al.]. Código Brasileiro de Defesa do Consumidor: comentado pelos autores do anteprojeto: direito material e processo coletivo: volume único. 12. ed. Rio de Janeiro: Forense, 2019.

necessária ser registrada em documento, o qual deve constar as condições estipuladas para a garantia.

A garantia estendida, por sua vez, é um seguro oneroso que o consumidor paga para que seja estendida a garantia ofertada pelo fornecedor ao produto adquirido. Comumente, garante indenização ou a troca do produto caso este apresente defeito, podendo o consumidor cancelar a garantia estendida em até sete dias após a compra. Ademais, este tipo de garantia deve ser cobrado separadamente do valor final da compra, não se admitindo que seja disposto como desconto[30].

Do mesmo modo que os direitos consumeristas são aplicáveis ao comércio eletrônico, as garantias também o são. Assim sendo, ao serem firmadas a partir de compras realizadas no âmbito virtual, devem ser cumpridas de acordo as disposições da Lei 8.078/1990.

### 4.2. Responsabilidade do fornecedor nas relações de consumo por meio eletrônico

Por tudo exposto, é indubitável a importância da defesa do direito do consumidor, que consiste em um direito fundamental previsto na Constituição Federal de 1988 (artigo 5º, XXXII). Nesse sentido, o diálogo de fontes também consiste em um importante mecanismo para a defesa dos direitos consumeristas, principalmente no que tange à proteção das relações oriundas do meio eletrônico, para as quais se aplicam as disposições do CDC.

No contexto da pandemia de COVID-19, as compras virtuais se tornaram o meio mais seguro de se adquirir produtos, uma vez que a compra é realiza através da internet e o produto é entregue diretamente na residência do consumidor, o qual não é exposto a eminentes riscos de contaminação ou propagação do vírus.

Contudo, algumas compras realizadas por meio eletrônico podem causar dissabores aos consumidores, principalmente aquelas em que a empresa fornecedora não

---

30. XIMENES, Alexia Praia; PIETZSCH, Ingo Dieter. A proteção dos consumidores nas compras pela internet em tempos de pandemia, 2020. Disponível em: <https://ambitojuridico.com.br/cadernos/direito-do-consumidor/a-protecao-dos-consumidores-nas-compras-pela-internet-em-tempos-de-pandemia/>. Acesso em: 3 dez de 2020.

possui canais de comunicação com o consumidor e não indica em sua plataforma o endereço de sua sede.

De acordo com o artigo 31 do Código de Defesa do Consumidor:

> Art. 31. A oferta e apresentação de produtos ou serviços devem assegurar informações corretas, claras, precisas, ostensivas e em língua portuguesa sobre suas características, qualidades, quantidade, composição, preço, garantia, prazos de validade e origem, entre outros dados, bem como sobre os riscos que apresentam à saúde e segurança dos consumidores[31].

Assim sendo, o fornecedor se responsabiliza com os riscos inerentes ao funcionamento do produto. Contudo, dependendo das características que o produto possua, não é necessário que se tenha todos os requisitos dispostos no artigo citado, devendo ser detalhadamente analisado em cada caso concreto.

Em situações em que se tenha vício do produto (artigo 18, CDC), caracterizado por problema que resultou na inadequação do produto para consumo ou na diminuição de seu valor, o fornecedor é responsável por sanar o vício no prazo de trinta dias. Se não o fizer, deve conceder ao consumidor, à sua escolha, a substituição do produto por outro da mesma espécie, a restituição imediata da quantia paga, ou o abatimento proporcional do preço.

Já em casos de defeito de produto é necessária a identificação do agente, ou seja, o fabricante, o produtor, o construtor, nacional ou estrangeiro, ou o importador, devendo o consumidor se direcionar contra aquele que foi o responsável pelo defeito do produto adquirido (artigo 12, CDC). O agente é responsabilizado com a reparação dos danos, bem como por informações insuficientes ou inadequadas sobre a utilização e riscos do produto[32].

De modo semelhante, na ocorrência de defeito intrínseco à prestação de serviços, responde o fornecedor pela reparação dos danos causados, assim como por informações insuficientes ou inadequadas sobre a fruição e riscos do serviço prestado (artigo

31. BRASIL. Lei nº 8.078, de 11 de setembro de 1990. Código de Defesa do Consumidor. Dispõe sobre a proteção do consumidor e dá outras providências, Brasília, DF, 11 set. 1990.
32. MORAIS, Liliane Punk de. Compras pela internet e a responsabilidade civil dos fornecedores e fabricantes, 2020. Disponível em: <https://migalhas.uol.com.br/depeso/87650/compras-pela-internet-e-a-responsabilidade-civil-dos-fornecedores-e-fabricantes>. Acesso em: 6 dez de 2020.

14, CDC).

Em ambos os casos se tem a denominada responsabilidade objetiva, visto que não há a necessidade de comprovação da culpa do agente, sendo o suficiente para sua responsabilização o dano e o nexo causal. Assim sendo, o fornecedor ou prestador de serviços responde de forma direta pelos danos causados em seu produto ou serviço[33].

A responsabilidade objetiva surgiu com a Lei 8.078/1990 como mecanismo de defesa dos direitos dos consumidores. Uma vez que antes da legislação estes se esbarravam com dificuldades para conseguirem provar a culpa do agente e terem o direito à indenização.

É importante destacar outra novidade do CDC na busca dos direitos consumeristas, que é a inversão do ônus da prova, disposta no artigo 6º, VIII, do código citado, a qual visa à facilitação da defesa dos direitos dos consumidores, "inclusive com a inversão do ônus da prova, a seu favor, no processo civil, quando, a critério do juiz, for verossímil a alegação ou quando for ele hipossuficiente, segundo as regras ordinárias de experiência"[34].

Por tudo exposto, comprovada a natureza comercial dos contratos por meio eletrônico, será perfeitamente aplicável o Código de Defesa do Consumidor e as demais legislações cabíveis, essencialmente as que foram dispostas para o cenário pandêmico. Buscando-se através do diálogo de fontes a ampla defesa dos direitos do consumidor e a responsabilização adequada do fornecedor ou prestador de serviços por vícios ou defeitos inerentes ao produto ou serviço realizado.

## 5. Considerações finais

O contexto de isolamento social decorrente da pandemia de COVID-19 resultou em um expressivo aumento de consumidores por meio eletrônico, visto que precisaram se adaptar e buscar novos meios que não ofereçam graves riscos de contaminação e propagação do vírus. Deste modo, tornou-se uma significativa oportunidade

33. MORAIS, Liliane Punk de, loc. cit.

34. BRASIL. Lei nº 8.078, de 11 de setembro de 1990. Código de Defesa do Consumidor. Dispõe sobre a proteção do consumidor e dá outras providências, Brasília, DF, 11 set. 1990.

para as empresas conquistarem novos consumidores, os quais dificilmente seriam alcançados fora desta conjuntura.

Assim, principalmente neste momento de vulnerabilidade social nacional e internacionalmente, é imprescindível que todas as empresas que forneçam produtos ou prestem serviços no âmbito virtual, atendam aos dispositivos da legislação consumerista e das demais legislações aplicáveis, para que realizem contratos claros, acessíveis e facilmente legíveis ao consumidor, sendo devidamente responsabilizadas por infrações cometidas.

## Referências

ALMEIDA, Fabricio Bolzan de. Direito do consumidor esquematizado. 8. ed. São Paulo: Saraiva Educação, 2020.

BRASIL. Constituição da República Federativa do Brasil de 1988. 9 ed. São Paulo: Saraiva, 2010.

BRASIL. Decreto nº 7962, de 15 de março de 2013. Regulamenta a Lei no 8.078, de 11 de setembro de 1990, para dispor sobre a contratação no comércio eletrônico. Brasília, DF, 15 mar. 2013.

BRASIL. Lei n. 10.406, 10 de janeiro de 2002. Institui o Código Civil. Diário Oficial da União, Brasília, DF, 11 jan. 2002.

BRASIL. Lei nº 8.078, de 11 de setembro de 1990. Código de Defesa do Consumidor. Dispõe sobre a proteção do consumidor e dá outras providências, Brasília, DF, 11 set. 1990.

BRASIL. Tribunal de Justiça do Distrito Federal e dos Territórios. Apelação Cível nº 20120111804179. Relator: Romeu Gonzaga Neiva. Brasília, 19 de julho de 2017.

BRASIL. Tribunal Regional Federal da Segunda Região. Agravo de Instrumento no 2013.02.01.012986-0, da 1o Vara de Justiça Federal do Rio de Janeiro. Relator: Des. José Antônio Neiva. Rio de Janeiro, RJ, 02 de janeiro de 2013.

CHIZZOTTI, Antônio. Pesquisa em Ciências Humanas e Sociais. 2 ed. São Paulo: Cortez Editora.

COELHO, Fábio Ulhôa. Curso de Direito Comercial. 4. ed. São Paulo: Saraiva, 2003.

DINIZ, Maria Helena. Compêndio de introdução à ciência do direito. 20 ed. São Paulo: Saraiva, 2009.

DINIZ, Maria Helena. Direito Civil Brasileiro. 1º volume – Teoria Geral do Direito Civil. São Paulo: Saraiva, 2003.

FILHO, Walberto Laurindo de Oliveira; OLIVEIRA, Fernanda Regina Negro de. Relação de consumo no comércio eletrônico em tempos de pandemia, 2020. Disponível em: <https://migalhas.uol.com.br/depeso/325925/relacao-de-consumo-no-comercio-eletronico-em-tempos-de-pandemia>. Acesso em: 3 dez de 2020.

GIL, Antônio Carlos. Como elaborar projetos de pesquisa. 4. ed. São Paulo: Atlas, 2007.

GONÇALVES, Carlos Roberto. Direito civil brasileiro: contratos e atos unilaterais. 14. ed. São Paulo: Saraiva, 2017.

GRINOVER, Ada Pellegrini; DENARI, Zelom; NERY JUNIOR, Nelson [et al.]. Código Brasileiro de Defesa do Consumidor: comentado pelos autores do anteprojeto: direito material e processo coletivo: volume único. 12. ed. Rio de Janeiro: Forense, 2019.

LAGO JÚNIOR, Antônio. Responsabilidade por atos ilícitos na Internet. São Paulo, 2001.

LORENZETTI, Ricardo Luis. Comércio Eletrônico. São Paulo: Revista dos Tribunais, 2004.

MARQUES, Claudia Lima. Manual de direito do consumidor. 2. ed. Antônio Herman V. Benjamin, Claudia Lima Marques e Leonardo Roscoe Bessa. São Paulo: Editora Revista dos Tribunais, 2009.

MINAYO, Marilia Cecília de Souza (Org.). Pesquisa social: teoria, método e criatividade. Petrópolis: Vozes, 2001.

MORAIS, Liliane Punk de. Compras pela internet e a responsabilidade civil dos fornecedores e fabricantes, 2020. Disponível em: <https://migalhas.uol.com.br/depeso/87650/compras-pela-internet-e-a-responsabilidade-civil-dos-fornecedores-e-fabricantes>. Acesso em: 6 dez de 2020.

NALIN, Paulo. Do contrato: conceito pós-moderno. 1. ed., 5. tir. Curitiba: Juruá,

2005.

RIZZATTO NUNES, Luiz Antônio. Comentários ao Código de Defesa do Consumidor. 3. ed. São Paulo: Saraiva, 2007.

SOCIEDADE BRASILEIRA DE VAREJO E CONSUMO. E-commerce cresce 48% na pandemia, 2020. Disponível em: <http://sbvc.com.br/ecommerce-cresce-48-pandemia/>. Acesso em: 3 dez de 2020.

TARTUCE, Flávio; NEVES, Daniel Amorim Assumpção. Manual de direito do consumidor: direito material e processual. 5. ed. Rio de Janeiro: Forense, 2016.

XIMENES, Alexia Praia; PIETZSCH, Ingo Dieter. A proteção dos consumidores nas compras pela internet em tempos de pandemia, 2020. Disponível em: <https://ambitojuridico.com.br/cadernos/direito-do-consumidor/a-protecao-dos-consumidores-nas-compras-pela-internet-em-tempos-de-pandemia/>. Acesso em: 3 dez de 2020.

# RENEGOCIAÇÃO DE CONTRATOS DE LOCAÇÃO: LIÇÕES A PARTIR DO PRINCÍPIO DA FORÇA OBRIGATÓRIA DOS CONTRATOS FACE À PANDEMIA DE COVID-19

# 5

**Cairo Gabriel Sousa Andrade**

**Enzo Bellini Machado**

## 1. Introdução

As alterações já vividas, bem como as que ainda serão, em decorrência do cenário hodierno propiciado pela pandemia de Covid-19, as quais irrompem em âmbito mundial diariamente, são incontáveis. Saúde e educação, suprassumos dos direitos fundamentais previstos, preponderantemente, no art. 5ª da Carta Magna, são campos sociais que se transformaram com o objetivo fulcral de conter a proliferação do vírus. A telemedicina e o ensino remoto[1] - dessa forma, isso acelerou as mudanças que poderiam demorar anos para serem implantadas, de forma geral. Por isso, a tecnologia entrou em uma corrida para atender a demanda repentina [...] –, abruptamente, tornaram-se ferramentas imprescindíveis para a continuação da vida neste "novo normal".

Este artigo científico trará como tese central o âmbito da sociedade que mais sofre alterações com relação ao cenário suscitado pela pandemia, qual seja: as relações interpessoais. No que concerne ao Direito, segundo sua ramificação, tuteladas pelo

1. ESTADÃO. Avanços tecnológicos impulsionados pela pandemia. 2020. Disponível em: https://summitsaude.estadao.com.br/tecnologia/avancos-tecnologicos-impulsionados-pela-pandemia/. Acesso em: 11 nov. 2020.

Direito Privado, sincreticamente, metonímico ao Direito Civil, no qual os contratos possuem colocação focal.

Desse modo, esta pesquisa abordará o contrato de locação, tanto em sua face residencial, quanto empresarial, diária e frequentemente transmutado em corolário da Covid-19. O artigo possui como justificativa precípua o fato de que, no Brasil, "Os imóveis alugados representam 18,3% das moradias, o equivalente a 13,3 milhões [...]"[2], em consonância à pesquisa do IBGE divulgada no primeiro semestre deste ano.

A renegociação dos contratos desses imóveis vem sendo figura central nas principais varas cíveis do país, gerando um abarrotamento do judiciário: "[...] observaram-se inúmeros processos movidos por locatários pleiteando a isenção de aluguel durante o período da pandemia [...]"[3]. A constatação provém do dia a dia consectário ao Poder Judiciário, dados provenientes de pesquisas, por enquanto, ainda são nebulosos.

Com o principal objetivo de contornar a escassez de dados específicos, advinda, precipuamente, dos recentes e nefastos efeitos da pandemia, este artigo irá trabalhar com uma perquirição alicerçada em três bases fundamentais, quais sejam: doutrinária, legal e jurisprudencial. O diálogo no tocante aos artigos científicos, bem como as frequentes notícias acerca do tema veiculadas na mídia, ainda, serão colendas fontes de busca. Alguns autores serão, aqui, usados como marcos precípuos, quais sejam: Flávio Tartuce e Carlos Roberto Gonçalves, contudo, ainda, outros serão usados de maneira subsidiária.

---

2. AGÊNCIA BRASIL. Maioria dos brasileiros mora em casa e é dona do imóvel, mostra IBGE: casas representam 85,6%, o equivalente a 62 milhões de moradias. Casas representam 85,6%, o equivalente a 62 milhões de moradias. 2020. Disponível em: https://agenciabrasil.ebc.com.br/economia/noticia/2020-05/maioria-dos-brasileiros-mora-em-casa-e-e-dona-do-imovel-mostra-ibge. Acesso em: 11 nov. 2020
3. ANTÔNIO, Guilherme de Freitas. E no fim, quem pagará o cisne negro? Uma breve reflexão sobre a judicialização de relações locatícias durante a pandemia causada pela covid-19: a primazia da renegociação à judicialização. A primazia da renegociação à judicialização. 2020. Disponível em: https://migalhas.uol.com.br/coluna/migalhas-edilicias/334874/e-no-fim--quem-pagara-o-cisne-negro--uma-breve-reflexao-sobre-a-judicializacao-de-relacoes-locaticias-durante-a-pandemia-causada-pela-covid-19---a-primazia-da-renegociacao-a-judicializacao. Acesso em: 11 nov. 2020.

## 2. Imóveis residenciais e empresariais: fonte de renda?

Por conseguinte, tendo em vista esse arcabouço teórico-jurídico supracitado, desde já se faz indispensável a conceituação do que utilizaremos como conteúdo de locação. Anteriormente, com o Código Civil de 1916, o conceito de locação se mostrava de maneira expandida, abrangendo as seguintes situações: a locação de coisas, a locação de serviços e a locação de empreitada, aludidos, respectivamente, nos artigos 1.188, 1.217 e 1.237, da antiga codificação civil. Todavia, com a promulgação do Novo Código de 2002 (CC/2002), essa abrangência foi desfeita, com o intuito de especificar cada instituto do Direito Privado, deixando somente a locação de coisas no sentido estrito de locação. Assim, o Código Civil hodierno reservou o Capítulo V, no Título VI - das várias espécies de contratos - exclusivamente para a Locação de Coisas - o qual, destacamos, será o nosso objeto de estudo neste artigo.

Diante disso, no art. 565 do CC/2002 é definido o conceito da locação de coisas, dispondo que "na locação de coisas, uma das partes se obriga a ceder à outra, por tempo determinado ou não, o uso e gozo de coisa não fungível, mediante certa retribuição." Aqui, eduze-se alguns fundamentos elementares desse instituto, são eles: a) a bilateralidade da relação, visto que uma parte - o locador - deve ceder a coisa, enquanto a outra - o locatário - deve cumprir certa retribuição; b) o uso e gozo da coisa por parte do locatário; c) o objeto da relação, no caso a coisa, deve ser infungível[4]; e, d) a presença do caráter temporal, facultada a sua determinação.

Em consonância, para consubstanciar o conceito do contrato de locação de coisas, Flávio Tartuce, em Direito Civil: Teoria Geral dos Contratos e Contratos em Espécie,

4. O art. 85 do CC traz o que seriam bens fungíveis: "São fungíveis os móveis que podem substituir-se por outros da mesma espécie, qualidade e quantidade. " "Quanto aos bens infungíveis, o referido estatuto não traz definição, mas não restam dúvidas que se trate de termo oposto ao que o código definiu, assim, os bens infungíveis são os que não podem ser substituídos por outros da mesma espécie, quantidade e qualidade. São exemplos de bens infungíveis as obras de arte, bens produzidos em série que foram personalizados, ou objetos raros dos quais restam um único exemplar." TJDFT, Tribunal de Justiça do Distrito Federal e dos Territórios –. Bens fungíveis x Bens Infungíveis. 2014. Disponível em: https://www.tjdft.jus.br/institucional/imprensa/campanhas-e-produtos/direito-facil/edicao-semanal/bens-fungiveis-x-bens-infungiveis. Acesso em: 15 nov. 2020.

disserta de forma maestral sobre a natureza jurídica dessa espécie contratual, dizendo que

> [...] trata-se de contrato bilateral ou sinalagmático (pois traz obrigações recíprocas), oneroso (pela presença de remuneração), comutativo (as partes já sabem quais são as prestações), consensual (aperfeiçoa-se com a manifestação de vontades) e informal e não solene (não é necessária escritura pública ou forma escrita, como regra geral). Trata-se também de típico contrato de execução continuada (ou de trato sucessivo), uma vez que o cumprimento se protrai no tempo na maioria das hipóteses fáticas. (TARTUCE, 2017, p. 485)

Destarte, após a fundamentação legal e doutrinária, emergida por Tartuce, é possível tratar de forma mais específica, no que tange aos contratos de locação de imóveis, sendo eles residenciais - com vista a proporcionar moradia - ou empresariais - tendo fins lucrativos. A Lei do Inquilinato (Lei nº. 8.245/91) rege, tanto a locação daqueles, quanto destes ("não residenciais") tipos de imóveis, concernente, precipuamente, ao fato de o CC/2002 não dispor a respeito da locação de prédios.

A despeito da obviedade, inerente à própria constatação do universo fático, decidiu-se, aqui, trazer conceitos de imóveis residenciais e comerciais. Aqueles, segundo o art. 2.º, §9.º, do ato normativo expedido pela então Secretaria da Receita Federal – SRF, hoje, Receita Federal do Brasil (**Instrução Normativa n.º 599**, de 28/12/2005) possuem a seguinte definição: "Considera-se imóvel residencial a unidade construída em zona urbana ou rural para fins residenciais, segundo as normas disciplinadoras das edificações da localidade em que se situar." [5] Imóveis empresariais são definidos como

> [...] imóvel urbano para fins não residenciais, isto é, para finalidades comerciais ou industriais, exceto as finalidades agrícolas, pecuárias, agropecuárias, extrativistas ou mistas, que são consideradas locações de imóvel rural (por sua destinação), independentemente de sua localização.[6]

---

5. MELO, Adriano Ebolato. Isenção e alcance de seu artigo 39. 2005. Disponível em: https://www.irib.org.br/obras/isencao-e-alcance-do-seu-artigo-39. Acesso em: 15 nov. 2020.
6. PERES, Tatiana Bonatti. Locação empresarial. Enciclopédia jurídica da PUC-SP. Celso Fernandes Campilongo, Alvaro de Azevedo Gonzaga e André Luiz Freire (coords.). Tomo: Direito Comercial. Fábio Ulhoa Coelho, Marcus Elidius Michelli de Almeida (coord. de tomo). 1. ed. São

Distinção feita, questionar-se-á sobre o uso em si de ambos os imóveis e a fruição da fonte de renda, redundando em uma maior facilidade de renegociação entre os locatários e os locadores. Dos imóveis empresariais, locatários auferem renda, processo o qual foi frontalmente vilipendiado com relação à pandemia de Covid-19, tendo em vista que na maioria das localidades, no início da quarentena, muitos desses pontos comerciais não podiam funcionar. Hodiernamente, funcionam, porém com restrições. Todavia é inegável que, enquanto fonte de renda, esses bens ainda não prestam como antes.

Parcela da renda proveniente desses espaços, principalmente por aqueles que só têm esse tipo de fonte, destina-se ao pagamento dos aluguéis deles. Casos nos quais, em nosso sentir, existe sim um maior alicerce argumentacional (conforme ficará mais claro no capítulo seguinte) para o locatário pleitear a renegociação perante o locador. Não obstante, é claro que, também, há de se analisar a situação financeira do proprietário do imóvel, a relação negocial não pode pender para qualquer dos polos da balança, na medida em que nenhum encontra-se eivado de vulnerabilidade. Dessa forma, não queira o locatário renunciar ao pagamento, pois, em muitos casos, os aluguéis são única fonte de renda do locador, nesses momentos o bom senso, cada vez mais raro, deve prevalecer.

A reivindicação no que tange aos imóveis residenciais encontra um maior número de óbices, no plano argumentativo. O inquilino encontra-se em plena fruição do bem, não havendo presença do dono do imóvel com relação a um possível menor aferimento de renda por sua parte. Sob essa perspectiva de análise nunca chegar-se-ia ao idílico "meio termo", na medida em que, concretamente, apenas, o locador deixará de perceber a renda de outrora a qual, repise-se, na maioria das vezes, é a sua única fonte. Porém, nada é absoluto, existe um exemplo perceptível que muito tange a nós, universitários, qual seja: a renegociação de imóveis residenciais por aqueles que não são originários da cidade onde estudam.

Realidade mais constante no bojo das universidades públicas, muitos estudantes residem com os pais, todavia são aprovados no vestibular de cidade diversa, havendo

---

Paulo: Pontifícia Universidade Católica de São Paulo, 2017. Disponível em: https://enciclopediajuridica.pucsp.br/verbete/234/edicao-1/locacao-empresarial. Acesso em: 15 nov. 2020.

que obter lugar para ficar durante o desenrolar do curso. Apesar disso, em meados de março do corrente ano[7], a Covid-19 fez cessar a atividade presencial no âmbito de ensino de forma geral, fazendo com que a grande parte dos estudantes voltassem para a casa dos pais, vagando imóveis residenciais alugados. Constatado esse fato, em nossa visão, o âmbito é o mesmo dos imóveis empresariais citado anteriormente, ou seja, concessões devem ser feitas por ambas as partes, já que nenhuma é responsável pelo hodierno cenário, podendo ficar uma e outra em um maior prejuízo se o consenso não for atingido: o locatário sairá do apartamento havendo de arcar com a mudança e o proprietário do imóvel encontrar-se-á em uma realidade na qual não auferirá renda. O universitário (inquilino) pagar a totalidade do aluguel não estando em pleno gozo do imóvel consubstancia-se em uma realidade absurda, pois, frise-se, não há vinculação legal que obrigue o locador a renegociar[8], mas o bom senso deve estar presente, nesse caso

> O dever de cooperação atribui às partes a obrigação de agir com lealdade, agir de forma positiva para que o fim contratual seja alcançado. Os contratantes devem colaborar durante a execução do contrato, não obstruindo ou impedindo o cumprimento das obrigações. Assim, inclui a possibilidade de um dos contratantes requerer a renegociação do contrato, a fim de reverter uma condição excessivamente onerosa superveniente e, consequentemente, preservar a existência da avença (CORDEIRO, 2019, p. 9)

---

7. BRASIL. Decreto Legislativo nº 6, de 20 de março de 2020. Reconhece, para os fins do art. 65 da Lei Complementar nº 101, de 4 de maio de 2000, a ocorrência do estado de calamidade pública, nos termos da solicitação do Presidente da República encaminhada por meio da Mensagem nº 93, de 18 de março de 2020. Brasília, DF, Disponível em: http://www.planalto.gov.br/ccivil_03/portaria/DLG6-2020.htm. Acesso em: 15 nov. 2020.
8. Apesar de, no caso de haver a judicialização, o art. 393 do CC/2002 poder ser invocado pelo locatário, in verbis: "O devedor não responde pelos prejuízos resultantes de caso fortuito ou força maior, se expressamente não se houver por eles responsabilizado. Parágrafo único. O caso fortuito ou de força maior verifica-se no fato necessário, cujos efeitos não era possível evitar ou impedir. " CORDEIRO, Dr. Prof. José Carlos. APOSTILA: direito dos contratos. Uberlândia: Ufu, 2019. 139p.

## 3. Análise da locação sob a égide dos princípios contratuais clássicos e sociais

Adotar-se-á, aqui, a lógica de apresentação e caracterização dos princípios a serem empregados, sem qualquer pretensão de hierarquização concernente à importância dentre eles. Serão esses: *pacta sunt servanda* e *rebus sic stantibus* (clássicos), bem como boa-fé e função social (sociais). Os contratos de locação, também, são balizados por esses princípios, buscando, aqui, deixar essa inferência o mais evidente possível.

Segunda cátedra de Carlos Roberto Gonçalves (2012, pp. 48 - 49), o brocardo em latim, *pacta sunt servanda*, faz referência à força obrigatória dos contratos, os quais consubstanciam um vínculo, liame, entre as partes envolvidas. Em tradução livre, os contratos devem ser cumpridos, fazendo lei entre as partes. Todavia, com o passar dos anos, a máxima mostrou-se mitigada, não perdendo sua importância, observa-se. O empenho da palavra perdeu um pouco de força na sociedade hodierna, tendo em vista que as partes, nem sempre, mostram-se em paridades de condição na hora de contratar, por vezes uma é mais vulnerável do que outra, como também estão sujeitas a situações as quais fogem de seus controles.

No que concerne aos contratos de locação firmados entre particulares, bem como aos ensejados com fins comerciais, percebe-se uma relação, supostamente, paritária, na qual nenhuma das partes é mais vulnerável com relação à outra, dessa forma, não havendo a aplicação do Código de Defesa do Consumidor. Ou seja, nesses casos, valorar-se-á as disposições pré-estabelecidas entre os contraentes, privilegiando a autonomia da vontade.

Não obstante, é perante o outro fator de mitigação que devemos nos debruçar, tendo em vista o fulcral objetivo deste artigo. Há de se ter em mente que a eclosão de uma pandemia é um fator que foge do controle de qualquer das partes. Isto é, há de nos indagarmos acerca da prevalência do art. 389[9] da codificação material,

9. "Art. 389. Não cumprida a obrigação, responde o devedor por perdas e danos, mais juros e atualização monetária segundo índices oficiais regularmente estabelecidos, e honorários de advogado." BRASIL. Lei nº 10.406, de 10 de janeiro de 2002. Código Civil. Institui o Código Civil. Disponível em: http://www.planalto.gov.br/ccivil_03/leis/2002/L10406compilada.htm. Acesso em: 03 dez. 2020.

perquirindo sobre os ônus advindos com o não cumprimento da avença em decorrência de fator relacionado à Covid-19.

Isso posto, cabe aqui a apresentação do próximo princípio contratual clássico, precipuamente, pelo contrato de locação dizer respeito, mais genericamente[10], ao trato sucessivo, melhor dizendo, ao fato de o locatário ter que pagar todo o mês o aluguel ao locador. A cláusula *rebus sic stantibus*, advinda do adágio latino *contractus qui habent tractum sucessivum et dependentiam de futuro, rebus sic stantibus intelligentur* - os pactos de execução continuada e dependentes do futuro entendem-se como se as coisas permanecessem como quando da celebração (TARTUCE, 2017, p. 228), preceitua a Teoria da Imprevisão.

Essa vem tutelada pelo Estatuto Civil no art. 478 e ss., fundamentando-se, para sua materialização, em quatro pilares cumulativos, quais sejam: o contrato há de ser de execução continuada ou diferida, ocorrência de um evento extraordinário, geral e superveniente à formação do contrato, o qual deverá ser imprevisível e, finalmente, precisa estar configurada a onerosidade excessiva[11] para uma das partes em consonância à outra perceber extrema vantagem (CORDEIRO, 2019, p. 73).

Os contratos de locação (de execução continuada como dito alhures), aqui analisados, sob a égide da Covid-19 (evento imprevisível), podem ou não ensejar a invocação da Teoria da Imprevisão, preponderantemente, em vista de um dos critérios destacados acima, que concerne à onerosidade excessiva. Ora, a pandemia é geral, ou seja, faz surgir consequências tanto na vida do locatário, quanto na do locador, não é porque aquele é devedor de quantia certa que deve preponderar na relação negocial, em vista do recorte aqui feito, essa é tutelada pelo CC/2002, nenhuma das partes eiva-se de vulnerabilidade.

---

10. Ressalva feita no que afeta ao princípio da autonomia da vontade intrínseco ao estabelecimento das cláusulas contratuais, as quais podem prever outro lapso temporal para o adimplemento das parcelas locatárias, bem como dispor sobre o pagamento, no momento da contratação ou em um momento futuro (execução diferida - retardada) em uma única parcela com relação ao período em que o imóvel ficar alugado.

11. "[...] fatores externos podem gerar, quando da execução da avença, uma situação muito diversa da que existia no momento da celebração, onerando excessivamente o devedor." GONÇALVES, Carlos Roberto. Direito Civil Brasileiro: contratos e atos unilaterais. 9. ed. São Paulo: Saraiva, 2012. 705 p.

Dessa forma, os casos concretos devem ser olhados com fulcro na boa-fé objetiva, que não encontra melhor definição, senão em Cláudia Lima Marques

> Boa-fé objetiva significa, portanto, uma atuação "refletida", uma atuação refletindo, pensando no outro, no parceiro contratual, respeitando-o, respeitando seus interesses legítimos, suas expectativas razoáveis, seus direitos, agindo com lealdade, sem abuso, sem obstrução, sem causar lesão ou desvantagem excessiva, cooperando para atingir o bom fim das obrigações: o cumprimento do objetivo contratual e a realização dos interesses das partes. (2006, p. 216)

Ou seja, o locador está auferindo maiores rendas em decorrência da não negociação do contrato? Se sim, coloca-se no lugar do locatário para a relação ficar o mais paritária possível, sem nenhuma das partes prevalecer com relação à outra. Imprescindibilidade que não concerne, única e exclusivamente, às partes envolvidas na relação negocial, porém, à sociedade como um todo.

Afirmação possível em vista do último dos princípios a ser apresentado, segundo o qual os contratos hão de exercer uma função social. Respaldado não só pelo *caput* do art. 421[12] da codificação material, o princípio, ainda, bebe da fonte constitucional, previsto como direito fundamental no art. 5º, XXIII, *ipsis litteris*: "a propriedade atenderá a sua função social".

Por fim, infere-se que defender-se-á, não trazendo um novo princípio à baila, a conservação dos negócios jurídicos[13], pois, provenientes do interesse das partes, hão de preponderar. Ou seja, sanado aquilo que desmede a relação, por meio da renegociação, que os envolvidos continuem mantidos envoltos pelo liame obrigacional. Se a situação fática se enquadrar nos pressupostos da Teoria da Imprevisão, que a resolução contratual seja medida última, devendo imperar o entendimento do art. 317 do Código Civil, em detrimento do 478 do mesmo diploma legal. Os dois pressupõem uma relação na qual se observa a ocorrência da onerosidade excessiva, contudo aquele prevê a correção da mácula para que o negócio jurídico siga o seu fluxo natural, enquanto este prevê que as partes voltem à sua condição original por meio

12. "A liberdade contratual será exercida nos limites da função social do contrato."
13. Art. 170 do CC/2002: "Se, porém, o negócio jurídico nulo contiver os requisitos de outro, subsistirá este quando o fim a que visavam as partes permitir supor que o teriam querido, se houvessem previsto a nulidade."

da resolução contratual, alternativa extremamente gravosa.

## 4.Onerosidade excessiva e imprevisão

Insta, em um primeiro momento, destacar que ambas as Teorias (Onerosidade Excessiva e Imprevisão), pressupõe um descumprimento de obrigação contratual, decorrente de circunstâncias supervenientes que dificultem, todavia, não impossibilitem a continuidade da relação negocial.[14] Há a defesa, em âmbito doutrinário, de que as duas materializam-se em coisas distintas, bem como de que, para existirem, uma depende, imprescindivelmente, da outra, no que tange ao momento da celebração do contrato.

Os dispositivos[15] do Estatuto Civil, trazidos no final do tópico anterior, podem ser associados a cada uma em distinto, o art. 317 refere-se à Imprevisão e os arts. 478 e ss. dizem respeito à Onerosidade Excessiva. Contudo, como já dito alhures, ambos suscitam consequências diversas com relação aos negócios jurídicos, estes preveem a rescisão e aquele, a renegociação. Aqui, já se declarou a preferência a respeito desta consequência. Fato que ficará mais bem evidenciado com a transcrição dos dispositivos legais à frente.

Gonçalves remonta historicamente ambos os institutos, na medida em que, com o transformar da sociedade conjugado com o rearranjo das relações negociais, a

14. MELLO, Fabiano Cotta de. Distinções entre as teorias da imprevisão, da onerosidade excessiva e da quebra da base objetiva do negócio jurídico a partir da jurisprudência do STJ: as três teorias são o instrumental que autoriza a revisão judicial do negócio jurídico bilateral de execução continuada ou diferida. As três teorias são o instrumental que autoriza a revisão judicial do negócio jurídico bilateral de execução continuada ou diferida. 2020. Disponível em: https://www.pontonacurva.com.br/opiniao/distincoes-entre-as-teorias-da-imprevisao-da-onerosidade-excessiva-e-da-quebra-da-base-objetiva-do-negocio-juridico-a-partir-da-jurisprudencia-do-stj/11437. Acesso em: 25 nov. 2020.

15. Bem como, também está prevista no art. 6º, V, da codificação consumerista, in litteris: "São direitos básicos do consumidor: [...] a modificação das cláusulas contratuais que estabeleçam prestações desproporcionais ou sua revisão em razão de fatos supervenientes que as tornem excessivamente onerosas; [...]" BRASIL. Lei nº. 8.078, de 11 de setembro de 1990. Código de Defesa do Consumidor. Dispõe sobre a proteção do consumidor e dá outras providências. Disponível em: http://www.planalto.gov.br/ccivil_03/Leis/L8078.htm. Acesso em: 08 nov. 2020.

Teoria da Onerosidade Excessiva foi incorporada pela codificação civil pátria, trazendo em seu bojo a necessidade da causa superveniente ser imprevisível, conforme se observa

> [...] não era mais suficiente a ocorrência de um fato extraordinário, para justificar a alteração contratual. Passou a ser exigido que fosse também imprevisível. É por essa razão que os tribunais não aceitam a inflação e alterações na economia como causas para a revisão dos contratos. Tais fenômenos são considerados previsíveis entre nós. (2012, p. 51)

Isto é, com vista ao desenvolvimento do escólio doutrinário, a Onerosidade Excessiva é um dos pressupostos necessários à consubstanciação da Imprevisão. De mesma monta, Flávio Tartuce trabalha o tema (2017, p. 229). Não obstante, o legislador pátrio estabeleceu dispositivos diferentes ao tratar dos dois institutos, prevendo consequências diversas no caso de suas materializações, agora, transcritos: "Art. 317. Quando, por motivos imprevisíveis, sobrevier desproporção manifesta entre o valor da prestação devida e o do momento de sua execução, poderá o juiz corrigi-lo, a pedido da parte, de modo que assegure, quanto possível, o valor real da prestação." e "Art. 478. Nos contratos de execução continuada ou diferida, se a prestação de uma das partes se tornar excessivamente onerosa, com extrema vantagem para a outra, em virtude de acontecimentos extraordinários e imprevisíveis, poderá o devedor pedir a resolução do contrato. Os efeitos da sentença que a decretar retroagirão à data da citação."

Conforme já esboçado aqui, é preferível trabalharmos com a ideia de renegociação em vista do princípio da preservação dos negócios jurídicos, conforme se observa no entendimento do CJF esboçado pelo Enunciado n.º 367

> Em observância ao princípio da conservação do contrato, nas ações que tenham por objeto a resolução do pacto por excessiva onerosidade, pode o juiz modificá-lo equitativamente, desde que ouvida a parte autora, respeitada a sua vontade e observado o contraditório

Entendimento o qual, ainda, se mostra recorrente do entendimento jurisprudencial das mais altas cortes, conforme julgado pela 3ª turma do STJ no REsp nº

977.007/GO[16]. Isto é, independentemente da Imprevisão ou da Onerosidade Excessiva, se faces da mesma moeda, ou institutos completamente distintos, a rescisão contratual deve ser a última das medidas, devendo imperar a renegociação.

### 4.1. Os riscos na dilatação do caso fortuito e da força maior acarretados pela pandemia.

No âmbito dos particulares, inferir responsabilidade quanto à eclosão da pandemia de Covid-19 se mostra como algo impossível. Isto é, como já dito acima, nem o locatário, quanto o locador deram causa a esse evento completamente imprevisível e de proporções inimagináveis. Ao nosso ver, portanto, a leitura desses institutos jurídicos-civis deve ser mitigada, principalmente, no que concerne à irredutibilidade e algidez do art. 393[17] do Estatuto Civil.

As decisões judiciais relativas ao modelo de contrato de locação, até o momento, usado, aqui, como referência (pessoa física aluga para pessoa física) devem estar imantadas por uma análise fático-sistêmica do cenário hodierno. Ao aplicar frivolamente o dispositivo acima trazido, o magistrado, *ipsis litteris*, decidiria em favor do devedor, ou seja, do locatário.

No que atine aos requisitos para a consubstanciação da Onerosidade Excessiva, anteriormente descritos, essa, única e exclusivamente, dar-se-á caso uma das partes aufira ganho maior do que o pactuado em detrimento do prejuízo da outra. Melhor dizendo, a Covid-19, em uma perquirição de caráter empírico, acarretou sérios gravames monetários para a maior parte das pessoas, em maior ou menor grau, todas

---

16. "Não obstante a literalidade do art. 478 do CC/02 - que indica apenas a possibilidade de rescisão contratual - é possível reconhecer onerosidade excessiva também para revisar a avença, como determina o CDC, desde que respeitados, obviamente, os requisitos específicos estipulados na Lei civil. Há que se dar valor ao princípio da conservação dos negócios jurídicos que foi expressamente adotado em diversos outros dispositivos do CC/02, como no parágrafo único do art. 157 e no art. 170." BRASIL. Superior Tribunal de Justiça. Resp. nº 977.007/GO. Relator: Rel. Min. Nancy Andrighi. Brasília, DF, 24 de novembro de 2009. Diário Oficial de Justiça. Brasília.

17. "Art. 393. O devedor não responde pelos prejuízos resultantes de caso fortuito ou força maior, se expressamente não se houver por eles responsabilizado.
Parágrafo único. O caso fortuito ou de força maior verifica-se no fato necessário, cujos efeitos não era possível evitar ou impedir."

estão no prejuízo.

Porém, no caso da codificação material, o locador deveria responder pelos prejuízos, já que o locatário sairia ileso. Ora, algo que nos parece, intransigentemente, irreal perante o cenário pandêmico. A paridade deve prevalecer, já que nenhuma das partes mostra-se eivada pela vulnerabilidade, inerente aos contratos regidos pelas leis consumeristas, nos quais temos a figura do fornecedor e do consumidor, por exemplo.

Isso posto, os juízes, repise-se, casuisticamente, devem equilibrar os ônus em vista de ambas as partes, prevalecendo o entendimento de que haja a manutenção da relação negocial. De todo modo, a judicialização deve ser a última das opções. Primeiramente, o imbróglio deve ser resolvido pelas partes, já que, em regra, a relação é proveniente de suas vontades. Todavia, ao bater às portas do Poder Judiciário, cada vez mais, os demandantes poderão ficar despreocupados, pois, apesar da escassez de dados em vista da recorrência da manifestação de efeitos provindos da pandemia, a oxigenação das ideias de magistrados e agentes da justiça, como um todo, é notável nos tribunais canarinhos.

Fazendo com que, na maioria dos casos, prevaleça o interesse público proveniente do fato de os contratos deverem atender a uma função social. Ressalvas imprescindíveis ao momento hodierno, no qual, progressivamente, a esperança no futuro se esvai, materializando o paradoxo de que a justiça é injusta, falsa percepção oriunda da pandemia de desinformação[18] decorrente das famigeradas *Fake News*, bem como das operações policiais que escancaram a corrupção no âmbito do Poder Judiciário[19], incorruptível perante o senso comum.

18. GALHARDI, Cláudia Pereira et al. Fato ou Fake? Uma análise da desinformação frente à pandemia da Covid-19 no Brasil. Ciênc. saúde coletiva, Rio de Janeiro, v. 25, supl. 2, p. 4201-4210, Oct. 2020. Disponível em: http://www.scielo.br/scielo.php?script=sci_arttext&pid=S1413-81232020006804201&lng=en&nrm=iso. Acesso em: 29 nov. 2020. Epub. Set. 30, 2020. https://doi.org/10.1590/1413-812320202510.2.28922020.

19. Apenas um dos muitos exemplos, disponível em: https://politica.estadao.com.br/blogs/fausto-macedo/procuradoria-geral-e-pf-fazem-buscas-para-investigar-conluio-e-propinas-a-desembargadores-do-tribunal-de-justica-de-minas/. Acesso em: 29 nov. 2020.

## 5. Contexto fático tanto para o locatário quanto ao locador

Destarte, com o estudo calcado até aqui, é possível enxergar, demasiadamente, as aspirações por parte do locatário, tendo em vista a Onerosidade Excessiva, a Imprevisão da pandemia e a revisão dos contratos. O senso comum, fundamentado pelas incertezas midiáticas, também tem essa visão que pende em prol do locatário, anuindo ações como a diminuição do montante de aluguéis. Todavia, não somente de locatário se faz a relação obrigacional do contrato de locação, mas do sinalagma (do grego, reciprocidade) entre este e o locador, devendo, assim, neste estudo também legitimar os preceitos quistos pelo locador em mesma medida.

Emerge-se então, aprioristicamente, o supracitado princípio da boa-fé (CC, 2002, art. 422). Esse não deve reputar somente preceitos relacionados, única e exclusivamente, à lealdade e à confiança, incidindo na interpretação e formação do contrato, mas também objetivando a cooperação, fruição e longevidade do contrato, a fim de mantê-lo, mesmo frente à imprevisibilidade da crise da Covid-19. Isto é, deve-se tomar em conta que não somente o locatário fora atingido veementemente pelos efeitos dessa, mas também o locador, o qual, por vezes, tem como sua fonte de renda, única, a locação de seu imóvel. Fazendo com que a boa-fé, juntamente com a análise casuística, seja um parâmetro para desvelar essa cortina de fumaça, que expõe uma visão perversa na qual somente o locatário está sofrendo com a Onerosidade Excessiva.

Outro viés argumentativo que pode ser invocado em favor do locador é no que tange ao art. 566[20] do CC/2002, atrelado ao *pacta sunt servanda*. Verifica-se neste dispositivo quais são as obrigações do cedente do imóvel. Sendo assim, tendo em vista o cumprimento dessa carga obrigacional por parte do locador, esse sujeito da relação tem o direito de exigir o cumprimento integral da obrigação pela outra parte, dado que ele tem fielmente disposto o imóvel ao locatário. Conferindo àquele o direito de pleitear contra uma possível desobrigação do locatário, ou até mesmo contra a redução da taxa de aluguel.

---

20. "Art. 566. O locador é obrigado: I - a entregar ao locatário a coisa alugada, com suas pertenças, em estado de servir ao uso a que se destina, e a mantê-la nesse estado, pelo tempo do contrato, salvo cláusula expressa em contrário; II - a garantir-lhe, durante o tempo do contrato, o uso pacífico da coisa."

Contudo, por outro lado, também existem aspirações advindas em face do locatário, nas quais visam flexibilizar e ajustar a carga obrigacional dessa parte no contrato de locação. Nesse sentido, em nossa visão, a maior problemática na esfera do locatário é o fato de estar cumprindo integralmente com as obrigações (CC, 2002, art. 569) de cuidado e financeiras, e não estar usufruindo dos imóveis que se configuram como objeto da relação, seja por restrições sanitárias ou seja pelos vários tipos de impossibilidades oriundas da pandemia, como no caso citado dos estudantes universitários naturais de cidade diversa à do imóvel do contrato. Isto é, a essência do contrato, que é proporcionar moradia, não se apresenta em meio a esse cenário caótico, motivando pedidos de revisão contratual no tocante ao valor dos aluguéis, ou em casos mais extremos, à resolução contratual.

Não vale aqui destrinchar novamente, não obstante a boa-fé mostra-se como uma faca de dois gumes, já que, como aludido, pode servir de fundamentação para aspirações do locador, mas também pode basear alegações de Onerosidade Excessiva por parte do locatário, as quais refletem a utilização restringida, total ou parcialmente, do imóvel.

Portanto, repisa-se, é possível observar que ambas as partes estão consideravelmente afetadas pela crise de Covid-19. Dessa maneira, esse contexto resulta na impossibilidade de responsabilizar alguma das partes pela Imprevisão ou pela Onerosidade Excessiva, problemáticas essas que fundamentam exorbitantes números de movimentação da máquina judiciária, em meio à pandemia hodierna.

## 6. Conclusão

Colocando em análise os contratos de locação, na esfera tanto residencial quanto na empresarial, podemos aqui (neste artigo) verificar a conceituação dessas, assim como as diferenças de efeitos e de tratamento, tendo em vista a crise suscitada pela Covid-19. Dessa maneira, chegou-se à conclusão, já no início, de que, empiricamente, os contratos de locação empresariais tendem a tornar os sujeitos da relação - locador e locatário - mais flexíveis para o ato revisional, sem acionar o Judiciário, com intuito de adequar a obrigação a esse tempo de calamidade, visando dar longevidade ao vínculo, já que nesses casos as partes têm, em regra, um objetivo em comum que é a atividade lucrativa. Por outro lado, verifica-se uma intransigência no viés residencial desse tipo contratual, pelo fato dizer respeito à moradia do locatário e, por muitas vezes, pela hipótese de ser a fonte de renda única por parte do locador residencial.

Ademais, observa-se que não somente a legislação, apesar de ser imprescindível nesse conflito, é capaz de ser invocada como discurso para fundamentar a revisão contratual - medida que, tendo em vista todo o desenrolar do artigo, é a mais recomendada - ou a resolução. Assim, é demonstrado a necessidade latente de imiscuir a letra da lei com os princípios contratuais, tais como *pacta sunt servanda* e a *rebus sic stantibus*, boa-fé, função social e conservação dos contratos, para que a rigidez da norma positivada consiga se mostrar maleável para abarcar as mudanças advindas pela pandemia hodierna, em vista do Direito Privado.

Nessa linha, instrumentalizando-se pela *rebus sic stantibus*, se dissertou aqui sobre a Teoria da Imprevisão (art. 317, CC/2002) e a Onerosidade Excessiva (art. 478, CC/2002). Tendo a conceituação doutrinária e legal, constatou-se a correlação indispensável entre os dois institutos, pois "[...] não era mais suficiente a ocorrência de um fato extraordinário, para justificar a alteração contratual. Passou a ser exigido que fosse também imprevisível." (GONÇALVES, 2012, p. 51)

Por fim, outro caráter coligido neste artigo diz respeito à via de mão dupla argumentativa que, em meio à crise do coronavírus, é emergida pelas partes, isto é, esta pesquisa visou examinar ambos os lados da lente subjetiva da locação. Dessa maneira, é possível averiguar que tanto o locador quanto o locatário detêm seus motivos e fundamentações para o afrouxamento obrigacional ou mantimento das prestações, desvelando, assim, o senso comum que pende a proteção do inquilino. Portanto, pelo fato de os efeitos negativos oriundos da pandemia que, por sua vez, dificultam o cumprimento da relação, não serem de responsabilidade de nenhuma das partes, o ordenamento, juntamente com a atmosfera principiológica, visam dar paridade para a relação, a fim de conservar os contratos.

# REGIME JURÍDICO EMERGENCIAL TEMPORÁRIO: A LEI 14.010/20 E AS REVISÕES CONTRATUAIS

# 6

**Gabriel Araújo Soncini**

**Gustavo Bueno de Araújo**

## 1. Introdução

### 1.1 O início da pandemia

Em 31 de Dezembro de 2019, a Organização Mundial de Saúde (OMS) recebeu um alerta a respeito de uma série de casos incomuns de pneumonia na cidade de Wuhan na China. Dentro de uma semana foi identificado e categorizado o vírus causador da doença SARS-CoV-2, uma vertente de um vírus já existente, denominado coronavírus.

Se trata de um vírus transmissível pelo ar e, portanto, altamente contagioso, causando de resfriados simples até infecções respiratórias mais severas que podem resultar em morte da população de risco (normalmente idosos ou aqueles com um sistema respiratório já debilitado).

Parcialmente pela similaridade dos sintomas com as gripes e resfriados comuns, a devida seriedade do vírus demorou a ser admitida pelos órgãos mundiais de saúde e governos, fazendo com que um vírus antes contido em algumas cidades chinesas, se espalhasse, em um tempo notadamente rápido ao mundo. No dia 11 de Março, a OMS declarou o COVID-19 como uma pandemia.

Com os números de óbitos crescendo astronomicamente, o que antes era tratado como um simples caso de resfriado chamou a atenção do mundo, levando autoridades a declararem distanciamento social, seguindo de quarentena, fechamento de fronteiras, suspensão de atividades acadêmicas e de lazer. A facilidade de transmissão do vírus e a grande quantidade de pessoas dentro do grupo de risco rapidamente fez a realidade do mundo como um todo se transformar rapidamente.

Se tratando de um vírus novo, as organizações de saúde mundiais não haviam uma resposta eficaz, capaz de cessar a transmissão e seus efeitos e, aliado com sua alta transmissibilidade, fez com que a quarentena se prolongasse além das expectativas iniciais, o que, por sua vez, agrediu a economia global de forma massiva.

Pauta de muitas discussões políticas, o isolamento foi posto em questionamento por diversos governos, mais notadamente dos EUA e Brasil, países estes cujos números de casos e óbitos estão entre os maiores do mundo. A não adesão das medidas preventivas propostas pela OMS, prolongou ainda mais a existência do vírus, fazendo com que, além dos impactos econômicos, houvesse impactos políticos e sociais.

Seja pela sugestão de metodologias de tratamento não comprovadas cientificamente, ou pelo claro desprezo pelas medidas preventivas indicadas pelos órgãos de saúde, uma guerra ideológica civil foi estruturada nos países supracitados, polarizando ainda mais uma sociedade já extremamente polarizada e catalisando a propagação da doença.

Naturalmente, um vírus com uma transmissibilidade tão alta e com efeitos tão severos, afetaria os setores econômico-sociais nacionais e internacionais, fazendo com que as mais variadas esferas interrompessem suas atividades de maneira brusca e sem planejamento prévio. Dessa forma, especialmente no Brasil, uma economia já fragilizada encontrava novos e mais complexos embates para se sustentar, e, já em situações desfavoráveis, empresas de diversos setores se viram em situações de impossibilidade de manutenção de sua produção, especialmente as do ramo comercial como bares, casas de shows e restaurantes.

Destarte, uma nova realidade se moldou de maneira brusca e célere, enquanto diversos fatores - que serão discorridos ao longo deste artigo - ajudaram a agravar a crise e forçaram que medidas emergenciais fossem tomadas pelo Governo Federal de modo a tentar estagnar a crise econômica e social e estancar os problemas até então criados por ela.

### 1.2 A morosidade governamental no combate ao vírus e seus efeitos

Em 6 de Março de 2020 o Governo Federal emitiu o Decreto Legislativo nº 6 de 2020[1] constituindo uma "Comissão Mista composta por 6 deputados e 6 senadores, com igual número de suplentes, com o objetivo de acompanhar a situação fiscal e a execução orçamentária e financeira das medidas relacionadas à emergência de saúde pública de importância internacional relacionada ao coronavírus (Covid-19)."

Fazendo valer do Art. 65 da Lei Complementar nº 101, de 4 de Maio de 2000, Art. 2º da Lei 13.898 de 11 de Novembro de 2019 e do Art. 9º da Lei Complementar nº 101 de 4 de Maio de 2000, o Decreto foi a primeira resposta governamental perante a crise sanitária. Discutivelmente uma resposta ainda tardia, o Decreto serviu como objeto de diagnóstico da realidade nacional que escalava a um ritmo assustador frente à crise econômica e ao fechamento generalizado de comércios.

Apenas no dia 10 de Junho de 2020 o Governo Federal sancionou a Lei número 14.010[2], dispondo sobre o Regime Jurídico Emergencial e Transitório das relações jurídicas de Direito Privado (RJET) no período da pandemia do coronavírus. É válido ressaltar, entretanto, que, mesmo dispondo de artigos de extrema importância, é inegável que a resposta jurídica efetiva foi extremamente tardia.

Torna-se evidente, portanto, que o Governo Federal apresentou uma completa apatia frente à nova realidade que começava a se desdobrar, apenas positivando medidas efetivas de controle econômico-social pouco menos de 4 meses depois do início efetivo da pandemia. Este vácuo de poder permitiu que, como dito no item 1.1, setores já em crise fossem ainda mais duramente atingidos, causando o fechamento parcial ou completo de várias empresas no território nacional.

Segundo notícia do jornal "El País"[3], desde a chegada do coronavírus no Brasil, mais de 716.000 empresas fecharam as portas, o que corresponde a mais da metade

1. "DLG6-2020 - Planalto." 18 mar.. 2020, http://www.planalto.gov.br/ccivil_03/portaria/DLG6-2020.htm. Acessado em 16 dez.. 2020.
2. "L14010 - Planalto." 10 jun.. 2020, http://www.planalto.gov.br/ccivil_03/_ato2019-2022/2020/lei/L14010.htm. Acessado em 15 dez.. 2020.
3. "716.000 empresas fecharam as portas desde o início da ...." 19 jul.. 2020, https://brasil.elpais.com/brasil/2020-07-19/716000-empresas-fecharam-as-portas-desde-o-inicio-da-pandemia-no-brasil-segundo-o-ibge.html. Acessado em 15 dez.. 2020.

das 1.3 milhão de empresas que estavam com as atividades suspensas ou definitivamente encerradas na primeira quinzena de junho. Ainda segundo a mesma notícia, dos setores econômicos afetados, 39,4% são comerciais e 37% são do ramo de serviços, sendo que dos negócios que não voltaram a abrir as portas, 99,8% são de pequeno porte.

Estes dados reafirmam que a inércia prolongada do Governo Federal em emitir medidas de controle e proteção econômica asseverou - ou, minimamente, não conteve - o avanço da crise econômica.

### 1.3 A necessidade de intervenção estatal em estados de calamidade

Não são poucos os exemplos históricos que comprovam que a intervenção estatal na economia é altamente necessária em momentos atípicos, como em crises econômicas graves ou em situações mais severas, como em declarações de guerra ou declarações de pandemia. Os modelos de liberalismo completo se provaram falhos em diversas instâncias, como a crise de 1929 e a crise de 2008 nos EUA, a crise dos países latinos em 1980, entre outras.

Talvez um dos maiores exemplos de intervenção estatal bem sucedida seja a recuperação da crise de 1929 por intervenção do New Deal de Roosevelt, provando ao mundo que o Estado não é apenas uma peça necessária na prevenção, mas também no controle delas.

O Brasil vindo de uma recessão de anos, à beira da crise, necessitava da intervenção estatal já previamente à pandemia. Com o Covid-19, a demora em demonstrar uma resposta foi apenas um dos sintomas de um governo despreparado de forma generalizada, uma vez que planos de contingência tanto sanitárias quanto econômicas não foram feitos quando ainda se antecipava a chegada do vírus ao Brasil, mostrando que decretos emergenciais não solucionam problemas drásticos e que a intervenção estatal deve ser constante, de maneira a prevenir e controlar situações que a sociedade, de maneira geral, não tem poder ou condições de controlar.

As respostas de alguns países para o Covid-19 - como o decreto de confinamento total, auto-isolamento e proibição total de entrada de estrangeiros com apenas 6 casos por parte de Jacinda Ardern, premiê da Nova Zelândia - surpreendeu o mundo, evidenciando não apenas que o trabalho de contenção recai inteiramente sobre as mão do Estado - e, ademais, serve de termômetro para o preparo e eficácia do Governo vigente - mas também que a simples adesão às medidas preventivas postas pela OMS foram suficientes para trazer o número de casos a zero poucas semanas após o início da pandemia. Coincidentemente, segundo o jornal El País[4], os países com melhores índices são todos liderados por mulheres, e, entre aqueles com os números mais notáveis estão, segundo a revista Forbes[5], a Islândia - liderada por Katrín Jakobsdóttir - com 8 casos, Nova Zelândia - liderada por Jacinda Ardern - com 4 casos, Taiwan - liderado por Tsai Ing-wen - com 6 casos, a Finlândia - liderada por Sanna Marin - com 49 casos, a Noruega - liderada por Erna Solberg - com 98 casos e, finalmente, a Alemanha - liderada por Angela Merkel - com 2,673 casos.

## 2. O papel da lei 14.010 na revisão contratual

### 2.1 O início dos efeitos jurídicos do rjet

Não obstante a inegável morosidade governamental, uma vez sancionada a Lei 14.010/20, a esfera do direito contratual viu efetivas mudanças, de caráter tanto emergencial quanto necessário frente aos grandes desafios comerciais.

Existem algumas dimensões que valem ser discutidas acerca deste dispositivo. Inicialmente é importante notar que em seu Art. 1º a lei dispõe que "Para os fins desta Lei, considera-se 20 de Março de 2020, data da publicação do Decreto Legislativo nº 6, como termo inicial dos eventos derivados da pandemia do coronavírus (Covid-19)", dando a equivocada aparência que seria a data de início de todas as disposições contidas no Regime Jurídico Emergencial Temporário (RJET), o que é não é verídico, uma vez que, no parágrafo único do Art. 1º afirma que, "Para os fins desta Lei, considera-se 20 de março de 2020, data da publicação do Decreto Legislativo nº 6, como termo inicial dos eventos derivados da pandemia do coronavírus (Covid-

4. "Bachelet: "Dos 12 países que melhor enfrentaram a pandemia ...." 8 set.. 2020, https://brasil.elpais.com/internacional/2020-09-08/michelle-bachelet-dos-12-paises-que-melhor-enfrentaram-a-pandemia-nove-sao-dirigidos-por-mulheres.html. Acessado em 16 dez.. 2020.
5. "8 (More) Women Leaders Facing The Coronavirus ... - Forbes." 22 abr.. 2020, https://www.forbes.com/sites/avivahwittenbergcox/2020/04/22/8-more-women-leaders-facing-the-coronavirus-crisis/. Acessado em 16 dez.. 2020.

19)." Se tratando de um RJET, o dispositivo, como um todo, tem como propósito estabelecer um regime temporário, fazendo com que a data do reconhecimento do estado de calamidade sanitária seja fundamental para a efetividade da Lei. Não obstante, na data proposta por seu Art. 1º, a Lei estava em um estágio extremamente inicial, não podendo, portanto, produzir qualquer efeito jurídico.

## 2.2 Os impactos do rjet nos contratos

Uma vez compreendido que os efeitos jurídicos do RJET foram aplicáveis apenas após da data de seu decreto, existem diversos dispositivos contidos na Lei que são notáveis.

Talvez o artigo mais notável seja o Art. 6º, que postula que "as consequências decorrentes da pandemia do coronavírus (Covid-19) nas execuções dos contratos, incluídas as previstas no art. 393 do Código Civil[6], não terão efeitos jurídicos retroativos.", que vem para o fim de suprimir os casos de força maior causados pela pandemia. Além do mais, é necessário destacar que o Regime Jurídico Emergencial e Transitório das relações jurídicas de Direito Privado cumpre uma missão essencial no meio dos contratos com o fim de preservar tanto os princípios que são norteadores desse negócio jurídico quanto a função social deste.

Ou seja, tem por fim garantir o princípio da sociabilidade que norteia o direito de contratar como um todo, tratando-se da ideia de que os contratos devem ser meios de se buscar um proveito coletivo que vai contra a desigualdade, buscando uma troca que no final torne a sociedade mais balanceada como um todo, e evitando assim contratos que sejam abusivos em que o proveito recaí sobre somente uma das partes. Citando Carlos Roberto Gonçalves[7], a concepção social do contrato norteada por esse princípio máximo "tem por escopo promover a realização de uma justiça comutativa, aplainando as desigualdades substanciais entre os contratantes".

Tendo isso em vista, o RJET vem com o fim de amenizar os efeitos da pandemia

6. "CódigoCivil Planalto." http://www.planalto.gov.br/ccivil_03/leis/2002/L10406compilada.htm. Acessado em 16 dez.. 2020.
7. "Carlos Roberto Gonçalves - Wikipédia, a enciclopédia livre." https://pt.wikipedia.org/wiki/Carlos_Roberto_Gon%C3%A7alves. Acessado em 16 dez.. 2020.

trazendo alguns instrumentos importantes no que tange principalmente a revisão contratual; que é uma ferramenta postulada pelo Código Civil que é pautada na teoria da imprevisibilidade, que por sua vez é traduzida na existência da cláusula *rec sic stantibus*[8], que preceitua que o contrato deve se manter em vigor à medida que as coisas se mantêm no mesmo estado de quando o contrato foi celebrado.

## 3. Sobre as revisões contratuais

Destarte, a revisão contratual tem por fim dar aos contratantes a possibilidade de revisar os termos previstos nos contratos por via judiciária. O interessante dessa possibilidade é que ela admite a imprevisibilidade de certos fatores e a constante mudança do contexto social e econômico que são exteriores a ele e podem por muitas vezes tornar um contrato excessivamente oneroso para uma das partes.

Entretanto, para a aplicação correta da revisão contratual e da *rec sic stantibus* é necessário observar alguns pontos relevantes para que o contrato não seja fonte de insegurança jurídica, afinal não se deve ignorar outro preceito jurídico de extrema relevância para o Direito dos Contratos, o *pacta sunt servanda*[9], que diz que os contratos fazem lei entre os contratantes e que dessa forma os obriga a cumprir no limite da lei.

Dessa forma, para que a revisão contratual possa ocorrer é necessário três elementos base: a existência de um evento que seja imprevisível; a comprovação de uma eventual onerosidade excessiva para uma das partes e que o contrato seja de execução continuada ou diferida, ou seja, que no caso da continuada a execução do contrato se dê por uma série de atos reiterados e na deferida se dê por uma prestação que não ocorre logo após a celebração do contrato mas a termo.

Tendo em vista essas condições é notório que a pandemia é um grande fator

8. "A cláusula rebus sic stantibus e a onerosidade excessiva do ...." 1 set.. 2017, https://ambitojuridico.com.br/cadernos/direito-civil/a-clausula-rebus-sic-stantibus-e-a-onerosidade-excessiva-do-contrato-no-codigo-de-defesa-do-consumidor-e-no-codigo-civil-de-2002/. Acessado em 16 dez.. 2020.
9. "As cláusulas pacta sunt servanda e rebus sic stantibus e suas ...." 1 dez.. 2017, https://ambitojuridico.com.br/cadernos/direito-civil/as-clausulas-pacta-sunt-servanda-e-rebus-sic-stantibus-e-suas-consequencias-juridicas/. Acessado em 16 dez.. 2020.

imprevisível e que duraria pelo menos cinco meses e acarreta em uma avalanche de revisões contratuais que ocorreram e ainda ocorrem em sua virtude. Assim, o artigo 6º que trata da revisão contratual é na realidade um artigo declaratório que positiva o entendimento jurisprudencial e doutrinário anterior a ele, mas também diz que os transtornos causados pela pandemia não podem retroagir atingindo situações jurídicas anteriores ao dispositivo. À exemplo, uma parcela que um locador deixou de pagar à seu locatário antes da pandemia, que se iniciou em fevereiro de 2020, não pode ser justificada pelos efeitos catastróficos da mesma. Assim, essa inadimplência não está tutelada por essa questão em específico e pode ser justificada mas não por esse artigo.

### 3.1 Os conceitos basilares que fundamentam as revisões contratuais

A fim de tratar sobre revisões contratuais mais a fundo, especialmente em um estado de calamidade, é necessário primordialmente estabelecer conceitos basilares sobre as relações contratuais, uma vez que são estes conceitos que fundamentam as decisões judiciais e motivam a ocorrência das revisões de modo geral.

#### 3.1.1 Função social do contrato

Os contratos são instrumentos que conjugam as vontades de duas partes distintas em uma vontade comum, tornando possível que aqueles que os operam sejam, segundo Enzo Roppo[10], "livres de organizar e desenvolver suas atividades econômicas (...) segundo as modalidades e condições que melhor correspondem aos seus interesses". Sob princípios como *pacta sunt servanda*, contratos ganham segurança jurídica, uma vez que se pressupõe que a alteração das cláusulas posteriormente à consolidação do contrato está vedada - de onde origina-se o princípio da intangibilidade do conteúdo dos contratos - e que existe uma pressuposta igualdade entre as partes, não prejudicando ou beneficiando terceiros e, em situações ordinárias, é o que ocorre.

Não obstante, em alguns casos, pode-se haver necessidade de se tutelar o que é socialmente útil, protegendo os indivíduos envolvidos no contrato. É importante ressaltar que a função social não desempenha um papel a fim de beneficiar uma das

10. "O Contrato por Enzo Roppo" Acessado em 17 dez.. 2020.

partes, mas sim garantir o direito à proteção a uma das partes que fica desfavorecida com o contrato a partir de disparidades suscitadas por interesses ao redor do objeto da prestação.

Destarte, fica evidente que a função social se localiza na tênue linha entre a liberdade das partes e a garantia de igualdade entre elas, e, mesmo não sendo elencada diretamente pelo Código Civil, não é completamente ignorada pelas doutrinas (em virtude da forte influência do Código Civil francês nas doutrinas nacionais). Dessa forma, é plausível conceituar a função social do contrato, segundo Nelson Nery Júnior[11], como "o ponto de harmonia pelo qual as partes conseguem buscar um objetivo uno, que é a função político-econômica que o contrato tende a realizar".

É, entre outros pontos fundamentais, sob a égide da função social que as revisões contratuais em tempos de calamidade se estabelecem, uma vez que a equilíbrio entre as partes - que é, como visto, um princípio inalienável da natureza contratual - é desestabilizado, gerando, portanto, desigualdade entre as partes, fazendo com que a tênue linha entre liberdade e igualdade seja quebrada.

É, por conta disto, que o RJET é de tamanha importância, uma vez que ele torna os processos de revisão contratual mais simples e, em algumas situações, incentivados, em especial nos Artigos 3º, 6º e 7º §1.

### 3.1.2 Boa-fé e adimplemento obrigacional

A boa-fé é um princípio jurídico que norteia as relações contratuais, e juntamente com outros como a função social do contrato, a autonomia da vontade, o consensualismo, a força obrigatória e o equilíbrio econômico do contrato; formam uma rede de princípios que orientam as leis subsequentes. Essas leis, por sua vez são dotadas de cláusulas gerais e conceitos indeterminados que como o próprio nome diz englobam conceitos não bem definidos e por isso dão espaço para que o juiz aplique a lei orientado por esses princípios; ou seja, esses elementos são advindos do entendimento de que a lei não pode ser extremamente descritiva, e sim mais aberta e indefinida em um caso que seja genérico mas que compreenda a maioria deles.

---

11. "Nelson Nery Jr. - Nery Advogados." http://neryadvogados.com.br/advogado/nelson-nery-jr/. Acessado em 17 dez.. 2020.

Com esse pensamento, a boa-fé é o princípio que está disposto no Art. 422 do Código Civil de 2002 e diz: "Os contratantes são obrigados a guardar, assim na conclusão do contrato, como em sua execução, os princípios de probidade e boa-fé". Assevera Maria Helena Diniz[12] que: "Segundo esse princípio, na interpretação do contrato, é preciso ater-se mais a intenção do que o sentido literal da linguagem, e, em prol do interesse social de segurança das relações jurídicas, as partes deverão agir com lealdade e confiança recíprocas, auxiliando-se mutuamente na formação e na execução do contrato. Daí está ligado ao princípio da probidade"; com essa definição entende-se que as partes devem agir de forma a prezar pelo bem comum e pela lealdade em detrimento de somente ter em vista seus objetivos próprios.

A boa-fé possui uma divisão em que pode ser tanto subjetiva quanto objetiva, e de forma simples a subjetiva tem relevância voltada para o direito das coisas e está relacionada a percepção subjetiva das partes, na qualificação da posse, e não pode ser operável pelo direito contratual; diferente da objetiva onde se encontra a ideia de que as condutas de ambas as partes são sempre respeitosas aos direitos da outra. Assim, a boa fé objetiva também possui uma divisão interna própria entre a função ativa e reativa. A função ativa está relacionada aos deveres advindos da relação contratual e são chamados de deveres anexos ou laterais, tais como a lealdade, harmonia, cooperação, informação e segurança; sendo deveres que não estão explícitos na lei mas já se espera das partes. Porém, o fato de esses deveres não estarem explícitos e não constarem na letra da lei não diz que o cumprimento dos mesmos é facultativo e pode, no caso de descumprimento, levar ao inadimplemento contratual. Já a boa-fé reativa é aquela que gera responsabilidades às partes em todas as fases do contrato, e é utilizada para a defesa daquela parte que é injustamente atacada pela outra, sendo uma alegação de defesa para excluir determinada pretensão injusta que venha a ocorrer. Como exemplo do funcionamento da boa-fé objetiva em sua função reativa é possível citar: o desaparecimento de um direito que não é exercido em um período de tempo (*supressio*), a obtenção de um direito que não estava pactuado (*surrectio*) e quando o contratante não cumpre com as obrigações estipuladas.

Com o uso da boa-fé os contratos podem garantir maior segurança jurídica e

---

12. "Maria Helena Diniz - Enciclopédia Jurídica da PUCSP." https://enciclopediajuridica.pucsp.br/autor/332/maria-helena-diniz. Acessado em 17 dez.. 2020.

promovem a sua função social, fazendo com que as partes consigam adimplir com a outra. Sendo uma das formas de se encerrar uma obrigação, o adimplemento ocorre quando as partes cumprem com as obrigações que foram compactuadas, dando por encerrado o vínculo obrigatório.

### 3.1.3 Teoria da imprevisão e a onerosidade excessiva

Um dos cânones do Direito Contratual é o da força obrigatória do contrato, traduzido pela expressão latina *pacta sunt servanda* que diz que uma vez concluído, o contrato se incorpora ao ordenamento jurídico e dele faz-se lei entre as partes. Contudo, esse é um princípio relativo e pode perder a eficácia em determinadas situações como ocorre na teoria da imprevisão

A teoria da imprevisão pode ser aplicada em uma situação em que uma das partes, por uma razão que seja imprevisível, é acometida por uma onerosidade excessiva no contrato, podendo gerar um inadimplemento da mesma. Para evitar isso, essa teoria dá ao juiz a possibilidade de revisar o contrato a fim de sanar essa dificuldade. Aqui é importante destacar que essa teoria se aplica numa situação imprevisível, visto que o princípio da força obrigatória do contrato também carrega consigo a ideia de que o contrato é funcional à medida em que as coisas permanecem no estado em que o contrato foi celebrado. Uma situação que seja imprevisível já faz cair por terra esse princípio, visto que a parte lesada não concordaria em fechar o contrato sabendo que passaria por dificuldades mais adiante. Contudo é necessário entender que há pré-requisitos para que a teoria da imprevisão possa ser aplicada, e são eles: Contrato sinalagmático, oneroso, comutativo e de execução continuada ou diferida; acontecimento extraordinário, geral e superveniente; imprevisibilidade do acontecimento; e desproporção, de forma que a prestação do devedor se torna excessivamente onerosa, ao mesmo tempo que há um ganho exagerado do credor; como está previsto no Art. 478 do Código Civil de 2002 que diz: "Nos contratos de execução continuada ou diferida, se a prestação de uma das partes se tornar excessivamente onerosa, com extrema vantagem para a outra, em virtude de acontecimentos extraordinários e imprevisíveis, poderá o devedor pedir a resolução do contrato. Os efeitos da sentença que a decretar retroagirão à data da citação", onde a mesma ideia é repetida no Art. 317 também do Código Civil.

Já a onerosidade excessiva é um estado contratual em que razões não previsíveis e supervenientes refletem na situação e na prestação devida, acarretando na onerosidade e na desvantagem exacerbada de uma parte em relação ao momento em que o contrato foi primeiramente celebrado.

## 4. Conclusão

Destarte, pode-se destacar minimamente quatro grandes fases no Brasil que tangem o Covid-19. A primeira sendo a não prevenção e preparação sócio-sanitária-econômica por parte do Governo, que, mesmo ciente da altíssima probabilidade da chegada do vírus no país, manteve-se inerte, não desempenhando sua função básica e, portanto, não impedindo - ou minimamente contendo - os avanços virais e a devastação disseminada pelo Covid-19.

A segunda fase foi no começo da proliferação da doença no país, quando, mais uma vez, o Governo Federal falhou gravemente nas medidas de contenção e prevenção sanitárias e, também, econômicas. Vale ressaltar que recomendações preventivas já haviam sido emitidas pela OMS, e o Governo, voluntariamente, escolheu não segui-las, permitindo, novamente, o avanço da doença. Talvez este tenha sido o momento pivotante para muitos, uma vez que, tomadas as medidas necessárias, os impactos seriam drasticamente reduzidos, e, portanto, a asseveração da crise e os astronômicos fechamentos definitivos de comércios não ocorreriam.

A terceira fase foi com o decreto da Lei 14.010, talvez o primeiro momento de reconhecimento da necessidade de intervenção estatal por parte do Governo Federal. Não obstante os já colossais efeitos da pandemia, o RJET foi de extrema importância para as empresas ainda abertas e para os contratos ainda mantidos. Revisando prazos prescricionais, relações de consumo, locações e promovendo revisões contratuais, a Lei 14.010 desempenhou um papel imprescindível no controle de danos, como explicitado no item 2.2.

A quarta fase ainda há de ocorrer e diz respeito à retomada das atividades normalmente, colocando novamente o Governo como promotor e garantidor de segurança jurídica, sanitária, social e econômica para um retorno gradual e constante das atividades, zelando sempre para que os impactos sejam suavizados e que os reflexos econômicos nacionais e internacionais sejam atenuados.

É inegável que a pandemia alterou completamente e, talvez de maneira invariável, a realidade mundial. O caos gerado pelo Covid-19 ecoará por diversas gerações, que, compreendendo os erros fatais da geração atual, conseguirão responder às crises sanitárias e econômicas de maneiras mais eficientes. A pandemia do Covid-19 demonstrou as fissuras democráticas em diversos países, os pontos frágeis nos alicerces sociais, nas estruturas econômicas e nos pontos mais basilares políticos em todo o mundo, e é por meio do entendimento das falhas que as gerações futuras poderão amenizar os impactos futuros de situações similares com a atual, afinal, nas palavras de Augusto Cury[13], "procure a sabedoria e aprenda a escrever os capítulos mais importantes de sua história nos momentos mais difíceis de sua vida."[14]

## Referências

AURICINO, Beatriz. Classificação dos Contratos de Direito Civil. 2015. Disponível em: https://bsauricino.jusbrasil.com.br/artigos/229764604/classificacao-dos-contratos-de-direito-civil#:~:text=A%20presta%C3%A7%C3%A3o%20de%20uma%20das,por%20meio%20de%20atos%20reiterados. Acesso em: 16 dez. 2020.

ASD ADVOCACIA E CONSULTORIA JURÍDICA. Princípio da Boa-fé nas Relações Contratuais. 2017. Disponível em: https://advdalfovo.jusbrasil.com.br/artigos/506344065/principio-da-boa-fe-nas-relacoes-contratuais#:~:text=A%20boa-fé%20objetiva%20é,%2C%20comportamento%20honesto%20%5B3%5D.. Acesso em: 16 dez. 2020.

COELHO, Marcus Filipe Freitas; FREITAS, Gilberto Passos de. Breves notas sobre o impacto da pandemia da Covid-19 nas relações contratuais. 2020. Disponível em: https://www.conjur.com.br/2020-mar-31/opiniao-impacto-pandemia-covid-19-relacoes-contratuais. Acesso em: 16 dez. 2020.

CONFOLONIERI, Dr. Renato Nunes. A PANDEMIA E OS CONTRATOS DE

13. "Augusto Cury - O autor mais lido da última década." https://www.augustocury.com.br/. Acessado em 16 dez.. 2020.

14. "Procure a sabedoria e aprenda a escrever ... - Pensador." https://www.pensador.com/frase/NjAxMDY5/. Acessado em 16 dez.. 2020.

LOCAÇÃO COMERCIAL. Disponível em: https://www.oabsp.org.br/subs/marilia/noticias/a-pandemia-e-os-contratos-de-locacao-comercial. Acesso em: 16 dez. 2020.

DUQUE, Bruna Lyra. A revisão contratual no Código Civil e no Código de Defesa do Consumidor. 2007. Disponível em: https://ambitojuridico.com.br/edicoes/revista-45/a-revisao-contratual-no-codigo-civil-e-no-codigo-de-defesa-do-consumidor/. Acesso em: 16 dez. 2020.

DINIZ, Maria Helena. Curso de direito civil brasileiro. Teoria das Obrigações Contratuais e Extracontratuais. 24° ed. São Paulo: Saraiva, 2008. v.3.

GLETTE, Gabriela. Países que estão lidando melhor com coronavírus são comandados por mulheres. 2020. Disponível em:

GONÇALVES, Carlos Roberto. Direito Civil brasileiro. v. 3: contratos e atos unilaterais. 17ª ed. São Paulo: Saraiva, 2020.

GRANEMANN, Sara. Crise econômica e a Covid-19: rebatimentos na vida (e morte) da classe trabalhadora brasileira. 2020. Disponível em: https://www.scielo.br/scielo.php?pid=S1981-77462021000100300&script=sci_arttext. Acesso em: 16 dez. 2020.

MOLINA, Federico Rivas. Bachelet: "Dos 12 países que melhor enfrentaram a pandemia, nove são dirigidos por mulheres". 2020. Disponível em: https://brasil.elpais.com/internacional/2020-09-08/michelle-bachelet-dos-12-paises-que-melhor-enfrentaram-a-pandemia-nove-sao-dirigidos-por-mulheres.html. Acesso em: 16 dez. 2020.

NERY JUNIOR, Nelson; NERY, Rosa Maria de Andrade. Código Civil comentado. 4. ed. São Paulo: RT, 2006. p. 243 (grifos do autor)

OLIVEIRA, Joana. 716.000 empresas fecharam as portas desde o início da pandemia no Brasil, segundo o IBGE. 2020. Disponível em: https://brasil.elpais.com/brasil/2020-07-19/716000-empresas-fecharam-as-portas-desde-o-inicio-da-pandemia-no-brasil-segundo-o-ibge.html#:~:text=Desde%20que%20a%20pandemia%20do,feira%20(16%2F07).. Acesso em: 16 dez. 2020.

ROPPO, Enzo. O contrato. Coimbra: Almedina, 2009. p. 142.

STOLZE, Pablo; OLIVEIRA, Carlos E. Elias de. Continuando os comentários à "Lei da Pandemia": continuando os comentários à "lei da pandemia" (lei nº 14.010, de 10 de junho de 2020 - rjet): análise dos novos artigos. Continuando os Comentários à "Lei da Pandemia" (Lei nº 14.010, de 10 de junho de 2020 - RJET): Análise dos Novos Artigos. 2020. Disponível em: https://flaviotartuce.jusbrasil.com.br/artigos/923343347/continuando-os-comentarios-a-lei-da-pandemia#:~:text=7%C2%BA%20da%20Lei%20do%20RJET%20ressalva%20esses%20tipos%20de%20contratos.&text=%C3%89%20que%20a%20Lei%20n%C2%BA,tornem%20manifestamente%20desproporcional%20a%20presta%C3%A7%C3%A3o. Acesso em: 16 dez. 2020.

WITTENBERG-COX, Avivah. 8 (More) Women Leaders Facing The Coronavirus Crisis. 2020. Disponível em: https://www.forbes.com/sites/avivahwittenberg-cox/2020/04/22/8-more-women-leaders-facing-the-coronavirus-crisis/?sh=77a8530b288f. Acesso em: 16 dez. 2020.

# O DESCUMPRIMENTO DAS RELAÇÕES CONTRATUAIS NO BRASIL PÓS PANDEMIA (COVID-19)

# 7

**Clara Fernandes Barbon**

## 1. Introdução

Segundo Pablo Stolze Gagliano e Rodolfo Pamplona Filho[1], doutrinadores do Direito Civil, qualquer relação contratual deve respeitar a máxima "todo contrato foi feito para ser cumprido". A sua extinção natural se da pelo cumprimento das obrigações impostas aos contratantes, uma vez que esse deve ocorrer o quanto antes a fim de que se atinja o benefício contratual. Uma vez que as obrigações impostas, sejam elas dadas de forma consensual, sejam elas estabelecidas através de um contrato escrito, são cumpridas, toda e qualquer relação estabelecida entre credor e devedor será eximida por completo.

A doutrina supracitada, por sua vez, adverte a necessidade de cumprimento total de qualquer relação seja essa possível de ser realizada novamente ou não. Stolze e Pamplona Filho apresentam o contrato de prestação de serviços como um bom exemplo de tal situação, uma vez que a relação entre devedor e credor de um contrato como exemplificado, pode sempre ser restabelecida.

Para Flávio Tartuce[2], a extinção normal dos contratos conta com um instituto

1. GAGLIANO, Pablo Stolze. Capítulo XIII - Conceito de Contratos. In: GAGLIANO, Pablo Stolze; PAMPLONA FILHO, Rodolfo. Manual de direito civil: volume único. São Paulo: Saraiva, 2017. Cap. 13. p. 385-388.
2. TARTUCE, Flávio. Direito civil: teoria geral dos contratos e contratos em espécie. In: TARTUCE, Flávio. Direito civil: teoria geral dos contratos e contratos em espécie. 12. ed. Rio de Janeiro:

essencial da boa-fé objetiva, disposta no artigo 422 do Código Civil, que garante a boa relação dos contraentes mesmo após a extinção da relação estabelecida. Para ele:

> "Extinto o contrato, não há que se falar em obrigações dele decorrentes, em regra. Entretanto, não se pode esquecer que a boa-fé objetiva deve estar presente mesmo após a celebração do contrato (art. 422 do CC), sob pena de caracterização da violação de um dever anexo ou de abuso de direito (art. 187 do CC), a gerar uma responsabilidade civil pós-contratual ou *post pactum finitum*".

No entanto, mesmo que a extinção natural dos contratos seja a forma viável e desejável ao Código Civil, de se cumprir obrigações, o mesmo legisla sobre a possibilidade do surgimento de forma considerada anômala para tal. Assim se da o que a doutrina e a legislação denominam invalidade e descumprimento dos contratos. Dessa discussão tem-se o que Flávio Tartuce menciona em sua doutrina como a suposta crise dos contratos. Segundo a sua interpretação, a nova ordem de existência dos contratos em nada se relaciona com uma crise[3], uma vez que seria possível, através de um trabalho de utilização do Direito Comparado o contrato abrir-se a uma nova interpretação. Das palavras de Tartuce, tem-se:

> "Em verdade, superada a análise da obra de Grant Gilmoreou tida como clássica no direito norte americano, entendemos que a palavra crise significa mais mudança de estrutura do que possibilidade de extinção. E é realmente isso que está ocorrendo quanto ao contrato, uma intensa e convulsiva transformação, uma renovação dos pressupostos e princípios da Teoria Geral dos Contratos, que tem por função redimensionar seus limites, e não extingui-los."

Dessa forma, entende-se que por meio da abertura dos horizontes para com a interpretação contratual admite-se os institutos da invalidade, da resilição e do descumprimento como maneiras não ideias, porém legítimas de se eximir as relações contratuais. No entanto, como forma ordinária de extinção de acordo com Tartuce tem-se aqueles contratos em que o mesmo pode ser considerado nulo ou inexistente.

Enfim, com enfoque no tema do descumprimento, que ocorreu em excesso

---

Sapere Aude, 2017. Cap. 2. p. 121-123.

3. TARTUCE, Flávio. Direito civil: teoria geral dos contratos e contratos em espécie. In: TARTUCE, Flávio. Direito civil: teoria geral dos contratos e contratos em espécie. 12. ed. Rio de Janeiro: Sapere Aude, 2017. Cap. 1. p. 22-24.

devido o acontecimento catastrófico da pandemia provocada pelo Covid-19, no ano de 2020, faz-se necessário uma explicação sucinta sobre esse instituto específico, uma vez que dele surge à discussão do atual Código Civil como legislação geral e as leis específicas, como é o caso da lei nº 8.245/1991, em relação à nova lei de nº 14.010/2020.

A fim de delimitar de forma mais concisa o tema abordado, a apresentação da denominada, por convenção, Escada Ponteana se faz de praxe. Segundo Tartuce, doutrina da qual se baseia o presente estudo, Pontes de Miranda, jurista de importante contribuição para com o Direito Civil Brasileiro, constituiu uma forma de análise dos fatos jurídicos de maneira organizada e planificada. Pela doutrina, essa organização se faz dos pressupostos de existências mínima para o negócio jurídico, do plano de validade desses, que se traduz nas qualificações subjetivas de sua existência e finalmente a formulação que diz respeito à eficácia desse negócio jurídico a qual trata do instituto do seu cumprimento com regras relacionadas ao seu inadimplemento, o que guia o estudo presente.

Tratando-se de matéria específica, que diz respeito à rescisão dos contratos, apresentados como resilição e resolução, Tartuce diz:

> "A partir dos entendimentos doutrinários referenciados no início do capítulo, pode-se afirmar que a rescisão (que é o gênero) possui as seguintes espécies: resolução (extinção do contrato por descumprimento) e resilição (dissolução por vontade bilateral ou unilateral, quando admissível por lei, de forma expressa ou implícita, pelo reconhecimento de um direito potestativo). Todas as situações envolvem o plano da eficácia do contrato, ou seja, o terceiro degrau da Escada Ponteana."

Tendo como base tal explanação do conteúdo de Flávio Tartuce salienta-se o princípio da obrigatoriedade. Por esses institutos dizerem sobre situações excepcionais das causas de extinção dos contratos, a necessidade da recordação de tal princípio possibilita a base de entendimento das obrigações dos contratantes para com os contratos. Dessa forma, o princípio da obrigatoriedade dos contratos não existe de forma dispersa uma vez que não foi legislado arbitrariamente. É na força da obrigatoriedade dos contratos que sua utilidade se revela, o que retoma inclusive a importância da função social do contrato para tal explanação delimitada nos artigos 113 e 422 do Código Civil de 2002:

> Art. 113. "Os negócios jurídicos devem ser interpretados conforme a boa-fé e os usos do lugar de sua celebração.",
>
> Art. 422. "Os contraentes são obrigados a guardar, assim da conclusão do contrato, como em sua execução, os princípios da propriedade e boa-fé.".

Porém, existem situações excepcionais em que, mesmo depois de firmado contrato entre as partes ambas as partes desejam que o pacto seja desfeito. Em casos como esse não há razão alguma para que o contrato continue vigorando e dessa forma se manifesta de maneira mais clara a resilição.

A resilição conhecida como bilateral encontra-se materializada pela artimanha do distrato, que está no artigo 472 do Código Civil:

> Art. 472. "O distrato faz-se pela mesma forma exigida para o contrato."

Para finalmente se iniciar a discussão a respeito do descumprimento de contratos não motivado pela vontade das partes tem-se a definição da resolução. A resolução pode se dar de três formas definidas por Flávio Tartuce – inexecução voluntária, inexecução involuntária, cláusula resolutiva tácita e resolução por onerosidade excessiva – das quais somente a resolução por inexecução involuntária interessa ao presente artigo.

Há a resolução por inexecução voluntária, que se da por dolo ou culpa do contraente o que não diz respeito ao trabalho apresentado, uma vez que a discussão basear-se-á no contexto da pandemia provocada pelo vírus do Covid-19, que nada pode ser relacionada à causa de caráter originário da vontade dos contraentes, uma vez que tal situação encaixar-se-ia de forma explicita à situação de caso fortuito ou força maior – Artigo 393 do CC: "O devedor, que se vê impossibilitado de cumprir suas obrigações por caso fortuito ou força maior, está liberado desse dever e não será responsabilizado.".

Dessa espécie de resolução será possível desenvolver a tese que baseia a origem da discussão e análise entre as fontes da lei nº 14.010/2020, que trata sobre o Regime Jurídico Emergencial Transitório e o atual Código Civil Brasileiro, além de contar com a correlação desses ligados à lei nº 8.245/1991 que diz sobre o contrato de locação.

## 2. Da inexecução involuntária e o caráter subsidiário da lei nº 14.010/2020

Para Flávio Tartuce, a conceituação da resolução por inexecução involuntária se da justamente pela baliza das situações resguardadas por caso fortuito e coisa maior, uma vez que tal forma de descumprimento independe da vontade de uma ou de ambas as partes da relação contratual.

> "(...) o descumprimento contratual poderá ocorrer por fato alheio à vontade dos contratantes, situação em que estará caracterizada a resolução por inexecução involuntária, ou seja, as hipóteses em que ocorrer a impossibilidade de cumprimento da obrigação em decorrência de caso fortuito (evento totalmente imprevisível) ou de força maior (evento previsível, mas inevitável). Como consequência, a outra parte contratual não poderá pleitear perdas e danos, sendo tudo o que foi pago devolvido e retornando a obrigação à situação primitiva (resolução sem perdas e danos).".

Por se tratar de objeto alheio à vontade das partes – "*parágrafo único.* O caso fortuito ou de força maior verifica-se no fato necessário, cujos efeitos não era possível evitar ou impedir.", segundo o artigo 393 do Código Civil, pode-se afirmar que as situações em que se aplica essa explanação tem como característica comum não o seu caráter previsível, mas inevitável, uma vez que em se tratando do vírus Covid-19, a população mundial já estava ciente de que esse vírus seria a nova baliza das relações pessoais e que seus danos, portanto inevitáveis, trariam consequências reais para com as relações contratuais. Pelas palavras de Pablo Stolze Gagliano e Rodolfo Pamplona Filho[4] que dizem sobre o caractere da inevitabilidade, tem-se:

> "Sem pretender pôr fim à controvérsia, visto que seria inadmissível a pretensão que a característica básica da força maior é a sua inevitabilidade, mesmo sendo a sua causa eventualmente conhecida (um terremoto ou uma erupção vulcânica, por exemplo); ao passo que o caso fortuito, por sua vez, tem a sua nota distintiva na sua imprevisibilidade, segundo os parâmetros do homem médio. Nesta última hipótese, portanto, a ocorrência repentina e até então desconhecida do evento atinge a parte incauta, impossibilitando o cumprimento de uma obrigação (um atropelamento, um roubo).".

Além disso,

4. GAGLIANO, Pablo Stolze. Capítulo XIII - Conceito de Contratos. In: GAGLIANO, Pablo Stolze; PAMPLONA FILHO, Rodolfo. Manual de direito civil: volume único. São Paulo: Saraiva, 2017.

> "Por tudo isso, podemos concluir que apenas o inadimplemento absoluto com fundamento na culpa do devedor impõe o dever de indenizar (pagar as perdas e danos), gerando, por conseguinte, para o devedor inadimplente, a responsabilidade civil por seu comportamento ilícito.".

A fim de exemplificar de forma anterior a imersão ao assunto contextualizado pela pandemia, pode-se utilizar do exemplo hipotético e ficcional seguinte: Um palestrante A estabeleceu compromisso com a Universidade Federal de Uberlândia para realizar uma palestra de forma presencial no dia 1º de julho de 2020. Os ingressos foram vendidos aos espectadores no dia 1º de dezembro de 2019, data a qual não havia até então nenhuma informação adicional com relação à possibilidade de remarcar ou desmarcar tal palestra.

No entanto, iniciada sua infecção em fevereiro em Wuhan, China, a doença do novo coronavírus foi decretada como pandemia pela Organização Mundial da Saúde no dia 11 de março de 2020 e no dia 13 de março do mesmo ano o Ministério da Saúde regulamentou critério de isolamento social e quarentena que deveria ser aplicados pelas autoridades competentes a pacientes com suspeita e confirmação de infecção pelo vírus.

Por impossibilidade de se realizar a palestra, que contava com atividades de interação com o público e realização de uma confraternização através de um almoço, a palestra foi cancelada pelo próprio palestrante que decidiu não realizá-la de forma substitutiva por via digital. Dessa forma, estaria o palestrante inadimplente para com aqueles que compararam os ingressos? De que forma poderiam os credores da palestra proceder com relação ao palestrante, uma vez que o dinheiro gasto no ingresso não teria como ser ressarcido pelo palestrante que se encontrava impossibilitado devido à pandemia?

Para além desse caso ilustrativo, o Governo Federal a fim de evitar situações similares, aprovou o projeto de lei nº 1.179, de 2020 que originou a lei nº 14.010/2020 a qual dispõe sobre o Regime Jurídico Emergencial e Transitório das relações jurídicas de Direito Privado (RJET) no período da pandemia do coronavírus (Covid-19). Pela letra da lei tem-se:

> Art. 1º Esta Lei institui normas de caráter transitório e emergencial para a regulação de relações jurídicas de Direito Privado em virtude da pandemia do coronavírus

(Covid-19).

> *Parágrafo único.* Para os fins desta Lei, considera-se 20 de março de 2020, data da publicação do Decreto Legislativo nº 6, como termo inicial dos eventos derivados da pandemia do coronavírus (Covid-19).

Disposto no capítulo I, tratando das disposições gerais sobre a referida lei, vê-se de forma clara e precisa a implantação da discussão acima instaurada ao referir-se à possibilidade de reinterpretação do Código Civil pelo direito comparado, uma vez que o Direito em questões materiais deve seguir respaldado pela Constituição Federal e para, além disso, comunicar com a realidade presente. A Constituição Federal diz em seu inciso XVII, artigo 21 referente à competência da União

> Art. 21. Compete à União: XVII - planejar e promover a defesa permanente contra as calamidades públicas, especialmente as secas e as inundações (...).

Para fins de explicitar a intencionalidade da lei nº 14.010/2020, que inerente à Constituição seu conteúdo e por finalidade específica a reorganização das relações jurídicas de Direito Privado com o exemplo supracitado, Pablo Stolze Gagliano e Carlos Eduardo Elias de Oliveira[5] por meio de artigo publicado pelo site pessoal do doutrinador Flávio Tartuce, desenvolveram comentários direcionados por suas interpretações doutrinárias do Direito Civil instrumentalizados pelo próprio Código Civil com intencionalidade de esclarecer a embasar a ação Governamental tomada.

Para eles, a referida lei se classifica como subsidiária uma vez que legisla sobre assunto nunca tratado ou visto antes. O novo coronavírus, sequenciou uma série de mudanças mundialmente nunca vistas, e dessa forma de maneira competente, a União atuou de forma subsidiária. Pablo Gagliano e Carlos Eduardo, de opinião concisa sobre a subsidiariedade da lei dizem:

> "Trata-se de uma regra supletiva ou subsidiária, pois, conforme o § 1º, havendo previsão legal específica de impedimento, suspensão - ou até mesmo interrupção[13] -

5. GAGLIANO, Pablo Stolze; OLIVEIRA, Carlos Eduardo Elias de. Comentários à "Lei da Pandemia" (Lei nº 14.010, de 10 de junho de 2020 - RJET): análise detalhada das questões de direito civil e direito processual civil. Jusbrasil, São Paulo,01 jul. 2020. Disponível em: https://flaviotartuce.jusbrasil.com.br/artigos/859582362/comentarios-a-lei-da-pandemia-lei-14010-2020. Acesso em: 12 fev. 2021.

do prazo prescricional, esta prevalecerá em razão da regra constante no caput do artigo sob comento. Assim, por exemplo, caso um prazo prescricional já não estivesse correndo contra um credor, ausente do Brasil a serviço da União (art. 198, II, CC), sem previsão do retorno, a regra constante neste art. 3º (no sentido da paralisação do prazo até 30 de outubro de 2020) não se aplicaria. Ressalvamos apenas a hipótese de ele retornar ao Brasil antes do referido termo final, caso em que a norma de reserva seria aplicada, nos termos do próprio § 1º do artigo sob comento.".

O trecho explicitado acima diz respeito ao artigo 3º da lei, que assume responsabilidade de suspensão dos prazos prescricionais e decadenciais, mas para além disso, a lei tem caráter subsidiário como um todo partindo da definição de subsidiariedade. Em favor também das relações estabelecidas anteriormente à lei publicada os autores afirmam:

> "Indaga-se: para o período anterior à entrada em vigor da Lei do RJET, é possível defender uma paralisação específica dos prazos prescricionais? Entendemos que sim, a depender do caso concreto, com base no princípio do" contra non valentem agere non currit praescriptio "[14]. Não se ignora que há quem defenda que as hipóteses de suspensão e impedimento da prescrição estão arroladas taxativamente na lei ("numerus clausus"), mas o próprio STJ admite outras situações de paralisação dos prazos mesmo sem previsão legal, a exemplo da Súmula nº 229/STJ ("O pedido do pagamento de indenização à seguradora suspende o prazo de prescrição até que o segurado tenha ciência da decisão")[15]. No caso da pandemia do coronavírus, é razoável considerar que, a partir de 3 de fevereiro de 2020 (data da Portaria GM/MS nº 188/2020), já se pode presumir que a pandemia já impunha dificuldades para os titulares de direitos violados adotarem atos de cobrança, a bloquear a fluência do prazo prescricional, salvo prova em contrária no caso concreto[16]. Antes de 3 de fevereiro de 2020, apesar de os rumores acerca do perigo da Covid-19 já estarem ecoando no Brasil, não é razoável entender que tenha havido obstáculos ao titular do direito para formular a sua respectiva pretensão em juízo, salvo prova contrária no caso concreto (ex.: o titular do direito estava retido na Cidade de Wuhan em janeiro de 2020 sem poder voltar ao Brasil para cobrar a satisfação de seu direito.".

A relação, findada a explicação inicial da RJET, do descumprimento das relações contratuais por inexecução involuntária e a referida lei se estabelece a partir da impossibilidade que foi demonstrada, de os contraentes cumprirem com suas obrigações preestabelecidas. A lei de nº 14.010/2020 poderia então respaldar juridicamente qualquer relação contratual de Direito Privado, demonstrada a incapacidade econômica temporária dos coobrigados. Concretiza-se então a luz de sua interpretação de caráter temporário e emergencial a chamada inexecução involuntária mesmo que as relações necessitem de póstumo cumprimento.

## 3. Do adimplemento substancial como opção secundária devido o caráter transitório e instável da lei nº 14.010/2020

Apesar de a referida lei garantir a possibilidade de maior espaçamento temporal com relação aos prazos prescricionais, as relações comerciais legisladas pelo Código de Defesa do Consumidor e as ações de liminar de desocupação de imóvel urbano provocados pelas diretrizes pandêmicas do país, o artigo 2º da mesma prevê:

> Art. 2º A suspensão da aplicação das normas referidas nesta Lei não implica sua revogação ou alteração.

Dessa forma, mesmo que o Código Civil esteja temporariamente suspenso em matéria de direito privado essa temporalidade se estende ao dia 30 de outubro de 2020. Situações como o inadimplemento das parcelas referentes a contratos de locação – legislação tratado pela lei nº 8245/91 – se estenderão com tolerância máxima até a referida data. Do artigo 9º:

> Não se concederá liminar para desocupação de imóvel urbano nas ações de despejo, a que se refere o art. 59, § 1º, incisos I, II, V, VII, VIII e IX, da Lei nº 8.245, de 18 de outubro de 1991, até 30 de outubro de 2020.

Porém, como nos últimos anos o Código Civil e as legislações decorrentes deste têm primordialmente preferido acolher de forma mais segura o credor ao devedor, justificada pela narrativa de que não seria juridicamente justo permitir e incentivar que o inadimplemento acontecesse. Dessa forma, foi vetado o artigo 9º da referida lei e se estabeleceu como inalterada a lei nº 8245/91. Por isso, segundo as razões do veto promulgado pelo Presidente da República tem-se:

> "A propositura legislativa, ao vedar a concessão de liminar nas ações de despejo, contraria o interesse público em suspender um dos instrumentos de coerção ao pagamento das obrigações pactuadas na avença de locação (despejo), por um prazo substancialmente longo, dando-se portanto, proteção excessiva ao devedor em

detrimento do credor, além de promover o incentivo ao inadimplemento e em desconsideração da realidade de diversos locadores que dependem do recebimento de aluguel como forma de complementar ou até mesmo, exclusiva de renda para o sustento próprio – O Ministério da Justiça e Segurança Pública juntamente com o Ministério da Economia e a Advocacia Geral da União acrescentou veto aos dispositivos (...)".

A partir disso, e da forma incoerente de atitude pública que foi determinada através do veto dos dispositivos aplicados acima, a discussão doutrinária e jurisprudencial se faz de muitíssima importância, uma vez que através da análise e diálogo entre as fontes de direito se possibilita a melhor aplicação da boa-fé objetiva e da função social do contrato anteriormente explanado.

Flávio Tartuce, doutrinador majoritário do presente artigo, articula por meio de sua doutrina juntamente com a publicação de artigos em seu perfil pessoal de disponibilização de trabalhos apresenta o instituto do adimplemento substancial, que originalmente não dispõe sobre nenhuma matéria específica mas que pode ser analisada como possibilidade futura para resolução de conflitos como inadimplemento causados como o demonstrado pela pandemia.

Voto do Ministro Antonio Carlos Ferreira, publicado pelo Superior Tribunal de Justiça através de acórdão sobre caso passível de análise da teoria do adimplemento substancial dispôs sobre casos em que essa se aplica:

> "A pretensão deduzida pela recorrente para a devolução das quantias pagas foi rejeitada porque não formulada por meio de reconvenção. O aresto veio aos autos assim ementado (e-STJ, fls. 214/215): "APELAÇÃO CÍVEL. AÇÃO DE RESCISÃO CONTRATUAL C/C PERDAS E DANOS E REINTEGRAÇÃO DE POSSE. INADIMPLÊNCIA INJUSTIFICADA DA COMPRADORA. MORA CARACTERIZADA. CONTRATO RESCINDIDO. RETORNO AO STATUS QUO ANTE. CLÁUSULA PENAL DEVIDA. REINTEGRAÇÃO DE POSSE QUE SE IMPÕE. CONDENAÇÃO DA RÉ AO PAGAMENTO DE VALOR CORRESPONDENTE À UTILIZAÇÃO DO IMÓVEL (ALUGUERES). DANOS MATERIAIS. AUSÊNCIA DE COMPROVAÇÃO. EXEGESE DO ART. 333, I, DO CPC. NÃO ACOLHIMENTO. COMISSÃO DE CORRETAGEM. IMPOSSIBILIDADE DE RESSARCIMENTO. ALEGAÇÃO DE EXISTÊNCIA DE CLÁUSULAS ABUSIVAS E POSTULAÇÃO DE DEVOLUÇÃO DOS VALORES PAGOS REALIZADOS EM SEDE DE CONTESTAÇÃO . VIA

INADEQUADA. NECESSIDADE DE FORMULAÇÃO DO PLEITO EM RECONVENÇÃO OU AÇÃO PRÓPRIA. IMPOSSIBILIDADE DE REVISÃO DE OFÍCIO PELO JULGADOR. RECURSO PARCIALMENTE PROVIDO. I - Não há falar em aplicação da teoria do adimplemento substancial quando verificado que a dívida da promitente compradora alcança mais de 30% do valor da avença, frisando-se que tal monta restou incontroversa nos autos. Desta feita, deixando a promitente-compradora de pagar quase um terço das parcelas avençadas no respectivo contrato, afigura-se evidente o seu inadimplemento, o que dá azo à rescisão do contrato e, consequentemente, a sua condenação ao pagamento da cláusula penal imposta, além da reintegração da posse da promitente-vendedora. II - Com a rescisão contratual e o consequente retorno ao status quo ante, imperioso reconhecer-se, também, o direito da Autora ao ressarcimento das perdas e danos decorrentes da ocupação gratuita do imóvel pela Ré atinente ao período de inadimplência. Assim, deve a Demandada ser condenada ao pagamento de um valor mensal, a título de aluguel, a ser apurado em liquidação de sentença, por arbitramento. III - Por outro lado, tocante ao pedido de devolução do valor pago ao corretor que intermediou a venda do imóvel, descabido o pleito de ressarcimento, pois, como cediço, a obrigação é da empresa responsável pela construção do bem, que foi quem efetivamente contratou os serviços do profissional, salvo nos casos em que existe expressa estipulação em contrário na avença firmada entre as partes, o que não ocorreu na hipótese em tela. IV - Do mesmo modo, porque a Autora não comprovou a depreciação do bem e o desembolso das quantias devidas pela Ré a título de taxas condominiais, impostos, entre outros encargos, ônus que lhe incumbia a teor do art. 333, I, do Código de Processo Civil, tais pretensões não merecem acolhimento. V - Em que pese não existir a menor dúvida de que a lide envolve relação de consumo, não pode ser determinada pelo julgador, de ofício, a revisão de cláusulas consideradas abusivas, sem que haja pedido nesse sentido em reconvenção, em observância ao disposto no art. 315 do Código de Processo Civil."

Nas razões do recurso especial, interposto na forma prevista pelo art. 105, III, "a" e "c", da Constituição Federal, aduz a recorrente violação dos arts. 421 e 422 do CC/2002 e 4º, III, e 51, IV, do CDC. Além disso, contrasta as conclusões do acórdão recorrido – que, segundo ela, assentaria a necessidade de adimplemento mínimo equivalente a 70% (setenta por cento) das prestações do contrato para a aplicação da chamada "Teoria do Adimplemento Substancial" – com julgados do TJPR e TJRS nos quais, a despeito do incontroverso descumprimento, foi mantida a relação contratual pelo fato de o devedor haver cumprido com mais de 60% (sessenta por cento) de sua obrigação (e-STJ, fls. 258-276). Contrarrazões às fls. 316/321 (e-STJ). Inadmitido na origem (e-STJ, fls. 324/325), a recorrente interpôs agravo, impugnando os fundamentos de decisão de inadmissibilidade (e-STJ, fls. 328/336). Dei provimento ao agravo para determinar sua conversão em recurso especial (e-STJ, fl. 348). É o relatório.".

Nesse mesmo acórdão, no entanto, o Ministro negou provimento ao mesmo, explicitando sobre a origem da referida teoria e o motivo pelo qual tal situação não se encaixaria:

"No caso presente, a discussão central diz respeito à incidência da chamada "Teoria do Adimplemento Substancial", instituto cuja aplicação pode, eventualmente, restringir a prerrogativa da resolução contratual autorizada pela primeira parte do art. 475 do CC/2002. A doutrina do adimplemento substancial é construção do Direito inglês que remonta ao Século XVIII e nasce a partir da observação, pelas Cortes de Equity , da desproporcionalidade que poderia resultar da resolução contratual incondicionalmente aplicada em determinadas situações, em especial aquelas nas quais a obrigação havia sido cumprida pelo devedor de modo praticamente integral, evidenciando a pouca importância do inadimplemento. Como exemplo paradigmático de situação apta a impulsionar a aplicação da "substantial performance" no Direito inglês é frequente na literatura jurídica a citação do caso Boone vs. Eyre (1777), relatado por Lord Mansfield, que teve por objeto um contrato no qual o autor (Boone) traditaria uma fazenda e seus escravos, ao passo em que o réu (Eyre) pagaria o preço de 500 libras, bem assim prestações anuais de 160 libras, em caráter perpétuo. Boone alienou a propriedade, mas não tinha direitos de transferir os escravos. Eyre, em um típico caso de exceptio non adimpleti contractus , sobrestou o pagamento das prestações anuais. Ao decidir o caso, Lord Mansfield entendeu que o comprador não poderia deixar de pagar a prestação avençada, pois a obrigação de dar a coisa (os escravos) não seria uma condição precedente em face da obrigação de pagar as prestações anuais perpétuas. Em suma, a entrega dos escravos qualificava obrigação secundária, não podendo ensejar a resolução do contrato, cabendo-lhe apenas reivindicar a reparação por perdas e danos.".

Sobre as condições para haver adimplemento substancial:

"Contudo, nas hipóteses em que o contexto fático estava adequadamente

delineado nas decisões proferidas pelas instâncias ordinárias, o julgamento avançou para qualificar o que poderia configurar o decaimento mínimo para efeito de permitir a invocação da teoria do adimplemento substancial e afastar os efeitos da mora. Eis alguns exemplos:

a) Atraso na última parcela: REsp. 76.362/MT.

b) Inadimplemento de 2 parcelas: REsp. 912.697/GO.

c) Inadimplemento de valores correspondentes a 20% do valor total do bem: REsp. 469.577/SC.

d) Inadimplemento de 10% do valor total do bem: AgRg no AgREsp 155.885/MS.

e) Inadimplemento de 5 parcelas de um total de 36, correspondendo a 14% do.".

Apresentado portanto acordão que esclarece a origem de tal teoria, entende-se que essa seria possível de ser aplicada para os casos referentes a atual pandemia uma vez que, em se tratando a lei de locação, muitos contratos de locação derivam de anos de relação entre os coobrigados, o que possibilita o entendimento de que entre esses haveria possibilidade de renegociação devido a boa relação de confiança estabelecida entre locador e locatário.

Suponhamos que numa exemplificação de um contrato de locação que se dá desde 2010 e vigora sem maiores problemas com relação ao atraso das parcelas que concernem a relação em 2020, por intermédio das decisões de autoridades responsáveis pelo decreto de quarentena e isolamento social, o locatário se vê impossibilitado de cumprir com a parcela referente ao mês de abril do ano de 2020 por ter perdido sua principal fonte de renda, que era o comércio.

Sabendo da situação do locatário fictício, o locador, age se abstendo das conformidades da boa relação que contraentes deveriam assumir e aciona a justiça para uma ação de despejo devido o atraso e inadimplemento de apenas uma das parcelas para com o locatário.

Nesse caso hipotético, poderia se admitir a aplicação da teoria do adimplemento substancial, uma vez que as suas condições são compatíveis aos fatos acima, hipoteticamente, apresentados. A teoria do adimplemento, não abstêm o devedor de cumprir com as suas obrigações, mas apenas averiguar de maneira menos prejudiciais e mais compatíveis com o princípio da boa-fé para que se resolva, sem a presença de desavenças e inimizades entre os coobrigados.

Para Flávio Tartuce, em artigo referido anteriormente, dispõe sobre a importância desse instituto, uma vez que ele preserva a boa relação das partes.

> "A teoria do adimplemento substancial goza de grande prestígio doutrinário e jurisprudencial na atualidade do Direito Contratual Brasileiro. Por essa teoria, nos casos em que o contrato tiver sido quase todo cumprido, sendo a mora insignificante, não caberá sua extinção, mas apenas outros efeitos jurídicos, como a cobrança ou o pleito de indenização por perdas e danos.".

Além disso, Tartuce apresenta argumentação igualmente compartilhada da opinião inicial deste presente artigo uma vez que

> "No caso brasileiro, a despeito da ausência de previsão expressa na codificação material privada, tem-se associado o adimplemento substancial com os princípios contratuais contemporâneos, especialmente com a boa-fé objetiva e a função social do contrato. Nesse sentido, na IV Jornada de Direito Civil, evento promovido pelo Conselho da Justiça Federal e pelo Superior Tribunal de Justiça em 2006, aprovou-se o Enunciado n. 361 CJF/STJ, estabelecendo que "O adimplemento substancial decorre dos princípios gerais contratuais, de modo a fazer preponderar a função social do contrato e o princípio da boa-fé objetiva, balizando a aplicação do art. 475". Vale lembrar que o art. 475 do Código Civil trata do inadimplemento voluntário ou culposo do contrato, preceituando que a parte lesada pelo descumprimento pode exigir o cumprimento forçado da avença ou a sua resolução por perdas e danos. Pontue-se que diante de divergência sobre qual princípio fundamentaria a teoria, aprovou-se um enunciado doutrinário em sentido amplo naquele evento, para satisfazer as duas correntes então existentes. De toda sorte, esclareça-se que, na opinião deste autor, o esteio principiológico do adimplemento substancial é a função social do contrato (art. 421 do CC), diante da busca de preservação da autonomia privada e da conservação do negócio jurídico.".

Tendo como base principiológica o referido artigo tal teoria se apresentaria como forma excelente de resolução de conflitos no âmbito privado do direito uma vez que situações como a exemplificado de forma alusiva ocorreram e ocorrerão de maneira significativa no âmbito de relação como a locação e para além disso em relação como o consórcio.

Não eventualmente, ver-se-á resoluções similares, uma vez que vedados os artigos que dispunham sobre esses institutos na lei nº 14.010/2020 não há outra forma de resolver se não pela plena negociação e observação do direito de maneira comparada. A teoria do adimplemento substancial, portanto, é, se não a mais eficiente, uma das opções dispostas pela doutrina e jurisprudência brasileira.

Em artigo escrito no *site* Consultor Jurídico, por Antônio Carlos Ferreira[6], fica evidenciada a praticidade dessa teoria, a partir da explanação de fatos e dados dos tribunais por todo o país. Para ele, não resta dúvidas sobre a boa aplicabilidade da mesma

> "Em pesquisa na base de dados de jurisprudência do STJ, compreensiva de 1989 a junho de 2015, é possível encontrar 29 acórdãos e 295 decisões monocráticas nas quais o adimplemento substancial foi objeto de algum dos capítulos decisórios. Interessam, ao menos para esta coluna, apenas os julgamentos colegiados, que permitem compreender o pensamento definitivo da Corte sobre a matéria. Desses 29 acórdãos, 12 não chegaram ao exame do mérito, vencidos que foram por óbices clássicos como os fornecidos pelas Súmulas 5 e 7 do STJ ou ainda pelas Súmulas 282 e 356 do STF.[1] Em outros 2 acórdãos, o STJ chegou a apreciar as conclusões do tribunal de origem, firmando alguma posição sobre a hipótese julgada, mas não a alterando sob o influxo das Súmulas STJ 5 e 7.[2] É bem interessante notar que os últimos 9 acórdãos, correspondentes ao período de 2013-2015, foram todos dessa natureza. Preservou-se o contexto fático da demanda vinda dos tribunais locais e não se sentiu o STJ autorizado a revisar cláusulas contratuais e matérias de fato ou superar deficiência no prequestionamento. Sobre esses últimos julgados pode-se construir uma hipótese de que o STJ tem sido mais rigoroso no filtro das questões sobre o adimplemento substancial.".

## 4. Conclusão

De maneira sucinta o presente artigo trás objetivamente uma hipótese não descartável para resolução de descumprimento contratual, que assume maior aplicabilidade em um mundo pós crise pandêmica, que certamente resultou e resultará mormente em diversos outros casos referentes às relações contratuais do direito privado. Dito isso, não se pode, porém, excluir a possibilidade de não se eximir aqueles que

6. FERREIRA, Antonio Carlos. A interpretação da doutrina do adimplemento substancial (Parte 2). 2015. ConJur. Disponível em: https://www.conjur.com.br/2015-jun-29/direito-civil-atual-interpretacao-doutrina-adimplemento-substancial-parte. Acesso em: 22 nov. 2020.

travestidos de má-fé utilizam desse contexto para através do enriquecimento ilícito e abuso do direito permanecerem inadimplentes sem razão involuntária à sua vontade.

Faz-se necessária, por isso, o retorno à motivação do Presidente da República de ter vetado os artigos que invariavelmente causariam pequeno, mas real descontrole para com as relações contratuais. Ainda assim, entende-se que por essa situação pandêmica dizer respeito a um momento essencialmente temporário, por fatores que envolvem medidas que já foram tomadas com relação a saúde pública e o retorno normalizado da economia, a vedação dos artigos da lei nº 14.010/2020 não terem sido condizentes, em parte com a necessidade de o Estado prover medidas protetivas em período de calamidade pública por exemplo.

Para fim de maiores esclarecimentos, a utilização de jurisprudência portanto se mostra cada vez mais presente na aplicação do Direito no que diz respeito à vida pública e à vida privada dos cidadãos. Por se tratar de teoria fundamentada principalmente na articulação de direito comparado e julgados pré-existentes, a teoria do adimplemento substancial, originalmente derivada do Common Law, se apresenta como alternativa para os casos de invariável utilização da legislação pura e simples de origem romano-germânica de países como o Brasil.

**Referências**

FERREIRA, Antonio. A interpretação da doutrina do adimplemento substancial. Conjur, 2015. Disponível em: https://www.conjur.com.br/2015-jun-29/direito-civil-atual-interpretacao-doutrina-adimplemento-substancial-parte. Acessado em: 25 de nov. de 2020

GAGLIANO, Pablo; FILHO, Rodolfo. Manual de direito civil; volume único. São Paulo: Saraiva, 2017.

GAGLIANO, Pablo; OLIVEIRA, Carlos. Comentário a lei da pandemia (lei nº 14.010. Jusbrasil, 2020. Disponível em: https://flaviotartuce.jusbrasil.com.br/artigos/859582362/comentarios-a-lei-da-pandemia-lei-14010-2020. Acessado em: 1 de dez. de 2020

Planalto, 2020. Disponível em: http://www.planalto.gov.br/ccivil_03/_ato2019-2022/2020/lei/L14010.htm. Acessado em: 30 de nov. de 2020

Recurso Especial nº 1.581.505 - SC (2015/0288713-7). Conjur. Disponível em: https://www.conjur.com.br/dl/adimplemento-substancial-stj.pdf. Acessado em: 18 de nov. de 2020

TARTUCE, Flávio. Direito Civil, Volume 3: Teoria Geral dos Contratos e Contratos em Espécie. 12º edição. Rio de Janeiro: Forense, 2017

# EQUILÍBRIO CONTRATUAL NO ENSINO DURANTE A PANDEMIA DA COVID-19

# 8

**Carolina Barcelos Bontempo**

**Dara Célia Andrade Santos**

## 1.Introdução

É sabido que a pandemia do novo corona vírus trouxe diversos emblemas, dentre eles um dos mais nefastos com toda certeza é a situação contratual, em especial os contratos de instituições particulares. Nessa seara, para o consumidor (pais e alunos), existe uma perspectiva referente às suspensão das atividades presenciais em face da existência do reajuste do valor inicialmente contratado.

Preliminarmente, é imprescindível que haja a famigerada revisão contratual presente no Código Civil de 2002, nesse sentido, a Lei nº 10.406 [1] expressa a possibilidade de o contrato ser vista pelo Poder Judiciário, pretendendo por alguma das partes, ou ambas, a adequação do contrato em termos mais justos diante de algumas situações supervenientes, esse molde normativo é advindo da cláusula "rebus sic stantibus", a qual prevê a possibilidade diante de fato imprevisível de ser revisto o contrato por fato fortuito.

Flávio Tartuce, expressa, nessa continuidade, de maneira unânime a significância desse termo: "Dos glosadores, extrai-se a seguinte expressão: contractus qui habent tractum sucessivum et dependentiam de futuro, rebus sic stantibus intelliguntur. Vale dizer, os pactos de execução contínua e dependentes do futuro entendem-se como se as coisas permanecessem como quando da celebração. Em outras palavras,

1. Código Civil - LEI N o 10.406, DE 10 DE JANEIRO DE 2002.

o contrato só pode permanecer como está se assim permanecerem os fatos. Tal cláusula (rebus sic stantibus) consagra a teoria da imprevisão, usual em nossas páginas de doutrina e corriqueira nos julgados de nossos Tribunais".[2]

Sob essa ótica, a revisão contratual exigida pelos contratantes e normativa pelo Estado é um direito positivado, no entanto, diante da crise sanitária que atingiu o Brasil e o mundo, não é possível exigir em um contrato sinalagmático (tendo como sua principal característica ônus e vantagens para ambos os lados) que apenas um lado seja beneficiado, é de suma importância, que ambas as partes tenham suas demandas preservadas. Maria Helena Diniz, também pontua tal temática, de maneira que, podemos refletir seus dizeres no panorama atual, dessa forma a famigerada autora em seu Curso de Direito Civil preceitua que :"o órgão judicante deverá, para lhe dar ganho de causa, apurar rigorosamente a ocorrência dos seguintes requisitos: a) vigência de um contrato comutativo de execução continuada; b) alteração radical das condições econômicas no momento da execução do contrato, em confronto com as do benefício exagerado para o outro; c) onerosidade excessiva para um dos contraentes e benefício exagerado para o outro; d) imprevisibilidade e extraordinariedade daquela modificação, pois é necessário que as partes, quando celebraram o contrato, não possam ter previsto esse evento anormal, isto é, que está fora do curso habitual das coisas, pois não se poderá admitir a rebus sic stantibus se o risco advindo for normal ao contrato"[3]

Dessarte, com as palavras da renomada civilista, fica nítido que dois dos pilares da revisão contratual, o seguimento anormal das circunstâncias contratuais e a alteração radical das condições econômicas, são intrínsecos ao período de isolamento social adjacente de medida profilática contra o novo coronavírus. De tal maneira, as instituições privadas de ensino e seus contratantes ficam respaldados de resguardos jurídicos para tutelar suas demandas de acordo com suas necessidades. Para isso é claro, é preciso que haja um equilíbrio contratual, para que não se configure uma extrema onerosidade contratual.

O equilíbrio contratual, considerado um dos sustentáculos como também

2. Tartuce, Flávio Direito civil, v. 3: teoria geral dos contratos e contratos em espécie / Flávio Tartuce; 12. ed. rev., atual. e ampl. – Rio de Janeiro: Forense, 2017.
3. Maria Helena Diniz, Curso de Direito Civil, p. 164, 2007.

princípio da relação contratual, é resumido por Paulo Luiz Netto Lobo da seguinte forma: "o princípio da equivalência material busca realizar e preservar o equilíbrio real de direitos e deveres no contrato, antes, durante e após sua execução, para harmonização dos interesses. Esse princípio preserva a equação e o justo equilíbrio contratual, seja para manter a proporcionalidade inicial dos direitos e obrigações, seja para corrigir os desequilíbrios supervenientes, pouco importando que as mudanças de circunstâncias pudessem ser previsíveis. O que interessa não é mais a exigência cega de cumprimento do contrato, da forma como foi assinado ou celebrado, mas se sua execução não acarreta vantagem excessiva para uma das partes e desvantagem excessiva para outra, aferível objetivamente, segundo as regras da experiência ordinária. O princípio clássico pacta sunt servanda passou a ser entendido no sentido de que o contrato obriga as partes contratantes nos limites do equilíbrio dos direitos e deveres entre elas."[4]

Nessa perspectiva, diante dos contratos das instituições privadas de ensino fica nítida a necessidade da revisão contratual para que se chegue ao requerido equilíbrio na prestação, de tal forma que o direito positivado a educação não seja prejudicado e ainda que o estabelecimento escolar consiga se manter de forma íntegra e digna em um período que trouxe dificuldades econômicas em todos os setores brasileiros.

## 2. Panorama geral sobre o equilíbrio contratual

É de notório saber que a pandemia do covid-19, o novo coronavírus, acarretou um demasiado aumento da judicialização no âmbito do ensino privado no Brasil. Nesse sentido, dialogar sobre o equilíbrio contratual durante tempos incertos de calamidade sanitária no país, principalmente no ambiente dos contratos escolares se torna muito complexo e muitas minúcias e considerações devem ser levadas em conta, à medida que, ambas as partes de tais relações contratuais se veem imersas em um momento de instabilidade econômica.

Para começar nosso estudo é preciso fazer uma reflexão desde o primeiro momento, o qual, as instituições de ensino fecharam as portas pela adoção profilática da quarentena e sucessivamente exigida pela administração pública. É importante

4. LÔBO, Paulo Luiz Netto, Princípios Sociais dos Contratos no CDC e no Novo Código Civil.

lembrar que nessa primeira fase de adaptação ao isolamento social, não era explícito para a maioria da população que o surto do novo coronavírus permaneceria por tanto tempo. Assim, com a intensa propagação do vírus e as orientações para que seja mantido o isolamento social começam as judicialização no setor do ensino privado, feitas, em sua maioria, pela parte contratante em face das escolas contratadas pedindo por diminuição das mensalidades.

Nesse sentido, a jurisdição brasileira é tomada por tais demandas, incontáveis até o momento, ressaltando-se que em sua maioria são ações individuais movidas por pais de alunos (ou até eles mesmos, no caso dos pertencentes ao ensino superior) visando o reequilíbrio econômico financeiro dos contratos educacionais. É considerável lembrar que além destas, há também as ações movidas pela Defensoria Pública e pelo Ministério Público abordando o equilíbrio contratual em caráter coletivo.

Nestes litígios, ocorre um grande impasse contratual, de forma que os contratantes podem alegar que as instituições físicas não funcionam reduzindo gastos como luz, energia e água. Contudo, o lado da instituição privada também tem extrema relevância, à medida que, tiveram que investir muito em tecnologias de ponta capazes de proporcionar ensino de qualidade a distância e manter as expectativas de aprendizagem atendidas, além de que, a folha de pagamento dos funcionários tem que também ser levada em conta, pois se a entidade não formulou outros aspectos, a folha, ainda deve ser paga de forma integral. Diante do caso concreto, no qual, o processo é levado ao judiciário de forma individual, e todas as suas demandas são analisadas de forma a se obter justiça, o equilíbrio contratual pode ser encontrado de modo equânime, a fim de que, ninguém seja prejudicado. Isto é benevolente, pois cada escola e cada contrato tem suas particularidades, como cada família, e dar um viés mais aristotélico a tal situação é de suma importância.

Diante dessa breve apresentação, podemos discorrer que o fato jurídico pandemia podem decorrer efeitos diferentes em cada caso concreto, em cada relação tal efeito atinge de maneira unívoca, de uma forma única.

De tal maneira, é intrínseco a esta temática dialogar sobre o princípio da função social dos contratos, definida assim por Eduardo Sens Santos: "... o contrato não pode mais ser entendido como mera relação individual. É preciso atentar para os seus efeitos sociais, econômicos, ambientais e até mesmo culturais. Em outras palavras, tutelar o contrato unicamente para garantir a equidade das relações negociais em nada se aproxima da ideia de função social. O contrato somente terá uma função social — uma função pela sociedade — quando for dever dos contratantes atentar para as exigências do bem comum, para o bem geral. Acima do interesse em que o contrato seja respeitado, acima do interesse em que a declaração seja cumprida fielmente e acima da noção de equilíbrio meramente contratual, há interesse de que o contrato seja socialmente benéfico, ou, pelo menos, que não traga prejuízos à sociedade — em suma, que o contrato seja socialmente justo''.[5]

Falamos, portanto, da função social dos contratos, pois os serviços escolares, e seus contratos, segundo o Dr. Luis Renato Ferreira da Silva, em entrevista ao Webinar, são de ordem consumerista, consequentemente não é um contrato individual de um estudante apenas, e sim, um conjunto de contratos, de vários estudantes, da mesma natureza, pois é, teoricamente, o mesmo contrato do grupo de alunos, de modo que um tem impacto em todos os outros. Vemos assim, o princípio da função social dos contratos e seus efeitos, pois é um fenômeno de massa, a pandemia, desorganizando um todo, que é o sistema contratual, impondo que todos sejam afetados e demandam por uma correção. Impacto terrível que atinge um direito básico que é a educação.

Outro olhar sobre tal temática é feito pela professora do curso de direito da UERJ, Rose Melo Vencelau Meireles, ao expor sobre os contratos escolares em situação atípica e seus efeitos, fala sobre o primeiro deles que é o efeito das salas vazias, o esvaziamento das escolas. A principal mudança, portanto, ocorrida dentro do serviço escolar foi o ambiente. É preciso lembrar que o conceito de homeschooling (educação domiciliar em que a família responde por inteiro a responsabilidade de educar) é diferente do famigerado ensino remoto.

A primeira é considerada ilegal pelo STF, o qual, julgou no tema 822 o seguinte: "Não existe direito público subjetivo do aluno ou de sua família ao ensino domiciliar, inexistente na legislação brasileira" (STF, 2019).[6] Já o ensino remoto, seria uma

5. Eduardo Sens Santos, O Novo Código Civil e as Cláusulas Gerais: Exame da Função Social do Contrato, Revista Brasileira de Direito Privado, n. 10, p. 29.

6. "822 - Possibilidade de o ensino domiciliar (homeschooling), ministrado pela família, ser considerado meio lícito de cumprimento do dever de educação, previsto no art. 205 da

espécie de EAD (ensino a distância), contudo, com aulas transmitidas, em sua maioria, no mesmo horário das presenciais, mas em um ambiente virtual com cada aluno acessando de sua casa.

Ao adentrar em tal perspectiva sobre a escolaridade, é preciso salientar que a mesma é obrigatória no Brasil, segundo a Emenda Constitucional número 59, de 11 de novembro de 2009 em seu Art. 1º Os incisos I e VII do art. 208 da Constituição Federal, passam a vigorar com as seguintes alterações: "Art. 208. I - Educação básica obrigatória e gratuita dos 4 (quatro) aos 17 (dezessete) anos de idade, assegurada inclusive sua oferta gratuita para todos os que a ela não tiveram acesso na idade própria." (BRASIL, 2009). [7]

Diante disso, retomando os dizeres da prof. Rose Venceslau, a pandemia, situação extraordinária, trouxe grande impasse na prestação de serviços escolares e muitas vezes os responsáveis se veem em uma situação de não poder continuar com o contrato e não sabem como lidar (cancelar ou solicitar redução de mensalidade, por exemplo), além disso, como dito anteriormente não existe o direito de não vincular a criança a um sistema de ensino. O Código Penal Brasileiro, em seu Art. 246, expressa que: "deixar, sem justa causa, de prover à instrução primária de filho em idade escolar. Pena - detenção, de quinze dias a um mês, ou multa." (Código Penal, BRASIL,1940). [8]

Por conseguinte, ainda sob a ótica da jurista e professora, fica claro que é preciso, e expresso em lei, haver o vínculo com o ensino remoto, todavia é muito relevante evidenciar que o objeto do contrato mudou, como já fora dito, mudanças de ambiente e do fornecimento do ensino. Em tese, de tal maneira, seria possível a revisão desses contratos, o que é dificultoso, à medida que as escolas não querem ou não podem negociar. Muitos Estados, a partir disso, criaram leis para regularizar tais emblemas, contudo, existe a percepção que o Estado não tem legitimidade para normalizar tais assuntos. Neste tocante, é vital frisar que quando uma lei é sancionada ela não visa o caso concreto, nessa específica situação, é determinado, portanto, por

---

Constituição Federal."
http://www.stf.jus.br/portal/jurisprudencia/menuSumarioTese.asp?tipo=TRG&tese=5885

7. EMENDA CONSTITUCIONAL Nº 59, DE 11 DE NOVEMBRO DE 2009
8. Código Penal - DECRETO-LEI No 2.848, DE 7 DE DEZEMBRO DE 1940.

exemplo, os descontos nas mensalidades. Não é observada, em conclusão, a proporcionalidade que é notória no caso concreto. Neste, como já fora dito, o magistrado ao observar todas as requisições pode chegar em um equilíbrio contratual.

Em face do exposto, é impossível redigir sobre este assunto sem mencionar a Nota Técnica 01/2020 ,de abril do mesmo ano, redigida pelo Programa de Proteção e Defesa do Consumidor (PROCON-MG), órgão vinculado ao Ministério Público de Minas Gerais. Este documento, discute os efeitos da pandemia provocada pelo novo coronavírus nos contratos escolares, promovendo a defesa do consumidor como um direito fundamental da pessoa humana, princípio da ordem econômica e o reconhecimento de vulnerabilidade do consumidor, órgão hipossuficiente da relação de consumo.

Nesse segmento, é nítido que o documento traz informações de suma relevância para a temática, pois nele fica expresso a necessidade da renegociação pois existe um contrato de prestação de serviços em curso e o fator pandemia alterou suas bases originais. Segundo a Nota Técnica, "o fornecedor deverá considerar a planilha de cálculo apresentada no início do ano, com as despesas diárias previstas, e compará-las com os custos acrescidos e reduzidos no período de atividades não presenciais, informando-as, detalhadamente, aos consumidores, com as necessárias comprovações" (MPMG-2020).

Hodiernamente sabemos que entidade mais afetada pela pandemia foi a educação infantil, para tal o documento de abril, recomendou suspender o contrato até o término do período incerto de crise sanitária, em razão da impossibilidade de prestar os serviços na forma não presencial, situação que "deve ser levada em consideração pelo fornecedor ao apresentar a sua proposta de revisão contratual" (MPMG-2020).Nos casos de a escolha ser pela reposição integral de aulas presenciais, a Nota do PROCON-MG rediz que deverá ser restabelecido o equilíbrio econômico e financeiro do contrato e "que isso implicará na retomada dos valores contratados, mediante negociação com os consumidores". (MPMG-2020).

Caso o contratante não concordar com a revisão contratual e optar pela rescisão contrato, transferindo-se para uma outra escola, essa opção não pode ser considerada como inadimplemento contratual. Nesse sentido, é preciso retomar a entrevista da prof. Rose Venceslau para o Webinar (página destinada a dialogar sobre direito), já citada anteriormente, na qual, a jurista afirma sobre situações que pais de alunos, diante da situação atípica, os transferem de uma instituição de ensino particular para a pública.[9]

### 3. Análise do equilíbrio contratual

Quem é o responsável pela fiscalização das relações contratuais estabelecidas entre milhares de consumidores e entidades privadas de ensino superior: é o Ministério da Educação ou a Secretaria Nacional do Consumidor? Foi essa a pergunta que o site Conjur fez aos seus leitores. Vamos recapitular, no Código de Defesa do Consumidor, o princípio do equilíbrio contratual tem como finalidade proteger a parte mais fragilizada no contrato, de uma forma com que as pessoas envolvidas estejam em equilíbrio para que possam ser avaliadas as ocorrências durante esse período.

Os contratos baseiam-se na aplicação do princípio do equilíbrio contratual, nas seguintes teorias: teoria da imprevisibilidade ao tratar de obrigações futuras diferidas, ou para ser mais preciso, esta cláusula é utilizada quando as condições em vigor no momento da assinatura do contrato não são utilizadas ao longo do tempo; teoria da onerosidade excessiva é quando as obrigações contratuais se tornam mais onerosas quando executadas do que quando foram criadas. Diante disso, temos como conhecimento que a teoria da imprevisão, foi adotada pelo Código de Defesa do Consumidor, sendo disposto no art. art. 6º, inciso V, ser direito do consumidor "a modificação das cláusulas contratuais que estabeleçam prestações desproporcionais ou sua revisão em razão de fatos supervenientes que as tornem excessivamente onerosas".[10]

Todavia, os contratos de consumo, se a base objetiva dos negócios jurídicos muda, a própria Lei de Defesa do Consumidor exige requisitos mais flexíveis para justificar a revisão do contrato. Portanto, a análise das necessidades do consumidor é mais relevante do que a análise dessas necessidades.

---

9. Webinar: os efeitos da pandemia sobre os contratos escolares: https://www.youtube.com/watch?v=SvVaWx4iZsg
10. Dispõe sobre a proteção do consumidor e dá outras providências - LEI Nº 8.078, DE 11 DE SETEMBRO DE 1990.

Devido a crise, resulta da pandemia do coronavírus, deu-se à Câmara Legislativa do Distrito Federal a criação do de Lei n. 1.079/20, na qual determinou que as faculdades e escolas particulares reduzissem suas mensalidades para 30% e 50% das mensalidades, até a situação atual do mundo, em especial no Brasil, voltar ao normal. Porém, de acordo com DEE/Cade – Departamento de Estudos Econômicos do Conselho Administrativo de Defesa Econômica – é conhecido por elaborar projetos e estudos na autorização das autoridades maiores, como o Presidente da República ou Plenário do Tribunal, deixou claro que essa lei pode deixar mais efeitos negativos do que positivos na economia do país (entre eles redução temporária do salário de alguns professores ou falência).

Essa redução de mensalidade pode esbarrar no princípio da razoabilidade. De acordo com a doutrina de Antonio José Calhau de Resende, o mesmo dá-se o entendimento que o princípio da razoabilidade nada mais é uma diretriz de senso comum, aplicada ao Direito

> "A razoabilidade é um conceito jurídico indeterminado, elástico e variável no tempo e no espaço. Consiste em agir com bom senso, prudência, moderação, tomar atitudes adequadas e coerentes, levando-se em conta a relação de proporcionalidade entre os meios empregados e a finalidade a ser alcançada, bem como as circunstâncias que envolvem a prática do ato".[11]

Dado esse termo "bom senso", é necessário porque os requisitos formais gerados pelo princípio da legitimidade tendem a fortalecer o texto da norma, o texto da lei, ao invés de seu espírito. No artigo 20 do Código de Defesa do Consumidor, relata que quando algum serviço, nesse caso são as aulas presenciais das faculdades e escolas particulares, não é prestado de acordo com o que é ofertado, o consumidor poderá exigir a reexecução dos serviços. Sendo assim, podem exigir a devolução imediatamente o valor pago e apresentá-lo em moeda corrente sem afetar qualquer perda ou dano; ou reduzir o preço proporcionalmente.

Ressaltando que a solução para esse problema contratual durante a pandemia deve-se basear nos seguintes princípios: razoabilidade, na qual todos devem ter o

---

11. RESENDE, Antonio José Calhau. O princípio da Razoabilidade dos Atos do Poder Público. Revista do Legislativo. Abril, 2009.

bom senso de como agir; a conservação dos negócios jurídicos, deve preservar, tanto quanto possível, a situação atual e as bases do negócio firmado; o não enriquecimento sem causa, impedir que qualquer parte agregue novas vantagens ao contrato firmado; por fim, boa-fé a população que utiliza da educação particular não deve levar vantagem em relação ao equilíbrio contratual.

Em um matéria na página "Canal Içara", a diretora Executiva do Procon, Karoline Luiz Calegari Naspoline, deixa a seguinte fala:

> "Não há obrigação da escola de flexibilizar, nem do pai de continuar pagando, uma vez que os decretos que modificaram a forma de ensino, não partiram nem do contratante e nem do contratado. O que fazemos é mediar a situação quando há reclamação. Orientamos neste momento que as escolas, se tiverem alguma redução de custo, que repassem como desconto, apresentem as planilhas de custo e os pais que podem, continuem pagando, para fazer com que os pais que perderam renda possam negociar os valores". [12]

Com isso, pegamos de sua fala, que as instituições particulares devem priorizar seus consumidores, em casos que não seja possível efetuar o pagamento da mensalidade, é recomendável a não cobrança de multas ou juros. Além disso, temos a consciência, como é dito também na reportagem, que essa orientação foi dada pelo Ministério Público, PORTARIA Nº 1.030 (PORTARIA Nº 343/20).

Vale lembrar que essa revisão contratual durante a pandemia, significa que o juiz poderá alterar as cláusulas do contrato, em favor do consumidor, desde que não haja interferência considerada catastrófica para a instituição particular, estabelecendo o equilíbrio entre direitos e deveres.

## 4. Alguns casos em estados que aderiram à lei

Usando como base de análise, alguns estados do Brasil, onde deputados estaduais ficaram responsáveis por votarem na aprovação das leis que comentavam sobre a redução das mensalidades. Nesse olhar, podemos comentar sobre Espírito Santos,

12. Escolas particulares são orientadas sobre equilíbrio contratual durante aulas à distância : https://www.canalicara.com/cotidiano/escolas-particulares-saoorientadas-sobre-equilibrio-contratual-durante-aulas-a-distancia-44975.html

quando foi aprovada a lei – temporária – 11.144/2020, na qual determinava a redução de custos durante a pandemia do novo coronavírus. Quando a lei estava em vigor, muitos pais teriam feito o pagamento com em virtude da nova lei (que na época teria reduzido as mensalidades).

As principais exigências da lei era que instituições que a receita é acima de R$5 milhões, deveriam aderir a redução de 30% na mensalidade, enquanto instituições de médio porte, na qual era avaliada de R$1,8 milhão até R$4,9 milhões deveria aderir uma redução de 20% e empresas pequenas deveria aderir a redução de 10%, caso seu lucro fosse abaixo de R$1,8 milhões.

De acordo com essa lei, as unidades de ensino que possuírem o calendário escolar regular, poderão ser aplicadas os descontos a partir do trigésimo primeiro dia de suspensão das aulas. Por outro lado, as unidades que tiveram o calendário ininterrupto, foram obrigadas a aplicar a lei imediatamente. Infelizmente, essa lei não beneficiou os alunos de faculdades que foram financiados pelo FIES ou PROUNI, os mesmos, sendo que as instituições não poderiam condicionar a matrícula em débito, sendo assim, o acordo que poderiam propor seria o parcelamento das mensalidades em atraso.

No estado de Tocantins, o deputado Vilmar de Oliveira, inicialmente teria criado um projeto de lei na qual o desconto mínimo era de 50%, porém na hora da votação, nem todos os deputados entraram de acordo com o que foi proposto. Sendo assim, para chegarem num consenso, a lei passou por diversas modificações, até decidirem criar três faixas de descontos. Ainda no projeto de lei, estará em vigor até o decreto de calamidade pública terminar, sendo que em seu estado, essa situação terminará no dia 31 de dezembro de 2020. Contudo, vemos que essa situação está longe de acabar, essa medida pode ter a duração prorrogada ou reduzida conforme a evolução da pandemia no estado. O desconto é válido apenas para contratos válidos envolvendo categorias presenciais. Valendo lembrar que o desconto é válido apenas para contratos válidos envolvendo categorias presenciais.[13]

Diferente de Espírito Santos, a lei contou com a seguinte repartição: alunos de

13. O que se fazer com o valor das mensalidades escolares no Brasil no contexto da pandemia de COVID/19?: https://direitocivilbrasileiro.jusbrasil.com.br/artigos/830037768/o-que-se-fazercom-o-valor-das-mensalidades-escolares-no-brasil-no-contexto-da-pandemiade-covid-19

ensino fundamental têm 10% de desconto na mensalidade, enquanto de ensino médio tem 15% de redução e em ensinos superiores 40% de reclusão na mensalidade. Contudo, a lei ainda informa que se o responsável pelo contrato com a instituição estiver inadimplente há mais de seis meses, não terão direito ao benefício da redução da mensalidade.[14]

Em Pernambuco, até em meados de março não tinha uma legislação falando sobre medidas de redução contratual, porém tendo em consideração o cenário de isolamento, aplicando as recomendações da Defensoria Pública, atendendo a redução das mensalidades após a suspensão das aulas presenciais, ainda facilitando as formas de pagamentos com as instituições. [15]

Por outro lado, em Curitiba, houve dois casos semelhantes, um no começo da pandemia - Maio - e outro em outubro. O aluno - que é bolsista e perderia o benefício se atrasasse o pagamento - , que teve suas aulas suspensas a partir do dia 19 de março, processou a instituição pedindo a redução de 50% do valor da mensalidade, alegando que a sua fonte de renda teria sido afetada durante o isolamento, portanto não teria condições de pagar. [16]

Ao avaliar o caso, o Juiz da 25ª Vara Cível de Curitiba concedeu a suspensão por 3 meses, ainda deixou a seguinte fala, ressaltando que essa suspensão não seria nenhum tipo de renúncia ao valor imposto ao estudante

> "É notório que a concretização das medidas restritivas tem causado impacto nas relações contratuais, cujo dimensionamento na economia e setores atingidos ainda é indeterminado. Fato é que contratos foram celebrados em uma realidade econômica que não mais persiste", ponderou o magistrado".[17]

---

14. Instituições de ensino atendem Nudecom e decidem conceder descontos em mensalidades durante a pandemia: https://conexaoto.com.br/2020/06/09/instituicoes-de-ensino-atendem-nudecone-decidem-conceder-descontos-em-mensalidades-durante-a-pandemia
15. O cenário no sistema de educação frente à pandemia de Covid-19: http://melloebarros.com.br/sistema-de-educacao-e-pandemia-de-covid-19/
16. O cenário no sistema de educação frente à pandemia de Covid-19: http://melloebarros.com.br/sistema-de-educacao-e-pandemia-de-covid-19/
17. COVID-19: Justiça estadual possibilita que estudante pague 50% do valor das mensalidades por três meses: https://www.tjpr.jus.br/destaques/- /asset_publisher/1lKI/content/covid-19-justica-estadual-possibilita-queestudante-pague-50-do-valor-das-mensalidades-por-

Enquanto, o caso ocorrido em outubro, o estudante de engenharia química teve um quase desfecho diferente. O mesmo entrou com um processo com a finalidade de reduzir a sua mensalidade para 50%. Infelizmente, a magistrada do 11º Juizado Especial Cível de Curitiba, negou o pedido, deixando claro em sua fala:

> "Nesse momento processual, reduzir tão drasticamente o valor das mensalidades não se prestaria a restabelecer o equilíbrio contratual como sustenta o reclamante, na medida em que decisões neste sentido podem causar prejuízos financeiros a ponto de inviabilizar a sobrevivência da própria entidade de ensino reclamada, o que, via de consequência, traria desvantagens à própria [parte] autora e aos demais estudantes".[18]

## 5. Conclusão

Por seguinte, devemos deixar claro que as instituições privadas tanto quanto os responsáveis por assinar os contratos, não poderiam prever que uma situação tão desastrosa quanto a pandemia iria acontecer. No Código Civil, quando os fatos posteriores à relação contratual impactam negativamente, os legisladores procuram manter a homogeneidade da relação contratual, tornando-a extremamente cara e difícil de manter. Como já dito anteriormente, a teoria da imprevisão está nos artigos 478, 479 e 480, na qual permite rescindir o contrato ou modificar a aplicabilidade do contrato para garantir os direitos do contrato.

Além disso, a SENACON deixou claro que "as entidades de defesa do consumidor devem buscar tentativa de conciliação entre fornecedores e consumidores no mercado de ensino". Essas conciliações devem levar em consideração os custos envolvidos das instituições e a situação financeira dos contratantes, uma vez que não são só a instituição que poderá entrar em crise, preservando a atividade econômica do país.

O novo coronavírus, infelizmente, é o causador de toda essa revisão contratual, uma vez que ao cancelar as aulas presenciais, os custos das instituições com água, luz, gás e limpeza automaticamente diminuem. Mesmo que tenha aulas EAD - educação

---

tresmeses/18319?inheritRedirect=false

18. COVID-19: Estudante de engenharia química pede a redução de 50% do valor das mensalidades: encurtador.com.br/fQS16

a distância - e fechamento das escolas e faculdades particulares ainda tem esses gastos, portanto não podemos reavaliar o contrato apenas pensando apenas em uma parte, enquanto este reajuste poderá afetar a outra parte.

Em resumo, em face à pandemia da COVID19, é necessário rever o contrato de educação proposto pelas entidades particulares, dentro de um determinado prazo, para minimizar o impacto financeiro na relação legal contratual e na manutenção e continuidade dos serviços prestados pelas instituições de ensino.

**Referências**

Código Civil - Lei n. 10.406, DE 10 DE JANEIRO DE 2002.

Tartuce, Flávio Direito civil, v. 3: teoria geral dos contratos e contratos em espécie / Flávio Tartuce; 12. ed. rev., atual. e ampl. – Rio de Janeiro: Forense, 2017.

Maria Helena Diniz, Curso de Direito Civil, p. 164, 2007.

LÔBO, Paulo Luiz Netto, Princípios Sociais dos Contratos no CDC e no Novo Código Civil.

Eduardo Sens Santos, O Novo Código Civil e as Cláusulas Gerais: Exame da Função Social do Contrato, Revista Brasileira de Direito Privado, n. 10, p. 29.

EMENDA CONSTITUCIONAL Nº 59, DE 11 DE NOVEMBRO DE 2009

Código Penal - DECRETO-LEI No 2.848, DE 7 DE DEZEMBRO DE 1940.

Webinar: os efeitos da pandemia sobre os contratos escolares: https://www.youtube.com/watch?v=SvVaWx4iZsg

Dispõe sobre a proteção do consumidor e dá outras providências - LEI Nº 8.078, DE 11 DE SETEMBRO DE 1990.

RESENDE, Antonio José Calhau. O princípio da Razoabilidade dos Atos do Poder Público. Revista do Legislativo. Abril, 2009.

Escolas particulares são orientadas sobre equilíbrio contratual durante aulas à distância : https://www.canalicara.com/cotidiano/escolas-particulares-saoorientadas-sobre-equilibrio-contratual-durante-aulas-a-distancia-44975.html

O que se fazer com o valor das mensalidades escolares no Brasil no contexto da pandemia de COVID/19?: https://direitocivilbrasileiro.jusbrasil.com.br/artigos/830037768/o-que-se-fazercom-o-valor-das-mensalidades-escolares-no-brasil-no-contexto-da-pandemiade-covid-19

Instituições de ensino atendem Nudecom e decidem conceder descontos em mensalidades durante a pandemia: https://conexaoto.com.br/2020/06/09/instituicoes-de-ensino-atendem-nudecone-decidem-conceder-descontos-em-mensalidades-durante-a-pandemia

O cenário no sistema de educação frente à pandemia de Covid-19: http://melloebarros.com.br/sistema-de-educacao-e-pandemia-de-covid-19/

O cenário no sistema de educação frente à pandemia de Covid-19: http://melloebarros.com.br/sistema-de-educacao-e-pandemia-de-covid-19/

COVID-19: Justiça estadual possibilita que estudante pague 50% do valor das mensalidades por três meses: https://www.tjpr.jus.br/destaques/- /asset_publisher/1lKI/content/covid-19-justica-estadual-possibilita-queestudante-pague-50-do-valor-das-mensalidades-por-tresmeses/18319?inheritRedirect=false

COVID-19: Estudante de engenharia química pede a redução de 50% do valor das mensalidades: encurtador.com.br/fQS16

# EDUCAÇÃO E PANDEMIA: UMA ANÁLISE DAS MUDANÇAS NOS CONTRATOS ESCOLARES SOB A ÓTICA DAS QUATRO CAUSAS ARISTOTÉLICAS

# 9

**Ana Vitória Tannús Bernardes**

## 1. Introdução: a razão de ser do artigo e a explicação das quatro causas

Nos livros de história, nós estudamos sobre as fatalidades ocorridas durante a primeira e a segunda Guerras Mundiais, sobre a crise de 1929 que se alastrou pelos Estados Unidos gerando o que ficou conhecido como A grande depressão. Ouvimos falar sobre as tragédias químicas causadas durante a Guerra Fria e nos assustamos ao imaginar a realidade de milhões de pessoas que viveram nos campos de concentração nazistas. Assim nos ensina Yuval Noah Harari[1] sobre estas e diversas outras crises pelas quais a humanidade passou ao longo dos séculos. Da mesma forma, o ano de 2020 certamente estará nos livros escolares do futuro e as crianças estudarão sobre o ano em que o mundo parou. Elas verão imagens das ruas vazias, dos comércios fechados e dos hospitais lotados. Ouvirão falar sobre como foi longo este ano para as crianças, que durante todo o ano não viam a hora de poder voltar para as escolas e abraçar seus colegas e professoras. Como poderíamos imaginar essa realidade? As escolas, as famílias e os alunos certamente não acreditariam se contássemos a eles, poucos meses antes do estouro pandêmico, que durante 2020 todas as atividades escolares seriam

1. Em sua obra Sapiens: uma breve história da humanidade, Yuval Noah Harari, doutor em história pela Universidade de Oxford, escreve sobre as grandes questões da história humana, trazendo à tona reflexões sobre a relação dos Homo Sapiens com as demais espécies e seus vínculos sociais, políticos e religiosos.

feitas virtualmente. Quem imaginaria que fossem possíveis tantas alterações contratuais, tantas revisões de acordos pré-estabelecidos e tanta criatividade para reimaginar possibilidades?

Com a suspensão das aulas presenciais desde o início do ano, diversos foram os questionamentos populares acerca de como seriam realizadas as atividades escolares no período de pandemia. Além de questões pedagógicas, institucionais e sociais, as mudanças no cenário de ensino remetem também a alterações contratuais, as quais devem ser observadas, respaldadas e garantidas pelo estudo jurídico. Nesse sentido, o presente artigo foi desenvolvido com base na disciplina de Direito Civil III, que tem por objeto o estudo dos contratos, e busca analisar de que modo a relação contratual entre as escolas e as famílias consumidoras de seus serviços foi alterada pela pandemia do Coronavírus. É importante salientar que, por se tratar de matéria de direito privado, foi realizado um recorte temático e apenas as situações do ensino particular no país foram analisadas. Dessa maneira, alterações nos moldes educacionais de instituições públicas não foram consideradas para a elaboração do presente artigo, apesar de ser um tema de extrema relevância social e que deve ser aprofundado em outra oportunidade.

A metodologia utilizada para a elaboração da pesquisa e a consequente construção do artigo foi baseada na Teoria das quatro causas, elaborada por Aristóteles em sua obra *A metafísica*[2]. O estudo filosófico realizado no grupo de pesquisa Polemos: política, imaginação e futuro[3] possibilitou a análise do direito contratual sob a ótica Aristotélica e permitiu a divisão estrutural do artigo em quatro partes principais. O objeto de estudo – as alterações dos contratos escolaresdurante a pandemia – foi analisado como o que Aristóteles entendia como o movimento. Este constante movimento é regido por causas, motores que provocam sua constância. A ideia de causa aqui utilizada deve ser compreendida mais com um sentido de motivação (a razão de ser) do que de causalidade. Dessa forma, podem ser analisadas quatro causas distintas e conexas para a razão de ser das modificações contratuais estudadas no presente

2. REALE, Giovanni. Metafísica de Aristóteles I. Edições Loyola, 2001. As explicações sobre o que são as quatro causas são encontradas no Livro A.
3. Grupo de pesquisa em Filosofia do Direito na Universidade Federal e Uberlândia orientado pelo Prof. Dr. José de Magalhães Campos Ambrósio.

artigo.

Primeiramente, o tópico sobre a *causa material* visa compreender oscontratos de ensino como substrato do objeto de estudo e analisar a matéria contratual presente no elo da educação. Para isso, foi necessário destrinchar as diferentesclassificações do negócio jurídico em questão de acordo com o que ensina a doutrina jurídica.Além disso, buscou-se compreender o papel de cada parte dessa relação contratual existente entre as escolas e as famílias dos alunos.

O segundo tópico analisa o diálogo entre os contratos de prestação de serviços educacionais e o Código de Defesa do Consumidor (1990) como *causa formal* do objeto de estudo. Entende-se que é este vínculo o que dá forma à matériacontratual, gerando assim a possibilidade – e por vezes a necessidade - de serem feitas alterações nessa estrutura formal durante a pandemia. Isso significa que os direitos garantidos aos consumidores do ensino privado são a essência que permite que mudanças nas cláusulas contratuais sejam realizadas no período atual.

Na terceira parte, legislações frutos do acontecimento extraordinário da pandemia são analisadas como os agentes do movimento. Em outras palavras, são os porquês das alterações. Isso significa que tais legislações são geradoras do objeto de análise, ou seja, são estas decisões (causa eficiente) que levaram os contratos de ensino (causa material) na forma de direito consumerista (causa formal) a serem revistos e modificados.

Por fim, temos a análise da causa final, a motivação pela qual todo o movimento se dá. No caso estudado, supõe-se que a proteção da saúde pública, o bem-estar social, a segurança jurídica, a preservação do negócio jurídico e garantia dos direitos à educação possam ser entendidos como as finalidades do objeto em questão. Desse modo, entende-se que todas as alterações nos contratos de ensino durante o período pandêmico têm por finalidade assegurar que direitos individuais e sociais não sejam violados.

## 2. Causa material: da classificação dos contratos escolares

A educação brasileira tem como finalidade a formação cidadã de crianças e adolescentes e sua qualificação para o trabalho. Para que isso seja possível, as famílias devem obrigatoriamente matricular as crianças em escolas públicas ou privadas desde os 4 anos de idade. A partir de então, é responsabilidade das instituições de ensino garantir que os alunos tenham uma educação de qualidade, respeitando princípios constitucionais estabelecidos no Capítulo III, Título VIII da Constituição Federal, como a igualdade de condições para o acesso e permanência na escola (inciso I do art.206) e a liberdade de aprender, ensinar, pesquisar e divulgar o pensamento, a arte e o saber (inciso II do art,206).

A partir dessa breve análise é possível estabelecer algumas relações entre o sistema educacional brasileiro e o direito civil que rege o país. Em primeiro lugar, o vínculo estabelecido entre as famílias e as instituições escolares é um vínculo fundamentalmente contratual. Isso porque se trata de um acordo de vontades das partes, as quais estabelecem uma relação de obrigações a fim de adquirir direitos. Na relação analisada, a obrigação das escolas é cumprir com sua função social, ou seja, desenvolver as capacidades físicas, cognitivas e afetivas dos indivíduos e garantir o domínio de habilidades e conhecimentos básicos, propiciando assim a capacidade de se inserirem no meio social de forma ativa e transformadora. Além disso, visa também, como prestadora de serviços, ofertar suas atividades para consumidores interessados, precisando assim portar-se como fornecedora de serviços educacionais.

Por outro lado, a prestação do serviço educacional é retribuída a partir do pagamento mensal em dinheiro, o qual é destinado ao salário de professores, servidores e demais despesas da instituição, como gastos com energia, água e limpeza. O pagamento das mensalidades, quando se trata de colégios privados, é responsabilidade da família de cada um dos alunos que ali estuda, as quais têm como retorno a garantia da formação educacional das crianças.

Os contratos firmados entre as instituições escolares e as famílias podem ser classificados, em relação aos efeitos produzidos, como bilaterais. Isso porque, como vimos anteriormente, os contratos geram obrigações para ambas as partes e, por serem obrigações recíprocas, são também chamados de sinalagmáticos. Entende-se que a obrigação de uma das partes tem por causa a obrigação da outra e vice-versa. A obrigação das famílias de realizar o pagamento mensal tem por causa (e efeito) a obrigação das escolas de garantir a educação de qualidade, o bem-estar das crianças, o material adequado e um ambiente agradável de estudo. Desse modo, ambas as partes arcam com um sacrifício, um ônus, mas também auferem benefícios e vantagens, o que faz com que os contratos educacionais sejam também classificados como onerosos.

É comum que em contratos simples e habituais (como a compra e venda de um móvel antigo, o empréstimo de livros entre colegas e a troca de peças de roupas usadas entre amigas) as cláusulas sejam estipuladas livremente entre as partes, as quais se encontram em condições de igualdade para discutirem as condições do negócio. Uma pessoa que decide vender na internet seus móveis antigos está aberta a negociar com os possíveis compradores o valor de cada móvel, a forma de pagamento, como será feita e entrega e a possibilidade de parcelamento ou não. Da mesma forma se dá com o empréstimo dos livros e a troca de peças de roupas. Porém não são todos os contratos que dispõem dessa ampla liberdade negocial. Muitas vezes, a preponderância da vontade de um dos contratantes permite que este elabore as cláusulas do contrato, cabendo à outra parte apenas a opção de aceitá-las.

Nesse sentido, os contratos escolares podem ser classificados como contratos de adesão, ou seja, contratos em que a liberdade contratual é restrita a uma das partes, a qual guarda para si o poder de estabelecer as condições do contrato. Nesse caso, as instituições escolares são prestadoras de serviços escolares e, portanto, de acordo com o artigo 54 do Código de Defesa do Consumidor, devem seguir as regulamentações redigidas por este código ao estabelecer unilateralmente as cláusulas do contrato. No geral, cláusulas que regem sobre o valor das mensalidades, a forma e a data de pagamento, as possibilidades de rescisão contratual e outras questões já são pré-estabelecidas pelos colégios, restando às famílias aderir ao contrato e seguir com o que foi acordado. É importante perceber que as escolas estabelecem inúmeras relações contratuais de prestação de serviços de educação ao longo dos anos, mantendo assim diversos contratantes, diferentemente das famílias, que, em regra, contratam uma ou duas instituições escolares para seus filhos. Desse modo, é razoável e compreensível que os colégios mantenham seus contratos equivalentes, com as mesmas cláusulas, para que não haja necessidade de redigir e estipular novos acordos a cada aluno ou aluna que for realizar a matrícula.

De acordo com o artigo 208 da Constituição Federal, a educação básica é obrigatória dos 4 aos 17 anos de idade, portanto todas as famílias devem matricular as crianças em instituições de ensino. Entretanto, a escolha entre as diferentes opções de colégios cabe aos pais. Há colégios fundamentados na educação religiosa, que ensinam valores e princípios eclesiásticos. Outros têm como meta a aprovação dos alunos nos vestibulares e garantem métodos de estudo e disciplina únicos para isso. Existem também as escolas que pregam uma educação humanizada (muitas vezes de educação infantil), que buscam adotar métodos sensitivos e colocar as crianças em contato com a natureza. Por trás de todas as diferenças elencadas, cada uma das escolas tem como base o cumprimento da função social, fator requisitado pelo Estado brasileiro. Portanto, a família tem a liberdade de contratar com a instituição de sua preferência, aquela que atenda suas necessidades e vá de acordo com seus valores e motivações.

Dessa forma, é possível afirmar que os contratos escolares são personalíssimos ou intuitu personae, pois são celebrados em razão das qualidades pessoais de um dos contratantes, no caso, as escolas. Diz-se que as escolas têm características únicas que fazem com que os contratos sejam personalíssimos pois as características dos alunos não podem ser fundamento para que uma escola rejeite a matrícula. De acordo com o inciso I do artigo 206 da Constituição Federal, o ensino deve ser ministrado de acordo com o princípio da igualdade de condições para o acesso e a permanência na escola. Portanto, ninguém poderá ser privado de acesso escolar (nem por inadimplemento das parcelas, como veremos mais adiante), o que demonstra que o caráter personalíssimo dos contratos analisados aqui é fundamentado nas características únicas e privativas de cada instituição escolar. Desse modo, o colégio contratado não pode se fazer ser substituído por outro, já que suas qualidades foram essenciais para o consentimento e a anuência das famílias contratantes.

A partir disso, é possível compreender que os contratos educacionais são vínculos civis como quaisquer outros e, portanto, devem observar as normas estabelecidas pelo Código Civil brasileiro. Em vista disso, percebe-se que a matéria do nosso objeto de análise são os contratos em si. Isso significa que para que possam ser feitas alterações contratuais, é necessário que haja previamente um estudo acerca dos elementos que compõem nosso tema, ou seja, sua causa material.

## 3. Causa formal: da relação entre os contratos de prestação de serviços educacionais e o Código de Defesa do Consumidor

O Código de Defesa do Consumidor é responsável por regular as relações contratuais de aspecto consumerista, pois acredita que nos casos em que as partes se configuram como fornecedor e consumidor há uma desvantagem entre elas. Dessa forma, o CDC vem para amparar e resguardar os direitos da parte hipossuficiente da relação a fim de impedir que esta sofra abusos contratuais em função de sua vulnerabilidade.

Quando estudamos sobre os contratos de prestação de serviços educacionais, muitas vezes nos passa despercebido que se trata de uma relação consumerista e que deve ser amparada pelo Código de Defesa do Consumidor, como em uma relação de compra e venda. Isso ocorre porque o elo formado entre alunos, professores e demais servidores das instituições escolares é fundamental para o desenvolvimento pessoal das crianças, uma vez que deve ser visto como um ambiente agradável e que proporcione as melhores condições de aprendizado. De acordo com Paulo Freire[4], "Se a educação sozinha não transforma a sociedade, sem ela tampouco a sociedade muda". Por esse motivo, ela deve ser apreciada, respeitada e garantida a todos. Portanto, para que não haja obstáculos que impeçam uma relação justa e harmoniosa entre as instituições de ensino e as famílias, o Código de Defesa do Consumidor deve ser observado ao estabelecer as cláusulas contratuais que regerão o vínculo educacional.

Ao considerarmos o elo educacional como uma relação de contrato e consequentemente, uma relação consumerista, faz-se necessário compreender melhor o que cada parte representa, quais obrigações devem cumprir e a quais direitos os consumidores desse serviço têm garantia. Nos artigos 2 e 3 o CDC nos apresenta o que significa ser fornecedor e consumidor. De acordo com ele "Consumidor é toda pessoa física ou jurídica que adquire ou utiliza produto ou serviço como destinatário final. " As famílias das crianças e adolescentes que estabelecem contratos com as escolas são vistas como consumidoras, pois pagam mensalidades a fim de receber a prestação do serviço educacional. No artigo 3, lemos que:

> Fornecedor é toda pessoa física ou jurídica, pública ou privada, nacional ou estrangeira, bem como os entes despersonalizados, que desenvolvem atividade de produção, montagem, criação, construção, transformação, importação, exportação, distribuição

4. FREIRE, Paulo. Pedagogia da indignação: cartas pedagógicas e outros escritos. São Paulo: UNESP, 2000.

ou comercialização de produtos ou prestação de serviços.

Fica claro que o papel desenvolvido pelas instituições de ensino é de fornecedor de prestação de serviços e, portanto, resta às famílias o cargo de ser a parte hipossuficiente da relação. Desse modo, o CDC deve garantir que os colégios não apliquem cláusulas abusivas nos contratos de ensino – que anteriormente já observamos que são contratos de adesão – e que as famílias, consumidoras desse serviço, possam ter suas garantias asseguradas.

Com o advento da pandemia do novo coronavírus as escolas de todo o país foram obrigadas a realizar grandes adaptações. Com isso, alterações contratuais também foram feitas e muitos consumidores dos serviços de educação não puderam arcar com as mensalidades, o que fez com que retirassem as crianças das escolas privadas e as matriculassem em instituições públicas. As famílias que tiveram condições de manter as crianças nos colégios particulares viram-se muitas vezes em dúvida a respeito dos seus direitos como consumidores nesse período. Veremos agora diferentes maneiras em que o Código de Defesa do Consumidor se manifesta nas relações contratuais de ensino estabelecendo obrigações e restrições às escolas para garantir os direitos das crianças matriculadas nesse cenário de incertezas em que nos encontramos no ano de 2020.

Considerando a educação como meio essencial para o desenvolvimento e a formação das crianças, muitas famílias neste ano sofreram ao se depararem com a falta de condições financeiras para arcar com os custos das mensalidades escolares. Entretanto, é garantido pelo art. 6º da Lei 9.870/99, que trata sobre o valor total das anuidades escolares, que o inadimplemento das prestações não dá direito à instituição escolar para suspender a prestação de serviços para o aluno até o fim do contrato de ensino. De acordo com a lei:

> Art. 6º. São proibidas a suspensão de provas escolares, a retenção de documentos escolares ou a aplicação de quaisquer outras penalidades pedagógicas por motivo de inadimplemento, sujeitando- se o contratante, no que couber, às sanções legais e administrativas, compatíveis com o Código de Defesa do Consumidor, e com os arts. 177 e 1.092 do Código Civil Brasileiro, caso a inadimplência perdure por mais de noventa dias.

Além disso, dispõe o Artigo 42 do Código de Defesa do Consumidor que "na cobrança de débitos, o consumidor inadimplente não será exposto a ridículo, nem será submetido a qualquer tipo de constrangimento ou ameaça." Dessa forma, resta evidente que os consumidores de prestação de serviços educacionais têm seus direitos amparados e não poderão ser privados das aulas e demais atividades escolares por motivo de inadimplemento. É importante salientar que a referida legislação é válida não apenas para o atual regime de exceção, mas também para períodos anteriores e posteriores ao atual. Portanto, crianças que tenham sido privadas do direito de finalizar o ano letivo escolar por inadimplência das mensalidades podem e devem ter seus direitos resguardados pela justiça, como se observa na seguinte jurisprudência:

> APELAÇÃO CÍVEL - CONTRATO DE PRESTAÇÃO DE SERVIÇOS EDUCACIONAIS - INSTITUIÇÃO PARTICULAR DE ENSINO SUPERIOR - ALUNO INADIMPLENTE - CONCLUSÃO DO SEMESTRE LETIVO EM CURSO - DESLIGAMENTO NO SEMESTRE SEGUINTE - LICITUDE - FREQUÊNCIA ÀS AULAS COMO OUVINTE
>
> - AUSÊNCIA DE VÍNCULO CONTRATUAL - GRATUIDADE DE JUSTIÇA - CONDENÇÃO AOS ÔNUS DE SUCUMBÊNCIA -
>
> CABIMENTO. - Consoante o disposto nos arts. 5º e 6º, caput e § 1º, da Lei nº 9.870/1999, no âmbito do ensino superior que adota regime didático semestral, o inadimplemento das parcelas mensais da semestralidade não autoriza o desligamento do aluno ou a suspensão de provas e de outras atividades pedagógicas no semestre em curso; entretanto, é lícito à instituição de ensino promover o desligamento do aluno no semestre seguinte àquele em que se deu o inadimplemento, negando a renovação da matrícula - Verificada a licitude do desligamento decorrente da inadimplência, descabe declarar a existência de relação jurídica contratual entre instituição privada de ensino superior e ex-aluno que, conquanto ciente da não efetivação da matrícula, decide, por sua conta e risco, assistir às aulas, sem realizar as atividades avaliativas das respectivas disciplinas - O deferimento da gratuidade de justiça não impede a condenação da parte sucumbente ao pagamento das custas e despesas processuais, ensejando tão somente a suspensão da exigibilidade de tais verbas - Recurso a que se nega provimento.
>
> (TJ-MG - AC: 10363080310065001 MG, Relator: Adriano de Mesquita Carneiro, Data de Julgamento: 11/09/2019, Data de Publicação: 18/09/2019)

São dispostos no artigo 6 do CDC uma série de direitos básicos dos consumidores, os quais devem ser observados pelas instituições escolares a qualquer tempo, mas principalmente no atual período de pandemia. De acordo com a legislação, os prestadores de serviços educacionais devem garantir às famílias o direito à informação adequada sobre o objeto de consumo, ou seja, a forma em que as aulas serão ministradas durante o distanciamento social, os métodos avaliativos, os materiais a serem utilizados, etc., para assegurar que os consumidores tenham ciência do que está sendo contratado. É garantido também o direito à proteção contra a publicidade enganosa e abusiva, a fim de que as instituições escolares não garantam aos consumidores possibilidades de serviços que não serão cumpridos. A inversão do ônus da prova também é uma garantia dada pelo Código de defesa do consumidor, pois visa facilitar a defesa dos direitos das partes hipossuficientes das relações de consumo.

Além de todas essas garantias dispostas no artigo 6º do CDC, há também a garantia que possibilitou grandes mudanças no cenário educacional brasileiro no ano de 2020. Em seu inciso V, lemos que é direito dos consumidores "a modificação das cláusulas contratuais que estabeleçam prestações desproporcionais ou sua revisão em razão de fatos supervenientes que as tornem excessivamente onerosas." O referido inciso tem sido muito utilizado para revisões nos contratos de ensino durante este ano, uma vez que o caos generalizado causado pela pandemia do Coronavírus pode ser considerado um fato superveniente, o que permite que sejam feitas alterações em negócios jurídicos estabelecidos anteriormente.

A revisão contratual escolar é possível – e em alguns casos necessária – pois as cláusulas estabelecidas no início do ano não foram pensadas para um cenário de pandemia. Com a suspensão das aulas presenciais, outras garantias dadas pelas escolas também foram inevitavelmente suspensas. Trabalhos em grupo, atividades físicas e brincadeiras com os colegas, que antes ocorriam no espaço escolar, não são mais possíveis. Além disso, gastos comuns de instituições de ensino - como contas de energia, de água e serviços de limpeza - foram cortados durantes os meses em que não receberam alunos. Desse modo, seria justo que as famílias continuassem a pagar os mesmos valores de mensalidades mesmo com essas mudanças estruturais no cenário educacional?

De acordo com o que vimos sobre a possibilidade de revisão contratual, aliado a princípios fundamentais do contrato, o reajuste das mensalidades é um direito dos consumidores de prestação de serviços educacionais. O princípio da boa-fé objetiva, como preceitua o artigo 442 do Código Civil, exige que as partes se comportem com honestidade, lealdade e consideração para com os interesses da outra parte, e é considerado como norma de conduta, gerando fonte de direito e obrigações. Do mesmo modo, o princípio da onerosidade excessiva permite que os contraentes recorram ao poder judiciário para requisitar a alteração do contrato estabelecido livremente entre as partes caso haja mudanças extraordinárias que tornem o negócio excessivamente prejudicial para uma delas. É importante salientar que este último princípio, quando se trata de relações consumeristas, é aplicável apenas à parte hipossuficiente da relação, como afirma Cláudia Lima Marques:

> Prevê o inciso V do art. 6º do CDC a possibilidade da revisão judicial da cláusula de preço, que era equitativa quando do fechamento do contrato, mas que em razão de fatos supervenientes tornou-se excessivamente onerosa para o consumidor. A onerosidade excessiva e superveniente que permite o recurso a esta revisão judicial é unilateral, pois o art.6º do CDC institui direitos básicos apenas para o consumidor.[5]

Com isso, é fundamental compreender que relações contratuais de diferentes setores e classificações foram alteradas durante o período da pandemia para preservar os princípios da boa-fé objetiva, da equidade das partes e da autonomia da vontade. Porém, o que dá forma à possibilidade – e, em alguns casos, exigências judicias – de serem feitas alterações sobre mensalidades e outros aspectos dos contratos escolares é a sua configuração consumerista, pois o CDC garante direitos aos consumidores que não necessariamente existem em outras relações contratuais. Portanto, é a relação com este Código que dá forma à matéria estudada (contratos de prestação de serviços educacionais) para que sejam feitas as alterações durante o período extraordinário que temos vivido. É, dessa forma, nossa causa formal.

## 3. Causa eficiente: das legislações como fonte geradora das alterações contratuais no cenário de pandemia

A pandemia do novo Coronavírus impôs à sociedade uma realidade nunca antes

5. BENJAMIN, Antonio Herman V.; MARQUES, Claudia Lima; BESSA, Leonardo Roscoe. Manual de direito do consumidor. Editora Revista dos Tribunais, 2008.

imaginada e abalou estruturas sociais vistas anteriormente como intactas. Os casos crescentes de infecção e mortes levaram o Governo brasileiro, bem como de outros países, a tomar medidas severas de isolamento social a fim de resguardar a saúde pública e evitar o aumento exponencial de casos. Para isso, foi necessário que diferentes setores comerciais suspendessem suas atividades, uma vez que a aglomeração de pessoas era severamente danosa e os riscos e consequências da doença ainda eram – e são, até o presente momento – desconhecidos.

Sem dúvidas, as instituições de ensino são as principais fontes de aglomeração de pessoas, pois reúnem diariamente dezenas ou centenas de crianças e adolescentes. Estas, apesar de, em regra, não fazerem parte do grupo de risco à Covid-19, voltam para a casa e podem ameaçar a saúde dos familiares. Portanto, o Governo brasileiro estabeleceu, por meio da Portaria nº 343 de 17 de março de 2020, que aulas presenciais fossem substituídas por meios digitais enquanto durasse o período da pandemia no país. De acordo com o artigo 1º da legislação:

> § 2º Será de responsabilidade das instituições a definição das disciplinas que poderão ser substituídas, a disponibilização de ferramentas aos alunos que permitam o acompanhamento dos conteúdos ofertados bem como a realização de avaliações durante o período da autorização de que trata o caput.

É evidente que, apesar de cientes sobre os possíveis riscos gerados pelas aulas presencias, as instituições escolares não tiveram escolhas quanto à suspensão sugerida pelo texto publicado pelo Ministério da Educação. Após a publicação da referida Portaria, diversas legislações estaduais surgiram para assegurar a saúde da população, as quais reafirmavam a suspensão de atividades presenciais nas escolas e incentivavam a implantação do ensino remoto emergencial. Com isso, os contratos realizados antes da situação de pandemia foram inevitavelmente alterados, uma vez que nem as famílias dos alunos, tampouco as escolas imaginavam que aulas de educação infantil e dos ensinos fundamental e médio poderiam ser realizadas de modo totalmente virtual por tempo indeterminado.

A situação demonstra clara interferência estatal em um acordo particularmente estabelecido entre fornecedores de serviços educacionais e seus consumidores. Isso porque, como visto anteriormente, nenhum contrato escolar previa a possibilidade de se realizar aulas virtuais para os alunos, medida que foi aplicada a partir das legislações federais e estaduais que impediam encontros presenciais. Poderíamos pensar que tal interferência fere alguns princípios contratuais, pois promove alterações em cláusulas estabelecidas particularmente. Um deles é o princípio da autonomia da vontade, que, de acordo com Carlos Roberto Gonçalves:

> [...] se alicerça exatamente na ampla liberdade contratual, no poder dos contratantes de disciplinar os seus interesses mediante acordo de vontades, suscitando efeitos tutelados pela ordem jurídica. Têm as partes a faculdade de celebrar ou não contratos, sem qualquer interferência do Estado.[6]

Desse modo, o princípio da autonomia da vontade é violado pela interferência estatal, mas esta tem respaldo jurídico, pois vai de acordo com o princípio da supremacia da ordem pública. Conforme este fundamento dos contratos, a liberdade contratual garantida pelo Código Civil pode sofrer limitações, pois entende-se que o interesse da sociedade deve prevalecer sobre o interesse individual quando há colisão entre eles[7]. No caso da suspensão das aulas presenciais, o direito à saúde deve ser preservado neste período excepcional que vivemos e, para isso, direitos contratuais particulares devem estar disponíveis para assegurar direitos sociais da população no geral.

Sendo assim, as legislações federais, estaduais e municipais regularam cláusulas contratuais particulares a fim de garantir que direitos sociais fossem assegurados. Agiram, portanto, como agentes do movimento das alterações contratuais escolares no período de pandemia. Isso significa que a intervenção estatal é a causa eficiente do nosso objeto de estudo, ou seja, aquilo que deu origem e foi responsável por sua criação.

## 4. Causa final: dos fins das alterações contratuais

Como vimos na explicação da causa eficiente, as alterações contratuais escolares no período de pandemia foram suscitadas – e, de certa forma, impostas – pela

6. GONÇALVES, Carlos Roberto. Direito Civil Brasileiro 3-Contratos e Atos Unilaterais. Saraiva Educação SA, 2017, p 20.
7. GONÇALVES, Carlos Roberto. Direito Civil Brasileiro 3-Contratos e Atos Unilaterais. Saraiva Educação SA, 2017, p 23.

intervenção estatal. Compreendemos que esta interferência apenas é legítima por servir a fins do princípio da supremacia da ordem pública. Estes fins devem ser observados em detrimento de interesses privados em situações emergenciais como a que vivemos desde o início de 2020. Porém, a que outros fins se destinam estas alterações? O que significa preservar a ordem pública nesse caso?

No texto Uma nova faculdade de direito[8], o professor Mangabeira Unger faz um exercício de reimaginação da realidade do ensino jurídico e busca atingir seus leitores com a mesma motivação de mudança do real. No mesmo sentido, o que se pretende com a suspensão das aulas presencias e a consequente implantação de atividades remotas é uma tentativa de reimaginar os moldes da educação, evitando que o ensino seja barrado por acontecimento extraordinários. Assim, a realidade que nos foi imposta desde o início da pandemia do coronavírus no país seria certamente pior sem o apoio e a garantia da educação. Isso somente foi possível por meio das alterações feitas nos contratos de prestação de serviços educacionais, os quais permitiram o uso de meios virtuais para que fossem mantidas, de acordo com as possibilidades inerentes a cada uma delas, as atividades escolares.

Uma preocupação crescente entre famílias, alunos e professores é a possibilidade de que as alterações contratuais feitas durante a pandemia permaneçam após o fim desse período. Isso porque muitas instituições escolares, após meses de frequentes dificuldades enfrentadas pela educação à distância, podem terem se adaptado ao método, planejando assim torná-lo permanente. Nas palavras de ANNA THEREZA DE MENEZES, diretora adjunta de Licenciatura, Pesquisa e Extensão do Colégio de Aplicação (CAp) da UFRJ:

> [...] o risco sempre existe, sobretudo em um contexto de tentativa anterior de implementação da educação domiciliar e do constante ataque à educação, com corte de verbas e um discurso que muitas vezes demoniza a escola e seus agentes. [...] Algumas organizações fornecem videoaulas, apostilas e outros materiais que anulam a presença do professor e retiram tanto o protagonismo estudantil quanto a autoria docente do processo de ensino-aprendizagem.[9]

8. UNGER, Roberto Mangabeira. Uma nova faculdade de Direito no Brasil. Revista de Direito Administrativo, v. 243, p. 113-131, 2006.
9. https://conexao.ufrj.br/2020/05/13/pandemia-expoe-impasses-da-educacao-a-distancia/

Por outro lado, a diretora da Associação Brasileira de Ensino a Distância (ABED), Lana Paula Crivelaro afirma que a possibilidade de se manter o ensino remoto é sinônimo de desenvolvimento e avanço na educação. De acordo com ela:

> [...] é a hora da mudança, de repensar os modelos de ensino para adequarmos as escolas a uma realidade diferenciada, moderna, mais ativa e colaborativa, pois desse limão temos a chance de fazermos uma deliciosa limonada e mudar a educação definitivamente.[10]

Fato é que ainda é cedo para sabermos que rumo tomará a educação brasileira. Porém, todos os meios utilizados para aplicação de métodos de ensino devem levar aos mesmos fins: preservação da ordem pública, da saúde e da educação. A indisponibilidade do interesse público é o fim último ao qual serve o nosso objeto de análise. É em função do princípio contratual "Jus publicum privatorum pactis derrogare non potest"[11] que todas as alterações nos contratos de prestação de serviços educacionais foram feitas.

## 5. Conclusão

A elaboração do presente artigo e o prévio estudo do tema fizeram parte de um projeto metodológico baseado no uso das quatro causas aristotélicas como modo estrutural de pensamento. Unir a filosofia jurídica aos estudos dogmáticos do direito oferece vantagens significantes aos estudantes que poderiam ser melhor exploradas pela academia. O pensar filosófico permite que tenhamos conhecimento sobre os fundamentos que originam e guiam cada um dos preceitos jurídicos utilizados diariamente pelos operadores do direito. Sem a filosofia do direito, o estudo dogmático é mera aplicação de experiência. Essa análise parte de Aristóteles, em A metafísica:

> [...] consideramos que o saber e o entender sejam mais próprios da arte do que da experiência, e julgamos os que possuem a arte mais sábios do que os que só possuem a experiência, na medida em que estamos convencidos que que a sapiência, em cada um dos homens, corresponda à sua capacidade de conhecer. Os empíricos conhecem

10. https://escolasexponenciais.com.br/desafios-contemporaneos/ensino-a-distancia-em-tempos-de- coronavirus-recomendacoes-da-unesco-e-diretrizes-do-mec/
11. Os princípios da ordem pública não podem ser alterados por convenção entre os particulares.

o puro dado de fato, mas não seu porquê; ao contrário, os outros conhecem o porquê e a causa.[12]

Portanto, além de analisar diferentes aspectos das relações contratuais escolares e as alterações feitas durante o período de pandemia, o presente artigo visa também instigar a utilização de métodos filosóficos no meio acadêmico jurídico para que possamos, passo a passo, nos aproximarmos da sapiência Aristotélica.

**Referências**

https://conexao.ufrj.br/2020/05/13/pandemia-expoe-impasses-da-educacao-a- distancia/

https://escolasexponenciais.com.br/desafios-contemporaneos/ensino-a-distancia-em-tempos-de-coronavirus-recomendacoes-da-unesco-e-diretrizes-do-mec/

BENJAMIN, Antonio Herman V.; MARQUES, Claudia Lima; BESSA, Leonardo Roscoe. Manual de direito do consumidor. Editora Revista dos Tribunais, 2008.

FARIAS, Cristiano Chaves de; ROSENVALD, Nelson. Curso de direito civil: contratos. São Paulo: Atlas, v. 4, 2015.

FREIRE, Paulo. Pedagogia da indignação: cartas pedagógicas e outros escritos. São Paulo: UNESP, 2000.

GONÇALVES, Carlos Roberto. Direito Civil Brasileiro 3-Contratos e Atos Unilaterais. Saraiva Educação SA, 2017.

HARARI, Yuval Noah. Sapiens: uma breve história da humanidade. L&PM, 2015.

KILLEEN, P. R. The Four Causes of Behavior. Current directions in psychological science, v. 10,n. 4, p. 136–140, 2001.

MARQUES, Cláudia Lima. Diálogo entre o Código de Defesa do Consumidor e o novo Código Civil: do "diálogo das fontes" no combate às cláusulas abusivas. Revista de Direito do Consumidor, v. 45, 2003.

REALE, Giovanni. Metafísica de Aristóteles I. Edições Loyola, 2001.

TARTUCE, Flávio. Direito Civil. Vol. 3: Teoria Geral Dos Contratos E Contratos Em

12. REALE, Giovanni. Metafísica de Aristóteles I. Edições Loyola, 2001

Espécie. Grupo Gen-Método, 2000.

UNGER, Roberto Mangabeira. Uma nova faculdade de Direito no Brasil. Revista de Direito Administrativo, v. 243, p. 113-131, 2006.

# A PROTEÇÃO DO CONSUMIDOR-TURISTA EM MEIO À PANDEMIA DA COVID-19: REFLEXÕES ACERCA DOS CONTRATOS DE PASSAGENS AÉREAS À LUZ DO DIREITO DOMÉSTICO E INTERNACIONAL

# 10

**Daniel Urias Pereira Feitoza**

**Tatiana Cardoso Squeff**

**Lúcia Souza d'Aquino**

## 1. Introdução

A COVID-19, causada pelo vírus SARS-CoV-2, inicialmente descoberta na China e rapidamente disseminada para vários países do globo, acarretou impactos na economia mundial em quase todos os setores. O setor do turismo, sem dúvidas, foi um dos mais afetados por conta do fechamento de fronteiras terrestres e aéreas e pelo cancelamento de voos devido ao fechamento de aeroportos, atingindo toda a cadeia sustentada por esse segmento, dentre os quais está o transporte aéreo[1].

Assim, ainda no mês de março de 2020, já com diversas fronteiras fechadas e voos domésticos e internacionais cancelados, os consumidores começaram a acionar os

---

1. Importante destacar que se entende que os componentes do setor aéreo são as companhias de transporte aéreo, agências de turismo e fabricantes de aeronaves. Devido à complexidade e especificidades dos impactos de cada um desses componentes em meio à pandemia, este trabalho irá analisar apenas as companhias aéreas, sendo elas o objeto principal da pesquisa para o estudo dos contratos, bem como a proteção do consumidor-turista no negócio jurídico em meio à COVID-19.

órgãos administrativos voltados à defesa do consumidor para solicitar remarcação e reembolsos, sem custo, das passagens adidas e/ou canceladas. Foi nesse contexto que os órgãos que regulam a aviação civil – como a Agência Nacional de Aviação Civil (ANAC) e a Associação Brasileira de Empresas Aéreas (ABEAR) – recomendaram que o consumidor negociasse com as empresas aéreas o reembolso e a remarcação das passagens canceladas.

No entanto, dentre as diversas políticas para conter os prejuízos que diariamente somavam milhares de dólares, as empresas de transporte aéreo propuseram, com muito custo[2], oferecer a remarcação de passagens ou de créditos para serem usados na própria companhia em um período de 18 meses[3] da data marcada no bilhete original, ao invés da devolução do valor pago pelo consumidor-turista. Tal medida chamou a atenção dos órgãos de defesa do consumidor considerando a relação desigual de negociação contratual entre companhias aéreas e consumidores-turistas em meio a pandemia.

Em vista disso, por meio de uma pesquisa analítico-descritiva realizada por meio do método dedutivo, far-se-á uma análise da proteção do consumidor-turista com base nos instrumentos jurídicos domésticos e internacionais em vigor no Brasil, a fim de verificar se existem exceções à obrigação estabelecida em contrato por parte

2. Essa questão foi objeto de um termo de Ajustamento de Conduta (TAC) firmado em 21 de março de 2020 entre o Ministério da Justiça e da Segurança Pública, por meio da SENACON, com a ABEAR, TAM, GOL, Passaredo, MAP e Azul. Para uma crítica, considerando-o mais benéfico às empresas do que atento aos direitos dos consumidores, ver: TARGA, Maria Luiza; SQUEFF, Tatiana Cardoso. Os direitos dos passageiros-consumidores de transporte Aéreo em tempos de pandemia. Revista de Direito do Consumidor, São Paulo, v. 129, p. 73-109, 2020, p. 103.
3. Vale ressaltar que, inicialmente, o prazo previsto era de 12 meses. Entretanto, quando da transformação da Medida Provisória que introduziu essa possibilidade no ordenamento jurídico - a MP 925, que será oportunamente aqui debatida - em Lei em 5 de agosto de 2020 (Lei 14.034/20), o prazo foi estendido, agora alcançando 18 meses. Cf. TIEGHI, Ana Luiza. Nova lei muda regras de remarcação de passagem na pandemia. Folha de São Paulo, 12 ago. 2020. Disponível em: https://www1.folha.uol.com.br/turismo/2020/08/nova-lei-muda-regras-de-remarcacao-de-passagem-na-pandemia.shtml. Acesso em 27 fev. 2021; PRORROGADO prazo de regras especiais de reembolso de passagens aéreas. Consultor Jurídico, São Paulo, 31 dez. 2020. Disponível em: https://www.conjur.com.br/2020-dez-31/prorrogado-prazo-regras-especiais-reembolso-passagens-aereas. Acesso em: 27 fev. 2021.

das empresas de transporte aéreo para desconsiderar os direitos básicos dos consumidores em tempos de imprevisão como em casos de pandemia. Para tanto, parte-se da premissa de que o consumidor-turista é o sujeito a ser tutelado - e não as companhias aéreas - de modo que qualquer interpretação ou superveniência normativa deveria buscar a sua proteção, notadamente em meio a um período de imprevisão como este introduzido pela COVID-19. Outrossim, a primeira vista, esse não parece ser o caminho escolhido no Brasil.

## 2. Do direito doméstico ao direito internacional: perspectivas acerca da proteção do consumidor turista, com especial atenção aos contratos de transporte aéreo

O consumidor-turista, definido pela Organização Mundial do Turismo (UNWTO) como sendo o "viajante que sai do local habitual de residência para outro, onde permanece por período inferior a um ano e superior a 24 horas, por qualquer motivo (negócios, prazer ou outro propósito pessoal)"[4-5], é tutelado no âmbito brasileiro pelo direito interno e pelo direito internacional[6]. Isso significa que tanto o consumidor-turista nacional como o estrangeiro gozarão de uma proteção normativa ampla se a relação de consumo ocorrer no todo ou em parte no Brasil[7]. Afinal,

4. Deve-se pontuar que, no âmbito do direito internacional privado, a referência à alteração do local de residência habitual diz respeito ao deslocamento internacional realizado por parte do consumidor. Outrossim, no presente texto, utilizar-se-á desta definição também para conceituar o consumidor que se desloca para outra localidade dentro do mesmo país para fins de turismo.
5. UNWTO. Understanding Tourism: basic glossary. Madrid, s/d. Disponível em: http://cf.cdn.unwto.org/sites/all/files/docpdf/glossaryenrev.pdf. Acesso em 15 ago 2019.
6. Cf. art. 7o do Código de Defesa do Consumidor: "os direitos previstos neste código não excluem outros decorrentes de tratados ou convenções internacionais de que o Brasil seja signatário, da legislação interna ordinária, de regulamentos expedidos pelas autoridades administrativas competentes, bem como dos que derivem dos princípios gerais do direito, analogia, costumes e eqüidade" (grifo nosso); e art. 732 do Código Civil: "Aos contratos de transporte, em geral, são aplicáveis, quando couber, desde que não contrariem as disposições deste Código, os preceitos constantes da legislação especial e de tratados e convenções internacionais".
7. Sobre a "vocação internacional" do direito do consumidor, cf. MARQUES, Claudia Lima. A insuficiente proteção do consumidor nas normas de direito internacional privado: da necessidade de uma Convenção Interamericana (Cidip) sobre a lei aplicável a alguns contratos e relações de consumo. Revista dos Tribunais, São Paulo, v. 90, n. 788, p. 11-56, jun. 2001.

as regras a eles aplicadas no Brasil estão atreladas à natureza da norma, de ordem pública e de interesse social[8], o que faz com que se afaste qualquer previsão que não lhes seja benéfica[9]; e, logo, permitindo que as demais coexistam e se apliquem harmoniosamente em favor da pessoa humana e da garantia dos direitos fundamentais[10].

Nesse passo, importa avultar que, no que pertine os contratos de transporte aéreo, o consumidor-turista, está amparado, no nível interno por cinco instrumentos normativos: a Constituição Federal de 1988, o Código de Defesa do Consumidor, o Código Civil, o Código Brasileiro de Aeronáutica e as Resoluções Normativas da Agência Nacional de Aviação Civil (ANAC). Já no plano internacional, pontualmente no que tange os bilhetes aéreos, o consumidor-turista encontra-se amparado pelas Convenções de Varsóvia e Montreal.

Hierarquicamente, portanto, importa primeiramente avultar a Constituição Federal de 1988, que deu um importante passo em direção a tutela do consumidor no Brasil na medida em que estipula a sua defesa enquanto uma cláusula pétrea, insculpido no art. 5°, inc. XXXII, além de ser um dos princípios que devem nortear a ordem econômica, logo, impondo limites à livre atuação do mercado no território nacional,

---

8. Cf. Art. 1° do Código de Defesa do Consumidor: "O presente código estabelece normas de proteção e defesa do consumidor, de ordem pública e interesse social, nos termos dos arts. 5°, inciso XXXII, 170, inciso V, da Constituição Federal e art. 48 de suas Disposições Transitórias (grifo nosso).
9. Outrossim, cumpre salientar o tema 210 do Supremo Tribunal Federal, o qual, apesar de ainda não ter transitado em julgado, afasta a aplicação do código de defesa do consumidor no que tange os danos materiais provenientes de do transporte aéreo, assim como a prescrição da legislação especial, em benefício à previsão convencional, pontualmente, às Convenções de Varsóvia e Montreal, que trazem previsão distinta à regra consumerista pátria. Sobre o tema, cf. TARGA, Maria Luiza B. Transporte aéreo internacional: a repercussão da tese fixada pelo Supremo Tribunal Federal e a necessária aplicação do CDC em defesa do interesse dos passageiros. Revista de Estudos Jurídicos do Superior Tribunal de Justiça, Brasília, v. 1, n. 1, p. 439-474, 2020.
10. MARQUES, Claudia Lima. O "diálogo das fontes" como método da nova teoria feral do direito: um tributo à Erik Jayme. In: MARQUES, Claudia Lima (coord.). Diálogo das fontes: do conflito à coordenação de normas do direito brasileiro. São Paulo: Revista dos Tribunais, 2012. p. 17-66. esp. p. 26-27.).

tal como aponta o art. 170, inc. V.[11] E mais, além de fixar tais limites à atividade econômica, ela aponta para a necessidade de indenizar aquele que sofrera prejuízo de ordem material, moral e à imagem, nos termos do art. 5º, inc. V e X, da Carta, inadmitindo, por conseguinte, que o consumidor-turista lesado não pudesse pleitear uma reparação.

Ato contínuo, o segundo documento que merece destaque é o Código de Defesa do Consumidor de 1990, cujas origens constitucionais – forte no art. 48 do ato das disposições constitucionais transitórias – faz com que ele seja de suma relevância na proteção do consumidor-turista nas relações contratuais estabelecidas por este. Isso porque, dentre os diversos direitos do consumidor está a reparação integral, prevista em seu art. 6º, inc. VI, que, concomitante ao art. 14, *caput*, impõe a necessidade de ressarcir o consumidor na exata proporção do dano por ele sofrido, exceto quando o fornecedor do serviço comprovar que o dano não existiu ou que a culpa é exclusivamente do contratante ou de um terceiro, como aduz o seu art. 14, para. 3º.

Ademais, não se pode olvidar do próprio art. 6º, inc. I, o qual lista a proteção da vida e da saúde enquanto direitos dos consumidores, os quais, no âmbito do transporte aéreo deve ser sempre ponderado e atentamente observado por parte das prestadoras deste serviço, na medida em que milhões de passageiros[12] são transportados anualmente no país, configurando um importante modo de locomoção de pessoas. Aliás, nessa mesma linha, igualmente importante pontuar o art. 6º, inc. III, o qual prescreve a informação adequada e clara sobre os serviços enquanto um direito fundamental do consumidor – direito este que não raramente é obstado em aeroportos quando da ocorrência de algum empecilho que impede o embarque do consumidor

11. Sobre o tema, cf. SQUEFF, Tatiana Cardoso. Bases Constitucionais da Defesa dos Consumidores no Brasil: um resgate acerca da criação da legislação consumerista em prol da confirmação de sua posição privilegiada no ordenamento jurídico pátrio. Revista de Direito do Consumidor, São Paulo, v. 116, 2018, p. 129 et seq.

12. Em 2019, foram 119,4 milhões de passageiros transportados no Brasil e para o Brasil por este meio deste transporte. Cf. ANAC. Mercado aéreo em 2019: maior número de passageiros transportados da série histórica. Brasília, 26 ago. 2020. Disponível em: https://www.anac.gov.br/noticias/2020/mercado-aereo-registra-maior-numero-de-passageiros-transportados-da-serie-historica. Acesso em: 23 fev. 2021.

ou que modifica o seu itinerário[13], ou mesmo quando da cobrança de multas. Aliás, essa questão igualmente avulta a proteção conferida ao consumidor contra práticas abusivas nos termos do art. 39, inc. V, o que inclui a impossibilidade de as empresas de transporte aéreo, imporem, por exemplo, taxas ou penalidades onerosas aos consumidores.[14-15]

Quanto ao Código Civil de 2002, impende tecer que ele reafirma as previsões estabelecidas nos documentos anteriores ao introduzir que o consumidor-turista deve ser reparado quando há quebra do ora pactuado entre este e o fornecedor de serviço de transporte (companhias aéreas), nos termos do art. 730, concomitantemente ao art. 927, limitado à extensão do dano sofrido, consoante o art. 944. Outrossim, este não é um direito absoluto do consumidor-turista frente ao transportador, pois admite-se a força como forma de exclusão de responsabilidade por danos causados às

13. A título exemplificativo, cf. PINHEIRO, Amanda. Santos Dumont: passageiro enfrenta falta de informação e cobrança por cancelamento antes de obras. O Globo, 11 ago. 2019. Disponível em: https://oglobo.globo.com/economia/defesa-do-consumidor/santos-dumont-passageiro-enfrenta-falta-de-informacao-cobranca-por-cancelamento-antes-de-obras-23869564. Acesso em: 25 fev. 2021; AZUL antecipa voo e passageiro fica para trás; veja o que fazer nesse caso. IG Economia, 20 jul. 2020. Disponível em: https://economia.ig.com.br/2020-07-20/azul-antecipa-voo-e-passageiro-fica-para-tras-veja-o-que-fazer-nesse-caso.html. Acesso em: 25 fev. 2021; BARROS, Ramon. doso tem vôo cancelado e ganha direito a outra passagem. Jornal Fato, 27 fev. 2021. Disponível em: https://www.jornalfato.com.br/economia/idoso-tem-voo-cancelado-e-ganha-direito-a-outra-passagem,388177.jhtml. Acesso em: 27 fev. 2021.
14. Em 2011, por exemplo, o Instituto Brasileiro de Defesa do Consumidor (IDEC) afirmava que a taxa de remarcação deveria restar entre 5% e 10% do valor da passagem para não serem taxados de abusivos e, logo, violadores do art. 39, inc. V, da legislação consumerista pátria. Cf. IDEC. Taxa por remarcação de voos não pode ultrapassar 10% do valor da passagem. Brasília, 20 dez. 2011. Disponível em: https://idec.org.br/consultas/dicas-e-direitos/taxa-por-remarcaco-de-voos-no-pode-ultrapassar-10-do-valor-da-passagem. Acesso em: 23 fev. 2021.
15. Inclusive, como se debaterá na sequência do texto, é nesse mesmo plano que questiona-se algumas das previsões contidas na Lei 14.034/2020, que convertera a Medida Provisória n. 925 em Lei Federal, vez que, segundo o seu texto, só não serão cobradas multas ou taxas contratuais pela remarcação de passagens os consumidores-turistas que aceitarem crédito para utilização dentro de um prazo de 18 meses. Cf. SQUEFF, Tatiana Cardoso; TARGA, Maria Luiza; D'AQUINO, Lúcia S. O resgate do setor de turismo em meio à pandemia de covid-19: da edição das medidas provisórias. Revista dos Tribunais, São Paulo, v. 1022, p. 197-226, 2020.

pessoas transportadas e suas bagagens ou pela mudança de horário e itinerário inicialmente previstos, como prevêem os seus arts. 734 e 737, respectivamente, além da culpa de terceiro, nos termos do art. 735 (muito em embora, nesse caso, a transportadora possa ser acionada para responder a ação, com direito de regresso contra o culpado).

Não só isso, o Código Civil igualmente estipula que o "passageiro tem direito a rescindir o contrato de transporte antes de iniciada a viagem, sendo-lhe devida a restituição do valor da passagem, desde que feita a comunicação ao transportador em tempo de ser renegociada", em seu art. 740. O Código Civil, contudo, permite que o transportado imponha ao consumidor-turista uma multa compensatória nessa hipótese, muito embora a limite em até 5% da importância a ser restituída, nos termos do art. 740, para. 3º.

Por fim, quanto a recusa de passageiro, o Código Civil é claro ao tecer que o "transportador não pode recusar passageiros, salvo os casos previstos nos regulamentos, ou se as condições de higiene ou de saúde do interessado o justificarem", tal como seria, por exemplo, no caso de uma pessoa com alguma doença que pudesse ser transmitida durante o vôo, tal como aponta o art. 740. Outrossim, se não se tratar de recusa, mas sim de uma interrupção da viagem, mesmo que por motivo alheio à vontade do próprio transportador e ainda que em conseqüência de evento imprevisível, "fica ele obrigado a concluir o transporte contratado em outro veículo da mesma categoria, ou, com a anuência do passageiro, por modalidade diferente, à sua custa, correndo também por sua conta as despesas de estada e alimentação do usuário, durante a espera de novo transporte", tal como dispõe o art. 741.

Já em relação ao Código Brasileiro de Aeronáutica de 1986[16], este aponta especificamente alguns direitos que o consumidor-turista têm em relação ao transportador,

16. A data deste documento é de suma importância, na medida em que, se alguma de suas previsões contrariar a Constituição Federal, o Código de Defesa do Consumidor ou o Código Civil de 2002, ele deve ser afastado, forte nas formas de soluções de antinomias prevista na Lei de Introdução às Normas do Direito Brasileiro, art. 2o, as quais respectivamente seriam os critérios da hierarquia, da especialidade e da anterioridade. Assim, no caso de restringir o montante a ser pago ao consumidor-turista, por exemplo, como aponta o seu art. 246, este documento não deve ser aplicado, consoante o previsto nos outros documentos.

tais como "o direito ao reembolso do valor já pago do bilhete se o transportador vier a cancelar a viagem" (art. 229), o direito de embarcar "em vôo que ofereça serviço equivalente para o mesmo destino" nos casos de atrasos superiores a quatro horas do horário de partida, caso o consumidor não prefira a restituição integral do valor do bilhete (art. 230), e o direito ao "endosso do bilhete de passagem ou pela imediata devolução do preço" pago pelo mesmo nos casos de interrupção de serviço ou de atrasos superiores a quatro horas em aeroporto de escala (art. 231) – momento em que o prestador de serviço deverá igualmente arcar com "todas as despesas decorrentes da interrupção ou atraso da viagem, inclusive transporte de qualquer espécie, alimentação e hospedagem" (art. 231, parágrafo único).

Em relação aos danos, o Código Brasileiro de Aeronáutica estipula que o transportador resta responsável pelos danos à bagagem dos passageiros em seu art. 260, assim como aqueles realizados contra o próprio passageiro, nos termos do art. 256 *et seq.*[17] Entretanto, quanto ao dano decorrente do atraso do transporte aéreo contratado, cumpre avultar que o texto legal afirma que o transportador não será responsável quando "se comprovar que, por motivo de caso fortuito ou de força maior, foi impossível adotar medidas necessárias, suficientes e adequadas para evitar o dano", conforme traz o art. 256, inc. II, para. 1º, inc. II.

No caso, o Código aponta que caso fortuito ou força maior, referem-se "a ocorrência de um ou mais dos seguintes eventos, desde que supervenientes, imprevisíveis e inevitáveis", os quais, após reforma datada de 2020[18], agora incluem a "decretação de pandemia ou publicação de atos de Governo que dela decorram, com vistas a

---

17. Cf. nota supra.
18. Trata-se da Lei Federal 14.034 de 05 de agosto de 2020, que converteu a medida provisória (MP) n. 925 em lei. NNão se trata de uma alteração pacífica, em especial por alterar o que a própria MP trazia, piorando a proteção dos consumidores-turistas, a saber: TARGA, Maria Luiza; SQUEFF, Tatiana Cardoso. A preservação do setor aéreo a qualquer custo? Comentários à lei 14.034 de 05 de agosto de 2020. Revista de Direito do Consumidor, São Paulo, v. 132, p. 405-419, 2020; SQUEFF, Tatiana Cardoso; TARGA, Maria Luiza; D'AQUINO, Lúcia S. O império das Medidas Provisórias e a Proteção do Mercado no Brasil em Tempos de Pandemia. Revista Chilena de Derecho y Ciencia Política, Santiago do Chile, v. 11, p. 10-44, 2020; TARGA, Maria Luiza; SQUEFF, Tatiana Cardoso. Os direitos dos passageiros-consumidores de transporte Aéreo em tempos de pandemia. Revista de Direito do Consumidor, São Paulo, v. 129, p. 55-85, 2020.

impedir ou a restringir o transporte aéreo ou as atividades aeroportuárias" (Art. 256, inc. II, para. 1º, inc. II, para 3º, inc. IV). Pior ainda que, nesses casos, consoante a mesma reforma, deixa-se de obrigar "o transportador de oferecer assistência material ao passageiro, bem como de oferecer as alternativas de reembolso do valor pago pela passagem e por eventuais serviços acessórios ao contrato de transporte, de reacomodação ou de reexecução do serviço por outra modalidade de transporte, inclusive nas hipóteses de atraso e de interrupção do vôo por período superior a quatro horas" (Art. 256, inc. II, para. 1º, inc. II, para. 4º).

Novas previsões que são objeto de diversas críticas, na medida que,

> [a]gora, basta que o fornecedor de serviço comprove que lhe foi impossível adotar medidas necessárias, suficientes e adequadas para evitar o dano, independentemente de estar-se em meio à pandemia ou não, que ele não será responsabilizado, olvidando-se abertamente que tais hipóteses são consideradas risco do próprio negócio. Aqui, logo, resta outro exemplo de como a legislação arquitetada pelo governo tende a beneficiar as empresas aéreas em detrimento do consumidor e, pior, para além do período de calamidade pública pelo qual hoje perpassamos.[19]

Já no que tange as resoluções da ANAC, deve-se dar especial destaque a Resolução de n. 400/16.[20] Ela reforça o direito dos consumidores-turistas de desistirem da passagem aérea adquirida em um prazo de 24 horas, a contar do recebimento de seu comprovante, sem qualquer tipo de ônus (art. 11). Além disso, quanto às alterações realizadas por parte da transportadora em relação ao horário do vôo ou ao itinerário, essas deverão ser informadas ao passageiro com no mínimo 72 horas de antecedência, de modo que, se o prazo for inferior, ou os horários de chegada forem distintos, caberá à empresa oferecer alternativas de reacomodação ou reembolso integral da quantia desembolsada, à escolha do consumidor-turista (art. 12 *caput* e para 1º), sendo essa a mesma previsão nos casos de atraso, cancelamento e de interrupção do

---

19. SQUEFF, Tatiana de A. F. R. Cardoso; TARGA, Maria Luiza; D'AQUINO, Lúcia S. . O resgate do setor de turismo em meio à pandemia de covid-19: da edição das medidas provisórias. Revista dos Tribunais, São Paulo, v. 1022, pp. 197-226, 2020, p. 206.
20. Importa salientar que atualmente essa Resolução encontra-se suspensa, tendo sido aprovada no seu lugar a Resolução de n. 556 no dia 13 de maio de 2020, a qual vigorará até, no mínimo, 30 de outubro de 2021, e cujo teor discutir-se-á na sequência do texto.

serviço (art. 21).

Ademais, se o consumidor chegar a se deslocar até o aeroporto, é prevista a garantia de assistência material integral por parte da companhia aérea, além da possibilidade de o mesmo escolher entre a reacomodação em outro vôo, o reembolso integral da quantia paga ou da execução do serviço por outra modalidade (art. 12, para. 2º). A garantia dessa assistência é prevista, ainda, no art. 20 nos casos de atraso, cancelamento e de interrupção do serviço. Salienta-se que no caso de reembolso, este deverá ocorrer sem qualquer tipo de desconto no prazo de até sete dias da data da solicitação, nos termos do art. 29, sendo opcional a realização do mesmo por meio de créditos junto à companhia, tal como aponta o art. 31.

Não apenas isso, a Resolução n. 400/16 igualmente contempla a necessidade de garantia de assistência material aos consumidores-turistas nos casos de atraso, cancelamento e de interrupção do serviço em seu art. 27, estabelecendo a necessidade de conferir facilidades de comunicação quando o atraso for superior a uma hora; o fornecimento de alimentação quando o atraso for superior a duas horas; e hospedagem quando o atraso for superior a quatro horas, além do translado para este.

Por fim, cumpre avultar os tratados internacionais atinentes ao tema e as suas previsões. O primeiro instrumento normativo que passou a regular o transporte aéreo no Brasil foi a Convenção de Varsóvia – tratado que foi incorporado ao ordenamento jurídico através do Decreto n. 20.704 de 24 de novembro de 1931. Tal texto, tinha por objetivo regular, exclusivamente, as relações entre passageiros de voos internacionais e questões relacionadas ao transporte de mercadorias e bagagens.

Posteriormente, o texto foi modernizado através da aprovação da Convenção de Montreal, a qual fora internalizada no Brasil através do Decreto n. 5.910 de 27 de setembro de 2006. No caso, esse tratado expõe que o transportador não pode ser responsabilizado por danos relacionados a atrasos caso a companhia prove que tomou as medidas necessárias para evitar tais danos, nos termos de seu art. 19. Ademais, resta ainda determinado pelo art. 20 do tratado que a culpa exclusiva da vítima ou a colaboração da vítima para o dano por força de sua negligência, erro ou omissão, igualmente isentará a transportadora de qualquer responsabilidade.

Desta feita, nota-se que as medidas domésticas internacionais existentes permitem dizer que existe uma robusta tutela do consumidor-turista no Brasil, impondo importantes limites à atuação das empresas de transporte aéreo no país. Apesar disso, a pandemia do novo coronavírus impôs grandes desafios ao setor, de maneira que o Governo Federal, na tentativa de resguardar um eixo da economia que estava franca ascensão[21], mas que igualmente perpassava por algumas turbulências forte no fato de duas grandes empresas, Latam[22] e Avianca[23], terem pedindo recuperação judicial, aprovou uma série de medidas que visam restringir os direitos já consolidados dos passageiros.

A primeira medida aprovada nesse contexto pandêmico foi a Medida Provisória (MP) Nº 925 de 18 de março de 2020, convertida na Lei Federal 14.034 de 05 de agosto de 2020, a qual previu às transportadoras o prazo de 12 meses para estabelecer o reembolso ao passageiro, e, ademais, quanto ao valor a ser devolvido, prescreveu a possibilidade de serem descontados também as penalidades contratuais[24]. Posteriormente, no dia 8 de abril de 2020 o Governo Federal anunciou a MP n. 948, convertida em Lei por meio da Lei federal n. 14.046 de 24 de agosto de 2020, que, ao seu turno, previu a não obrigatoriedade do reembolso de serviços turísticos caso haja a oferta de remarcação, outro acordo a ser formalizado entre as partes, ou, se for concedido algum tipo de crédito em 'benefício' do consumidor (art. 2)[25]. Ademais, seu "art. 5º

---

21. Cf. ANAC. Mercado aéreo em 2019: maior número de passageiros transportados da série histórica. Brasília, 26 ago. 2020. Disponível em: https://www.anac.gov.br/noticias/2020/mercado-aereo-registra-maior-numero-de-passageiros-transportados-da-serie-historica. Acesso em: 23 fev. 2021.
22. LATAM Brasil entra no processo de recuperação judicial do grupo nos EUA. UOL, São Paulo, 09 jul. 2020. Disponível em: https://economia.uol.com.br/noticias/redacao/2020/07/09/latam-brasil-entra-no-processo-de-recuperacao-judicial-do-grupo-nos-eua.htm. Acesso em: 01 dez. 2020.
23. AVIANCA Brasil pede recuperação judicial. Forbes Brasil, São Paulo, 11 dez. 2018. Disponível em: https://forbes.com.br/negocios/2018/12/avianca-brasil-pede-recuperacao-judicial/. Acesso em: 15 dez. 2020; POR não poder cumprir plano de recuperação, Avianca tem falência decretada. Consultor Jurídico, São Paulo, 14 jul. 2020. Disponível em: https://www.conjur.com.br/2020-jul-14/nao-poder-recuperar-avianca-falencia-decretada. Acesso em: 15 dez. 2020.
24. BRASIL. Medida Provisória n. 925, de 18 de março de 2020. Planalto. Disponível em: <http://www.planalto.gov.br/ccivil_03/_Ato2019-2022/2020/Mpv/mpv925.htm>. Acesso em: 15 dez. 2020.
25. BRASIL. Medida Provisória n. 948, de 8 de abril de 2020. Planalto. Disponível em: http://www.planalto.gov.br/ccivil_03/_ato2019-2022/2020/Mpv/mpv948.htm. Acesso em: 15

ressalva que as relações de consumo regidas pela MP caracterizam hipóteses de caso fortuito ou força maior, não ensejando danos morais, multas ou outras penalidades previstas no art. 56 do Código de Defesa do Consumidor" em favor do vulnerável.[26]

Por fim, a terceira medida foi a aprovação pela ANAC da Resolução de n. 556, em 13 de maio de 2020.Trata-se de uma flexibilização excepcional realizada pela Agência para suspender de maneira temporária a aplicação de algumas regras da Resolução n. 400/16, forte na pandemia do novo coronavirus, tais como: (a) a comunicação ao passageiro com antecedência mínima de 24 horas sobre eventual alteração programada do vôo; (b) a garantia de assistência material ao passageiro em território nacional, exceto nos casos de fechamento de fronteiras e de aeroportos por determinação de autoridades quando o prestador de serviço restará desobrigado de fazê-lo; e (c) a resposta às reclamações e solicitações dos passageiros em um prazo de 15 dias, sendo realizada através dos canais eletrônicos de atendimento da empresa aérea e da plataforma do governo para solução alternativa de litígios *consumidor.gov.br*.[27]

Com base nessa rápida análise, já é possível perceber que as medidas adotadas pelo Governo Federal caminham em um rumo paralelo ao direito do consumidor no Brasil, o qual foi paulatinamente consolidado no ordenamento jurídico brasileiro. Mesmo em meio a um período de consideráveis impactos socioeconômicos aos Estados e à iniciativa privada[28], não poderia se falar em exceções dirigidas à recuperação econômica em detrimento da preservação e manutenção dos direitos do

---

dez. 2020.

26. SQUEFF, Tatiana de A. F. R. Cardoso; TARGA, Maria Luiza; D'AQUINO, Lúcia S. O império das Medidas Provisórias e a Proteção do Mercado no Brasil em Tempos de Pandemia. Revista Chilena de Derecho y Ciencia Política, Santiago do Chile, v. 11, pp. 10-44, 2020, p. 21.

27. Cf. ANAC. ANAC prorroga a flexibilização das regras para o transporte aéreo de passageiros. Brasília, 15 dez. 2020. Disponível em: https://www.anac.gov.br/noticias/2020/anac-prorroga-a-flexibilizacao-das-regras-para-o-transporte-aereo-de-passageiros#:~:text=A%20flexibilização%20temporária%20e%20excepcional,eventual%20alteração%20programada%20do%20voo. Acesso em: 25 fev. 2021.

28. "[...] uma pandemia imprevisível afetou mundialmente a circulação de pessoas, trazendo prejuízos à saúde e economia da população mundial." (MUCELIN, Guilherme; D'AQUINO, Lúcia Souza. O papel do direito do consumidor para o bem-estar da população brasileira e o enfrentamento à pandemia de COVID-19. Revista de Direito do Consumidor, São Paulo, v. 129, p. 17-46, maio-jun. 2020).

consumidor[29], seja por sua natureza, seja por seu status de norma fundamental.

Deste modo, à luz do regramento existente anterior à pandemia, questiona-se acerca da real possibilidade de as empresas aéreas poderem romper para com as suas obrigações, notadamente quando pautadas na excludente de ilicitude de 'força maior', modificada arbitrariamente no contexto pandêmico,[30] sustentada pela superveniência do vírus. Afinal, parte-se do pressuposto de que a pandemia de COVID-19, mesmo se considerada um caso de força maior, não poderia justificar o desamparo do consumidor quase que por completo[31]. Até mesmo porque, se houvesse uma parte merecedora de tutela, não restam dúvidas de que esta deveria ser o consumidor-turista - parte vulnerável nas relações de consumo, o qual, inclusive, teria a Teoria da Imprevisão ao seu lado, e não oposta a si, como ver-se-á na sequência do texto.

## 3. A teoria da imprevisão como fundamento de (re)análise dos contratos de passagens aéreas

Partindo da concepção de que períodos de pandemia apresentam tempos de instabilidade e incerteza, antes de uma análise da relação contratual entre consumidor-turista e empresas de passagens aéreas, faz-se de suma importância analisar conceitos chave para o estudo dessa relação, como o *pacta sunt servanda* e a teoria da

---

29. FALCÃO, Rebeca. MP nº 948/2020 e os efeitos da Covid-19 para o consumidor. ConJur, 22 abr. 2020. Disponível em: https://www.conjur.com.br/2020-abr-22/rebeca-falcao-mp-948-efeitos-consumidor#_ftn1. Acesso em: 16 dez. 2020.
30. Inclusive, pode-se afirmar que o contexto pandêmico facilitou a introdução de mudanças na legislação já buscadas pelo setor de transporte aéreo há anos. As lideranças do setor constantemente criticam a judicialização em massa de questões envolvendo o transporte aéreo de passageiros no Brasil - opinião essa com a qual discordamos por entendermos que existem, sim, falhas na prestação de serviços. Acerca disso, cf. POMPEO, Ana. Judicialização exacerbada da aviação obriga a repensar a cultura da litigância, dizem especialistas. Jota, Brasília, 25 fev. 2021. Disponível em: https://www.jota.info/casa-jota/judicializacao-aviacao-obriga-pensar-acesso-justica-25022021. Acesso em: 27 fev. 2021.
31. TARGA, Maria Luiza; SQUEFF, Tatiana Cardoso. Os direitos dos passageiros-consumidores de transporte Aéreo em tempos de pandemia. Revista de Direito do Consumidor, São Paulo, v. 129, p. 55-85, 2020. p. 60.

imprevisão. Além disso, esses elementos são necessários para compor uma visão mais específica da doutrina civilista a respeito do estudo dos contratos, bem como a sua função social e sua força obrigatória em tempos de pandemia.

Desde já, vale ressaltar que a segurança jurídica é um dos elementos mais importantes para as relações contratuais, como bem ressalta Canotilho, para quem, tendo em vista a necessidade do homem de segurança para a condução, planejamento e conformidade de sua vida, a segurança e a proteção à confiança são elementos constitutivos do Estado de Direito.[32]Nesse sentido, de se mencionar o *pacta sunt servanda* como um dos princípios que representam a segurança jurídica, visto que garante as obrigações estabelecidas entre as partes e a interpretação contratual fica limitada às controvérsias e avenças.

Para isso, a ideia do *pacta sunt servanda* está ligada à compreensão de que os contratos só existem mediante a execução plena das cláusulas contratuais, não permitindo, desse modo, uma interpretação que relativize o texto contratual. Nesse sentido, vale destacar que para Marques o *pacta sunt servanda* é um elo entre as partes que estabelecem direitos e deveres para ambos, sendo esse elo reconhecido e tutelado judicialmente[33].

Ademais, para Diniz, seguindo a interpretação do *pacta sunt servanda*, além de serem obrigatórias as cláusulas do contrato, caso não cumpridas estariam sob pena de responsabilidade por perdas e danos, já que o contrato é irretratável e inalterável salvo quando há acordo entre as partes[34]. Nesse sentido, a força vinculante do contrato pode ser alterada pelos *rebus sic stantibus* em casos de força maior ou caso fortuito (como no caso da pandemia do COVID-19)[35].

A partir do final do século XIX, com a ocorrência da Revolução Francesa e a

---

32. CANOTILHO, José Joaquim Gomes. Direito Constitucional e Teoria da Constituição. 7.ed. Coimbra: Almedina, 2003. p. 257.
33. MARQUES, Claudia Lima; BENJAMIN, Antonio Herman; BESSA, Leonardo Roscoe. Manual de direito do consumidor. 8. ed. São Paulo: Revista dos Tribunais, 2020.
34. DINIZ, Maria Helena. Curso de direito civil brasileiro. V.3: teoria das obrigações contratuais e extracontratuais. 30. ed. São Paulo: Saraiva, 2014.
35. BARLETTA, Fabiana Rodrigues. A revisão contratual no Código Civil, no Código de Defesa do Consumidor e a pandemia do coronavírus (COVID 19). Revista de Direito do Consumidor, São Paulo, v. 129, p. 111-132, 2020.

ascensão dos ideais de igualdade, liberdade e fraternidade, passou-se a verificar um fenômeno de relativização do direito dos contratos. A individualidade típica de outrora passa a dar lugar a uma visão mais solidária e social dos negócios jurídicos, que passaram a sofrer também uma maior intervenção do Estado. No Direito brasileiro, observou-se a partir da segunda metade do século XX a ascensão da ideia de função social dos institutos jurídicos, que veio positivada na Constituição Federal de 1988, confirmada pelo Código de Defesa do Consumidor de 1990 e sacramentada no âmbito dos contratos através do Código Civil de 2002.[36]

Além da função social dos contratos como princípio a ser observado, o Código Civil de 2002 trouxe consigo mecanismos de proteção dos contratantes em caso de alterações que impactem de forma decisiva na execução dos contratos. A Teoria da Imprevisão (*rebus sic stantibus*), assim, relativiza a força obrigatória dos contratos em razão de que fatores externos podem exigir uma revisão e uma nova interpretação das cláusulas contratuais[37]. A pandemia da COVID-19 é um exemplo evidente de fator externo e imprevisível que impactou de forma importante na execução de muitos contratos, eis que boa parte da população experimentou isolamento social, quarentena, alterações de renda e impossibilidade de locomoção.[38]

Referida teoria encontra embasamento no art. 478 do Código Civil, que prevê como requisitos para sua aplicação a existência de contrato de prestação continuada ou diferida, a prestação excessivamente onerosa para uma das partes com vantagem para a outra e a ocorrência de eventos extraordinários e imprevisíveis.

Percebe-se, assim, estarem satisfeitos os requisitos. Primeiramente, os contratos

---

36. Para uma maior explanação a respeito da mudança do paradigma dos contratos, ver: D'AQUINO, Lúcia Souza. O interesse individual e coletivo no cumprimento do contrato: da autonomia privada à função social. Revista da Pós-graduação em Direito UFBA, Salvador, v. 27, p. 201-222, 2017.
37. A teoria da imprevisão visa "atender ao princípio da justiça contratual, que impõe o equilíbrio das prestações nos contratos comutativos, a fim de que os benefícios de cada contratante sejam proporcionais aos seus sacrifícios". (ROSENVALD, Nelson. Código Civil Comentado. 7. ed. Barueri: Manole, 2013. p. 530.)
38. ALCÓN, Alejandro Platero. La Covid-19 como factor determinante en la resurrección de la cláusula rebus sic stantibus: análisis de su aplicabilidad en la situación actual. Revista de la Facultad de Derecho de México, v. 70. p. 863-888, 2020. Disponível em: http://revistas.unam.mx/index.php/rfdm/article/view/76499/68523. Acesso em: 30 nov. 2020.

de transporte aéreo não raras vezes são de execução diferida, ou seja, a contratação ocorre em um momento e a execução em um momento futuro, que pode ser de dias ou geralmente meses. O segundo requisito, de onerosidade excessiva, também pode ser observado, eis que os cancelamentos de viagens e passagens no contexto da pandemia trouxeram grandes prejuízos aos consumidores, ao passo em que as companhias aéreas vivenciaram o surgimento de diversas medidas de proteção de seu patrimônio e funcionamento[39]. Por fim, a extraordinariedade e imprevisibilidade da pandemia são fatos indiscutíveis. Quando o ano de 2020 teve início, ainda que alguns casos de Covid-19 já houvessem ocorrido na China, não se tinha certeza a respeito das proporções da doença.[40] Não se imaginou que após 16 meses do primeiro caso relatado o mundo tivesse que lidar com mais de 110 milhões de infectados e mais de 2,5 milhões de mortos.[41]

Percebe-se, assim, a aplicabilidade da Teoria da Imprevisão ao caso dos contratos

---

39. Sobre a proteção às companhias aéreas e a desproteção aos consumidores, ver: SQUEFF, Tatiana Cardoso; TARGA, Maria Luiza; D'AQUINO, Lúcia Souza. O império das Medidas Provisórias e a proteção do mercado no Brasil em tempos de pandemia. Revista Chilena de Derecho y Ciencia Política, v. 11, p. 9-43, 2020; SQUEFF, Tatiana Cardoso; TARGA, Maria Luiza; D'AQUINO, Lúcia Souza. O resgate do setor de turismo em meio à pandemia de Covid-19: da edição das Medidas Provisórias 925 e 948 e as suas conversões em lei e do consequente desamparo ao consumidor. Revista dos Tribunais, São Paulo, v. 1022, p. 197-226, 2020.
40. Nesse sentido: "A pandemia da Covid-19, nesse cenário, nos parece exemplo mais claro — típico de doutrina — acerca da necessidade de aplicação da Teoria da Imprevisão e da Onerosidade Excessiva aos contratos de prestação continuada vigentes nas relações civis, empresariais e, principalmente, financeiras. A situação global decorrente da pandemia vem causando um efeito avassalador nas grandes economias mundiais, tais como China, EUA e Alemanha, além de diversos países de Europa, Ásia e Américas. Diante de sua extensão global, sem precedentes e sem previsão para término, a Covid-19 traz, inevitavelmente: (I) variação de inflação em razão da crise; (II) a variação cambial sem precedentes e diretamente vinculada aos efeitos negativos da crise; e (III) a desvalorização do padrão monetário. Consequências puramente financeiras, jamais previstas nessa amplitude". (FARO, Alexandre; LIMA, Elide B. de; VIEIRA, Luíta Maria. Pandemia do coronavírus, teoria da imprevisão e revisão de contratos. ConJur, 12 abr. 2020. Disponível em: https://www.conjur.com.br/2020-abr-12/opiniao-pandemia-teoria-imprevisao-revisao-contratos. Acesso em: 02 mar. 2021.)
41. WORLD HEALTH ORGANIZATION. WHO Coronavirus Disease (COVID-19) Dashboard. 2021. Disponível em: https://covid19.who.int/. Acesso em: 01 mar. 2021.

de transporte aéreo de passageiros no contexto da pandemia da COVID-19, como já apontado por Bolsoni, Graciolli e Nerilo no âmbito dos contratos em geral[42], por Barletta no caso dos contratos de consumo[43] e por Flores no âmbito dos contratos de locação comercial[44].

Houve um ensaio de normativa relativizando a Teoria da Imprevisão e suprimindo sua aplicação em razão da pandemia da Covid-19 no Projeto de Lei n. 1.179/2020, convertido na Lei n. 14.010/2020[45]. Entretanto, o artigo que tratava do tema foi vetado, o que se trata de uma decisão acertada, eis que se encontrava em contradição com o espírito da própria lei[46] e desfavorecia aqueles atingidos pelos

---

42. GRACIOLLI, Thaís Abani; BOLSONI, Karine Fantin; Nerilo, Luciola Fabrete Lopes. (2020). A pandemia do Covid-19 traz consigo todos os elementos necessários à aplicação da Teoria da Imprevisão sob a ótica do Código Civil? Anuário Pesquisa e Extensão Unoesc, São Miguel do Oeste, v. 5, p. e24390, jun. 2020.
43. "Nas relações de consumo duradouras, afetadas pela inesperada pandemia, será direito do consumidor buscar a revisão por excessiva onerosidade posterior à contratação, independentemente de se provar a imprevisibilidade das circunstâncias posteriores. É que o Código de Defesa do Consumidor dispensa, em favor do consumidor, a imprevisibilidade do fato ulterior ao ajuste, bastando, para a revisão do contrato de consumo, a nova da excessiva onerosidade posterior à contratação em face do consumidor." (BARLETTA, Fabiana Rodrigues. A revisão contratual no Código Civil, no Código de Defesa do Consumidor e a pandemia do coronavírus (COVID 19). Revista de Direito do Consumidor, São Paulo, v. 129, p. 111-132, 2020. p. 128.)
44. FLORES, Marcia Lunardi. A possibilidade de revisão do contrato de locação comercial em tempos de Covid-19: uma análise sob a ótica da Teoria da Imprevisão. In: SQUEFF, Tatiana Cardoso; D'AQUINO, Lúcia Souza; MUCELIN, Guilherme (org.). O Direito em tempos de crise: impactos da COVID-19 nas relações sócio-jurídicas. Curitiba: CRV, 2020. p. 215-228.
45. FARO, Alexandre; LIMA, Elide B. de; VIEIRA, Luíta Maria. Pandemia do coronavírus, teoria da imprevisão e revisão de contratos. ConJur, 12 abr. 2020. Disponível em: https://www.conjur.com.br/2020-abr-12/opiniao-pandemia-teoria-imprevisao-revisao-contratos. Acesso em: 02 mar. 2021.
46. O texto vetado estava assim redigido: "CAPÍTULO IV - DA RESILIÇÃO, RESOLUÇÃO E REVISÃO DOS CONTRATOS - Art. 6º As consequências decorrentes da pandemia do coronavírus (Covid-19) nas execuções dos contratos, incluídas as previstas no art. 393 do Código Civil, não terão efeitos jurídicos retroativos. Art. 7º Não se consideram fatos imprevisíveis, para os fins exclusivos dos arts. 317, 478, 479 e 480 do Código Civil, o aumento da inflação, a variação cambial, a desvalorização ou a substituição do padrão monetário. § 1º As regras sobre revisão

efeitos econômicos da Covid-19.

De se observar que, em que pese o Código Civil decretar a resolução contratual em caso de onerosidade excessiva, o Código de Defesa do Consumidor, por sua vez, prevê entre os direitos básicos dos consumidores a revisão contratual em caso de onerosidade excessiva superveniente (art. 6º, V do Código de Defesa do Consumidor)[47]. Dessa forma, em uma interpretação global e dialógica do ordenamento jurídico brasileiro, de serem aplicados simultaneamente os dois diplomas legais, a fim de permitir à parte vulnerável do contrato uma proteção mais completa e eficiente, em consonância com os preceitos constitucionais e legais de proteção.[48]

Isso quer dizer que, em caso de ocorrência de onerosidade excessiva superveniente à celebração do contrato de transporte aéreo de passageiros, o consumidor que assim o desejar deveria ter o direito de decidir entre a resolução contratual, nos moldes do Código Civil, ou a sua revisão, nos moldes do Código de Defesa do Consumidor[49]. Isso porque o estado constitucional de Direito pós-1988, fundado nos

---

contratual previstas na Lei nº 8.078, de 11 de setembro de 1990 (Código de Defesa do Consumidor), e na Lei nº 8.245, de 18 de outubro de 1991, não se sujeitam ao disposto no caput deste artigo. § 2º Para os fins desta Lei, as normas de proteção ao consumidor não se aplicam às relações contratuais subordinadas ao Código Civil, incluindo aquelas estabelecidas exclusivamente entre empresas ou empresários." (BRASIL. Lei n. 14.010, de 10 de junho de 2020. Disponível em: http://www.planalto.gov.br/ccivil_03/_ato2019-2022/2020/lei/L14010.htm. Acesso em: 02 mar. 2021.)

47. Para maiores explicações a respeito da manutenção dos contratos, ver: MUCELIN, Guilherme; D'AQUINO, Lúcia Souza. O papel do direito do consumidor para o bem-estar da população brasileira e o enfrentamento à pandemia de COVID-19. Revista de Direito do Consumidor, São Paulo, v. 129, maio-jun. 2020.

48. Sobre a teoria do diálogo das fontes, cf. MARQUES, Claudia Lima. O "diálogo das fontes" como método da nova teoria feral do direito: um tributo à Erik Jayme. In: MARQUES, Claudia Lima (coord.). Diálogo das fontes: do conflito à coordenação de normas do direito brasileiro. São Paulo: Revista dos Tribunais, 2012. p. 17-66.

49. "Nesse caso, a convergência (dialogada) de interesses é que deveria ser buscada – e não a sobreposição. Acerca disso, Falcão ressalta a importância do princípio da harmonia nas relações de consumo, previsto no art. 4º, III do CDC, compatibilizando a proteção do consumidor com as necessidades dos fornecedores; afinal, a 'balança precisa manter-se no melhor equilíbrio possível entre a adoção de medidas de urgência e a preservação de valores e princípios, sob pena de se condenar o cenário socioeconômico a um colapso irreversível e de consequências deletérias'."

princípios de igualdade substancial e de função social do Direito, tem como princípio basilar a proteção daqueles que não possuem a força necessária para estabelecer as condições de negociação, precisando, no mais das vezes, submeter-se às vontades e imposições de seu contratante com maior poder. Nesse sentido, o novo Direito Privado, solidário por definição, deve permitir a correção dessas injustiças havidas nos contratos de consumo.[50]

Os fornecedores, por seu turno, não poderiam sustentar a aplicação da Teoria em seu favor, eis que, ainda que estejam presentes os requisitos de contrato de prestação diferida e de situação imprevisível e inevitável, não se verifica a ocorrência de onerosidade para o fornecedor e de vantagem para o consumidor. No contexto de pandemia, o consumidor-turista tem sido constantemente prejudicado pelas medidas tomadas pelo Governo Federal, não se vislumbrando qualquer vantagem para este.[51] Dessa forma, a Teoria da Imprevisão não se presta a permitir a resolução do contrato em favor do fornecedor de serviço de transporte aéreo, o que traria prejuízos ainda maiores ao consumidor-turista.

## 4. Considerações finais

A situação trazida pela pandemia da COVID-19 não deixou nenhum setor da economia ileso. Todos sofreram os impactos do isolamento, das quarentenas intermináveis, das medidas tomadas pelos governos, do desemprego. O setor do transporte aéreo de passageiros, que depende necessariamente do deslocamento de pessoas, foi especialmente afetado.

As medidas tomadas pelo Governo Federal brasileiro foram em grande parte uma

(SQUEFF, Tatiana Cardoso; TARGA, Maria Luiza; D'AQUINO, Lúcia Souza. O império das Medidas Provisórias e a proteção do mercado no Brasil em tempos de pandemia. Revista Chilena de Derecho y Ciencia Política, v. 11, p. 9-43, 2020.)

50. MARQUES, Claudia Lima; MIRAGEM, Bruno. O Novo Direito Privado e a Proteção dos Vulneráveis. 2. ed. São Paulo: Revista dos Tribunais, 2014.

51. ATHENIENSE, Luciana; TARGA, Maria Luiza. Os impactos da Lei 14.034/20 nos direitos dos passageiros-consumidores. ConJur, 09 ago. 2020. Disponível em: https://www.conjur.com.br/2020-ago-09/opiniao-lei-1403420-direitos-passageiros-consumidores. Acesso em: 01 mar. 2021.

forma de proteção da economia, aí incluído o setor aéreo, que obteve benefícios e isenções capazes de garantir sua sobrevivência ao isolamento. Por outro lado, os consumidores foram fortemente impactados por medidas que em grande parte diminuíram ou retiraram completamente seus direitos nos contratos de transporte aéreo.

A pandemia, ainda que seja um caso de força maior, não pode ser usada como margem de exceção para a proteção do consumidor-turista partindo do ponto de análise uma hierarquização de normas. É cristalino que o setor de transporte aéreo de fato precisa de auxílio do Estado para poder manter a sua agenda não só dos interesses econômicos da iniciativa pública e privada, mas também da manutenção e ampliação da infraestrutura do país. Entretanto, tais medidas não devem, e não precisam ser baseadas na redução dos direitos do consumidor[52]. Como exemplo a ser considerado, podem ser citadas as resoluções e recomendações da Comissão Europeia que, além de estabelecer aportes financeiros às companhias de transporte aéreo, garantem o reembolso integral dos bilhetes cancelados[53].

No que tange ao Direito pátrio, para além de aplicar o texto constitucional no que tange a defesa do consumidor enquanto direito fundamental a ser realizado pelo Estado, o diálogo possível e necessário entre o Código Civil e o Código de Defesa do Consumidor pode ser uma possível saída para a garantia dos direitos dos vulneráveis. Muito embora exista no ordenamento algumas tentativas de fazer com que o setor de transporte aéreo obtenha vantagens sobre os consumidores-turistas, a exemplo da incorreta - e até mesmo inconvencional[54] - aplicação das limitações indenizatórias

---

52. Cf. SQUEFF, Tatiana Cardoso; TARGA, Maria Luiza. Redução dos direitos dos passageiros durante a Covid-19 tem de ser revista. Consultor Jurídico, São Paulo, 28 jun. 2020. Disponível em: https://www.conjur.com.br/2020-jun-28/squeff-targa-reducao-direitos-passageiros-covid-19. Acesso em: 28 fev. 2021.
53. UNIÃO EUROPEIA. Tourisme et transports: orientations de la Commission sur la reprise des voyages en toute sécurité et sur la relance du secteur touristique européen en 2020 et au-delà. Comissão Europeia. Disponível em: <https://ec.europa.eu/commission/presscorner/detail/fr/ip_20_854>. Acesso em: 16 dez. 2020.
54. SQUEFF, Tatiana de A. F. R. Cardoso; TARGA, Maria Luiza. Limites ao Controle de Convencionalidade: uma análise a partir dos casos RE 636.331/RJ e ARE 766.618/SP sobre a prevalência das convenções que regulamentam certas regras de transporte aéreo internacional no Brasil. In: MAZZUOLI, Valério de O.; GOMES, Eduardo Biacchi; COSTA, Pablo Henrique H.. (Org.). Hard Cases: controle de convencionalidade e o posicionamento do Supremo Tribunal

de danos materiais e da não utilização do prazo prescricional previsto na legislação consumerista brasileira[55], para além de outras questões, como a própria cobrança de bagagem de mão[56], é necessário resistir. E a Teoria da Imprevisão, aplicada em conjunto com o direito à manutenção do contrato, mostra-se enquanto ferramenta essencial para garantir a revisão dos contratos e proteção dos consumidores-turistas, ao menos em meio a pandemia.

## Referências

ALCÓN, Alejandro Platero. La Covid-19 como factor determinante en la resurrección de la cláusula rebus sic stantibus: análisis de su aplicabilidad en la situación actual. Revista de la Facultad de Derecho de México, v. 70. p. 863-888, 2020. Disponível em: http://revistas.unam.mx/index.php/rfdm/article/view/76499/68523. Acesso em: 30 nov. 2020.

ANAC. ANAC prorroga a flexibilização das regras para o transporte aéreo de passageiros. Brasília, 15 dez. 2020. Disponível em: https://www.anac.gov.br/noticias/2020/anac-prorroga-a-flexibilizacao-das-regras-para-o-transporte-aereo-de-passageiros#:~:text=A%20flexibilização%20temporária%20e%20excepcional,eventual%20alteração%20programada%20do%20voo. Acesso em: 25 fev. 2021.

ANAC. Mercado aéreo em 2019: maior número de passageiros transportados da série histórica. Brasília, 26 ago. 2020. Disponível em: https://www.anac.gov.br/noticias/2020/mercado-aereo-registra-maior-numero-de-passageiros-transportados-da-serie-historica. Acesso em: 23 fev. 2021.

ATHENIENSE, Luciana; TARGA, Maria Luiza. Os impactos da Lei 14.034/20 nos direitos dos passageiros-consumidores. ConJur, 09 ago. 2020. Disponível em: https://www.conjur.com.br/2020-ago-09/opiniao-lei-1403420-direitos-

---

Federal. Curitiba: Instituto Memória, 2020, pp. 180-2015.

55. Cf. nota 12, supra.
56. GRILLO, Brenno. Cobrança por despacho de bagagem piorou serviço, mostra pesquisa. Consultor Jurídico, São Paulo, 31 jan. 2018. Disponível em: https://www.conjur.com.br/2018-jan-31/cobranca-despacho-bagagem-piorou-servico-mostra-pesquisa. Acesso em: 28 fev. 2021.

passageiros-consumidores. Acesso em: 01 mar. 2021.

AVIANCA Brasil pede recuperação judicial. Forbes Brasil, São Paulo, 11 dez. 2018. Disponível em: https://forbes.com.br/negocios/2018/12/avianca-brasil-pede-recuperacao-judicial/. Acesso em: 15 dez. 2020.

AZUL antecipa voo e passageiro fica para trás; veja o que fazer nesse caso. IG Economia, 20 jul. 2020. Disponível em: https://economia.ig.com.br/2020-07-20/azul-antecipa-voo-e-passageiro-fica-para-tras-veja-o-que-fazer-nesse-caso.html. Acesso em: 25 fev. 2021.

BARLETTA, Fabiana Rodrigues. A revisão contratual no Código Civil, no Código de Defesa do Consumidor e a pandemia do coronavírus (COVID 19). Revista de Direito do Consumidor, São Paulo, v. 129, p. 111-132, 2020.

BARROS, Ramon. doso tem vôo cancelado e ganha direito a outra passagem. Jornal Fato, 27 fev. 2021. Disponível em: https://www.jornalfato.com.br/economia/idoso-tem-voo-cancelado-e-ganha-direito-a-outra-passagem,388177.jhtml. Acesso em: 27 fev. 2021.

BRASIL. Lei n. 14.010, de 10 de junho de 2020. Disponível em: http://www.planalto.gov.br/ccivil_03/_ato2019-2022/2020/lei/L14010.htm. Acesso em: 02 mar. 2021.

BRASIL. Medida Provisória n. 925, de 18 de março de 2020. Disponível em: http://www.planalto.gov.br/ccivil_03/_Ato2019-2022/2020/Mpv/mpv925.htm. Acesso em: 15 dez. 2020.

BRASIL. Medida Provisória n. 948, de 8 de abril de 2020. Disponível em: http://www.planalto.gov.br/ccivil_03/_ato2019-2022/2020/Mpv/mpv948.htm. Acesso em: 15 dez. 2020.

CANOTILHO, José Joaquim Gomes. Direito Constitucional e Teoria da Constituição. 7.ed. Coimbra: Almedina, 2003.

D'AQUINO, Lúcia Souza. O interesse individual e coletivo no cumprimento do contrato: da autonomia privada à função social. Revista da Pós-graduação em Direito UFBA, Salvador, v. 27, p. 201-222, 2017.

DINIZ, Maria Helena. Curso de direito civil brasileiro. V.3: teoria das obrigações contratuais e extracontratuais. 30. ed. São Paulo: Saraiva, 2014.

FALCÃO, Rebeca. MP nº 948/2020 e os efeitos da Covid-19 para o consumidor. ConJur, 22 abr. 2020. Disponível em: https://www.conjur.com.br/2020-abr-22/rebeca-falcao-mp-948-efeitos-consumidor#_ftn1. Acesso em: 16 dez. 2020.

FARO, Alexandre; LIMA, Elide B. de; VIEIRA, Luíta Maria. Pandemia do coronavírus, teoria da imprevisão e revisão de contratos. ConJur, 12 abr. 2020. Disponível em: https://www.conjur.com.br/2020-abr-12/opiniao-pandemia-teoria-imprevisao-revisao-contratos. Acesso em: 02 mar. 2021.

FLORES, Marcia Lunardi. A possibilidade de revisão do contrato de locação comercial em tempos de Covid-19: uma análise sob a ótica da Teoria da Imprevisão. In: SQUEFF, Tatiana Cardoso; D'AQUINO, Lúcia Souza; MUCELIN, Guilherme (org.). O Direito em tempos de crise: impactos da COVID-19 nas relações sócio-jurídicas. Curitiba: CRV, 2020. p. 215-228.

GRACIOLLI, Thaís Abani; BOLSONI, Karine Fantin; Nerilo, Luciola Fabrete Lopes. (2020). A pandemia do Covid-19 traz consigo todos os elementos necessários à aplicação da Teoria da Imprevisão sob a ótica do Código Civil? Anuário Pesquisa e Extensão Unoesc, São Miguel do Oeste, v. 5, p. e24390, jun. 2020.

IDEC. Taxa por remarcação de voos não pode ultrapassar 10% do valor da passagem. Brasília, 20 dez. 2011. Disponível em: https://idec.org.br/consultas/dicas-e-direitos/taxa-por-remarcaco-de-voos-no-pode-ultrapassar-10-do-valor-da-passagem. Acesso em: 23 fev. 2021.

LATAM Brasil entra no processo de recuperação judicial do grupo nos EUA. UOL, São Paulo, 09 jul. 2020. Disponível em: https://economia.uol.com.br/noticias/redacao/2020/07/09/latam-brasil-entra-no-processo-de-recuperacao-judicial-do-grupo-nos-eua.htm. Acesso em: 01 dez. 2020.

MARQUES, Claudia Lima. A insuficiente proteção do consumidor nas normas de direito internacional privado: da necessidade de uma Convenção Interamericana (Cidip) sobre a lei aplicável a alguns contratos e relações de consumo. Revista dos Tribunais, São Paulo, v. 90, n. 788, p. 11-56, jun. 2001.

MARQUES, Claudia Lima. O "diálogo das fontes" como método da nova teoria feral do direito: um tributo à Erik Jayme. In: MARQUES, Claudia Lima (coord.).

Diálogo das fontes: do conflito à coordenação de normas do direito brasileiro. São Paulo: Revista dos Tribunais, 2012. p. 17-66.

MARQUES, Claudia Lima; BENJAMIN, Antonio Herman; BESSA, Leonardo Roscoe. Manual de direito do consumidor. 8. ed. São Paulo: Revista dos Tribunais, 2020.

MARQUES, Claudia Lima; MIRAGEM, Bruno. O Novo Direito Privado e a Proteção dos Vulneráveis. 2. ed. São Paulo: Revista dos Tribunais, 2014.

MUCELIN, Guilherme; D'AQUINO, Lúcia Souza. O papel do direito do consumidor para o bem-estar da população brasileira e o enfrentamento à pandemia de COVID-19. Revista de Direito do Consumidor, São Paulo, v. 129, p. 17-46, maio-jun. 2020.

PINHEIRO, Amanda. Santos Dumont: passageiro enfrenta falta de informação e cobrança por cancelamento antes de obras. O Globo, 11 ago. 2019. Disponível em: https://oglobo.globo.com/economia/defesa-do-consumidor/santos-dumont-passageiro-enfrenta-falta-de-informacao-cobranca-por-cancelamento-antes-de-obras-23869564. Acesso em: 25 fev. 2021.

POR não poder cumprir plano de recuperação, Avianca tem falência decretada. Consultor Jurídico, São Paulo, 14 jul. 2020. Disponível em: https://www.conjur.com.br/2020-jul-14/nao-poder-recuperar-avianca-falencia-decretada. Acesso em: 15 dez. 2020.

ROSENVALD, Nelson. Código Civil Comentado. 7. ed. Barueri: Manole, 2013.

SQUEFF, Tatiana Cardoso. Bases Constitucionais da Defesa dos Consumidores no Brasil: um resgate acerca da criação da legislação consumerista em prol da confirmação de sua posição privilegiada no ordenamento jurídico pátrio. Revista de Direito do Consumidor, São Paulo, v. 116, 2018.

SQUEFF, Tatiana Cardoso; TARGA, Maria Luiza; D'AQUINO, Lúcia Souza. O império das Medidas Provisórias e a proteção do mercado no Brasil em tempos de pandemia. Revista Chilena de Derecho y Ciencia Política, v. 11, p. 9-43, 2020.

SQUEFF, Tatiana Cardoso; TARGA, Maria Luiza; D'AQUINO, Lúcia Souza. O resgate do setor de turismo em meio à pandemia de Covid-19: da edição das Medidas Provisórias 925 e 948 e as suas conversões em lei e do consequente desamparo ao consumidor. Revista dos Tribunais, São Paulo, v. 1022, p. 197-226, 2020.

TARGA, Maria Luiza. Transporte aéreo internacional: a repercussão da tese fixada pelo Supremo Tribunal Federal e a necessária aplicação do CDC em defesa do interesse dos passageiros. Revista de Estudos Jurídicos do Superior Tribunal de Justiça, Brasília, v. 1, n. 1, p. 439-474, 2020.

TARGA, Maria Luiza; SQUEFF, Tatiana Cardoso. A preservação do setor aéreo a qualquer custo? Comentários à lei 14.034 de 05 de agosto de 2020. Revista de Direito do Consumidor, São Paulo, v. 132, p. 405-419, 2020.

TARGA, Maria Luiza; SQUEFF, Tatiana Cardoso. Os direitos dos passageiros-consumidores de transporte Aéreo em tempos de pandemia. Revista de Direito do Consumidor, São Paulo, v. 129, p. 55-85, 2020.

UNIÃO EUROPEIA. Tourisme et transports: orientations de la Commission sur la reprise des voyages en toute sécurité et sur la relance du secteur touristique européen en 2020 et au-delà. Comissão Europeia. Disponível em: <https://ec.europa.eu/commission/presscorner/detail/fr/ip_20_854>. Acesso em: 16 dez. 2020.

UNWTO. Understanding Tourism: basic glossary. Madrid, s/d. Disponível em: http://cf.cdn.unwto.org/sites/all/files/docpdf/glossaryenrev.pdf. Acesso em 15 ago. 2019.

WORLD HEALTH ORGANIZATION. WHO Coronavirus Disease (COVID-19) Dashboard. 2021. Disponível em: https://covid19.who.int/. Acesso em: 01 mar. 2021.

# A LEI 14.020/2020 NO CENÁRIO PANDÊMICO: A REALIDADE DA SUSPENSÃO CONTRATUAL EM FACE DAS EMPREGADAS DOMÉSTICAS

# 11

**Juliana Duarte Nunes**

**Natália Galvão Gonçalves**

## 1. Introdução

No ano de 2020 surge na cidade de Wuhan na China um novo coronavírus (SARS-CoV-2), doença infecciosa que causou a COVID-19, sendo essa disseminada em todo o cenário global. No Brasil, um dos epicentros dessa enfermidade, pesquisadores e gestores têm sido desafiados a sistematizar evidências sobre o impacto das medidas de readequação social e normatização diante dos contratos de trabalho, até então regidos por uma lei que não abordava situações epidêmicas.

Nesse contexto, grupos vulneráveis como as empregadas domésticas padecem com a falta de proteção e o desrespeito aos direitos básicos versados legalmente, dentre eles a suspensão contratual, prevista na Lei nº 14.020/2020. Essa legislação foi publicada no dia 07 de Julho de 2020 titularizada pelo Programa Emergencial de Manutenção do Emprego e da Renda, ditando os prazos máximos para a suspensão do contrato e a redução proporcional da jornada e salário.[1]

1. RODRIGUES, Barbara de Souza; MACIEL, Lucas Pires. A suspensão do contrato e a redução da jornada de trabalho em tempos de pandemia. ETIC, ENCONTRO DE INICIAÇÃO CIENTÍFICA, v. 16, set. 2020 p. 01. Disponível em: <http://intertemas.toledoprudente.edu.br/index.php/ETIC/article/view/8718>. Acesso em: 5 dez. 2020.

Desse modo, o presente artigo, mediante o método hipotético-dedutivo, discute a realidade da referida suspensão contratual em face das empregadas domésticas mediante a majoração dos abusos nas relações contratuais entre o contratado subordinado e seu contratante. Além disso, versa sobre a interseccionalidade entre raça, gênero e classe que corresponde a um dos motivos principais da consequente e histórica derrocada da dignidade da pessoa humana sentida por essa parcela da sociedade.

Destarte, é importante relembrar que o contrato em sua origem surge mediante a vontade das partes em satisfazer a autonomia da própria vontade. Todavia, em vista da consequente ampla liberdade e da desigualdade material escondida sob o véu da igualdade formal, necessitou-se do aparato Estatal para intervir indiretamente, a fim de restaurar o equilíbrio social, protegendo os mais fracos para aplicar a igualdade substancial entre as partes.[2]

Por conseguinte, discorre-se sobre o supracitado dirigismo estatal idealizado para proteger as relações sociais e sua possível relação com o instituto da suspensão contratual na conjuntura epidêmica. Ademais, é fruto de análise do estudo em questão, a real aplicabilidade dos princípios contratuais previstos em um genuíno Estado de Direito que preza pela dignidade da pessoa humana como pilar do ordenamento jurídico brasileiro.

Diante disso, a problemática em questão consiste em indagar em que medida as flexibilizações emergenciais oriundas da Lei nº 14.020 repercutem negativamente na relação empregatícia no serviço doméstico.

## 2. Trabalhadoras domésticas como sujeitos de direitos

Consoante aos ensinamentos do filósofo italiano Giorgio Agamben existem pessoas que vivem como "vidas nuas" de direitos por existirem no espaço social artificial estruturas de poder que propiciam, ao excluir da proteção jurídica, formas de vida que não se submetam à sua ordem por consequência da inoperância, desproteção e

2. CASTELLANO, Vivian; FACHIN, Edson. Sistematização e apreciação crítica dos princípios contratuais: da doutrina clássica ao direito contratual contemporâneo. Monografia apresentada à Faculdade de Direito da Universidade Federal do Paraná. Curitiba, 2001, p. 17. Disponível em: < https://acervodigital.ufpr.br/bitstream/handle/1884/41138/M94.pdf?sequence=1&isAllowed=y >. Acesso em: 24 de fevereiro de 2021.

a experiência de estado de ilegalidade por serem acuados em um terreno vago, submetidos a viver em um estado de exceção.3

Esse contexto explica claramente como era encarado o serviço doméstico no âmbito escravagista quando os escravos que faziam o serviço doméstico eram chamados de criados e passavam dia e noite imóveis ao lado da cama dos seus senhores, sem falar e mexer enquanto alguém estivesse dormindo. Nesse sentido, o escravo doméstico era sinônimo de objeto pessoal sem direito a ter direitos, e por isso o termo vida nua se encaixa perfeitamente a esse cenário.

Ao longo dos anos o direito de ter uma pessoa como propriedade passou a ser mitigado graças a erradicação ao trabalho escravo em 1988 e o consequente surgimento da proteção ao trabalho, porém o serviço doméstico originalmente não fora objeto de apreço da Consolidação das Leis do Trabalho (CLT) de 1943. Nesse cenário, apenas na década de 1970 que o trabalho doméstico foi reconhecido como profissão por meio da Lei nº 5.859 de 1972 quando então essa atividade passou a ser definida e regulamentada.[4] Assim, passa-se a considerar e pesquisar a modalidade de serviço doméstico como profissão detentora de direitos.

Dessa forma, o trabalho doméstico tornou-se a fonte de renda substancial feminina no Brasil, porém, ainda era compreendido como uma "ajuda" em troca de casa e comida para as trabalhadoras pobres, brancas e não brancas.[5] Nas décadas de 1960 e 1970, essa profissão era fortemente estigmatizada e desvalorizada, embora as empregadas domésticas representassem mais de um quarto da força de trabalho feminina.[6] Essa profissão era qualificada por salários baixíssimos, jornadas de trabalhos

3. AGAMBEN, Giorgio. Homo Sacer. O poder soberano e a vida nua I. Belo Horizonte: Editora UFMG, 2004, p. 165-170.
4. INSTITUTO DE PESQUISA ECONÔMICA APLICADA. Situação atual das trabalhadoras domésticas no país. Comunicados do IPEA, Brasília, n.90, 2011. Disponível em: <http://www.ipea.gov.br/portal/images/stories/PDFs/comunicado/110505_comunicadoipea90.pdf>. Acesso em: 02 dez. 2020.
5. MELO, Hildete Pereira de. O serviço doméstico remunerado no Brasil: de criadas a trabalhadoras. Rio de Janeiro: IPEA, 1998, p.1. (Texto para discussão n.565).
6. BRUSCHINI, Cristina; LOMBARDI, Maria Rosa. A bipolaridade do trabalho feminino no Brasil contemporâneo. São Paulo, cadernos de pesquisa, n. 110, p.67-104, 2000.Disponível em: < https://doi.org/10.1590/S0100- 15742000000200003>. Acesso em: 12/12/2020

muito extensas e o maior índice de informalidade do mercado de trabalho feminino.

Nesse ínterim, a Constituição Federal de 1988 pela primeira vez garantiu aos trabalhadores domésticos direitos como décimo terceiro, salário mínimo e licença-maternidade, porém, o texto excluía esse grupo profissional dos demais direitos assegurados aos trabalhadores brasileiros, tais como, fundo de garantia, seguro-desemprego e regulamentação da jornada de trabalho.

Sob esse prisma, somente em 2006, com a promulgação da Lei n. 11.324, garantiu-se à categoria o direito a férias de trinta dias, estabilidade em caso gravítico e fim do desconto no salário por fornecimento de alimentação e vestiário.[7]

A partir disso, mesmo com alguns direitos assegurados, essa ainda era a profissão de menor salário do mercado de trabalho em 2012. Então, após anos de lutas feministas e sindicais, em abril de 2013 foi aprovada a "PEC das Domésticas"[8] que equiparou os direitos dos empregados domésticos aos demais trabalhadores urbanos e rurais, conforme previsto no artigo 7° da Constituição Federal de 1988.

Essa PEC simbolizou para as domésticas grande vitória na luta contra a desigualdade social e a favor da dignidade humana para toda essa categoria em questão.

A PEC estendeu a todos os servidores domésticos o limite de quarenta e quatro horas semanais e oito horas diárias, além da obrigatoriedade do pagamento de horas extras, adicional noturno e FGTS. Com a promulgação, a regulamentação de horários foi aplicada de imediato, enquanto direitos como pagamento do Fundo de Garantia e assistência para os filhos menores de cinco anos ficaram dependendo de regulamentação posterior.[9]

---

7. INSTITUTO DE PESQUISA ECONÔMICA APLICADA. Situação atual das trabalhadoras domésticas no país. Comunicados do IPEA, Brasília, n.90, 2011. Disponível em: <http://www.ipea.gov.br/portal/images/stories/PDFs/comunicado/110505_comunicadoipea90.pdf>. Acesso em: 02 dez. 2020.
8. ROCHA, Andréa Presas. Emenda Constitucional nº 72/2013: primeiras impressões. Revista Jus Navigandi, ISSN 1518-4862, Teresina, ano 18, n. 3757, 14 out. 2013. Disponível em: https://jus.com.br/artigos/25511. Acesso em: 25 fev. 2021.
9. JORNAL DO SENADO. Congresso promulga hoje emenda sobre trabalho doméstico. Jornal do Senado, 02 abr. 2013. Disponível em: <http://www12.senado.gov.br/noticias/jornal/edicoes/2013/04/02/congressopromulg a- hoje-emenda-sobre-trabalho-domestico>. A, acesso em: 11 abr.2013.

A partir dessa Emenda Constitucional, mais tarde aperfeiçoada na Lei nº 150/2015, o serviço doméstico foi normativamente equiparado a qualquer outra profissão de forma a proteger a presente e futura relação empregatícia entre patrão e funcionário.

## 2.1 Interseccionalidade: gênero, raça e classe sob a ótica dos direitos fundamentais

É evidente que a modalidade de emprego doméstico sofreria efeitos ao longo do tempo devido ao passado sombrio e preconceituoso da escravidão e da conseguinte desvalorização sentida por essa parcela trabalhadora. Assim a constituição do sistema-mundo moderno/colonial, raça e trabalho foram associados, constituindo e mantendo uma divisão racial do trabalho desde os tempos coloniais até o presente. Raça e trabalho foram acrescentados às já existentes divisões sexuais do trabalho.[10]

Desse modo, em meados da década de 1990 surge no debate internacional análises que enfatizam a multiplicidade de diferenciações que, articulando-se a gênero, permeiam o âmbito social. Emergem assim, as noções de interseccionalidades e/ou articulação, que ganham destaque nos debates feministas especialmente por meio das obras de Avtar Brah (2006), Anne McClintock (2010) e Kimberlé Crenshaw (2002).[11]

De acordo com os aspectos já mencionados da colonialidade do poder de raça e trabalho e genêro criou-se esse conceito de interseccionalidade o qual refere-se à forma pela qual o racismo, a opressão de classe e outros eixos possíveis de poder e discriminação geram desigualdades. Nesse cenário Kimberlé Crenshaw relata que:

> As mulheres racializadas frequentemente estão posicionadas em um espaço onde o racismo ou a xenofobia, a classe e o gênero se encontram. Por consequência, estão sujeitas a serem atingidas pelo intenso fluxo de tráfego em todas estas vias.[12]

Portanto, o conceito de interseccionalidade utilizado acima destaca as

10. QUIJANO, Anibal. Colonialidade do poder, eurocentrismo e América Latina. In: LANDER, Egardo (Org.). A colonialidade do saber: eurocentrismo e ciências sociais - perspectivas latino-americanas. Buenos Aires: Clacso, 2005, p, 106.
11. PISCITELLI, Adriana. Interseccionalidades, categorias de articulação e experiências de migrantes brasileiras. Sociedade e Cultura, v.11, n.2, jul/dez. 2008. p. 263 a 274.
12. CRENSHAW, Kimberlé. Documento para o Encontro de Especialistas em Aspectos da Discriminação Racial Relativos ao Gênero. Estudos Feministas, n. 10, 2002, p. 177.

desvantagens, as vulnerabilidades, as opressões e o desempoderamento sofridos dinamicamente e historicamente pelas mulheres, que se encontram em dois ou mais pontos de encontro dos eixos de poder.

Nesse diapasão, o emprego doméstico no Brasil, sendo uma profissão historicamente feminina, racializada, e que recruta profissionais de classes trabalhadoras, torna-se um lugar estratégico para se pensar na articulação de marcadores sociais da diferença, pois carrega em sua essência o estigma já interiorizado de que mulheres negras e desprovidas de capital não poderiam ter outro fim senão a dominação, sobre isso, etimologicamente, o verbo domesticar tem origem similar ao verbo dominar, ambos derivando de dominus, senhor do domus, o lar.[13]

Por conseguinte, trabalhar como empregada doméstica no Brasil implica em trilhar uma série de categorias da diferença que remetem a uma longa trajetória de desigualdades.

### 2.2. Características da relação contratual entre empregadas domésticas e empregadores

Primeiramente é necessário salientar que o Contrato de Trabalho incorpora regras de direito, portanto o vínculo existente entre Empregado e Empregador Doméstico possui tipificação contratual, com regras específicas para cada contrato individual. Sabendo disso, Ralph Cândia relata que: "O ajuste do Doméstico se define como um contrato laboral, aliás, conforme taxativamente reconhecido no §1° do art. 5° da Lei 5.859/72".[14]

Nesse ínterim, a relação de emprego doméstica é estruturada em torno dos mesmos cinco elementos fático-jurídicos que integram a relação de emprego comum, isto é, a prestação do serviço por pessoa física, a pessoalidade, a subordinação (jurídica), a onerosidade e a eventualidade.

No cenário do Direito do Trabalho, trata- se a execução do serviço por pessoa

13. MCCLINTOCK, Anne. Couro Imperial: raça, gênero e sexualidade no embate colonial. Campinas: Editora da Unicamp, 2010, p. 63.

14. CÂNDIA, Ralph. Comentários aos Contratos Trabalhistas Especiais. 2 ed. São Paulo: LTr,1990, p. 1203.

física pois, os bens jurídicos por esse direito amparados, como o bem- estar, a integridade física e moral, a saúde, a vida e o lazer do obreiro, não podem ser desfrutados por pessoa jurídica, atuando em benefício apenas de pessoas físicas.

Assim, sobre o empregado como polo ativo do pacto empregatício, a pessoalidade se mostra como atributo personalíssimo, ou seja, o elemento em questão é uma obrigação *intuitu personae*, dotada do caráter da infungibilidade, em que o funcionário não se pode ser substituído por outrem quando achar devido. Ademais, a pessoalidade ganha relevo porque a essência da atividade desenvolvida no espaço familiar (residencial) é rigorosamente pessoal e privada.

A subordinação jurídica, deve ser visualizada de forma objetiva nas relações de emprego domésticas, este é o componente fático-jurídico que fixa a distinção entre relação de trabalho e relação de emprego e entre as relações sociais que predominaram no passado como a escravidão e a servidão, o empregado deve obedecer ao seu patrão contando que seus direitos estejam assegurados e respeitados antes de tudo.

A onerosidade representa a dependência mútua ou a reciprocidade entre as partes do contrato bilateral de emprego. De um lado usa-se à força de trabalho, à disposição do empregador, em contrapartida é oferecido o valor econômico-financeiro em favor do empregado de modo que o obreiro percebe remuneração/salário em troca das tarefas executadas.

O último elemento fático-jurídico geral encontrado na relação de emprego doméstica deve ser analisado de forma mais atenciosa, pois, por vontade do legislador pátrio, a expressão "serviços de natureza não eventual", utilizada no artigo 3º da CLT para conceituar o empregado dito "comum", foi substituída pela locução "serviços de natureza contínua" no artigo 1° da Lei Especial dos Domésticos,[15] para definir essa modalidade de função. Sobre isso existem duas correntes que procuram entender da melhor forma essa expressão supracitada.

A primeira corrente nomeada teoria da descontinuidade defendida por Sérgio

15. Lei nº 5.859, de 11 de dezembro de 1972. Dispõe sobre a profissão de empregado doméstico e dá outras providências. Disponível em: <http://www.planalto.gov.br/ccivil _03/leis/l5859.htm>. Acesso em: 5 dez. 2020.

Pinto Martins estipula que não há distinção entre as expressões. Assim, a interpretação destinada ao componente da continuidade na Lei do Trabalho Doméstico seria igual àquela atribuída ao componente da não eventualidade (CLT).[16]

De acordo com essa teoria o que se deve ressaltar do vínculo de emprego doméstico é a imprescindibilidade permanente e duradoura da mão de obra da empregada doméstica, sendo esta analisada a partir da repetição dos serviços prestados no decurso de todo o pacto empregatício, independentemente da quantidade de vezes por semana ou mês, mas, durante vários meses ou anos.

Em outra instância, a segunda corrente na doutrina e na jurisprudência, possui compreensão divergente de que a escolha diferenciada de expressões fora necessária e intencional já que o significado de trabalho não eventual presente no artigo 3º do texto tem similaridade com a atividade empresária, seus objetivos e modos de funcionamento.

Assim, é sabido que o empregador doméstico não utiliza mão de obra para a obtenção de lucro e por isso, o trabalho contínuo tem ligação com o tempo, a repetição, seguido, sem paralisação.

Nesse contexto, consoante o entendimento dessa corrente, a repetição dos serviços domésticos deve ser averiguada por semana, isto é, deve ser analisado se o empregado doméstico trabalha pelo menos três dias na semana, por mais de quatro horas diárias, e por período não inferior a um mês, de modo que o tempo de vigência total do contrato de emprego precise ser desconsiderado.

Além das referidas características similares entre o trabalho doméstico e os serviços em geral cita-se os elementos fático-jurídicos especiais da relação de empregado doméstico, sendo esses, a finalidade não lucrativa do trabalho executado; apropriação dos serviços somente por pessoa física ou por família; e atividades realizadas em função exclusivamente da esfera residencial dos tomadores.

Nesse cenário, sobre a finalidade não lucrativa lê-se que o trabalho doméstico não deve ter a capacidade de gerar lucro para o empregador e nem vantagens para terceiros.

Ademais, depreende-se do artigo 1º da Lei nº 5.859/1972 que, para ser

---

16. MARTINS, Sérgio Pinto. Direito do trabalho. 13. ed. São Paulo: Atlas, 2001, p. 135.

enquadrado como empregado doméstico, os serviços devem ser prestados à pessoa ou à família, de forma que não é possível o polo passivo dessa relação jurídica especial ser uma pessoa jurídica.

Acerca do último elemento supracitado, cita-se a despeito do artigo 1º da referida normativa que trata da profissão de doméstico, tipifica-se então, que para a qualificação do trabalho como doméstico, a função tem que ser exercida "no âmbito residencial" da pessoa ou da família."

Nesse âmbito, foram abordadas as principais características do contrato de trabalho de emprego doméstico, mas é necessário destacar que cada relação individual possui suas particularidades e assim, deve ser analisada conforme o combinado estipulado entre as partes envolvidas em questão.

## 3. A lei 14.020/2020

Em face do cenário pandêmico que se instaurou no Brasil no ano de 2020, medidas formais foram adotadas a fim de amenizar os impactos do novo Coronavírus (Covid-19) nas relações trabalhistas. Nesse ínterim, a partir da Medida Provisória 936, emergiu a Lei 14.020/2020,[17] idealizada pelo Governo Federal e intitulada de Programa Emergencial de Manutenção do Emprego e da Renda, sendo representada como uma das alternativas viáveis para evitar as demissões em massa ao longo da pandemia.

O intuito principal dessa legislação é em tese proporcionar o contínuo funcionamentos das atividades laborais na medida em que dispõe atenção ao setor econômico brasileiro, diminuindo os impactos ocasionados neste a partir da ideia de que é possível manter o vínculo empregatício estabelecido entre patrão e empregado, poupando renda e amenizando os impactos sociais.[18]

---

17. Lei nº 14.020, de 06 de julho de 2020. Institui o Programa Emergencial de Manutenção do Emprego e da Renda. Diário Oficial da União. Brasília, DF, jul 2020. Disponível em: <http://www.planalto.gov.br/ccivil_03/_ato2019-2022/2020/lei/L14020.htm#:~:text=%C2%A7%202%C2%BA%20Para%20os%20empregados,do%20enquadramento%20em%20alguma%20das>. Acesso em: 5 dez. 2020.

18. BRASIL. MEDIDA PROVISÓRIA Nº 936 DE 01 DE ABRIL DE 2020. Institui o Programa Emergencial de Manutenção do Emprego e da Renda e dispõe sobre medidas trabalhistas

A criação desse dispositivo está inserida em um Estado Social de Direito, onde conforme Maria Sylvia Zanella Di Pietro é tácita a relação entre a prestação de serviços pelo Estado em grande medida para com a população.[19] Diante disso, em associação às Leis do trabalho é possível observar o caráter protetivo de ambas as legislações a fim de resguardar a parte hipossuficiente da relação contratual.

Nessa ambiência, dispõe os artigos 2º e 3º da Lei Nº 14.020/2020 sobre seus objetivos gerais e sobre medidas para alcançar os fins almejados, respectivamente nos seguintes termos:

> Art. 2º Fica instituído o Programa Emergencial de Manutenção do Emprego e da Renda, com aplicação durante o estado de calamidade pública a que se refere o art. 1º desta Lei e com os seguintes objetivos:
>
> - preservar o emprego e a renda;
>
> - garantir a continuidade das atividades laborais e empresariais; e
>
> - reduzir o impacto social decorrente das consequências do estado de calamidade pública e da emergência de saúde pública.
>
> Art. 3º São medidas do Programa Emergencial de Manutenção do Emprego e da Renda:
>
> - o pagamento do Benefício Emergencial de Preservação do Emprego e da Renda;
>
> - a redução proporcional de jornada de trabalho e de salário; e III - a suspensão temporária do contrato de trabalho.
>
> Parágrafo único. O disposto no caput deste artigo não se aplica, no âmbito da União, dos Estados, do Distrito Federal e dos Municípios, aos órgãos da administração pública direta e indireta, às empresas públicas e às sociedades de economia mista, inclusive às suas subsidiárias, e aos organismos internacionais.

A partir disso, uma série de medidas podem ser adotadas, tais como, a

---

complementares para enfrentamento do estado de calamidade pública. Diário Oficial da União. Brasília, DF, abr 2020. Disponível em: <https://www.planalto.gov.br/ccivil_03/_Ato2019-2022/2020/Mpv/mpv936.htm>. Acesso em: 5 dezembro de 2020.

19. PIETRO, Maria Sylvia Zanella Di. Saiba o que é o Estado Social de Direito. GENJURIDICO, [s. l.], 19 jun. 2019, p. 08. Disponível em:<,http://genjuridico.com.br/2019/06/19/estado-social-de-direito/>. Acesso em: 5 dez. 2020.

possibilidade de antecipação de férias, adoção de teletrabalho, utilização dos feriados, aplicabilidade do banco de horas especiais, antecipação de férias individuais ou concessão de férias coletivas, a possibilidade do recolhimento do FGTS (Fundo de Garantia do Tempo de Serviço), redução proporcional da jornada de trabalho bem como do salário, além da suspensão contratual temporária, instrumento de análise do presente trabalho.

Observa-se nessa conjuntura, que a aplicabilidade do Princípio da Continuidade da Relação de Emprego, representa a garantia da estabilidade do vínculo empregatício e a consequente preservação do contrato de trabalho.[20]

Conclui-se, que a legislação em análise associada às relações contratuais, se baseia na necessidade de manutenção e continuidade da relação empregatícia e da preservação das obrigações recíprocas estabelecidas entre as partes, conforme o autor Sérgio Pinto Martins, em face de um cenário econômico e social incerto e fortemente influenciado pelos impactos do novo Coronavírus.[21]

### 3.1 A previsão da suspensão contratual

Como já mencionado anteriormente, uma das medidas previstas pela Lei 14.020/2020 é a suspensão temporária do contrato. Sabe-se que esta pode ser conceituada como a sustação temporária dos efeitos promovidos pelo contrato de trabalho no que diz respeito às partes, sem ocasionar, entretanto, a quebra do vínculo já estabelecido. O art. 8º da referida lei, versa sobre o tema:

> Art. 8º Durante o estado de calamidade pública a que se refere o art. 1º desta Lei, o empregador poderá acordar a suspensão temporária do contrato de trabalho de seus empregados, de forma setorial, departamental, parcial ou na totalidade dos postos de trabalho, pelo prazo máximo de 60 (sessenta) dias, fracionável em 2 (dois) períodos de até 30 (trinta) dias, podendo ser prorrogado por prazo determinado em ato do

20. RODRIGUES, Barbara de Souza; MACIEL, Lucas Pires. A suspensão do contrato e a redução da jornada de trabalho em tempos de pandemia. ETIC, ENCONTRO DE INICIAÇÃO CIENTÍFICA, v.16, set. 2020, p. 02. Disponível em:<http://intertemas.toledoprudente.edu.br/index.php/ETIC/article/view/8718>. Acesso em: 5 dez. 2020.
21. MARTINS, Sergio Pinto. Direito do trabalho. 30ª ed. São Paulo: Atlas, 2014, p. 74.

Poder Executivo.[22]

A partir disso, compreende-se que esta pode ser realizada entre as partes mediante expresso consentimento, seja por acordo escrito, coletivo ou individual mediante comunicação ao Sindicato e Ministério da Economia em até 10 dias, ou nos casos que se enquadrem nas previsões dos artigos 11 e do 12 da legislação em análise. Sendo adotada tal medida, o empregado deve ser previamente comunicado, pelo menos com dois dias de antecedência sobre a suspensão contratual, que deve ocorrer por um período de sessenta dias, de forma ininterrupta ou fracionada, sendo possível sua prorrogação por mais sessenta dias, conforme o art. 3º do Decreto 10.422/2020.[23]

Ademais, no que se refere ao pagamento do empregado durante esse período, sendo averiguada receita bruta maior que R$ 4.800.000,00 no ano de 2019, será determinado que o empregador arcará com 30% do salário de seus empregados e o Estado com os 70% restantes, sendo este requisito essencial para a validação da suspensão no que se refere às empresas.

Contudo, se a mesma não atingiu o valor mencionado o Estado é incumbido de arcar com a integralidade da prestação, sendo determinado ao contratante apenas a manutenção de benefícios alheios, como por exemplo cestas básicas.[24] Destaca-se que tais medidas se aplicam somente durante a pandemia de Covid-19.

Todos os valores destinados à compensação do trabalhador durante a suspensão contratual advém da União e serão pagos mensalmente a partir da data suspensiva, adotando como parâmetro o valor do seguro desemprego e as peculiaridades referentes a cada caso, com destinação a qualquer empregado que se enquadre nas

---

22. RAMOS, Waldemar. Suspensão do Contrato de Trabalho Durante a Pandemia: MP 936/2020. Saber a Lei, 7 ago. 2020, p. 02. Disponível em: <https://saberalei.com.br/suspensao-do-contrato-de-trabalho/>. Acesso em: 5 dez. 2020.
23. Decreto nº 10.422, de 13 de julho de 2020. Prorroga os prazos para celebrar os acordos de redução proporcional de jornada e de salário e de suspensão temporária do contrato de trabalho. Diário Oficial da União. Brasília, DF, jul 2020. Disponível em: <http://www.planalto.gov.br/ccivil_03/_ato2019- 2022/2020/decreto/d10422.htm>. Acesso em: 5 dez. 2020.
24. NAHAS, Thereza C.; MARTINEZ, Luciano. Considerações sobre as medidas adotadas pelo Brasil para solucionar os impactos da pandemia do COVID-19 sobre os contratos de trabalho e no campo da Seguridade Social e da de prevenção de riscos laborais. Noticias CIELO. 2020, p. 192.

determinações previstas, sem ressalvas quanto a número de salários recebidos ou tempo prévio de prestação de serviços. Em contrapartida, enseja impossibilidade de recebimento do auxílio, os casos previstos no art. 6º, parágrafo 2º, da Lei 14.020/2020, nas seguintes palavras:

> § 2º O Benefício Emergencial de Preservação do Emprego e da Renda não será devido ao empregado que esteja:
>
> - ocupando cargo ou emprego público ou cargo em comissão de livre nomeação e exoneração ou seja titular de mandato eletivo; ou
>
> - em gozo:
>
> de benefício de prestação continuada do Regime Geral de Previdência Social ou dos regimes próprios de previdência social, ressalvado o disposto no parágrafo único do art. 124 da Lei nº 8.213, de 24 de julho de 1991;
>
> do seguro-desemprego, em qualquer de suas modalidades; e
>
> da bolsa de qualificação profissional de que trata o art. 2º-A da Lei nº 7.998, de 11 de janeiro de 1990.

Destaca-se ainda, que na modalidade de suspensão contratual não se verifica a continuidade do labor, mas sim a interrupção da prestação de serviços e se constatado que as atividades trabalhistas foram ainda mantidas, mesmo que de forma parcial, a suspensão será inválida e ao empregador será imposto o pagamento dos encargos salariais.[25]

Além disso, o empregado possui uma expectativa de emprego garantida, sendo que se for dispensado sem justa causa poderá reivindicar indenização adicional às verbas rescisórias já conhecidas. Vislumbra-se assim, que a suspensão contratual temporária visa garantir a dignidade da pessoa humana ao trabalhador, de forma a proteger o núcleo essencial de princípios constitucionais, contratuais e de direitos trabalhistas estabelecidos em lei.

---

25. RODRIGUES, Barbara de Souza; MACIEL, Lucas Pires. A suspensão do contrato e a redução da jornada de trabalho em tempos de pandemia. ETIC, ENCONTRO DE INICIAÇÃO CIENTÍFICA, v.16, set. 2020, p. 04. Disponível em:<http://intertemas.toledoprudente.edu.br/index.php/ETIC/article/view/8718>. Acesso em: 5 dez. 2020.

### 3.2. Crítica à suspensão contratual no cenário pandêmico

Em conformidade aos aspectos mencionados, depreende-se que a adoção de medidas emergenciais, tais como, a suspensão temporária dos contratos visa evitar as demissões em massa durante a pandemia do novo Coronavírus no Brasil, entretanto, restam muitas dúvidas no que diz respeito a sua aplicabilidade com relação às empregadas domésticas.

Antecipadamente, é válido ressaltar que as temáticas abordadas adiante não visam criticar o instituto da suspensão, mas sim preconiza o questionamento de sua aplicabilidade prática com relação a uma vulnerável parcela da população. Além do mais, por certo sabe-se que a referida lei dispõe sobre a relação trabalhista relacionada a diversos assuntos aos quais não será possível abordar no estudo em questão.

Isto posto, destaca-se a previsão do art. 8° da Lei 14.020/2020, parágrafo 1°, no qual é autorizado a implementação da suspensão temporária do contrato de trabalho por meio de acordo individual escrito entre empregador e empregado. Tal medida propicia:

> [...] a suspensão do contrato de trabalho, por meio de simples acordo individual, (...) enfraquece o instituto da negociação coletiva, justamente em um cenário de crise, quando a vulnerabilidade e a hipossuficiência do trabalhador apresentam-se ainda maiores e mais evidentes.[26]

Sob esse prisma, compreende-se que o grupo abordado no presente artigo representado pelas empregadas domésticas, a partir de sua condição vulnerável são tacitamente submetidas a influência dos patrões na propositura dos referidos acordos de suspensão, o que culmina em cláusulas abusivas e desvantajosas impostas, alicerçadas na falta de instrução dessa parcela trabalhadora. Assim, a autorização para a celebração de acordos individuais pode ser prejudicial as partes hipossuficientes,

---

26. LIMA, Sílvia Tibo Barbosa; LIMA, Leonardo Tibo Barbosa. Redução de jornada e salário e suspensão do contrato de trabalho por acordo individual no contexto da pandemia da covid-19. Rev. Trib. Reg. Trab. 3ª Reg, Belo Horizonte, ed. Especial, p. 311-332, 1 jul. 2020, p. 326. Disponível em: http://as1.trt3.jus.br/bd-trt3/bitstream/handle/11103/56082/Revista%20TRT-3%20Covid%2019%20tomo-1-311-332.pdf?sequence=1&isAllowed=y. Acesso em: 5 dez. 2020.

embora seja considerada constitucional.[27]

Outrossim, é importante destacar que a possibilidade de suspensão contratual com respaldo jurídico versa apenas sobre trabalhadores domésticos formalmente registrados, ou seja, que possuam contrato de trabalho anotado em Carteira de Trabalho.

A partir disso, denota-se que a maioria dos trabalhadores que compõem essa classe não serão juridicamente amparados pelo instituto da suspensão a luz do alto número de relações empregatícias de cunho informal que são estabelecidas no país.

Depreende-se, que o cenário em questão culmina em uma série de abusos por parte dos patrões, que gozam de total liberdade para administrar a relação trabalhista conforme seus interesses pessoais. Sobre essa problemática versa o autor Marcelo Trigueiros reafirmando a necessidade de um contrato pré-estabelecido entre as partes, bem como de que em situação diversa à prevista legalmente, os empregados não apresentaram o direito ao já mencionado Benefício Emergencial.[28]

Outro aspecto de importante análise, se baseia na ideia de que na suspensão temporária do contrato, como já abordado anteriormente, a prestação de serviços é interrompida e caso contrário venha a acontecer o empregador deverá arcar com as despesas pertinentes. Entretanto, é sabido que muitos trabalhadores domésticos, têm suas atividades laborais mantidas ainda que parcialmente e de forma velada, como nos casos em que estes residem no seu local de trabalho, assim, o contrato de trabalho é suspenso, contudo as pequenas atribuições de tarefas de forma velada, se mantêm constantes.

Portanto, nem sempre a flexibilização de direito, ou seja, a adaptação das normas trabalhistas frente às mudanças no cenário econômico[29], corresponde à adequação

---

27. LÓSS, Marcelo Marianelli; NASCIMENTO, Bruna Lóss; CABRAL, Hildeliza Lacerda Tinoco Boechat. A flexibilização dos direitos trabalhistas face à pandemia da covid-19. Revista Transformar, ed. 14, p. 188-202, 1 maio 2020

28. TRIGUEIROS, Marcelo. Salário da empregada doméstica pode ser suspenso durante a pandemia de coronavírus?. 2020, p. 04. Disponível em:<https://mtrigueiros.jusbrasil.com.br/artigos/834134423/salario-da-empregada- domestica-pode-ser-suspenso-durante-a-pandemia-de-coronavirus>. Acesso em: 5 dez. 2020.

29. ALEXANDRE, Francisco Dion Cleberson. A flexibilização e seus impactos nos direitos dos

deste a presente realidade de fato, ocorrendo sem prejuízo ao trabalhador, levando em consideração aspectos sociais, tecnológicos e econômicos.

Diante disso, os autores Marcelo, Bruna e Hildeliza, dispõem que:

> [...] tendo em vista as modificações legislativas ocorridas em função das alterações sociais e econômicas ocorridas em virtude da pandemia do COVID-19, surge um aparente conflito entre a norma e o princípio da proibição de retrocesso social e da proteção ao trabalhador, em face da previsão da possibilidade de mitigação dos direitos laborais.[30]

Assim, é necessária a análise hermenêutica desse conflito sob a ótica da aplicabilidade da suspensão contratual com relação a grupos vulneráveis como as empregadas domésticas, analisando o significado dos princípios contratuais e a intenção do legislador. A partir disso, compreende-se que a proteção social é instantaneamente mitigada em face das crises econômicas, deixando a parcela vulnerável à mercê do sistema capitalista, como no caso em questão.[31]

Então, ainda que a pandemia do novo Coronavírus configure uma situação atípica, o que em parte justificaria a adoção de tais medidas, é criticado no presente trabalho a aplicabilidade da suspensão contratual, e não as características de sua previsão legal, visto que a problemática em análise se refere a falta de fiscalização e proteção destinada as trabalhadoras domésticas, o que culmina na inaplicabilidade de medidas em tese benéficas a essa parcela.

Por todo o exposto, pode-se concluir que diante do cenário delicado enfrentado no país, as empregadas domésticas sofrem de forma acentuada, principalmente no que diz respeito a aplicabilidade da suspensão contratual temporária frente ao desconhecimento de seus direitos e deveres.

---

trabalhadores. Salão do Conhecimento UNIJUI. Ijuí, 2016. Disponível em: <http://publicacoeseventos.unijil.edu.br/index.php/salaoconhecimento/article/view/ 70 62>. Acesso em: 5 dez. 2020.

30. LÓSS, Marcelo Marianelli; NASCIMENTO, Bruna Lóss; CABRAL, Hildeliza Lacerda Tinoco Boechat. A flexibilização dos direitos trabalhistas face à pandemia da covid-19. Revista Transformar, ed. 14, p. 188-202, 1 maio 2020, p. 196.

31. SENA, Gabriela de Campos. Flexibilização Trabalhista e violações constitucionais frente ao Princípio da Vedação do Retrocesso Social. e- Revista Facitec, v. 11, n. 1, 2020.

A partir da emergente problemática, é mister a demanda de atenção a essa parcela historicamente vulnerável que somente há alguns anos tem conquistado pouco a pouco seus direitos, direitos esses já proporcionados para a maioria das demais classes trabalhadoras e que por vezes são negligenciados pelo Estado.

## 4. Conclusão

À guisa de desfecho deste projeto, conclui-se que as empregadas domésticas vivem no contexto do Brasil pandêmico em situação de desvantagem na cláusula de suspensão contratual temporária, já que são influenciadas e submetidas ao poder e conhecimento do empregador. Ante todo o exposto, observa-se que a loegislação brasileira teve o intuito de garantir a segurança jurídica adequando o direito do trabalho para ambas as partes, todavia a situação pandêmica na prática contratual mitigou os princípios e direitos previstos legalmente em face da preservação econômica.

Nesse sentido, princípios sociais dos contratos, tais como: a função social, equivalência material e boa-fé objetiva são violados diariamente, mediante a ação arbitrária e abusiva dos contratantes que contribuem para derrocada do preceito constitucional basilar correspondente a dignidade da pessoa humana, característica inerente a todos os homens, proveniente da própria condição humana, que o torna possuidor de igual consideração e respeito por parte de seus semelhantes.[32] Assim, é inadmissível propiciar a desqualificação desse atributo, caminho que uma vez aberto poderá conduzir, em não muito tempo, ao fim do próprio Estado de Direito.

Em epítome, é necessário desta forma, que o Estado brasileiro atue de forma ativa na fiscalização da eficácia deste instituto suspensivo contratual temporário sob a ótica de proteger as empregadas domésticas a fim de proporcionar a adequação da Lei ao caso concreto. Por fim, o artigo cumpre seu objetivo ao analisar a realidade e flexibilidade desta medida emergencial direcionada a essa parcela hipossuficiente, a qual carece de atenção e maior amparo estatal.

32. SARLET, Ingo Wolfgang. Dignidade da Pessoa Humana e Direitos Fundamentais na Constituição Federal de 1988. 2001, p. 60.

**Referências**


AGAMBEN, Giorgio.**Homo Sacer**. O poder soberano e a vida nua I. Belo Horizonte: Editora UFMG, 2004.

ALEXANDRE, Francisco Dion Cleberson. **A flexibilização e seus impactos nos direitos dos trabalhadores.** Salão do Conhecimento UNIJUI. Ijuí, 2016. Disponível em: <http://publicacoeseventos.unijil.edu.br/index.php/salaoconhecimento/article/view/ 70 62>. Acesso em: 5 dez. 2020.

BRASIL. Congresso Nacional. **Lei nº 11.324, de 19 de julho de 2006.** Altera dispositivos das Leis nos 9.250, de 26 de dezembro de 1995, 8.212, de 24 de julho de 1991, 8.213, de 24 de julho de 1991, e 5.859, de 11 de dezembro de 1972; e revoga dispositivo da Lei no 605, de 5 de janeiro de 1949. Diário Oficial da União, Seção 1, 20/7/2006, (Publicação Original). Disponível em: <http://www.planalto.gov.br/ccivil_03/_ato2004-2006/2006/lei/l11324.htm>. Acesso em: 26 novembro. 2020.

BRASIL. **MEDIDA PROVISÓRIA Nº 936 DE 01 DE ABRIL DE 2020.** Institui o Programa Emergencial de Manutenção do Emprego e da Renda e dispõe sobre 18 medidas trabalhistas complementares para enfrentamento do estado de calamidade pública. Diário Oficial da União. Brasília, DF, abr 2020. Disponível em: <https://www.planalto.gov.br/ccivil_03/_Ato2019-2022/2020/Mpv/mpv936.htm>. Acesso em: 5 dez. 2020.

BRUSCHINI, Cristina; LOMBARDI, Maria Rosa. **A bipolaridade do trabalho feminino no Brasil contemporâneo.** São Paulo, cadernos de pesquisa, n. 110, 2000. Disponível em: < https://doi.org/10.1590/S0100- 15742000000200003>. Acesso em: 12/12/2020

CÂNDIA, Ralph. **Comentários aos Contratos Trabalhistas Especiais.** 2 ed. São Paulo: LTr,1990.

________. **Constituição da República Federativa do Brasil de 1988.** Disponível em: <http://www.planalto.gov.br/ccivil_03/constituicao/constituicao.htm>. Acesso em: 5 dez. 2020

CRENSHAW, Kimberlé. **Documento para o Encontro de Especialistas em Aspectos da Discriminação Racial Relativos ao Gênero.** Estudos Feministas, n. 10, 2002.

________. **Decreto nº 10.422, de 13 de julho de 2020.** Prorroga os prazos para celebrar os acordos de redução proporcional de jornada e de salário e de suspensão temporária do contrato de trabalho. Diário Oficial da União. Brasília, DF, jul 2020. Disponível em: <http://www.planalto.gov.br/ccivil_03/_ato2019-2022/2020/decreto/d10422.htm>. Acesso em: 5 dez. 2020.

**Decreto-lei nº 5.452, de 1 de maio de 1943.** Aprova a consolidação das leis do trabalho. Lex: coletânea de legislação: edição federal, São Paulo, v. 7, 1943.

FERREIRA, Matheus Viana. **Empregado doméstico. Jornada de trabalho e seus desdobramentos sob a ótica da Emenda Constitucional 72/2013.** Revista Jus Navigandi, ISSN 1518-4862, Teresina, ano 20, n. 4229, 29 jan. 2015. Disponível em: https://jus.com.br/artigos/35837. Acesso em: 1 dez. 2020.

INSTITUTO DE PESQUISA ECONÔMICA APLICADA. **Situação atual das trabalhadoras domésticas no país.** Comunicados do IPEA, Brasília, n.90, 2011. Disponível em :<http://www.ipea.gov.br/portal/images/stories/PDFs/comunicado/110505_comu ni cadoipea90.pdf>. Acesso em: 02 dez. 2020.

JORNAL DO SENADO. Congresso promulga hoje emenda sobre trabalho doméstico. Jornal do Senado,02 abr. 2013. Disponível em: <http://www12.senado.gov.br/noticias/jornal/edicoes/2013/04/02/congressopromulg a- hoje-emenda-sobre-trabalho-domestico>. A, acesso em: 11 abr.2013.

________. **Lei nº 14.020, de 06 de julho de 2020.** Institui o Programa Emergencial de Manutenção do Emprego e da Renda. Diário Oficial da União. Brasília, DF, jul 2020. Disponível em: . Acesso em: <http://www.planalto.gov.br/ccivil_03/_ato2019-
2022/2020/lei/L14020.htm#:~:text=%C2%A7%202%C2%BA%20Para%20os%2
0em pregados,do%20enquadramento%20em%20alguma%20das>. 5 dez. 2020.

________. Lei nº 5.859, de 11 de dezembro de 1972. Dispõe sobre a profissão de empregado doméstico e dá outras providências. Disponível em: <http://www.planalto.gov.br/ccivil _03/leis/l5859.htm>. Acesso em: 5 dez. 2020.

LIMA, Sílvia Tibo Barbosa; LIMA, Leonardo Tibo Barbosa. **Redução de jornada e salário e suspensão do contrato de trabalho por acordo individual no contexto da pandemia da covid-19.** Rev. Trib. Reg. Trab. 3ª Reg, Belo Horizonte, ed.

Especial, 1 jul. 2020. Disponível em: http://as1.trt3.jus.br/bdtrt3/bitstream/handle/11103/56082/Revista%20TRT3%20Covid%2019%20tomo-1-311-332.pdf?sequence=1&isAllowed=y. Acesso em: 5 dez. 2020.

LÓSS, Marcelo Marianelli; NASCIMENTO, Bruna Lóss; CABRAL, Hildeliza Lacerda Tinoco Boechat. **A flexibilização dos direitos trabalhistas face à pandemia da covid-19.** Revista Transformar, ed. 14, 1 maio 2020.

MARTINS, Sérgio Pinto. Direito do trabalho. 13. ed. São Paulo: Atlas, 2001.MELO, 19 Hildete Pereira de. **O serviço doméstico remunerado no Brasil: de criadas a trabalhadoras.** Rio de Janeiro: IPEA, 1998. (Texto para discussão n. 565).

MCCLINTOCK, Anne. **Couro Imperial:** raça, gênero e sexualidade no embate colonial. Campinas: Editora da Unicamp, 2010.

MARTINS, Sergio Pinto. **Direito do trabalho**. 30ª ed. São Paulo: Atlas, 2014.

NAHAS, Thereza C.; MARTINEZ, Luciano. **Considerações sobre as medidas adotadas pelo Brasil para solucionar os impactos da pandemia do COVID-19 sobre os contratos de trabalho e no campo da Seguridade Social e da de prevenção de riscos laborais.** Noticias CIELO.

PIETRO, Maria Sylvia Zanella Di. **Saiba o que é o Estado Social de Direito**. GENJURIDICO, [s. l.], 19 jun. 2019. Disponível em: <,http://genjuridico.com.br/2019/06/19/estado-social-de-direito/>. Acesso em: 5 dez. 2020.

PISCITELLI, Adriana. **Interseccionalidades, categorias de articulação e experiências de migrantes brasileiras.** Sociedade e Cultura, v.11, n.2, jul/dez. 2008.

QUIJANO, Anibal. Colonialidade do poder, eurocentrismo e América Latina. In: LANDER, Egardo (Org.). **A colonialidade do saber:** eurocentrismo e ciências sociais - perspectivas latino-americanas. Buenos Aires: Clacso, 2005.

RAMOS, Waldemar. **Suspensão do Contrato de Trabalho Durante a Pandemia:** MP 936/2020. Saber a Lei, 7 ago. 2020. Disponível em: <https://saberalei.com.br/suspensao-do-contrato-de-trabalho/>. Acesso em: 5 dez. 2020.

RODRIGUES, Barbara de Souza; MACIEL, Lucas Pires. **A suspensão do contrato e a redução da jornada de trabalho em tempos de pandemia.** ETIC, ENCONTRO DE INICIAÇÃO CIENTÍFICA, v. 16, set. 2020. Disponível em:

<http://intertemas.toledoprudente.edu.br/index.php/ETIC/article/view/8718>. Acesso em: 5 dez. 2020.

SARLET, Ingo Wolfgang. **Dignidade da Pessoa Humana e Direitos Fundamentais na Constituição Federal de 1988.** 2001.

SENA, Gabriela de Campos. **Flexibilização Trabalhista e violações constitucionais frente ao Princípio da Vedação do Retrocesso Social.** eRevista Facitec, v. 11, n. 1, 2020.

TRIGUEIROS, Marcelo. **Salário da empregada doméstica pode ser suspenso durante a pandemia de coronavírus?.** 2020. Disponível em: <https://mtrigueiros.jusbrasil.com.br/artigos/834134423/salario-da-empregada- domestica-pode-ser-suspenso-durante-a-pandemia-de-coronavirus>. Acesso em: 5 dez. 2020.

# A PANDEMIA DO CORONAVÍRUS E O INSTITUTO DO FATO PRÍNCIPE NA RESOLUÇÃO DE CONTRATOS DE TRABALHO

# 12

**Raianny Oliveira Rosa**

## 1. Introdução

A fim de realizar uma contextualização acerca do assunto, faz-se mister entender que contratos administrativos são limitados por esse instituto. E, também por isso, a Administração pública, por se tratar de um artifício que serve ao público (salus populi, suprema ex esto), não possui liberdade para escolher com quem se celebra um contrato e menos ainda para escolher a forma como será estabelecido, além de, obviamente, ser negada a ela a possibilidade de eximir-se de investigar processos. Assim, por conta desse fato, os contratos administrativos possuem a forma de um contrato de adesão e tem como principal característica a desigualdade jurídica das partes, em outras palavras, cabe a ela a atuação de agir em favor do polo em que há comprovada hipossuficiência, para, assim, preservam os interesses sociais/coletivos.

Vale destacar o entendimento do Superior Tribunal de Justiça (STJ): "O fato do príncipe, caracterizado como uma imposição de autoridade causadora de dano, [...] rompe do liame necessário entre o resultado danoso e a conduta dos particulares, configurando, em disputas privadas, nítida hipótese de força maior" (AgInt no REsp 1237376/RJ). Assim, tendo como base a Lei Geral de Licitações, 8.666 de 1993, nota-se que a existência de determinação de que sobrevenha fatos imprevisíveis, ou previsíveis, ou ainda, em caso de força maior ou fato do príncipe, o contrato administrativo poderá ser alterado. (Artigo 65, II, d)

Dessa maneira, quando fatos supervenientes interferem na execução de um contrato administrativo, incorre sobre o assunto três teorias: a teoria do fato príncipe, a teoria da força maior e a teoria da imprevisão. Tais teorias buscam explicar as consequências jurídicas provenientes dos novos fatos relativamente às obrigações do contratante em relação à administração. A título de estudo, haverá um aprofundamento apenas na teoria do Fato Príncipe.

## 2. Definições de Fato Príncipe

De acordo com os ensinamentos de Diogo Moreira Netto "uma ação estatal de ordem geral, que não possui relação direta com o contrato administrativo, mas que produz efeitos sobre este, onerando-o, dificultando ou impedindo a satisfação de determinadas obrigações, acarretando um desequilíbrio econômico-financeiro".[1]

Segundo Hely Lopes Meirelles: "é toda determinação estatal, positiva ou negativa, geral, imprevista ou imprevisível, que onera substancialmente a execução do contrato administrativo"[2].

Ainda sobre o assunto disserta Rafael Oliveira: "o Fato do Príncipe é definido como um fato praticado pela Administração Pública, genérico e extracontratual, que acarreta o aumento de custos do Contrato Administrativo ajustado". [3]

Na precisa lição de Fabrício Bolzan, Fato do Príncipe é a "determinação estatal, geral e imprevista, emanada após a celebração do contrato, mas que repercute indiretamente sobre ele, onerando aquilo que foi inicialmente pactuado."[4]

Os professores Marcelo Alexandrino e Vicente Paulo, conceituam o instituto como "fato do príncipe é toda determinação estatal geral, imprevisível, que impeça ou, o que é mais comum, onere substancialmente a execução do contrato"[5].

---

1. MOREIRA NETTO, Diogo de Figueiredo. Curso de Direito Administrativo. Belo Horizonte: Editora Forense, 2009, p. 191
2. MEIRELLES, Hely Lopes. Direito Administrativo Brasileiro. 42. ed. São Paulo: Malheiros, 2016. p. 270.
3. OLIVEIRA, Rafael. Curso de Direito Administrativo. 7. ed. Rio de Janeiro: Método, 2019. p. 530-531
4. BOLZAN, Fabrício, Direito Administrativo, 2 ed - São Paulo, Saraiva, 2014
5. ALEXANDRINO, Marcelo - PAULO, Vicente. Direito administrativo descomplicado. 27. Ed. Atual. São Paulo: SARAIVA, 2019, p.56

## 2.2 Condições do Fato Príncipe

1) Administração deve ser parte do contrato;

2) Deve haver rompimento do equilíbrio do contrato;

3) Deve haver o elemento da imprevisão, nesse caso, se a medida do poder público estiver nas previsões no ato da contratação, não há possibilidade de indenização. Nas palavras de José Cretella Júnior[6], "a teoria do fato do príncipe tão somente se ficar demonstrado o nexo causal entre a medida tomada e a perturbação da economia do contrato, como também que a perturbação experimentada foi de molde a tomar impossível o que se pactuou".

## 2.3 Disposição do fato príncipe no ordenamento

Fato do Príncipe trata-se de uma situação prevista na CLT, em seu artigo 486: Art. 486 - No caso de paralisação temporária ou definitiva do trabalho, motivada por ato de autoridade municipal, estadual ou federal, ou pela promulgação de lei ou resolução que impossibilite a continuação da atividade, prevalecerá o pagamento da indenização, que ficará a cargo do governo responsável.

Nesse artigo da CLT há a disposição sobre a previsão da indenização, não fazendo referência sobre quais verbas rescisórias seriam devidas. Assim, doutrinariamente, existem teses que trazem a reflexão acerca desse assunto mais profundamente: i) a autoridade competente é responsável pelo pagamento de todas as parcelas decorrentes da cessação do contrato de trabalho, ii) o pagamento seria limitado à multa fundiária de 40% do FGTS (Lei 8.036/1990, art. 18, § 1º), para os contratos sem determinação de prazo, ou a fixada no art. 479 da CLT, para os contratos por prazo determinado; e iii) o pagamento seria limitado à metade da indenização devida por tempo de serviço por contrato indeterminado ou por contrato determinado, correspondente à 20% sobre o FGTS, com fundamento no art. 18, § 2º, Lei nº 8.036/90.

Quanto à minoração da multa do FGTS, cabe elucidar que a doutrina administrativista realiza uma separação didática entre Fato do Príncipe e a Força Maior. De igual

---

6. Professor na Faculdade de Direito do Vale da Paraíba

forma, a doutrina trabalhista e a CLT naturalmente dividem o término do Contrato de Trabalho entre: Cessação por Fato do Príncipe (art. 486) e Cessação por Força Maior.

No entanto, se configurado o Factum principis, não deverá ele ser analisado apenas sobre a égide do artigo 486 da CLT, mas também em conjunto com os arts. 501 e 502, II, da CLT. Em consequência, e como defende Vólia Bomfim Cassar, o Fato do Príncipe deve ser compreendido legalmente e academicamente como espécie do gênero Força Maior.

Desse modo, no tocante ao FGTS, e em conformidade com a redação celetista e posicionamento doutrinário, há necessidade de serem adimplidas apenas as verbas indenizatórias. Estas, clarifique-se, limitam-se tão somente a "multa" do FGTS dividida pela metade, no importe de 20% – em que pese não haver afastamento do tradicional princípio de proteção ao trabalhador hipossuficiente. As demais verbas trabalhistas não são, outrossim, de competência da Administração Pública.

Por fim, a terceira controvérsia sobre a temática corresponde a justiça competente para processar e julgar a demanda. Entendemos que, na eventual hipótese de configuração do Fato do Príncipe, ela deverá ser determinada pela Justiça do Trabalho, sendo esta a responsável pelas ações oriundas das relações de trabalho, incluindo os entes da Administração Pública Direta, por força do art. 114, I da CRFB/88 e da EC 45/04.

## 3. Aplicação do Fato Príncipe no Direito do Trabalho

Os juristas Francisco Ferreira Jorge Neto e Jouberto de Quadros Pessoa Cavalcante 7 explicam que "o legislador trabalhista prevê a responsabilidade pelo pagamento de indenização pelo governo responsável, no caso de paralisação temporária ou definitiva do trabalho, motivada por ato de autoridade municipal, estadual ou federal, ou pela promulgação de lei ou resolução que impossibilite a continuação da atividade (art. 486, *caput*, CLT).

7. Juiz do Trabalho em São Paulo, mestre em Direito das Relações Sociais – Direito do Trabalho pela PUC/SP, professor convidado da pós-graduação lato sensu da Universidade Presbiteriana Mackenzie

No âmbito do direito do trabalho, para ter-se caracterizado o "fato do príncipe", é necessário, segundo José César de Oliveira8 a existência de quatro requisitos: 1) imprevisibilidade do evento; 2) sua irresibilidade; 3) inexistência de concurso direto ou indireto do empregador no acontecimento; 4) necessidade de que o evento afete ou seja suscetível de afetar substancialmente a situação econômica-financeira da empresa (cf. CLT, art. 501 e parágrafos).

### 3.1 A polêmica do Fato Príncipe na Pandemia do Corona Vírus

O Factum Principis ganhou uma grande repercussão após a fala do Presidente Jair Bolsonaro, ainda no início da pandemia, em que afirmou que governadores e prefeitos que adotassem medidas para impedir o funcionamento dos comércios como maneira de limitar a transmissão do vírus, teriam que arcar com os encargos trabalhistas dos brasileiros que fossem atingidos diretamente pelo fechamento de seus estabelecimentos, em outras palavras, todo empresário ou comerciante que tivesse seu comércio fechado por decisão do chefe executivo, poderia recorrer a eles para que pagassem indenizações decorrentes da cessação das atividades.

O artigo 486, como citado anteriormente, versa sobre uma situação anormal, em que uma empresa é submetida a um prejuízo desproporcional, em decorrência de uma eventual medida determinada pelas autoridades governamentais, sem prescindir da cautela e de apreciação técnica devida. Devido a isso, a empresa fica possibilitada de rescindir os contratos de seus empregados tendo como fundamentação o "Fato do Príncipe".

A fala descabida e impensada do Presidente desencadeou uma gama extensa de precedentes para a utilização errônea do referido dispositivo como argumento para não pagar custas da rescisão contratual. Como era esperado de acontecer, uma grande churrascaria do Rio de Janeiro, Fogo de Chão, fundada pelos bilionários

8. possui graduação em Direito pela Universidade Federal de Minas Gerais (1972). Atualmente é juiz do trabalho - Tribunal Regional do Trabalho - III Regiao e professor assistente da Faculdade de Direito Milton Campos. Tem experiência na área de Direito, com ênfase em Direito do Trabalho, atuando principalmente nos seguintes temas: direito do trabalho, terceirização, justiça do trabalho, constitucionalidade e contrato de trabalho.

Robert Agostinelli e Steven Langman, utilizou o argumento de prejuízo oriundo da pandemia e como base o art. 486 para justifica a demissão de 690 funcionários sem efetivar o pagamento da rescisão. Nas palavras do ministro do Tribunal Superior do Trabalho (TST), Alexandre Agra Belmonte, em entrevista ao Estadão, "Não foi ele (governo) o causador. O causador foi o vírus", revelando, assim, a inaplicabilidade do dispositivo em casos como esse.

O mesmo ocorreu com a rede de pizzarias, também no Rio de Janeiro, Parmê, que usou o mesmo argumento para demitir seus funcionários e não pagar o valor da rescisão contratual.

### 3.2 Aplicação do princípio do fato príncipe nos contratos trabalho

No Direito do Trabalho, especificamente, são raros os casos em que há a devida utilização do Fato Príncipe como condição de excludente da responsabilidade do empregador, obrigando, assim, o Estado a indenizar os danos sofridos.

No cenário atual, com a decretação da paralisação em diversos Estados, a chamada "quarentena", autorizada pela Lei 13.979/20, é uma necessidade para a saúde pública, de acordo, inclusive, com recomendação da Organização Mundial de Saúde (OMS), a fim de evitar que o COVID-19 seja disseminado mais rapidamente pela população.

Essa medida foi tomada, corretamente, diga-se de passagem, a fim de preservar a dignidade da pessoa humana, além de evitar que o Estado, com poucos leitos em hospitais públicos em comparação com a quantidade de doentes, que se infectam de maneira rápida e intensa, muitas vezes, não consiga suportar essa alta demanda de contaminados, o que acarretaria na superlotação de hospitais, ausência de leitos e equipamentos, falta de espaço para sepultamento em cemitérios, ou seja, uma questão de contenção do Estado para que o problema não seja ainda maior. Esse fato configura a denominada força maior.

Vale ressaltar que mesmo tendo a existência de um requisito do Fato do Príncipe, a força maior que justificaria a aplicação desse instituto, configura-se uma determinação de paralisação em nome de um bem maior, a saúde pública, e não apenas de uma mera escolha de quais grupos comerciais deveriam ou não abrir suas portas. Nas palavras do Ministro Alexandre Agra Belmonte "as medidas de restrição adotadas pelos Entes Públicos são motivadas pela nova doença que assola o mundo e não pelo mero interesse da Administração Pública", conforme debatido no seminário online promovido pela TV ConJur.

Diante disso, a aplicação do Fato do Príncipe não é cabível e muito menos lógica, visto que o risco da atividade econômica é do próprio empregador, conforme previsão legal no art. 2, §2° da CLT e no art. 170, III da CF, não podendo repassá-lo à terceiro.

## 4. A (in)aplicabilidade prática do Fato príncipe nas relações de trabalho

O entendimento que se tem é que a pandemia da COVID-19 configura uma conjuntura anômala de tal maneira que o Decreto Legislativo de 06/2020[9] reconheceu a ocorrência do estado de calamidade pública, com a duração de seus efeitos até 31/12/20, e, junto com a Lei nº 13.979/20[10], foi autorizada a adoção de medidas pelos Estados, Municípios e o Distrito Federal para restringir o convívio social, os serviços públicos e as atividades empresariais não essenciais. Dentre as medidas autorizadas está o fechamento provisório de estabelecimentos comerciais, se necessário, como forma de se evitar a possível contaminação ou a propagação da doença (Art. 2º da Lei nº 13. 979/20). Por isso é totalmente descabido, absurdo e desumano utilizar esse argumento para se escusar das obrigações empregatícias.

Ademais, é refutável a aplicação desse instituto na rescisão unilateral dos processos, principalmente no quadro histórico atual, uma vez que corresponde à uma conduta ilegal que desrespeita o princípio da proteção, estabelecido no art. 2°, caput da CLT. Assim, uma eventual rescisão contratual por fato príncipe deve ser determinada pela Justiça do Trabalho, para que sejam assegurados e resguardados os direitos dos trabalhadores e a segurança jurídica, com respaldo ao respeito especial nesse período de quarentena, em que os empregados se encontram em estado de extrema vulnerabilidade, sendo dificultados na busca por um novo emprego.

Em conclusão, diante de consequências ainda inestimáveis em todos os campos da vida, na busca por respostas jurídicas para as questões que apenas começam a

9. http://www.planalto.gov.br/ccivil_03/portaria/DLG6-2020.htm
10. https://www.in.gov.br/en/web/dou/-/lei-n-13.979-de-6-de-fevereiro-de-2020-242078735

tomar forma, devem ser conjugados seguindo vetores da Constituição Federal de 1988 como : a dignidade da pessoa humana e os valores sociais do trabalho e da livre iniciativa, os objetivos fundamentais de nosso país, dentre os quais a construção de uma sociedade livre, justa e solidária, a promoção do bem de todos, indistintamente, os direitos e garantias fundamentais, sobretudo a inviolabilidade do direito à vida, à liberdade, à igualdade, à segurança e à propriedade, direito último esse a ser exercido conforme a sua função social, os princípios gerais da atividade econômica: a valorização do trabalho humano e da livre iniciativa, ora elencados como fundamentos da ordem econômica, a qual objetiva garantir existência digna a todos, em linha com a justiça social e com os princípios da propriedade privada, da função social da propriedade, da redução das desigualdades regionais e sociais e da busca do pleno emprego.

## 5. A possibilidade de utilização analógica do Fato príncipe para a manutenção dos contratos trabalhista

Segundo Fábio da Costa Villar[11] "é possível, em tese, a invocação do instituto da força maior, considerado no direito do trabalho como todo acontecimento inevitável, alheio à vontade do empregador, e para o qual este não tenha concorrido de qualquer forma (art. 501, caput, do Decreto Lei nº 5.452/1943 - Consolidação das Leis do Trabalho - CLT), permitindo-se a redução geral dos salários dos empregados, de forma proporcional e em até 25%, respeitando-se o salário-mínimo (art. 503, caput/CLT) e tendo-se em vista, sempre, a preservação dos postos de trabalho"[12]. Assim, é cabível, de certa maneira, a aplicação analógica, do Fato Príncipe em face dos encargos incidentes sobre a folha de pagamento de funcionários, não incidindo como justificativa absurda de demissão compulsória, como ocorreu.

Desse modo, o que se tenta conservar com a manutenção dos contratos de trabalho em época de pandemia é a função social (art. 421/CC) e na boa-fé objetiva (art. 422/CCl). Nesse contexto, segundo o professor Flávio Tartuce, a eficácia interna da

---

11. Advogado. Professor de Direito Empresarial. Mestre em Direito Empresarial (Tutela Punitiva da Empresa). Especialista em Ciências Criminais e em Direito Processual. Currículo Lattes: http://lattes.cnpq.br/5953209311099262.

12. https://migalhas.uol.com.br/arquivos/2020/4/391803A02E37D0_164646.pdf

função social do contrato (ECJF/360) apresenta cinco aspectos principais: i) a proteção dos vulneráveis contratuais, ii) a vedação da onerosidade excessiva ou desequilíbrio contratual, iii) a proteção da dignidade da pessoa humana e dos direitos da personalidade no contrato (ECJF/23), iv) a nulidade de cláusulas antissociais, consideradas como abusivas (ECJF/431) e v) a tendência de conservação contratual, "sendo a extinção do contrato, a última medida a ser tomada, a ultima ratio" (ECJF/22). Já a eficácia externa, possui dois aspectos: i) a proteção dos direitos difusos e coletivos (ECJF/23), doutrinariamente tida como a "função socioambiental do contrato" e ii) tutela externa do crédito, dever imposto à coletividade de respeitar o direito do credor, não mais se tomando o contrato como algo que interessa somente às partes (ECJF/21).

Ademais, outro aspecto que se busca preservar quando se trata de contratos trabalhista é a boa-fé objetiva, analisada sob a ótica da preservação dos contratos, de rigor sejam observados seus deveres anexos ou laterais de conduta (ECJF/24), dentre os quais os de cooperação e de cuidado com a outra parte, no caso o trabalhador hipossuficiente em relação aos empresários.

## 6. Jurisprudência

Nesse ponto de análise serão feitas considerações acerca das decisões desfavoráveis e os argumentos utilizados pelos magistrados para qualificarem a utilização do fato príncipe como absurda e errônea na resolução dos contratos trabalhistas durante a pandemia.

### 6.1 Processo TRT/SP nº 1000594-85.2020.5.02.0043

#### 6.1.1 Ementa

> "EMENTA ARTIGO 486 DA CLT - FATO DO PRÍNCIPE - COVID-19 - INAPLICABILIDADE. Não se aplica ao caso a teoria do fato do príncipe, pois as medidas adotadas pela Administração no âmbito da pandemia do COVID-19 foram de natureza emergencial e temporária, em benefício da saúde pública e da coletividade, diante de uma situação de reconhecida calamidade pública. A Administração Pública não determinou o encerramento da atividade da reclamada, mas apenas a suspensão temporária. Ademais, nos termos do artigo 29 da Lei nº 14.020/2020, o artigo 486 da CLT

não se aplica no caso da paralisação das atividades em razão do novo coronavírus. Recurso da reclamada a que se nega provimento"

### 6.1.2 Acórdão

"RECURSO ORDINÁRIO EM RITO SUMARÍSSIMO Nº 1000594-85.2020.5.02.0043 - 43ª Vara do Trabalho de São Paulo – Apelante: RGB CONSULTORIA EM RESTAURANTES LTDA – Apelado: GILBERTO SILVA PEREIRA".

O caso trata-se, pois, de um recurso referente ao pedido interposto pela RGB consultoria em restaurante LTDA para que seja constatada a aplicação do fato príncipe na resolução do contrato de trabalho de Gilberto Silva Pereira, uma vez que foi o Estado quem editou o Decreto 64.881 de 22 de março de 2020, o qual deu ensejo ao encerramento da atividade empresarial da recorrente, por esse motivo estaria o governo do Estado de São Paulo, obrigado a pagar as verbas rescisórias. Alega-se a aplicabilidade do art. 486 da CLT: No caso de paralisação temporária ou definitiva do trabalho, motivada por ato de autoridade municipal, estadual ou federal, ou pela promulgação de lei ou resolução que impossibilite a continuação da atividade, prevalecerá o pagamento da indenização, que ficará a cargo do governo responsável.

### 6.1.3 Decisão analisada

"Presidiu o julgamento a Exma. Sra. Desembargadora Maria José Bighetti Ordoño.

Tomaram parte no julgamento os Exmos. Srs. Karen Cristine Nomura Miyasaki, Willy Santilli e Daniel de Paula Guimarães.

Em razão do exposto, acordam os magistrados da 1ª Turma do Tribunal Regional do Trabalho da Segunda Região em por unanimidade de votos, conhecer do recurso ordinário interposto pela reclamada e do recurso adesivo interposto pelo reclamante e, no mérito, por maioria de votos, vencido o Desembargador Daniel de Paula Guimarães quanto aos honorários advocatícios, no recurso da reclamada, negar-lhes provimento, mantendo a íntegra da r. sentença recorrida, por seus próprios fundamentos e nos termos da fundamentação do voto".

### 6.1.4 Voto

O primeiro e único voto a ser analisado é o da relatora Karen Cristine Nomura Miyasaki, a qual pondera sobre a aplicabilidade do art. 502, II, da CLT, visto que o encerramento das atividades da recorrente deu-se por motivos de força maior, sendo possível o pagamento de metade dos valores da verba rescisória pelo Estado de São Paulo:

> "Ocorrendo motivo de força maior que determine a extinção da empresa, ou de um dos estabelecimentos em que trabalhe o empregado, é assegurada a este, quando despedido, uma indenização na forma seguinte:
>
> I - sendo estável, nos termos dos arts. 477 e 478;
>
> II - não tendo direito à estabilidade, metade da que seria devida em caso de rescisão sem justa causa;
>
> III - havendo contrato por prazo determinado, aquela a que se refere o art. 479 desta Lei, reduzida igualmente à metade"

Ela ainda traz a análise do fato de que o decreto utilizado na argumentação da requerente foi expedido em 22/03/2020 e a demissão em análise foi efetivada em 21/03/2020, constatando-se que a dispensa não teve nenhuma relação direta com o ato governamental.

Além disso, alega-se que o Fato príncipe não se aplica ao caso concreto por se tratar de uma medida adotada pela Administração de forma emergencial e temporária, presando pela máxima proteção da saúde pública, da coletividade e o efetivo cumprimento ao bem estar social comum, diante de uma calamidade pública.

Para fundamentar esse argumento, a relatora se utiliza do art. 29 da Lei nº 14.020/2020:

> "Não se aplica o disposto no art. 486 da CLT, aprovada pelo Decreto-Lei nº 5.452, de 1º de maio de 1943, na hipótese de paralisação ou suspensão de atividades empresariais determinada por ato de autoridade municipal, estadual ou federal para o enfrentamento do estado de calamidade pública reconhecido pelo Decreto Legislativo nº 6, de 20 de março de 2020, e da emergência de saúde pública de importância internacional decorrente do corona vírus, de que trata a Lei nº 13.979, de 6 de fevereiro de 2020".

Em relação à alegada força maior, tem-se que o art. 502, inciso II, da CLT, refere-se ao regime anterior ao FGTS, o que não é o caso dos autos, motivo pelo qual é inaplicável.

## 6.2 TST-AIRR-788-26.2018.5.12.0001

### 6.2.1 Ementa

"AGRAVO DE INSTRUMENTO EM RECURSO DE REVISTA INTERPOSTO NA VIGÊNCIA DA LEI 13.467/2017. TRANSCENDÊNCIA RECONHECIDA. FATO DO PRÍNCIPE. RESCISÃO UNILATERAL DO CONTRATO DE GESTÃO PELO ENTE PÚBLICO. MÁ GESTÃO DA CONTRATADA (SÚMULA 126 DO TST). JUSTIÇA GRATUITA. IMPOSSIBILIDADE DE RECURSOS NÃO DEMONSTRADA (SÚMULA 463, II, DO TST). Não merece ser provido agravo de instrumento que visa a liberar recurso de revista que não preenche os pressupostos contidos no art. 896 da CLT. Agravo de instrumento não provido".

### 6.2.2 Acórdão

"Vistos, relatados e discutidos estes autos de Agravo de Instrumento em Recurso de Revista nº TST-AIRR-788-26.2018.5.12.0001, em que é Agravante ASSOCIAÇÃO PAULISTA PARA O DESENVOLVIMENTO DA MEDICINA - HOSPITAL SÃO PAULO. Agravados MARCELO EDUARDO TESTONI PEDROSO e ESTADO DE SANTA CATARINA".

O Tribunal Regional do Trabalho da 12.ª Região denegou seguimento ao recurso de revista interposto pela reclamada que interpôs agravo de instrumento, sustentando que seu recurso de revista tinha condições de prosperar.

### 6.2.3 Decisão analisada

Acordaram os Ministros da Segunda Turma do Tribunal Superior do Trabalho, por unanimidade, negar provimento ao agravo de instrumento.

O caso trata-se de reconhecimento da ausência de sua responsabilidade pelos créditos trabalhistas deferidos na presente ação, ante o reconhecimento do factum principis. A ministra Relatora Delaíde Miranda Arantes argumenta em desfavor ao recurso, argumentando que o factum principis não caracteriza responsabilidade do empregador pelo pagamento de verbas rescisórias, reafirmando que ele corresponde a um evento imprevisível e inevitável, não moldando-se ao caso concreto, que havia previsão contratual de distrato.

A parte autora alega nas razões do agravo de instrumento, que o Estado de Santa Catarina de forma unilateral rescindiu o contrato de gestão firmado entre as reclamadas, o que caracteriza o ato de império da estatal, invocando os arts. 486, 501, 790, § 4º da CLT, Súmula 463 do TST e arestos transcritos no apelo principal.

A Corte local registrou que na hipótese não se verificou a ocorrência do "fato do príncipe", uma vez que a rescisão unilateral, pelo Estado de Santa Catarina, do convênio mantido com a reclamada, com a supressão do repasse das verbas, nos termos do contrato, não constitui acontecimento inevitável e imprevisível, já que havia previsão nesse sentido no contrato de gestão e que houve má gestão da contratada.

Nesse cenário, não há como divergir da Corte local quanto à inexistência do "fato do príncipe", em razão da previsão contratual de rescisão unilateral, na ocorrência de má gestão da reclamada, uma vez que o acórdão recorrido está fundamentando na prova dos autos. Incide a Súmula 126 do TST, o que impede, inclusive, a análise da divergência jurisprudencial colacionada.

### 6.3 Nº 1.0000.20.054313-0/001

### 6.3.1 Ementa

"EMENTA: AGRAVO INTERNO – LIMINAR EM MANDADO DE SEGURANÇA - ALEGAÇÕES NÃO COMPROVADAS – URGÊNCIA AFASTADA – ARGUMENTOS NOVOS – INSUFICIENTES – FATO DO PRÍNCIPE - INADEQUAÇÃO - ENTENDIMENTO ISOLADO.

- A apresentação de alegações, sem a devida comprovação, não pode acarretar o deferimento de medida urgente.

- A aplicação da teoria do Fato do Príncipe, nas relações tributárias, não considera as distinções das relações jurídico-administrativas e tributárias, e ignoram a natureza dos tributos e sua representatividade como receita do ente público".

### 6.3.2Acórdão

"AGRAVO INTERNO CV Nº 1.0000.20.054313-0/001 - COMARCA DE BELO HORIZONTE - AGRAVANTE (S): VAMSERVICE INOX DISTRIBUIDORA DE ACO LTDA - AGRAVADO (A)(S): SECRETÁRIO DE ESTADO DE FAZENDA DE MINAS GERAIS - INTERESSADO (A) S: ESTADO DE MINAS GERAIS Vistos etc., acorda, em Turma, a 7ª CÂMARA CÍVEL do Tribunal de Justiça do Estado de Minas Gerais, na conformidade da ata dos julgamentos, em NEGAR PROVIMENTO AO AGRAVO INTERNO"

O caso trata-se rata-se de um agravo interno interposto por VAMSERVICE Inox Distribuidora de Aço Ltda. contra decisão da relatora Alice Birchal que indeferiu pedido liminar feito em Mandado de Segurança, pretendendo diferimento no recolhimento do ICMS dos meses de abril e junho de 2020, por ocasião das dificuldades financeiras decorrentes do período atual de pandemia.

A empresa em questão argumenta que a resolução abrange a todas as empresas, inclusive àquelas que não se incluem o sistema do Simples Nacional, uma vez que a crise a qual o país encara atinge a todas. Por isso invocou o princípio da isonomia afim de demonstrar a ilegalidade da resolução ao beneficiar um determinado rol de empresas, ao qual chama de "grupo seleto".

Baseado nisso, argumenta-se ainda que a prorrogação do vencimento do ICMS ofertado a essas empresas devem ser estendidas às demais, sob pena de violação do já citado princípio da isonomia.

Além disso, a empresa alega que, sendo EPP, optou pela forma de tributação do lucro real, o que por si só não a retira a proteção constitucional inserida nos artigos 170 e 179, bem como as normas da LC 123/2006. E que a maneira de apuração dos tributos não é suficiente para qualificar a empresa como ME ou EPP, o que fica restrito ao faturamento.

Menciona, por último, a teoria do "Fato do Príncipe" pela qual a Administração Pública está responsabilizada pelas dificuldades financeiras da empresa por conta dos atos administrativos de imposição da quarentena horizontal. Assevera também que a decisão tomada em desfavor não dimensionou a questão social da medida, considerando que possui uma enorme carga social, e seu indeferimento pode provocar uma demissão em massa, o que alcança a esfera do direito coletivo, uma vez que efetuar o pagamento do ICMS nos próximos meses terá o fluxo de caixa comprometido, o que poderá gerar demissões nesse período de dificuldade.

### 6.3.3 A decisão analisada

Na decisão impugnada não foi afastada a condição de EPP da Agravante; na ocasião, ponderei que as empresas optantes do Simples Nacional precisam cumprir requisitos legais específicos, os quais não se restringem à comprovação do porte do negócio. E esses requisitos não foram acatados pela Agravante, haja vista seu desinteresse explícito em adotar o sistema tributário do Simples Nacional.

Embora pugne pela aplicação da teoria do fato do príncipe à situação tributária, conforme os julgados apresentados, julgo que as decisões exibidas são isoladas e, a meu ver, não merecem prosperar. As relações jurídicas estabelecidas entre o Fisco e os contribuintes não configuram relações jurídico-administrativas, e a cobrança de tributos não se equipara a contratos administrativos.

Quanto à sobredita advertência sobre a concessão da medida ou a demissão em massa na empresa, reitero que a questão deveria ter vindo minimamente acompanhada de provas legítimas, pois, no momento, desconheço por completo a situação contábil da Agravante neste período de pandemia e, se por algum motivo, já realizou demissões e se essas decorreram das exigências do ICMS.

### 6.3.4 Voto

O voto da relatora se inicia com alegações de que a empresa não apresenta comprovação por meio de provas. Ela ainda se embasa na norma processual inscrita no art. 369 do CPC, que permite às partes a produção de qualquer meio legal de prova, mesmo que não especificados na lei vigente, ficando o julgador desprovido de elementos que componham seu convencimento quanto ao pedido postulado. Assim, reduzir o pedido da demanda a alegações sem conteúdo probatório é submeter à apreciação do julgador a mera versão apresentada pela parte respectiva que, diga-se de passagem, é parcial e não isenta de juízos de valor. É certo que os fatos notórios não são dependentes de prova (art. 374, I, do CPC), contudo, data vênia, a saúde financeira da Agravante em época de pandemia não configura acontecimento evidente e manifesto.

Nesse sentido, embora reconheça que a respectiva Resolução regulamentou a prorrogação dos prazos tão somente para os tributos apurados sob o regime tributário do Simples Nacional, revela não ter feito a opção por este sistema em razão das desvantagens enumeradas - vedação à fruição de crédito de ICMS, resistência comercial sofrida no mercado, pagamento de valores maiores que em outros regimes.

### 6.4 Processo Nº 0010635-68.2020.5.15.004

#### 6.4.1 Ementa

"FATO DO PRÍNCIPE - COVID-19. INOCORRÊNCIA. MOTIVO DE FORÇA MAIOR. CARACTERIZAÇÃO. VERBAS RESCISÓRIAS - MULTA FUNDIÁRIA E AVISO PRÉVIO DEVIDOS - REDUÇÃO DE 50%.

I - O fato do príncipe na seara trabalhista incorre em razão da pandemia do corona vírus (art. 486, CLT). Porquanto os atos normativos inerentes das esferas federal, estadual e municipal foram editados para combater a pandemia atendendo recomendação da OMS. Não se trata de ato discricionário da administração visando interesse ou alguma vantagem. Não havendo que se falar em responsabilização do Poder Público pelas obrigações trabalhistas rescisórias.

II - O motivo de força maior resta caracterizado, em razão da decretação do estado de calamidade pública decorrente do Covid-19. As verbas rescisórias são devidas pelo empregador, por conta do risco da atividade econômica. A multa de 40% do FGTS e o aviso prévio indenizado são devidos com deságio de 50%, tendo em vista motivo de força maior".

#### 6.4.2 Relatório

Trata-se de um, recurso ordinário em procedimento sumaríssimo proposto por Antônio Francisco Rodrigues de Mesquita, contra El Camino Foods S.A. A reclamada, invoca a preliminar de denunciação à lide/chamamento ao processo e, no mérito, em razão dos seguintes pleitos: prescrição quinquenal; verbas rescisórias e FGTS; multa dos arts. 467 e 477 da CLT; e honorários advocatícios sucumbenciais.

O reclamante, recorre dos seguintes títulos: multa rescisória do FGTS; multa do art. 467 da CLT; e aviso prévio indenizado.

#### 6.4.3 Decisão analisada

Houve a rejeição do recurso, tendo reconhecido que não houve prescrição, visto que as pretensões dispostas se tratam de verbas devidas pelo término do contrato laboral. Assim, argumentam que na esfera trabalhista, a prescrição tem lastro constitucional no art. 7º XXIX da CRFB, o qual aponta duas hipóteses: Total a partir de 2 (dois) anos, contados da cessação do vínculo de emprego, e de 05 (cinco) anos na vigência da relação jurídica.

No caso de extinto o pacto, as pretensões de cunho condenatório deverão ser formuladas dentro do prazo de 02 (dois) anos, sendo exigíveis as obrigações dos últimos 05 (cinco) anos, cujo marco inicial, nesta hipótese, é a partir da data da propositura da ação, a teor da Súmula 308, I, do TST.

#### 6.4.3.1 Das verbas rescisórias - motivo de força maior

A reclamada requereu a aplicação do art. 486 da CLT, argumentando que fora obrigada a fechar seu estabelecimento, ocasionando na redução do seu faturamento, devido à decretação governamental por meio dos Decretos nº 64.881/20 e nº 64.920/20.

A esse argumento, foi decidido pela inaplicabilidade do fato príncipe por conta do período de calamidade pública ocasionada pelo coronavírus. Porém, ressaltou-se pela qualificação dessa situação como uma força maior, que é, inclusive, prevista em toda a legislação emergencial, seja para liberar o Estado de amarras nas ações destinadas à preservação da saúde, seja para determinar o pagamento de benefícios emergenciais, complementações de renda, liberação de FGTS, dentre outras medidas. No entanto, mesmo incorrendo essa previsão legal, a requerida não foi dispensada do pagamento das verbas rescisórias devido à invalidade da Medida Provisória nº 927/2020, a qual suspendeu a exigibilidade do recolhimento do FGTS pelos empregadores, referente às competências de março, abril e maio de 2020, conforme assim dispôs em seu art. 19:

"Art. 19. Fica suspensa a exigibilidade do recolhimento do FGTS pelos empregadores, referente às competências de março, abril e maio de 2020, com vencimento em abril, maio e junho de 2020, respectivamente".

A referida Medida Provisória perdeu sua validade, tendo em vista que não votada em tempo hábil pelo Senado Federal, caducando, portanto.

Nessa seara, uma vez que não havia nos autos qualquer documento demonstrando a quitação do FGTS no mês de março/2020 e, tampouco, qualquer comprovante de pagamento no mês posterior, conforme facultou a MP acima mencionada, correta a r.

sentença quanto ao aspecto.

### 6.4.3.2 Da multa do art. 477 da CLT

Aduz a reclamada que por força do artigo 486 da CLT, as verbas rescisórias devidas ao autor devem ser pagas pelo Governo do Estado de São Paulo por força dos decretos emitidos, que impediram o funcionamento dos estabelecimentos da reclamada, não havendo que se falar em multa do artigo 477 da CLT.

Conforme entendimento majoritário, o fechamento do estabelecimento da reclamada, decorrente dos atos governamentais em razão da pandemia do coronavírus, foi dirigida a toda a coletividade, de modo que não há se falar em responsabilidade do governo estadual pelo pagamento da multa em testilha, permanecendo a responsabilidade ao encargo do empregador, por conta do risco da atividade econômica.

### 6.4.4 Voto

A parte reclamada chama ao processo o Governo do Estado de São Paulo, tendo em vista que, pela decretação da quarentena (Decretos 64.881/20 e 64.920/20), foi impedida de abrir seu estabelecimento. Desse modo, houve a impossibilidade de efetuar o pagamento das verbas rescisórias devidas ao autor, atraindo ao caso a aplicação do artigo 486 da CLT:

"Art. 486 - No caso de paralisação temporária ou definitiva do trabalho, motivada por ato de autoridade municipal, estadual ou federal, ou pela promulgação de lei ou resolução que impossibilite a continuação da atividade, prevalecerá o pagamento da indenização, que ficará a cargo do governo responsável. (Redação dada pela Lei nº 1.530, de 26.12.1951)"

Argumenta-se, principalmente que, em razão da pandemia do coronavírus, várias leis foram editadas com o objetivo de combater os efeitos nocivos da pandemia, tendo sido decretado estado de calamidade pública, conforme Decreto Legislativo nº 6, 20/3/20. Por conta disso, vários setores empresariais foram atingidos com a paralisação temporária da atividade econômica, bem como com dispensa de pessoal.

Ademais, há a sustentação de que para a caracterização do fato príncipe, é necessário que haja a edição de um ato normativo que vise interesse ou algum benefício ao Poder Público e ao mesmo tempo inviabilize a continuidade da atividade empresarial.

Assim, quando o referido ato da administração não é ocasionado para obter vantagem para o Estado não se pode alegar o instituto do fato príncipe para atrair a responsabilidade do Poder Público pelas obrigações trabalhistas rescisórias das empresas.

Como já afirmado anteriormente em outros acórdãos, esse reforça o entendimento de que normativos referentes à pandemia do Convid-19, decorreram da necessidade de proteção à população ocasionada pela calamidade na saúde pública, seguindo orientação da Organização Mundial da Saúde, para o combate a pandemia de abrangência mundial. Não se trata, pois, de ato discricionário da administração visando interesse ou alguma vantagem para o ente público, como ocorre numa desapropriação ou revogação de concessões.

## 7. Conclusão

Com uma clareza solar, é possível identificar ao longo de todo o artigo como o instituto do fato príncipe vem sendo utilizado de maneira completamente errônea durante a pandemia do coronavírus por empresas que buscam um artifício para se escusarem de suas responsabilidades legais para com seus funcionários.

As decisões dos tribunais trazidas em análise demonstram, de maneira clara e eficiente, como o assunto está sendo tratado pelo judiciário, bem como os argumentos que refutam a inaplicabilidade do fato príncipe quando se trata de resolução de contratos de trabalho.

Ademais, reforça-se o entendimento de como a fala de, em tese, um líder de um país, no caso Bolsonaro, tem peso para os cidadãos, levando-os a erros grandiosos e decisões egoístas frente à uma situação de extrema necessidade de empatia. Ocasionando em diversos e trágicos exemplos reais como a churrascaria e a pizzaria citadas anteriormente.

Reforça-se, também o entendimento de que a pandemia está ocasionando uma gama de situações que colocam e cheque a funcionabilidade de diversas empresas, e por isso, de modo geral, toda a área comercial está sofrendo com os impactos da quarentena. Por esse motivo, é extremamente necessário agir com respeito à boa-fé objetiva e cumprir, da melhor maneira possível, com as obrigações firmadas, sem utilizar o instituto do Fato Príncipe como "rota de fuga" para demissão em massa e como justificativa para não pagar os valores referentes à resolução contratual.

Assim, o que se pretende com o presente artigo é demonstrar, faticamente, como o instituto do fato príncipe não se aplica às resoluções contratuais para empresas que utilizam a pandemia como argumento para negar os direitos e como justificativa para não pagar as verbas resolutórias dos seus empregados.

## Referência

BRASIL, Decreto Legislativo nº 6, de 2020. Senado Federal, em 20 de março de 2020. Disponível em: <http://www.planalto.gov.br/ccivil_03/portaria/DLG6-2020.htm>

BRASIL, Lei nº 13.979. Decreto presidencial, Brasília, 6 de fevereiro de 2020. Disponível em:<https://www.in.gov.br/en/web/dou/-/lei-n-13.979-de-6-de-fevereiro-de-2020-242078735>

BRASIL, Tribunal Regional do Trabalho. Pr nº 1000594-85.2020.5.02.0043. Relatora: Karen Cristina Nomura Miyasaki. São Paulo, 24 de agosto de 2020. Disponível em: < https://trt-2.jusbrasil.com.br/jurisprudencia/1125039670/10005948520205020043-sp>

BRASIL, Tribunal Regional do Trabalho. RORSum 0010635-68.2020.5.15.0043 0010635-68.2020.5.15.0043. Relator: Edison Dos Santos Pelegrini. São Paulo, 16 de setembro de 2020. Disponível em: <https://trt-15.jusbrasil.com.br/jurisprudencia/927492461/rorsum-106356820205150043-0010635-6820205150043>

BRASIL, Tribunal Superior do Trabalho. N ° AIRR 788-26.2018.5.12.0001. Relator: Delaide Miranda Arantes. Brasília, 30 de Setembro de 2020. Disponível em: https://tst.jusbrasil.com.br/jurisprudencia/937917382/agravo-de-instrumento-em-recurso-de-revista-airr-7882620185120001/inteiro-teor-937917790

BRASIL, Tribunal de Justiça de Minas Gerais. N° AGT 10000200543130001 MG. Relatora: Alice Birchal. 18 de Agosto de 2020. Disponível em: <https://tj-mg.jusbrasil.com.br/jurisprudencia/918302152/agravo-interno-cv-agt-10000200543130001-mg >

CASSAR, Vólia Bomfim. Direito do Trabalho: de acordo com a Reforma Trabalhista: Lei 13.467/2017. 14. ed. Rio de Janeiro: Grupo Gen, 2017. p. 994-995.

OLIVEIRA, J. C. . Direito do Trabalho Aplicado. Belo Horizonte: Del Rey, 1995. v. 4.

# A PREJUDICIALIDADE DA IDEOLOGIA PROPAGANDISTA "O BRASIL NÃO PODE PARAR": UMA ANÁLISE SOBRE O CASO BURGER KING À LUZ DO PRINCÍPIO DA BOA-FÉ OBJETIVA

# 13

**João Vitor Caligaris Bernadino**

## 1. Introdução

De acordo com o Ministério da Saúde[1], por meio da portaria nº188, desde o dia 3 de fevereiro de 2020, o Brasil se encontra em estado de emergência em saúde pública de importância nacional (ESPIN). Foi declarada, portanto, devido à infecção humana pelo novo Coronavírus, um evento pandêmico complexo demandante de esforço conjunto no estabelecimento de medidas urgentes de prevenção, controle e contenção de riscos, danos e pioras à saúde pública. Dessa forma, ao menos no Estado de São Paulo, a cidade enfrentou semanas em quarentena, na qual se restringiu as atividades que não envolvessem serviços considerados essenciais, a citar a proibição de atendimento presencial nos estabelecimentos comerciais e na prestação de serviços. O cenário perpetuou-se por um longo tempo antes que viesse à tona a discussão de uma possível flexibilização e retorno às atividades normais; habituais.

Acerca do retorno, pois, o assunto gerou inúmeros posicionamentos díspares e

1. BRASIL. Portaria nº 188, de 3 de fevereiro de 2020. Dispõe sobre a declaração de emergência em saúde pública de importância nacional em decorrência do COVID-19. Disponível em: <https://www.planalto.gov.br/ccivil_03/Portaria/Portaria-188-20-ms.htm>. Acesso em: 05/12/2020.

polarizados, dada a sua extensão polêmica. A maioria da população, inicialmente, agiu de acordo com a quarentena, apoiando a decisão e a mantendo enquanto pôde, porém, com o passar do tempo, o desgaste emocional e psíquico tomou conta de certa parcela, que começou a se questionar quanto tempo mais o vírus permaneceria um inimigo tão sufocante. Essa parcela recebera, de pronto, o apoio de outra ala ideológica do país, a qual sempre acreditou na impossibilidade de pausar as atividades econômicas por prevenção à contaminação, afinal, dada a sua alta dispersão, isso aparentemente ocorreria de qualquer forma e o "Brasil não pode parar".

Como o mundo, atualmente, encontra-se globalizado, a mídia abarcou o assunto em sua completude, por certo, expondo ambas as linhas de pensamento, contudo, há estudos que mostram a problemática da influência da prejudicialidade de uma ideologia nociva à saúde populacional ao ser veiculada de forma tão influente, ainda mais se considerada a importância da figura diante de tais pronunciamentos, como no caso das campanhas publicitárias abordadas nesse artigo.

Uma vez entrado o estado de pandemia no Brasil, seja em quarentena ou não, por certo, são inegáveis os impactos sofridos nas relações de consumo durante esse período, causando, inclusive, dúvidas nos fornecedores sobre como proceder conjuntamente aos consumidores, sem que violem, então, a legislação consumerista em vigor. Essas alterações contratuais durante o cenário de Covid-19 são, juntamente com o papel influente midiático nas propagandas abusivas, o principal recorte feito nesse artigo, de modo a problematizar o papel vulnerável do consumidor no vínculo obrigacional, o qual, de certo ângulo, pode se encontrar ainda mais prejudicado dada a ocorrência inusitada de mudanças tão caóticas.

Isso pode, claro, gerar um desequilíbrio preocupante, causador de necessárias indenizações, sanções e compensações a serem realizadas e discutidas. O objetivo, portanto, do artigo, é, através de uma análise cirúrgica dos casos específicos mencionados, seja da propaganda governamental ou da rede de estabelecimentos, trazer uma visão crítica do conservadorismo em face de um cenário pandêmico e o seu reflexo negativo, dada a possível reabertura do comércio, às relações obrigacionais, se não forem, por conseguinte, feitas com extrema cautela e observância legal - ou seja, caso não usufruam da imparidade do conceito da boa-fé objetiva. Esse foi, enfim, o princípio de integridade contratual escolhido na interpretação e análise principais feitas dos casos nesse artigo, a fim de se realizar um recorte interessante e atual dada a pandemia de COVID-19.

O restante desse artigo está organizado da seguinte maneira: na Seção 2 é apresentada a influência de uma mídia abusiva no comportamento populacional prejudicial à sua saúde, incluindo o reflexo na reabertura comercial; a Seção 3 traz, só então, a problemática envolvida na relação de consumo em meio a pandemia, dado o reflexo da ideologia conservadora em atos de desrespeito contrários ao isolamento social; na Seção 4 tem-se a arquitetura visual da boa-fé objetiva, perpassando as sanções na relação de consumo; na Seção 5, ainda, visando em acrescentar um substrato de autoridade ao artigo, são trazidos argumentos de autoridades pertinentes às questões; a Seção 6, por fim, demonstra os resultados obtidos, resolvendo o artigo.

## 2. A propaganda "O Brasil Não Pode Parar" e o perigo de sua difusão ideológica

É, pois, fato de conhecimento público e manifesto que o planeta se encontra em um contexto de pandemia de proporções inéditas. Ela, por sua vez, tem acarretado milhares de mortos e de infectados, ao fechamento de fronteiras, à promulgação de regras de quarentena, de isolamento social e à decadência dos melhores e mais bem preparados sistemas de saúde das nações mais desenvolvidas e bem estruturadas capazes de combater um cenário dessa urgência. Logo, a conjuntura é crítica, inexistindo dúvidas de que a contaminação por COVID-19 simboliza uma ameaça à saúde e à vida da população. Nessa linha, dados disponibilizados em 28.11.2020, segundo balanço do Ministério da Saúde[2], registravam: no Brasil, onde o contágio foi posterior, 6.290.272 infectados e 172.561 mortes.

Observado referidos números, foi, assim, com grande choque e polêmica a recepção da aparente embrionária campanha publicitária do governo federal titulada "O Brasil Não Pode Parar". A propaganda, segundo a revista *Época*[3], já havia circulação

2. RAFAEL, Pedro Vilela. Casos acumulados da covid-19. Agência Brasil, 2020. Disponível em: <https://agenciabrasil.ebc.com.br/saude/noticia/2020-11/casos-acumulados-da-covid-19-vao-62-mi-e-obitos-chegam-172-mil>. Acesso em: 28/11/2020.
3. AMADO, Guilherme. Governo lança campanha Brasil não pode parar. Época, 2020. Disponível em: <https://epoca.globo.com/guilherme-amado/governo-lanca-campanha-brasil-nao-pode-parar-veja-video-24332518>. Acesso em: 01/12/2020.

nos grupos de Whatsapp da militância bolsonarista em meados do mês de março. Nela, através de mídia visual, ocorre a divulgação do "isolamento vertical", assertivamente referenciado por Jair Bolsonaro, o qual se baseia na priorização da quarentena para grupos de riscos e idosos, permitindo com que os demais voltem à rotina de trabalho flexibilizada; normal. A saber, o conteúdo da campanha, afirmado através de seu locutor, fora transmitido dessa maneira:

> Para os pacientes das mais diversas doenças e os heróicos profissionais de saúde que deles cuidam, para os brasileiros contaminados pelo coronavírus, para todos que dependem de atendimento e da chegada de remédios e equipamentos, o Brasil não pode parar. Para quem defende a vida dos brasileiros e as condições para que todos vivam com qualidade, saúde e dignidade, o Brasil não pode parar[4].

Caso se analise atentamente a relação feita na campanha, há uma tentativa de polarização, comum no meio da ala de ideologia conservadora da população brasileira, entre salvar vidas ou a economia. Apela-se, inclusive, para valores morais e emocionais através do molde de mártir dos profissionais de saúde, ligando à importância do trabalho deles para com a saúde em equidade com os demais cidadãos na manutenção do sistema econômico do país. Isso é, confunde-se a essencialidade da profissão dos serviços médicos e hospitalares, ao realizar o comparativo, uma vez que essa distinção é feita pela própria legislação, no dispositivo de Lei nº 7.783, art. 10, inciso ll.

Não obstante a confusão, importa, também, uma mediação crítica acerca da polarização feita. Não existe, verdadeiramente, uma oposição e uma separação entre a proteção à saúde da população e a proteção à economia e aos empregos da mesma população, conforme consta na propaganda. É, tão somente, um aspecto compartilhado mundialmente tais medidas restritivas em matéria de saúde e os impactos econômicos advindos delas. Se, portanto, o Brasil não adotar severamente as decisões de contenção da propagação do vírus, há a possibilidade do país ser visto como uma ameaça àqueles que o estão combatendo, culminando, então, em um futuro isolamento econômico.

---

4. CARVALHO, Igor. "Brasil não pode parar": campanha de Bolsonaro contra isolamento vai parar no TCU. Brasil de Fato, 2020. Disponível em: <https://www.brasildefato.com.br/2020/03/27/brasil-nao-pode-parar-padilha-vai-a-justica-para-impedir-campanha-de-bolsonaro>. Acesso em: 01/12/2020.

Em ótica semelhante, a flexibilização das medidas de distanciamento social fatalmente encaminhará à propagação do vírus, passível de confirmação através da observação da ampla experiência internacional, e, dessa forma, resultar-se-á na necessidade de medidas de restrição populacionais ainda mais graves.

Conclui-se, por fim, que a demora e a irresponsabilidade nas decisões sobre o impedimento da disseminação do vírus tendem a aumentar os riscos de efeitos negativos à economia, o que nos traz à última constatação - sem uma proteção à saúde pública, não há retorno saudável a um funcionamento estatal em situação de normalidade, conectando-a à economia sob uma relação de interdependência.

É válido apontar, ainda, a descaracterização política da decisão de flexibilização do isolamento social por parte do Presidente da República no trato da pandemia. Afinal, não existe um vasto leque de opções capazes de garantir o bem estar populacional, pois, como assegura a ciência[5], não há a produção de resultado favorável à proteção da vida e da saúde da população na supressão das medidas de distanciamento social. Logo, inexistindo medidas diversas na condução da situação, não há outra escolha legítima.

Essa é, inclusive, a linha de raciocínio, seguida pelo Ministro Luís Roberto Barroso, ao acolher a arguição de descumprimento de preceito fundamental de número 669[6]. Na decisão liminar, através de argumentação similar, o ministro, ainda, proibiu o governo federal de realizar qualquer campanha contra o isolamento social

5. Patrick GT Walker, Charles Whittaker, Oliver Watson.The Global Impact of COVID-19 and Strategies for Mitigation and Suppression. WHO Collaborating Centre for Infectious Disease Modelling, MRC Centre for Global Infectious Disease Analysis, AbdulLatif Jameel Institute for Disease and Emergency Analytics, Imperial College London, 2020, livre tradução. Disponível em: <https://www.imperial.ac.uk/media/imperial-college/medicine/sph/ide/gida-fellowships/Imperial-College-COVID19-Global-Impact-26-03-2020.pdfhttps://www.imperial.ac.uk/media/imperial-college/medicine/sph/ide/gida-fellowships/Imperial-College-COVID19-Global-Impact-26-03-2020.pdf>. Acesso em: 28/11/2020.
6. BRASIL. ADPF n. 669, de 31 de março de 2020. Dispõe sobre Arguição de Descumprimento de preceito fundamental contra a contratação e veiculação de campanha publicitária entitulada "O Brasil Não Pode Parar". Disponível em: <http://www.stf.jus.br/arquivo/cms/noticiaNoticiaStf/anexo/ADPF669cautelar.pdf>. Acesso em: 28/11/2020.

solicitado pela Organização Mundial de Saúde (OMS) no intuito de controlar a pandemia - evitando a sugestão de retorno às atividades plenas à população e a redução da pandemia a evento de menor gravidade. Caracterizando a campanha como "desinformativa", ele afirma, por fim:

> A atual situação sanitária e o convencimento de que a população se mantenha em casa já demandava esforços consideráveis. A disseminação da campanha em sentido contrário pode comprometer a capacidade das instituições de explicar à população os desafios enfrentados e de promover seu engajamento com relação às duras medidas que precisam ser adotadas[7].

Conforme mencionado, a campanha fomentou ampla mobilização, não só no cenário social, mas jurídico, sendo a ADPF 669 apenas um dos exemplos possíveis de serem apontados. Outros, de forma sintetizada, seriam a denúncia ajuizada pelo PSB ao TCU8, a ação levada ao STF pela OAB (ADPF 672[9]), de relatoria do Ministro Alexandre de Moraes, a ADPF 668[10], de trato do Procurador-Geral da República, Augusto Aras, e, inclusive, um mandado de segurança[11]. Por mérito de conteúdo, torna-

---

7. COELHO, Gabriela. Propaganda "Brasil não pode parar" foi um ato isolado. CNN Brasil, 2020. Disponível em: <https://www.cnnbrasil.com.br/politica/2020/04/23/propaganda-brasil-nao-pode-parar-foi-um-ato-isolado-diz-governo-ao-supremo>. Acesso em: 28/11/2020.
8. CARNEIROS ADVOGADOS. Denúncia. Dispõe sobre denúncia por parte dos membros da OAB acerca de campanha publicitária "O Brasil Não Pode Parar". Disponível em: <https://www.conjur.com.br/dl/denuncia-psb-tcu.pdf>. Acesso em: 28/11/2020.
9. BRASIL. ADPF nº 672, de 08 de abril de 2020. Dispõe sobre Arguição de Descumprimento de Preceito Fundamental em face de atos omissivos e comissivos do Poder Executivo federal no contexto de pandemia. Disponível em: <http://www.stf.jus.br/arquivo/cms/noticiaNoticiaStf/anexo/ADPF672liminar.pdf>. Acesso em: 28/11/2020.
10. BRASIL. ADPF nº 668, de 13 de abril de 2020. Dispõe sobre Arguição de Descumprimento de Preceito Fundamental contra ato atribuído ao governo federal na divulgação de campanha "O Brasil não pode parar". Disponível em: <http://www.mpf.mp.br/pgr/documentos/ADPF000668COVID19campanhapublicitariagovernofederalVFCD.pdf>. Acesso em: 28/11/2020.
11. BRASIL. Mandado de segurança, nº 0089123-22.2020.1.00.0000 DF - DISTRITO FEDERAL 0089123-22.2020.1.00.0000, de 05 de Maio de 2020. Dispõe sobre mandado de segurança preventivo ao presidente da república. Disponível em: <https://stf.jusbrasil.com.br/jurisprudencia/853398531/mandado-de-seguranca-ms-37043-df-

se impossível a esse artigo a análise e dissecação de todas as obras referenciadas, porém, devido ao magnânimo interesse pertencente a elas, resta a listagem e a recomendação válidas para que sejam lidas.

A campanha fora veiculada por canais oficiais do governo federal, através de coordenação feita pela SECOM, mas retirada de circulação e excluída, por meio da justificativa de que possuía caráter experimental e não faria parte de uma campanha publicitária, e sim de um ato isolado de comunicação. Embora a campanha, de fato, não possa ser de maneira sólida e comprovada ligada diretamente à figura do presidente Jair Bolsonaro, cujo substrato é defendido na ADPF 668, é inegável que a ideologia perseguida pela propaganda vai ao encontro do pilar discursivo do governo federal. Afinal, foi frequente, durante o primeiro trimestre da situação pandêmica no Brasil, a pontuação nas falas do presidente de afirmações polêmicas, por vezes comprovadamente falsas[12], acerca das medidas de isolamento social no país. Em pronunciamento nacional no dia 24 de março, por exemplo, o Presidente não foi favorável às medidas de fechamento do comércio, deixando perpassar em sua fala, ironicamente, a versão dialogada do slogan da campanha #OBrasilNãoPodeParar, perceptível no seguinte trecho:

> Nossa vida tem que continuar. Os empregos devem ser mantidos. O sustento das famílias deve ser preservado. Devemos, sim, voltar à normalidade. Algumas poucas autoridades estaduais e municipais devem abandonar o conceito de terra arrasada, a proibição de transportes, o fechamento de comércio e o confinamento em massa[13].

Portanto, a questão da campanha, que sequer chegou a ser um projeto grande amplamente divulgado pelo governo federal, embora não tenha tido crivo e nem a imagem do Presidente, por certo não foge de suas ideias defendidas. Essa ideologia propagandista derivada do slogan, sem dúvidas, está enraizada em grande parte da

---

distrito-federal-0089123-2220201000000>. Acesso em: 28/11/2020.

12. O que Bolsonaro falou do coronavírus - e o que é fato. Aos Fatos, 2020. Disponível em: <https://www.aosfatos.org/noticias/o-que-o-presidente-falou-do-coronavirus-e-o-que-e-fato/>. Acesso em: 29/11/2020.
13. BARRUCHO, Luís. Coronavírus: o que diz a Ciência sobre 6 pontos do discurso de Bolsonaro. BBC News Brasil, 2020. Disponível em: <https://www.bbc.com/portuguese/brasil-52041251>. Acesso em: 29/11/2020.

população, principalmente no seio de apoiadores político aliados ao presidente, tornando-se um problema extremamente prejudicial. Afinal, a visão de um líder político, elegido através da imagem messiânica de idolatria da ala conservadora da população, ao realizar sequenciais postulações contrárias às recomendações da OMS acerca da pandemia, estimula leigos, ignorantes e apoiadores a banalizarem um vírus perigoso, prejudicando não só a contenção do mesmo, mas também o status quo social e a própria economia.

De forma a abarcar a ideia, um estudo realizado pelo doutor Tiago Cavalcanti, na Universidade de Cambridge, busca reafirmar justamente a relação entre as aparições televisivas do presidente Bolsonaro e a crescente negação ao distanciamento social no Brasil. Nesse estudo, Tiago utilizou como base, inclusive, o discurso presidencial referenciado acima, e concluiu que "a atitude de um líder pode ter um significante e possivelmente devastador impacto na saúde individual e no sistema de saúde de uma nação"[14]. Segundo sua análise, durante o primeiro trimestre do ano, as cidades onde o apoio ao mesmo é maior, tiveram 30% menos índices de distanciamento social se comparados às cidades onde o presidente recebe um apoio menor, índices esses agravados após a subestimação pública dos esforços de prevenção da pandemia realizados pelo presidente.

Em suma, torna-se possível de concluir que, mesmo através de detalhes simples, como uma fala no discurso presidencial, acabam por prejudicar em muito não só o parâmetro situacional da saúde no Brasil, mas também, em um plano futuro, de sua economia - embora assim não o pareça, a princípio. Uma vez, é claro, considerando-se a gravidade da pandemia atual e quão desestimulantes ao isolamento social tais trechos vocalizados o são. Assegurado a prejudicialidade da questão em termos gerais, é necessário adentrar o aspecto do direito privado, mais especificamente do direito contratual, e analisar a questão sob o enfoque de alguns princípios contratuais. Para tanto, de antemão, o artigo será posto em trilhos extremamente recentes, em demonstração de como a ideologia propagandista, ao levar em uma banalização do

---

14. CAVALCANTI, Tiago. Bolsonaro's attitude to coronavirus increases 'risky behaviour' in Brazil. Universidade de Cambridge, 2020. Disponível em: <https://www.cam.ac.uk/research/news/bolsonaros-attitude-to-coronavirus-increases-risky-behaviour-in-brazil>. Acesso em: 29/11/2020.

isolamento social, incorreu em possibilitar que um caso como o incidente da rede de restaurantes Burger King viesse a acontecer.

## 3. Análise do caso "Burger King" com enfoque na relação de consumo

A rede de restaurantes Burger King promoveu, no mês de outubro, para a temática do Dia das Bruxas, a campanha publicitária de nome "Vassoura Thru", sendo, essencialmente, uma propaganda de oferta. Nela, indicava que todos os clientes, caso se dirigissem às 127 lojas da rede participantes da promoção com uma vassoura em mãos, ganhariam um sanduíche Whooper - ou seja, consistia na promoção de distribuição gratuita de sanduíches.

No entanto, a campanha acabou atingindo níveis consideráveis de atenção de uma maneira indesejada, pois provocou filas e aglomerações do lado de fora de inúmeras lanchonetes por todo o país, cujos flagrantes de desrespeito ao isolamento social foram alvos de críticas no meio das redes sociais. A saber, em Salvador, por exemplo, uma lanchonete da rede foi interditada[15]. Segundo o secretário municipal de Desenvolvimento e Urbanismo, Sérgio Guanabara, a lanchonete teria desrespeitado o decreto 32.656/2020, responsável por proibir a execução de eventos ou promoções passíveis de incitar a aglomeração de pessoas, por causa da pandemia de COVID-19.

Em cenário semelhante, na cidade de São Carlos[16], a Vigilância Sanitária autuou a rede de fast food, onde também houve aglomeração e cujas pessoas na fila sequer portavam máscaras. Segundo a assessoria de imprensa da prefeitura, a Vigilância se baseou em três aspectos para a configuração da autuação, o primeiro deles sendo o fato de a rede não ter pedido autorização do Comitê Emergencial de Combate ao Coronavírus na elaboração da promoção. Em seguida, por não ter respeitado os protocolos sanitários recomendados na pandemia e, por fim, devido à ausência de

---

15. ALMIRANTE, Juliana. Salvador interdita unidade do Burger King após promoção gerar aglomerações. UOL, 2020. Disponível em: <https://economia.uol.com.br/noticias/redacao/2020/10/31/burger-king-salvador-bahia-loja-fechada-promocao-vassoura-halloween.htm>. Acesso em: 30/11/2020.
16. Promoção do Burger King em São Carlos provoca aglomeração em fila e rede é multada. G1, 2020. Disponível em: <https://g1.globo.com/sp/sao-carlos-regiao/noticia/2020/10/31/promocao-do-burger-king-em-sao-carlos-provoca-aglomeracao-em-fila-por-lanche-gratuito.ghtml>. Acesso em: 30/11/2020.

demarcação no chão indicando o distanciamento adequado entre as pessoas na fila. Além disso, houve, em uma rede do estabelecimento localizada em Campo Grande[17] (MS), uma complicação na oferta dos próprios sanduíches, incorrendo na falta do produto para os clientes que compareceram, o que, claramente, provocou um protesto das pessoas insatisfeitas.

Dessa forma, por mais criativa que tenha sido a propaganda de oferta feita pelo Burger King, não o foi perspicaz, sendo assim, resulta esclarecido a impraticabilidade das campanhas desse porte nos tempos pandêmicos atuais. Em um estudo realizado pela advogada Paula Dias Cruz[18], a especialista em Direito Civil realiza com clareza ímpar a relação entre a prejudicialidade do marketing de oferta irregular das empresas no contexto do COVID-19 e a relação de consumo, observando sob uma ótica da boa fé e seus possíveis efeitos punitivos. Nele, ela afirma a importância da ideologia propagandista em manter-se atrelada e atualizada com a legislação pátria, através da consulta insistente com o departamento jurídico da empresa, em questão, a fim de sistematizar os riscos existentes à campanha.

No que toca à legislação referenciada, então, é válido apontar a importância dada à proteção efetiva tanto da saúde, quanto da defesa do consumidor. Pois, respectivamente, são abarcados pela Constituição Federal como direito social básico, em seu Art. 6º, recebendo inclusive seção própria a sua proteção (Art. 8º ao Art. 11º) e garantia fundamental, no Art. 5º, inciso XXXII. Paula, ainda, lembra do âmbito mister do CDC, ao elaborar a Política Nacional das Relações de Consumo, o qual alia as definições de saúde e de consumidor, trazendo consigo a finalidade de suprir às necessidades dos consumidores e potencializar o respeito à saúde dos mesmos. Nesse sentido, a autora evidencia importantíssimos princípios, presentes no Art. 4º, elencados a seguir:

---

17. MELLO, Igor. Promoção do Burger King provoca aglomerações em meio à pandemia de covid-19. UOL, 2020. Disponível em: <https://economia.uol.com.br/noticias/redacao/2020/10/31/promocao-do-burger-king-provoca-aglomeracoes-em-meio-a-pandemia-de-covid-19.htm>. Acesso em: 30/11/2020.
18. CRUZ, Paula Dias. É considerada abusiva a publicidade que coloque a saúde de consumidores em risco. Migalhas, 2020. Disponível em: <https://migalhas.uol.com.br/depeso/336293/e-considerada-abusiva-a-publicidade-que-coloque-a-saude-de-consumidores-em-risco>. Acesso em: 30/11/2020.

**Art. 4º, inciso I.** O reconhecimento da vulnerabilidade do consumidor no mercado de consumo;

**Art. 4º, inciso III.** A harmonização dos interesses dos participantes das relações de consumo e compatibilização da proteção do consumidor com a necessidade de desenvolvimento econômico e tecnológico, de modo a viabilizar os princípios nos quais se funda a ordem econômica (art. 170, da Constituição Federal), sempre com base na boa-fé e equilíbrio nas relações entre consumidores e fornecedores e;

**Art. 4º, inciso VI.** Coibição e repressão eficientes de todos os abusos praticados no mercado de consumo, que possam causar prejuízos aos consumidores

Ao destacar tais incisos, por certo, a autora denota, por exemplo, a magnânima importância da lembrança de que o consumidor é a parte hipossuficiente da relação consumerista. Sendo assim, encontra-se em desvantagem e evidente vulnerabilidade diante de ações planejadas por empresas. Afinal, as mesmas estão na posse do conhecimento técnico e, por isso, devem se atentar aos detalhes para evitar prejuízos e danos. Além disso, também aponta ao parâmetro do princípio da boa-fé, que receberá um enfoque maior em seguida, pois deve ser o balizador para o crescimento das empresas, considerando-se que é a arma de proteção do consumidor em ações que favorecem à promoção do fornecedor, como é o caso concreto.

Logo, em síntese argumentativa feita, Paula permite concluir que é considerada abusiva a publicidade que coloque a saúde de consumidores em risco. Dessa forma, a ideologia propagandista não pode gerar ações que ultrapassem as recomendações sanitárias feitas por causa da pandemia do COVID-19, devendo, então, serem coibidas. Recomendações estas[19-20], conforme lembrado, editadas no intuito de que se evitem aglomerações de pessoas, ensejando ao isolamento social, a fim de se diminuir o

---

19. BRASIL. Recomendação nº 022, de 09 de Abril de 2020. Dispõe sobre medidas com vistas a garantir as condições sanitárias diante da pandemia da COVID-19. Conselho Nacional de Saúde. Disponível em: <https://conselho.saude.gov.br/recomendacoes-cns/1112-recomendac-a-o-n-022-de-09-de-abril-de-2020>. Acesso em: 30/11/2020.
20. BRASIL. Recomendação nº 036, de 11 de Maio de 2020. Dispõe sobre a implementação de medidas de distanciamento social mais restritivo na pandemia. Disponível em: <http://conselho.saude.gov.br/recomendacoes-cns/1163-recomendac-a-o-n-036-de-11-de-maio-de-2020>. Acesso em: 30/11/2020.

fluxo do coronavírus e ajudar o Sistema de Saúde.

Não obstante, essa coibição recebe aparato legal, pois, no Art. 36, parágrafo 2º, o CDC categoriza a publicidade indutora de um comportamento prejudicial à saúde do consumidor como abusiva. Além disso, em seu Art. 68, declara que é considerado crime contra à relação de consumo a realização de publicidade capaz de estimular o consumidor a um comportamento perigoso à sua própria saúde, gerador de multa e detenção de até 2 anos. Sem dúvidas, há o encaixe tanto da propaganda O Brasil Não Pode Parar, quanto da Vassoura Thru, nos limites legislativos, tornando-se possível de dizer que ambas promoveram aglomerações na pandemia, sem uma consideração de possível risco, culminando-se em sua qualidade abusiva. Caso, portanto, configure um contágio generalizado por causa da campanha, poder-se-ia, inclusive, tratar-se de dano coletivo, indenizável em seu espectro de responsabilidade.

Uma vez, por conseguinte, adentrado o aspecto da prejudicialidade da imprudência da retomada incorreta do comércio, faz-se necessário, pois, e interessante, realizar uma análise do vínculo contratual e da relação de consumo envolvidas no caso Burger King. Dessa forma, relacionar-se-á a responsabilidade civil existente entre o estabelecimento comercial e o vínculo contratual estabelecido, através do enfoque do princípio da boa-fé. Além disso, importa tratar, também, nessa propaganda de oferta, quais são as sanções possíveis de se incorrer e que tipo de indenização e de compensação o consumidor pode vir a ter.

## 4. A importância da boa-fé objetiva nas relações contratuais durante a pandemia

No tópico acima, perpassou-se a discussão acerca da relação de consumo mantida de forma irregular através de propaganda abusiva do estabelecimento comercial, bem como se detalhou a vulnerabilidade do consumidor e as possíveis sanções penais sofríveis. Nesse sentido, é válido observarmos o papel mister realizado pelo princípio da boa-fé no vínculo contratual, principalmente diante da alteração pandêmica, e seus efeitos tanto em quesitos indenizatórios como de compensação ao consumidor.

Por conseguinte, ao se tratar de boa-fé, importa evidenciar que a mesma existe sob dois enfoques, o objetivo e o subjetivo. Para a análise do caso concreto nesse artigo, basta a atenção ao seu aspecto objetivo. Portanto, nesse aspecto, ela atende pela forma de norma de comportamento, visando à atuação que reflita o pensamento no outro, respeitando a ele e aos seus interesses legítimos e agindo de forma a evitar a ocorrência de abuso, a fim de se atingir o bom fim das obrigações. É, dessa forma, um princípio geral de direito recepcional; um arquétipo de conduta a ser seguido, que inspira à honestidade, à transparência e à lealdade. Em síntese, exige, pois, um comportamento à altura do padrão ético de confiança, considerando-se o esperado pelo âmbito dos direitos de ambas as partes envolvidas e de terceiros interessados, com o detalhe mister de que deve ser encontrada não só no momento da celebração contratual, mas nas fases de oferta e execução do contrato, também.

Dessa forma, a boa-fé objetiva acaba por induzir deveres acessórios de conduta, os quais buscam afirmar sobre as partes comportamentos impositivos implícitos, existentes em todos os contratos. Fá-lo, pois, para que elas atinjam a expectativa formulada da celebração e execução da avença, cumprindo-se, dessa maneira, com o equilíbrio do vínculo contratual. Isso, portanto, está resumido em uma de suas três funções, e, pois, a que importa ao artigo, sendo ela a função integrativa. A função integrativa da boa-fé objetiva, responsável pelos deveres acessórios e anexos das funções, vem contemplada pela legislação no Código Civil, em seu artigo 422. Já a própria boa-fé objetiva, por sua vez, recebe menções no Código de Defesa do Consumidor, em seu Art. 4, inciso lll, complementado com o art. 51, inciso IV.

Para realizar a análise do Caso Burger King, por conseguinte, é digno de observar inicialmente, como já mencionado, o princípio da boa-fé em sua fase pré-contratual, na qual se tem uma necessidade de apresentação da situação fática real, advinda da oferta de toda informação disponível útil para que a outra parte manifeste o seu consentimento[21]. Nessa fase, objetiva-se, logo, não permitir a existência de prejuízo devido a não execução dos objetivos que possuíam as partes e que passaram a induzir de certa maneira a razão e o seu modo de agir. Afinal, deve-se proteger aqueles que de alguma forma se prejudicaram dada à ausência de informações importantes ao seu convencimento na aceitação ou recusa do contrato. Juntamente com a proteção ao direito de informação, tem-se, outrossim, tutelada na fase preliminar, as promessas de contrato, nas situações em que se perceba qualquer prejuízo advindo da espera

21. OLIVEIRA, Beatriz Azevedo de. A boa-fé objetiva nas relações contratuais de consumo. Revista Jus Navigandi, ISSN 1518-4862, Teresina, ano 8, n. 65, 1 maio 2003. Disponível em: https://jus.com.br/artigos/4067. Acesso em: 3 dez. 2020.

e expectativa baseadas nos direitos de outrem.

Obviamente, não se pode esquecer do pilar motivador de toda a discussão: a oferta. É, pois, ao não cumprir com a oferta informada, sob qualquer meio de divulgação, que o estabelecimento se encontra impelido a tentar suprir de outras formas, mas inexiste a possibilidade de que abandone a sua obrigação. Essa impossibilidade de recusa do cumprimento da oferta, vê-se, por conseguinte, carregada pela proibição do artigo 30, tal qual:

> **Art. 30.** Toda informação ou publicidade, suficientemente precisa, veiculada por qualquer forma ou meio de comunicação com relação a produtos e serviços oferecidos ou apresentados, obriga o fornecedor que a fizer veicular ou dela se utilizar e integra o contrato que vier a ser celebrado.

Conforme evidenciado pelo episódio do Burger King, houve certa rede de estabelecimento que se recusou a servir os 300 lanches prometidos devido à ausência de suprimentos restantes. Caso, ainda assim, o fornecedor não cumpra com o mandamento obrigacional - recusando-se -, o consumidor, por sua vez, é apto ao direito de enunciar livremente, sem a necessidade de se justificar, a sua vontade baseada no rol de opções do Art. 35. No artigo, assim diz:

> **Art. 35.** Se o fornecedor de produtos ou serviços recusar cumprimento à oferta, apresentação ou publicidade, o consumidor poderá, alternativamente e à sua livre escolha:
>
> I - exigir o cumprimento forçado da obrigação, nos termos da oferta, apresentação ou publicidade;
>
> II - aceitar outro produto ou prestação de serviço equivalente;
>
> III - rescindir o contrato, com direito à restituição de quantia eventualmente antecipada, monetariamente atualizada, e a perdas e danos.

Ainda, se houve constatado danos materiais, sendo eles emergentes e lucros cessantes, ou danos morais, o consumidor pode requerer, por meio de juízo ou arbitral, a reparação do dano sofrido e o ressarcimento[22]. Não poderá o Burger King,

22. GANCIAR, Ian Varella. Quando a loja se recusa a cumprir a oferta, saiba o que fazer. Jusbrasil, 2020. Disponível em: <https://ianvarella.jusbrasil.com.br/artigos/304018165/quando-a-loja-se-recusa-cumprir-a-oferta-saiba-o-que-fazer>. Acesso em: 02/12/2020.

portanto, devido à massa de clientes insatisfeitos e famintos dada ao não cumprimento da oferta indevida realizada, alegar insuficiência de recursos no cumprimento da mesma. Ou, ainda, a escassez no fornecimento dos alimentos de seus setores, e esperar, sobretudo, que seja justificável. Não o é, afinal, estamos lidando não só na esfera da publicidade de oferta válida, legítima, como também no espectro do vínculo obrigacional de uma relação de consumo pautada na boa-fé objetiva, situação protetiva do consumidor hipossuficiente.

Vale notar, por fim, que a responsabilização do fornecedor, para o CDC, faz-se de forma objetiva, se denotados possíveis danos causados ao consumidor, dessa forma, receberá imputação independentemente de constatação de dolo, imprudência, imperícia ou negligência. É válido afirmar, pois, até o presente momento jurisprudencial acerca da pandemia, não se abre exceção mesmo em contexto de caso fortuito ou força maior - por isso, graças à chamada de teoria do risco, deve-se ter atenção redobrada e especial à sua atuação[23].

Sendo assim, em estudo realizado pela advogada Mônica Villani[24], o indicado para as relações de consumo, nesse estágio de COVID-19, seria, em relação aos fornecedores, sejam eles empresas, redes de estabelecimento, pessoas civis, enfim, justamente a aplicação com parcimônia da boa-fé. Por conseguinte, optar pelo bom senso e pela oferta de soluções responsáveis, empáticas, far-se-á, inclusive, benefício ao próprio fornecedor, em médio e longo prazo, na esfera de sua imagem frente ao mercado consumidor. Além disso, também no aspecto de se poupar de possíveis custos advindos de judicialização de polêmicas geradas durante a pandemia ou mesmo multas aplicadas pelos órgãos de defesa do consumidor. Logo, um caminho importante é, conforme dito na realização de publicidade, manterem-se atualizados acerca das novidades legislativas e discricionárias dos órgãos responsáveis pelo seu meio de atuação, bem como procurar aconselhamento jurídico especializado, a fim de mitigar

---

23. CAMPOS, Renato Andrade. Relações de consumo durante a pandemia: quais são os direitos de fornecedor e consumidor diante de situações atípicas como a atual?. Dom Total, 2020. Disponível em: <https://domtotal.com/noticia/1442022/2020/05/relacoes-de-consumo-durante-a-pandemia/>. Acesso em: 02/12/2020.
24. VILLANI, Mônica. As relações de consumo na pandemia da Covid-19. Consumo em Pauta, 2020. Disponível em: <https://www.consumoempauta.com.br/artigo-as-relacoes-de-consumo-na-pandemia-da-covid-19/>. Acesso em: 03/12/2020.

futuros riscos sofríveis.

## 5. Novos apontamentos sobre a atuação do MP, das entidades de proteção ao consumidor e a manifestação do Legislativo na análise dos casos

Em relação à atuação do Ministério Público, ela abarca o viés do ente sobre ambos os casos específicos tratados no artigo. Afinal, o Ministério Público Federal (MPF) realizou ação na Justiça Federal, em Belém, a fim de exigir que o governo brasileiro siga o regramento legal promulgado no país. Sobre o regramento, ele inclui o contexto de enfrentamento da pandemia, perpassando a campanha "o Brasil não pode parar", ao pedir que o mesmo se abstenha de enunciar pronunciamentos e informações falsas responsáveis por enfraquecer o isolamento social - tão importante na redução do contágio do Covid-19.

Ainda, através da fala que representa os 20 procuradores da República que assinaram a ação, há a possibilidade de entender que a decisão alcança a compreensão, também, do caso Burger King, no que tange a reabertura do estabelecimento durante a pandemia. A saber, o trecho se vê assim:

> A União, por meio de seu representante máximo, o presidente da República, não pode expor a risco o direito à saúde das pessoas, expor toda a sociedade a risco, recomendando a retomada das atividades cotidianas, a reabertura dos comércios etc, diante da pandemia da covid-19, contrariando todas as evidências científicas que apontam em sentido contrário[25].

É válido apontar, no entanto, que o MPF também introduz a ideia de uma solução em seu pedido. Segundo o mesmo, a problemática poderia ser resolvida no seguinte quadro:

> Publicação nos canais oficiais dos órgãos da demandada, bem como na conta do Twitter do presidente da República, de orientações e indicações sobre a necessidade imprescindível de isolamento social, enfatizando-se as medidas recomendadas pela Organização Mundial de Saúde (OMS) e referendadas pelos órgãos técnicos do

---

25. Ministério Público exige que Bolsonaro acate orientação da Saúde contra pandemia. Jornal Folha da Terra, 2020. Disponível em: <https://folhadaterradigital.com.br/ministerio-publico-exige-que-bolsonaro-acate-orientacao-da-saude-contra-pandemia/>. Acesso em: 15/12/2020.

Ministério da Saúde[26].

Sobre a atuação do Poder Legislativo, especificamente, por exemplo, no crivo do caso Burger King, torna-se necessário, pois, observar as pendências da MP 927. A Medida Provisória 927, de março de 2020, foi o primeiro ato normativo publicado pelo Governo Federal na problemática trabalhista advinda da pandemia. Promulgada, por conseguinte, a fim de oferecer alternativas concretas para preservação do emprego e da renda dos trabalhadores brasileiros graças à necessidade de isolamento social[27].

É interessante, por certo, os assuntos trabalhados na MP, relacionados aos direitos trabalhistas, tais como férias, formas de trabalho, bancos de horas e outros. Afinal, fora lançada especialmente para tratar as medidas trabalhistas com relação ao enfrentamento do estado de calamidade pública. Porém, o que melhor nos convém na matéria de interesse aplicada ao caso Burger King, sem dúvidas, é o Capítulo VII da MP 927. Nele, tem-se a suspensão de algumas medidas administrativas relacionadas às saúde e segurança do trabalhador.

Na opinião do consultor jurídico do grupo Verde Ghaia, Ricardo Cardoso, as medidas "vão de encontro às então recomendações de se evitar aglomerações de público [...] independentemente da modalidade, seja através de concessão de férias, adoção de teletrabalhos, e outros"[28]. Houve alterações cruciais, logo, em três principais temas, sejam eles: exames médicos ocupacionais, treinamentos e capacitações e a CIPA. Com essas alterações, é possível de imaginar que a medida do Poder Legislativo permite uma flexibilização perigosa aos estabelecimentos com atendimentos presenciais, a saber, pois cria uma falsa sensação de segurança que não é acompanhada com a manutenção do cuidado e da responsabilidade. Em tempos de

26. Jornal Folha da Terra, 2020, op. cit.
27. GOMES, Cassiana de Aben-Athar P.; FURLAN, Michely. Término da vigência da MP 927: e agora? Gazeta do Povo, 2020. Disponível em: <https://www.gazetadopovo.com.br/opiniao/artigos/termino-da-vigencia-da-mp-927-e-agora/>. Acesso em: 14/12/2020.
28. COMUNICAÇÃO. CIPA X Pandemia: dicas de como proceder neste cenário. Verde Ghaia, 2020. Disponível em: <https://www.verdeghaia.com.br/o-que-e-cipa-como-atuar-na-pandemia/>. Acesso em: 14/12/2020.

pandemia, qualquer deslize poderia significar um risco à saúde da população. O fato, tão somente, de que ele pode ocorrer na escala de efeitos de uma Medida Provisória, é, ao mesmo tempo, assustador e previsível, quando observadas as problemáticas perpassadas pela rede Burger King.

Ainda, em uma ótica parecida com a do caso Burger King, mas ampliada às empresas e redes de estabelecimentos em geral que prestam relações de serviço e consumo, tem-se a indicação de especialistas de que os consumidores evitem a operação de estorno. Segundo Guilherme Amaral, especialista em direito do escritório ASBZ, a atitude deve ser tomada pois uma "quebradeira"[29] no setor empresarial seria péssima ao consumidor em termos futuros. Logo, para evitar esse acontecimento, o direito individual de inúmeros consumidores deveria ser sacrificado nesse sentido.

Essa opinião, por conseguinte, é compartilhada pelas entidades de proteção ao consumidor, defendendo-a como um "mal necessário". Guilherme Fahrid, chefe de gabinete do Procon de São Paulo, por exemplo, afirma: "É preciso compatibilizar defesa do consumidor com a necessidade de continuidade de negócios, de forma que as empresas continuem existindo e que os contratos sejam cumpridos no futuro"[30]. Ele completa, por fim, argumentando que "se a empresa quebrar o consumidor vai ter que habilitar um advogado para tentar reaver o que pagou. Ainda assim, esse valor entra na categoria que chamamos de crédito quirografário, que é o último a ser pago no processo de falência"[31].

## 6. Conclusão

Conforme evidenciado, inclusive, pela Lei 14.010/20[32], que trata do regime

---

29. ALVARENGA, Bianca.Coronavirus: Quais são os direitos do consumidor ao renegociar viagens e ingressos em eventos? UOL, 2020. Disponível em: <https://6minutos.uol.com.br/cultura-e-viagem/coronavirus-quais-sao-os-direitos-do-consumidor-ao-renegociar-viagens-e-ingressos-em-eventos/>. Acesso em: 15/12/2020.
30. ALVARENGA, Bianca. op. cit.
31. ALVARENGA, Bianca. op. cit.
32. Lei 14.010/20 – Os Impactos da Pandemia no Direito Privado. JurisBlog, 2020. Disponível em: <https://blog.juriscorrespondente.com.br/lei-14-010-20-os-impactos-da-pandemia-no-direito-privado/#:~:text=%20Lei%2014.010%2F20%20%E2%80%93%20Os%20Impactos%20da%20Pandemia,a%20principal%20novidade%20%C3%A9%20que%20no...%20More%20>. Acesso em:

jurídico emergencial e das alterações nas relações de Direito privado durante a pandemia, o arcabouço temático contratual que sofreu modificações pelo contexto atual é extenso e impossível de ser tratado apenas através de um único artigo. Para cada relação de consumo, por conseguinte, far-se-ia necessária uma pesquisa enfocada diferente. Dessa forma, explica-se o porquê de o presente artigo não ter se estendido demasiadamente no trato de todos os princípios contratuais do direito privado, ou mesmo em outros âmbitos de um vínculo contratual, como um contrato imobiliário, por exemplo. No fim, mesmo a análise da relação de consumo presente entre o fornecedor, no caso da rede Burger King, e os consumidores envolvidos nas filas pelo país não foi feita de forma a ser esgotada, deixando, ainda, pontos possíveis de serem retomados.

Não obstante, vale afirmar, acerca das dúvidas existentes sobre possíveis soluções às relações abordadas, que a Lei busca, também, abordar esse aspecto. Afinal, aporta ao ordenamento soluções emergenciais e transitórias para, de forma geral, regular os impactos da pandemia no âmbito das relações jurídicas privadas, atingindo, inclusive, as relações de consumo. Dando o aporte necessário às partes, a lei busca evitar um dano maior e socorrer àqueles que porventura foram demasiadamente impactados.

Ao invés, pois, da oferta de promoções abusivas e desrespeitosas, em se tratando do isolamento social, os fornecedores em geral, mas, mais especificamente a rede de estabelecimentos Burger King, poderiam aproveitar - seja em contexto de quarentena ou flexibilização -, a compra de seus produtos por meio online e a entrega por delivery. Afinal, a Lei em questão, traz, por exemplo, em seu artigo 8º, a suspensão do direito de arrependimento do artigo 49 do Código de Defesa do Consumidor nos casos de entrega domiciliar de produtos perecíveis ou de consumo imediato. Dessa forma, enseja e protege, finalmente, o fornecedor, dando segurança jurídica à relação em contexto - e, por isso, dela deveria se aproveitar o Burger King, evitando aglomerações e futuras prováveis denúncias.

Em síntese, a fim de se apontar as considerações finais do artigo, foi possível confirmar a imensa influência midiática no trato comportamental da população. Tal

---

05/12/2020.

influência, através de discursos presidenciais contrários ao isolamento social, permitiu com que a sociedade se expusesse a situações perigosas e nocivas à sua própria saúde. Com tamanha frequência, considerando-se os anos de governo vindouros, corrói-se cada vez mais o respeito à pandemia de COVID-19, realizando flexibilizações quando e da forma em que elas não deveriam existir.

Causa-se, por exemplo, a reabertura do comércio de forma indevida e, até, aglomerações em desrespeito às medidas de saúde indicadas. Foi o caso, portanto, das campanhas "O Brasil não pode parar", da SECOM, e "Vassoura Thru", do Burger King, as quais, cada qual de sua maneira, instigaram a psiquê nacional a desacreditarem, pouco a pouco, do risco que corriam ao ultrapassarem os limites sanitários da pandemia. Isso levou, ainda, grupos de apoio à presidência em protestos nas ruas e também causou filas e mais filas de consumidores encavalados nas portas das redes do estabelecimento aguardando seus respectivos lanches. Essa argumentação recebeu, ao fim, apoio através de repertório argumentativo de autoridade - numa ótica analítica dos entes de defesa do consumidor, do MP e do próprio poder Legislativo.

Nesse sentido, observou-se, também, a possibilidade de sanção negativa em relação às propagandas abusivas, por se tratarem de crime previsto em lei. Bem como, além disso, de indenização e compensação por parte dos consumidores, que se sentirem lesados e prejudicados pela exposição nociva e não cumprimento do vínculo obrigacional, realizados por culpa dos fornecedores no contexto de pandemia. Afinal, uma vez constatada a vulnerabilidade no papel do consumidor em questão, cabe, na avaliação da problemática envolvida, um trato parcimonioso através da aplicação da boa-fé objetiva a fim de que se resolva o conflito sem ferir o equilíbrio pré e contratual.

Por último, vale encerrar em nota conciliatória, e, para isso, contar com a opinião de uma especialista. Para Kamila Pandolfi, que trata com o tema de Defesa dos Direitos do Consumidor há mais de nove anos, assim como foi afirmado durante inúmeras passagens no artigo, essa seria a conclusão:

> Surge-se, portanto, a necessidade da concordância mútua. Imprescindível que a fala dos operadores de direito – e neste termo incluí-se legislador, doutrinador, advogado, órgão de defesa do consumidor, etc – se conduza sobre a mesma justificativa, sobre os mesmos argumentos e com mesma precisão, de modo que as instabilidades

contratuais causadas no panorama atual sejam, no mínimo, uniformemente orientadas, ofertando, senão a garantia das leis, mas a tutela principiológica que rege o ordenamento jurídico33.

## Referências

ALMIRANTE, Juliana. **Salvador interdita unidade do Burger King após promoção gerar aglomerações.** UOL, 2020. Disponível em: <https://economia.uol.com.br/noticias/redacao/2020/10/31/burger-king-salvador-bahia-loja-fechada-promocao-vassoura-halloween.htm>. Acesso em: 30/11/2020.

ALVARENGA, Bianca.**Coronavirus: Quais são os direitos do consumidor ao renegociar viagens e ingressos em eventos?** UOL, 2020. Disponível em: <https://6minutos.uol.com.br/cultura-e-viagem/coronavirus-quais-sao-os-direitos-do-consumidor-ao-renegociar-viagens-e-ingressos-em-eventos/>. Acesso em: 15/12/2020.

AMADO, Guilherme. **Governo lança campanha Brasil não pode parar**. Época, 2020. Disponível em: <https://epoca.globo.com/guilherme-amado/governo-lanca-campanha-brasil-nao-pode-parar-veja-video-24332518>. Acesso em: 01/12/2020.

BARRUCHO, Luís. **Coronavírus: o que diz a Ciência sobre 6 pontos do discurso de Bolsonaro**. BBC News Brasil, 2020. Disponível em: <https://www.bbc.com/portuguese/brasil-52041251>. Acesso em: 29/11/2020.

BRASIL. Portaria nº 188, de 3 de fevereiro de 2020. **Dispõe sobre a declaração de emergência em saúde pública de importância nacional em decorrência do COVID-19**. Disponível em: <https://www.planalto.gov.br/ccivil_03/Portaria/Portaria-188-20-ms.htm>. Acesso em: 05/12/2020.

BRASIL. Recomendação nº 036, de 11 de Maio de 2020. **Dispõe sobre a implementação de medidas de distanciamento social mais restritivo na pandemia.**

33. PANDOLFI, Kamilla. A proteção do consumidor em tempos de pandemia. Jures, 2020. Disponível em: <https://jures.com.br/noticias/a-protecao-do-consumidor-em-tempos-de-pandemia/>. Acesso em: 15/12/2020.

Disponível em: <http://conselho.saude.gov.br/recomendacoes-cns/1163-recomendac-a-o-n-036-de-11-de-maio-de-2020>. Acesso em: 30/11/2020.

BRASIL. Recomendação nº 022, de 09 de Abril de 2020. **Dispõe sobre medidas com vistas a garantir as condições sanitárias diante da pandemia da COVID-19**. Conselho Nacional de Saúde. Disponível em: <https://conselho.saude.gov.br/recomendacoes-cns/1112-recomendac-a-o-n-022-de-09-de-abril-de-2020>. Acesso em: 30/11/2020.

BRASIL. ADPF nº 668, de 13 de abril de 2020. **Dispõe sobre Arguição de Descumprimento de Preceito Fundamental contra ato atribuído ao governo federal na divulgação de campanha "O Brasil não pode parar"**. Disponível em: <http://www.mpf.mp.br/pgr/documentos/ADPF000668COVID19campanhapublicitariagovernofederalVFCD.pdf>. Acesso em: 28/11/2020.

BRASIL. Mandado de segurança, nº 0089123-22.2020.1.00.0000 DF - DISTRITO FEDERAL 0089123-22.2020.1.00.0000, de 05 de Maio de 2020. **Dispõe sobre mandado de segurança preventivo ao presidente da república**. Disponível em: <https://stf.jusbrasil.com.br/jurisprudencia/853398531/mandado-de-seguranca-ms-37043-df-distrito-federal-0089123-2220201000000>. Acesso em: 28/11/2020.

BRASIL. ADPF nº 672, de 08 de abril de 2020. **Dispõe sobre Arguição de Descumprimento de Preceito Fundamental em face de atos omissivos e comissivos do Poder Executivo federal no contexto de pandemia**. Disponível em: <http://www.stf.jus.br/arquivo/cms/noticiaNoticiaStf/anexo/ADPF672liminar.pdf>. Acesso em: 28/11/2020.

BRASIL. ADPF n. 669, de 31 de março de 2020. **Dispõe sobre Arguição de Descumprimento de preceito fundamental contra a contratação e veiculação de campanha publicitária entitulada "O Brasil Não Pode Parar"**. Disponível em: <http://www.stf.jus.br/arquivo/cms/noticiaNoticiaStf/anexo/ADPF669cautelar.pdf>. Acesso em: 28/11/2020.

CAMPOS, Renato Andrade. **Relações de consumo durante a pandemia: quais são os direitos de fornecedor e consumidor diante de situações atípicas como a atual?**. Dom Total, 2020. Disponível em:

<https://domtotal.com/noticia/1442022/2020/05/relacoes-de-consumo-durante-a-pandemia/>. Acesso em: 02/12/2020.

CARNEIROS ADVOGADOS. Denúncia. **Dispõe sobre denúncia por parte dos membros da OAB acerca de campanha publicitária "O Brasil Não Pode Parar".** Disponível em: <https://www.conjur.com.br/dl/denuncia-psb-tcu.pdf>. Acesso em: 28/11/2020.

CARVALHO, Igor. **"Brasil não pode parar": campanha de Bolsonaro contra isolamento vai parar no TCU**. Brasil de Fato, 2020. Disponível em: <https://www.brasildefato.com.br/2020/03/27/brasil-nao-pode-parar-padilha-vai-a-justica-para-impedir-campanha-de-bolsonaro>. Acesso em: 01/12/2020.

CAVALCANTI, Tiago. **Bolsonaro's attitude to coronavirus increases 'risky behaviour' in Brazil**. Universidade de Cambridge, 2020. Disponível em: <https://www.cam.ac.uk/research/news/bolsonaros-attitude-to-coronavirus-increases-risky-behaviour-in-brazil>. Acesso em: 29/11/2020.

COELHO, Gabriela. **Propaganda "Brasil não pode parar" foi um ato isolado**. CNN Brasil, 2020. Disponível em: <https://www.cnnbrasil.com.br/politica/2020/04/23/propaganda-brasil-nao-pode-parar-foi-um-ato-isolado-diz-governo-ao-supremo>. Acesso em: 28/11/2020.

COMUNICAÇÃO. **CIPA X Pandemia: dicas de como proceder neste cenário**. Verde Ghaia, 2020. Disponível em: <https://www.verdeghaia.com.br/o-que-e-cipa-como-atuar-na-pandemia/>. Acesso em: 14/12/2020.

DIAS, Paula Cruz. **É considerada abusiva a publicidade que coloque a saúde de consumidores em risco: ações de marketing não podem se sobrepor às imposições sanitárias decorrentes da pandemia do COVID-19**. Migalhas, 2020. Disponível em: <https://migalhas.uol.com.br/depeso/336293/e-considerada-abusiva-a-publicidade-que-coloque-a-saude-de-consumidores-em-risco>. Acesso em: 02/12/2020.

GANCIAR, Ian Varella. **Quando a loja se recusa a cumprir a oferta, saiba o que fazer**. Jusbrasil, 2020. Disponível em: <https://ianvarella.jusbrasil.com.br/artigos/304018165/quando-a-loja-se-recusa-cumprir-a-oferta-saiba-o-que-fazer>. Acesso em: 02/12/2020.

GOMES, Cassiana de Aben-Athar P.; FURLAN, Michely. **Término da vigência da MP 927: e agora?** Gazeta do Povo, 2020. Disponível em: <https://www.gazetadopovo.com.br/opiniao/artigos/termino-da-vigencia-da-mp-927-e-agora/>. Acesso em: 14/12/2020.

Lei 14.010/20 – Os Impactos da Pandemia no Direito Privado. JurisBlog, 2020. Disponível em: <https://blog.juriscorrespondente.com.br/lei-14-010-20-os-impactos-da-pandemia-no-direito-privado/#:~:text=%20Lei%2014.010%2F20%20%E2%80%93%20Os%20Impactos%20da%20Pandemia,a%20principal%20novidade%20%C3%A9%20que%20no...%20More%20>. Acesso em: 05/12/2020.

MELLO, Igor. **Promoção do Burger King provoca aglomerações em meio à pandemia de covid-19**. UOL, 2020. Disponível em: <https://economia.uol.com.br/noticias/redacao/2020/10/31/promocao-do-burger-king-provoca-aglomeracoes-em-meio-a-pandemia-de-covid-19.htm>. Acesso em: 30/11/2020.

**Ministério Público exige que Bolsonaro acate orientação da Saúde contra pandemia.** Jornal Folha da Terra, 2020. Disponível em: <https://folhadaterradigital.com.br/ministerio-publico-exige-que-bolsonaro-acate-orientacao-da-saude-contra-pandemia/>. Acesso em: 15/12/2020.

OLIVEIRA, Beatriz Azevedo de. A boa-fé objetiva nas relações contratuais de consumo. **Revista Jus Navigandi**, ISSN 1518-4862, Teresina, ano 8, n. 65, 1 maio 2003. Disponível em: https://jus.com.br/artigos/4067. Acesso em: 3 dez. 2020.

**O que Bolsonaro falou do coronavírus - e o que é fato**. Aos Fatos, 2020. Disponível em: <https://www.aosfatos.org/noticias/o-que-o-presidente-falou-do-coronavirus-e-o-que-e-fato/>. Acesso em: 29/11/2020.

Organização Pan-Americana da Saúde. **Considerações para eventos com aglomeração de pessoas no contexto da doença causada pelo novo coronavírus (COVID-19)**. Disponível em: <https://iris.paho.org/handle/10665.2/52455>. Acesso em: 03/12/2020.

PANDOLFI, Kamilla. **A proteção do consumidor em tempos de pandemia**. Jures, 2020. Disponível em: <https://jures.com.br/noticias/a-protecao-do-consumidor-

em-tempos-de-pandemia/>. Acesso em: 15/12/2020.

**Promoção do Burger King em São Carlos provoca aglomeração em fila e rede é multada.** G1, 2020. Disponível em: <https://g1.globo.com/sp/sao-carlos-regiao/noticia/2020/10/31/promocao-do-burger-king-em-sao-carlos-provoca-aglomeracao-em-fila-por-lanche-gratuito.ghtml>. Acesso em: 30/11/2020.

RAFAEL, Pedro Vilela. **Casos acumulados da covid-19.** Agência Brasil, 2020. Disponível em: <https://agenciabrasil.ebc.com.br/saude/noticia/2020-11/casos-acumulados-da-covid-19-vao-62-mi-e-obitos-chegam-172-mil>. Acesso em: 28/11/2020.

SILVA, Angeline. **O que é relação de consumo, seus elementos e como funciona no CDC.** Aurum, 2020. Disponível em: <https://www.aurum.com.br/blog/relacao-de-consumo/>. Acesso em: 02/12/2020.

VALESCA, Rafaela Pereira Cortez. **Dano moral e relações de consumo: um estudo acerca das ações propostas no juizado especial cível da zona sul de Natal.** Monografia, 2009, p. 1-133. Disponível em: <http://www.natal.rn.gov.br/bvn/publicacoes/Rafaela_VPCor_uern.pdf>. Acesso em: 02/12/2020.

VILLANI, Mônica. **As relações de consumo na pandemia da Covid-19.** Consumo em Pauta, 2020. Disponível em: <https://www.consumoempauta.com.br/artigo-as-relacoes-de-consumo-na-pandemia-da-covid-19/>. Acesso em: 03/12/2020.

WALKER, Patrick G. T.; WHITTAKER, Charles; WATSON, Oliver. **The Global Impact of COVID-19 and Strategies for Mitigation and Suppression.** WHO Collaborating Centre for Infectious Disease Modelling, MRC Centre for Global Infectious Disease Analysis, AbdulLatif Jameel Institute for Disease and Emergency Analytics, Imperial College London, 2020, livre tradução. Disponível em: <https://www.imperial.ac.uk/media/imperial-college/medicine/sph/ide/gida-fellowships/Imperial-College-COVID19-Global-Impact-26-03-2020.pdfhttps://www.imperial.ac.uk/media/imperial-college/medicine/sph/ide/gida-fellowships/Imperial-College-COVID19-Global-Impact-26-03-2020.pdf>. Acesso em: 28/11/2020.

World Health Organization. **How to use WHO risk assessment and mitigation checklist for mass gatherings in the context of COVID-19.** Disponível em:

<https://www.who.int/publications/i/item/how-to-use-who-risk-assessment-and-mitigation-checklist-for-mass-gatherings-in-the-context-of-covid-19>. Acesso em: 03/12/2020.

# A AUTOCOMPOSIÇÃO NA RESOLUÇÃO DE CONFLITOS RELACIONADOS A CONTRATOS DE TRANSPORTE AÉREO: A RESPOSTA PARA A CRISE DO SISTEMA DE TRANSPORTE AÉREO NA PANDEMIA?

# 14

**Laura Borges de Resende**

**Sara Ferreira Cury**

## 1. Introdução

Em 4 de março de 2020, foi decretado no Brasil o estado de emergência nacional[1]. Em 11 de março, o novo coronavírus, COVID-19, foi caracterizado pela Organização Mundial de Saúde (OMS) como uma pandemia[2]. Em 20 de março, o governo federal decretou o estado de calamidade pública[3] e, com isso, o isolamento social e a

---

1. PORTARIA Nº 188, DE 3 DE FEVEREIRO DE 2020: Declara Emergência em Saúde Pública de importância Nacional (ESPIN) em decorrência da Infecção Humana pelo novo Coronavírus (2019-nCoV). DIÁRIO OFICIAL DA UNIÃO: [s. n.], 2020- . Disponível em: https://www.in.gov.br/en/web/dou/-/portaria-n-188-de-3-de-fevereiro-de-2020-241408388. Acesso em: 7 nov. 2020.
2. ORGANIZAÇÃO MUNDIAL DE SAÚDE DECLARA PANDEMIA DO NOVO CORONAVÍRUS: Mudança de classificação obriga países a tomarem atitudes preventivas. UNA-SUS: [s. n.], 2020- . Disponível em: https://www.unasus.gov.br/noticia/organizacao-mundial-de-saude-declara-pandemia-de-coronavirus. Acesso em: 7 nov. 2020.
3. PORTARIA Nº 454, DE 20 DE MARÇO DE 2020: Declara, em todo o território nacional, o estado de transmissão comunitária do coronavírus (covid-19). DIÁRIO OFICIAL DA UNIÃO: [*s. n.*],

paralisação de todas as atividades que não fossem consideradas essenciais, desde escolas, lojas a viagens e determinados transportes.

A pandemia do COVID-19 se trata de uma situação de força maior. Não somente essa, como também a instabilidade econômica e social gerada pelo isolamento foram responsáveis por diversos efeitos nas relações obrigacionais e contratuais, com destaque ao cancelamento e à revisão de contratos.

A relação entre a força maior e os contratos está prevista no artigo 393, do Código Civil[4]: "o devedor não responde pelos prejuízos resultantes de caso fortuito ou força maior, se expressamente não se houver por eles responsabilizado", porém essa é uma maneira simplista de análise de todo o contexto pandêmico, social e econômico que se desenvolveu a partir de março. Determinar apenas que o devedor não responde pelos prejuízos em caso de força maior é simplificar o contexto pandêmico que se estende por todo o ano de 2020.

Tendo isso em vista, reconhece-se a existência da necessidade de renegociação de todos, fornecedores e consumidores, para além do disposto no Código, refletida na publicação da lei nº 14.020/2020[5], que dispõe medidas excepcionais de flexibilização da legislação e de situações jurídicas modificadas pela circunstância atual, consolidando a ideia de uma nova análise do direito em razão da pandemia.

Dentre os setores da economia afetados e que exigiram revisões contratuais,

---

2020-. Disponível em: https://www.in.gov.br/en/web/dou/-/portaria-n-454-de-20-de-marco-de-2020-249091587. Acesso em: 7 nov. 2020.

4. BRASIL. Lei nº 10.406, de 10 de janeiro de 2020. Institui o Código Civil. [*S. l.*], 10 jan. 2020. Disponível em: http://www.planalto.gov.br/ccivil_03/leis/2002/L10406compilada.htm. Acesso em: 7 nov. 2020.
5. BRASIL. Lei nº 14.020, de 7 de julho de 2020. Institui o Programa Emergencial de Manutenção do Emprego e da Renda. LEI Nº 14.020, DE 6 DE JULHO DE 2020: dispõe sobre medidas complementares para enfrentamento do estado de calamidade pública reconhecido pelo Decreto Legislativo nº 6, de 20 de março de 2020, e da emergência de saúde pública de importância internacional decorrente do coronavírus, de que trata a Lei nº 13.979, de 6 de fevereiro de 2020; altera as Leis nº 8.213, de 24 de julho de 1991, 10.101, de 19 de dezembro de 2000, 12.546, de 14 de dezembro de 2011, 10.865, de 30 de abril de 2004, e 8.177, de 1º de março de 1991; e dá outras providências., DIÁRIO OFICIAL DA UNIÃO, 7 jul. 2020. Disponível em: https://www.in.gov.br/en/web/dou/-/lei-n-14.020-de-6-de-julho-de-2020-265386938. Acesso em: 7 nov. 2020.

destaca-se o setor de transporte aéreo, que foi fortemente atingido pela crise. Este artigo visa a análise não somente dos meios de resolução e revisão das obrigações presentes nos contratos de transporte aéreo, como também de como estes atuam para impedir o colapso das companhias aéreas, estabelecendo um equilíbrio entre os direitos dos consumidores e os das companhias em meio ao contexto atual.

## 2. Os contratos de transporte aéreo e seus regulamentos

As disposições gerais sobre contrato de transporte são encontradas no capítulo XIV do Código Civil. Diz o artigo 730: "Pelo contrato de transporte alguém se obriga, mediante retribuição, a transportar, de um lugar para outro, pessoas ou coisas". Assim sendo, o contrato de transporte aéreo se trata de uma obrigação de fazer assumida pela companhia de aviação, enquanto o passageiro assume uma obrigação de dar quantia certa.

As regras específicas para o transporte de pessoas são definidas nos artigos 734 a 742. Conforme estes, o transportador é responsável por danos aos passageiros e às suas bagagens, salvo em casos de transporte gratuito. Além disso, a empresa que realiza o transporte está sujeita ao cumprimento dos horários e itinerários previstos e não pode recusar passageiros, exceto se previsto no regulamento ou se as condições de saúde e higiene justifiquem a recusa. A empresa transportadora tem também direito a reter a bagagem e demais bens do transportado até que o valor da passagem seja quitado.

Ao passageiro é reservado o dever de se submeter às normas estabelecidas pela companhia de aviação. Outrossim, tem direito a ter o seu transporte concluso pelo transportador, mesmo em casos de eventos imprevisíveis, e tem também direito a rescindir o contrato de transporte antes de iniciada a viagem, conforme o disposto no art. 740:

> O passageiro tem direito a rescindir o contrato de transporte antes de iniciada a viagem, sendo-lhe devida a restituição do valor da passagem, desde que feita a comunicação ao transportador em tempo de ser renegociada.
>
> § 1 º Ao passageiro é facultado desistir do transporte, mesmo depois de iniciada a viagem, sendo-lhe devida a restituição do valor correspondente ao trecho não utilizado, desde que provado que outra pessoa haja sido transportada em seu lugar.

§ 2 º Não terá direito ao reembolso do valor da passagem o usuário que deixar de embarcar, salvo se provado que outra pessoa foi transportada em seu lugar, caso em que lhe será restituído o valor do bilhete não utilizado,

§ 3 º Nas hipóteses previstas neste artigo, o transportador terá direito de reter até cinco por cento da importância a ser restituída ao passageiro, a título de multa compensatória.

Além do disposto no Código Civil, a Resolução nº 400[6] da Agência Nacional de Aviação Civil estabelece condições gerais para o transporte aéreo, exploradas a seguir. No capítulo inicial, a Seção I trata da "oferta do serviço", determinando regras de precificação, cobrança e pagamento, do art. 2º ao art. 5º.

A Seção II trata do "Comprovante de Pagamento", obrigando a empresa de aviação a emitir um comprovante da passagem aérea a ser entregue ao passageiro, com seus dados pessoais e aqueles relacionados ao voo. Além disso, determina que alterações de nome em casos de erro no preenchimento devem ser realizadas pela companhia sem custo ao cliente.

A Seção III trata da "Alteração e Resilição do Contrato de Transporte Aéreo pelo Passageiro", determinando o valor total do serviço como um limite para a aplicação de multa de rescisão ou alteração, além de estabelecer outras regras para as alterações de voos, como as diferenças a serem liquidadas. Por fim, aponta o direito do cliente de receber reembolso integral caso desista de sua compra nas 24 horas posteriores.

Na Seção IV são definidas as regras para "Alteração do Contrato de Transporte Aéreo por Parte do Transportador". São elas: aviso com 72 horas de antecedência quando ocorrerem alterações, além da obrigação de oferecer como alternativas o reembolso e a reacomodação.

Finalmente, a Seção V trata das "Informações Sobre Bagagens", estabelecendo que o transporte de bagagens se trata de contrato acessório, podendo o item sofrer restrições atinentes à segurança. Outrossim, obriga as empresas de transporte a oferecer franquia mínima de 10 kg (dez quilogramas) de bagagem de mão a cada passageiro.

---

6. ANAC (Agência Nacional de Aviação Civil). Resolução nº 400. 13 dez. 2016. Disponível em: https://www.anac.gov.br/assuntos/legislacao/legislacao-1/resolucoes/resolucoes-2016/resolucao-no-400-13-12-2016/@@display-file/arquivo_norma/RA2016-0400%20-%20Retificada.pdf. Acesso em: 7 nov. 2020.

Por fim, o artigo 15 define que:

> O transportador deverá informar aos usuários quais bagagens serão submetidas a procedimentos especiais de despacho, em razão de suas condições de manuseio ou de suas dimensões.
>
> § 1º As bagagens que não se enquadrarem nas regras estabelecidas pelo transportador, conforme o caput deste artigo, poderão ser recusadas ou submetidas a contrato de transporte de carga.
>
> § 2º O transporte de carga e de animais deverá observar regime de contratação e procedimento de despacho próprios.

O capítulo dois é direcionado à execução do transporte aéreo. A Seção I discorre sobre o "Check-in e a Apresentação para o Embarque", estipulando que todo passageiro deve embarcar com documento de identificação e o comprovante da compra, além de ser necessário declarar valores de bagagem que sejam superiores ao limite de indenização e informar à companhia aérea em casos de desistência de trecho de ida de voo para que o de volta não seja cancelado.

A Seção II trata do "Atraso, Cancelamento, Interrupção do serviço e Preterição", estabelecendo que os atrasos devem ser comunicados, devendo também oferecer opções de reacomodação, reembolso e execução do serviço por outras modalidades de transporte. Além disso, em casos de voos lotados, a empresa deve buscar voluntários para a relocação, mediante compensação financeira combinada. A preterição se configura quando o passageiro se apresenta para embarque no aeroporto e a companhia aérea deixa de transportá-lo. Neste caso, a empresa deve imediatamente compensar financeiramente o cliente, salvo nos casos previstos da resolução nº 280 da ANAC[7], que trata da acessibilidade das pessoas portadoras de necessidades especiais (PNAE). Diz o artigo 6º:

> O PNAE tem direito aos mesmos serviços que são prestados aos usuários em geral, porém em condições de atendimento prioritário, em todas as fases de sua viagem, inclusive com precedência aos passageiros frequentes, durante a vigência do contrato de transporte aéreo, observadas as suas necessidades especiais de atendimento, incluindo o acesso às informações e às instruções, às instalações aeroportuárias, às aeronaves e aos veículos à disposição dos demais passageiros do transporte aéreo.

---

7. ANAC (AGÊNCIA NACIONAL DE AVIAÇÃO CIVIL). Resolução nº 28, 11 de julho de 2013. Disponível em: https://www.anac.gov.br/assuntos/legislacao/legislacao-1/resolucoes/resolucoes-2013/resolucao-no-280-de-11-07-2013. Acesso em: 7 nov. 2020.

> § 1º Pode haver restrições aos serviços prestados quando não houver condições para garantir a saúde e a segurança do PNAE ou dos demais passageiros, com base nas condições previstas em atos normativos da ANAC, no manual geral de operações ou nas especificações operativas do operador aéreo.
>
> § 2º O operador aéreo deve divulgar as condições gerais e restrições ao transporte do PNAE e de suas ajudas técnicas e equipamentos médicos.

A seção III discorre sobre a "Assistência Material", que ocorre em casos de cancelamento e atraso do voo, além de interrupção de serviço e preterição. Deve satisfazer as necessidades do passageiro e ser oferecida gratuitamente pelo transportador.

A seção IV trata "Da Reacomodação", determinando que será feita gratuitamente, sem se sobrepor ao contrato de transporte previamente firmado. Por fim, a seção V trata "Do Reembolso" estabelecendo que este deve ser feito em até 7 dias após a solicitação, observando o meio de pagamento utilizado no contrato firmado anteriormente.

O capítulo IV trata das "Obrigações Posteriores à Execução do Transporte Aéreo", discorrendo sobre a retirada e extravio da bagagem despachada. Por último, o capítulo V traz as disposições finais, obrigando o transportador a cumprir todas as regras anteriormente dispostas e revogando resoluções anteriores.

## 3. Os cancelamentos de vôos pré pandemia

As regras gerais que dizem respeito ao cancelamento e a remarcação de viagens aéreas são definidas pela ANAC (Agência Nacional de Aviação Civil)[8] e suas Resoluções - com destaque à Resolução 400/2016, em alinhamento ao Código Civil, ao Código de Defesa do Consumidor e ao Código Brasileiro de Aeronáutica[9]. Nos casos concretos, as companhias aéreas podem definir os pormenores dos contratos, havendo pequenas variações.

---

8. ANAC (AGÊNCIA NACIONAL DE AVIAÇÃO CIVIL). Alteração de viagem. Disponível em: https://www.anac.gov.br/acesso-a-informacao/perguntas-frequentes/passageiros/f0a7-alteracao-da-viagem. Acesso em: 7 nov. 2020.
9. BRASIL. Lei 7565: Dispõe sobre o Código Brasileiro de Aeronáutica. 1986. Disponível em: http://www.planalto.gov.br/ccivil_03/leis/l7565compilado.htm. Acesso em: 7 nov. 2020.

Conforme a Agência, o cancelamento de voos por parte do contratante sem prejuízos financeiros pode ser feito por meio de desistência da compra após 24 horas de sua realização se essa tiver sido feita com antecedência mínima de 7 dias em relação à data da viagem, direito garantido também pelo artigo 740, *caput*, do Código Civil, que garante a possibilidade de rescindir o contrato e receber a devida restituição, desde que avisado previamente ao transportador. Ainda, o Código de Defesa do Consumidor dispõe em seu artigo 49, *caput*, do direito ao arrependimento do consumidor no prazo de sete dias - a contar da contratação do serviço - se a contratação for realizada à distância. Nesse caso, também está isento o consumidor de ônus pela desistência. Nos demais casos, o cancelamento pode ser feito apenas mediante pagamento de multa.

Já o cancelamento ou a mudança do horário de voos por parte da contratada está disciplinada nos termos da Resolução 400/2016 da ANAC, e é exigida a comunicação prévia de 72 horas de antecedência, e o oferecimento de remarcação ou reembolso, a critério exclusivamente do consumidor. É garantido ao consumidor reembolso, reacomodação ou compensação de serviços caso haja falha em informá-lo das mudanças ou cancelamento e esse comparecer no aeroporto (Resolução 400/2016, artigo 12, §2º).

No caso das remarcações, as alterações podem ser feitas mediante disponibilidade e de acordo com o disposto no contrato firmado com a empresa de transporte aéreo, sendo a esta é reservada a possibilidade de cobrar multa pela modificação, conforme o disposto na resolução nº 400 da ANAC, em seu art. 10. E em casos de atraso no serviço de transporte, o Código Aeronáutico estabelece no artigo 256, II, que a companhia aérea contratada responde pelos danos causados ao passageiro, sendo cabível providenciamento de transporte, alimentação e hospedagem, a depender do tempo de atraso, conforme artigo 230. Assim como a interrupção da viagem por motivo alheio à vontade da companhia, mesmo que devido à evento imprevisível, é disciplinada pelo artigo 741 do Código Civil e dispõe que:

> Interrompendo-se a viagem por qualquer motivo alheio à vontade do transportador, ainda que em conseqüência de evento imprevisível, fica ele obrigado a concluir o transporte contratado em outro veículo da mesma categoria, ou, com a anuência do passageiro, por modalidade diferente, à sua custa, correndo também por sua conta as

despesas de estada e alimentação do usuário, durante a espera de novo transporte.

Por fim, sobre os possíveis danos causados ao passageiro e sua bagagem, o Código de Defesa do Consumidor, artigo 7º e 14, *caput*, dispõe que há responsabilidade objetiva e solidária, alinhado à disposição do Código Civil: "O transportador responde pelos danos causados às pessoas transportadas e suas bagagens, salvo motivo de força maior, sendo nula qualquer cláusula excludente da responsabilidade". Dessa forma, os dispositivos legais que regulam o direito do passageiro e das companhias aéreas alinham-se ao objetivo de proteger e atender as necessidades dos consumidores e, assim, equilibram a relação contratual, em acordo com o art. 4º, inciso III, do Código de Defesa do Consumidor, e garantem a efetividade do princípio da igualdade material, estabelecido no art. 5º da Constituição Federal[10].

## 4. As consequências da pandemia nas empresas de aviação

Cabe análise dos impactos do coronavírus em relação às obrigações geradas pelos contratos aéreos, tendo em vista que a pandemia fora inicialmente classificada como força maior. Porém, importa esclarecer que apesar dos cancelamentos de voos e reembolsos, e da súbita queda de demanda em razão do isolamento social e do risco de contágio, a pandemia em si não estabeleceu o fechamento dos aeroportos, e, assim, por si só não se enquadra como impossibilitadora da prestação estabelecida.

Essa é uma das diferenças mais significativas para os demais contratos afetados, como os de locação de espaço para festas[11], pois estes foram proibidos de acontecer e, portanto, juridicamente impossibilitados, enquanto os contratos de transporte aéreo foram afetados pela ocasião, que gerou mudanças no cotidiano e planejamento dos indivíduos, seja em razão do fechamento de fronteiras ou por medo da doença. Importa também mencionar que as medidas mais impactantes ao setor aéreo no país foram estabelecidas pelas próprias empresas, a exemplo da Azul, que suspendeu em

10. BRASIL. Constituição Federal da República. 1988. Disponível em: http://www.planalto.gov.br/ccivil_03/constituicao/constituicao.htm. Acesso em: 7 nov. 2020.
11. LEITE, Bruna Duarte. Impactos do coronavírus na alteração e no cancelamento de passagens aéreas. Migalhas, [s. l.], 1 abr. 2020. Disponível em: https://www.migalhas.com.br/arquivos/2020/4/7AF749E235D23D_artigobruna.pdf. Acesso em: 21 nov. 2020.

16 de março todos os voos internacionais[12]. Sendo assim, o receio de contágio, o fechamento das fronteiras, o cancelamento dos voos pelas empresas de transporte aéreo, além da própria quarentena imposta em diversos lugares, foram alguns dos fatores que levaram ao cancelamento de incontáveis viagens nacionais e internacionais, gerando a crise no setor.

Segundo estatísticas da Associação Brasileira das Empresas Aéreas[13], a média de demanda de viagens internacionais realizadas antes de declarada a pandemia no Brasil, entre dezembro de 2019 e fevereiro de 2020, era de 3 milhões, enquanto a média desse mesmo parâmetro no mercado doméstico era de 8 milhões. Com o início da pandemia no Brasil, esses mesmos valores passaram para aproximadamente 60 mil e 505 mil, respectivamente, em abril de 2020, demonstrando o déficit abissal que a aviação brasileira enfrentou. Segundo o governo, por meio do Diário Oficial da União[14], em 15 de setembro de 2020, o setor de transporte aéreo foi o segundo setor da economia mais impactado pela pandemia do covid-19.

Isso posto, em 05 de agosto de 2020, foi publicada a lei nº 14.034, que dispõe sobre medidas emergenciais para a aviação civil brasileira em razão da pandemia de Covid-19[15]. A partir do texto normativo, decorre novas opções para a remarcação ou o cancelamento de passagens, de modo a amenizar o impacto no setor aéreo, e impedir seu colapso, ao passo que assegura também o direito do passageiro enquanto consumidor.

---

12. LAIER, Paula À. Azul anuncia suspensão de vários voos internacionais. Agência Brasil, São Paulo, 16 mar. 2020. Disponível em: [https://agenciabrasil.ebc.com.br/internacional/noticia/2020-03/azul-anuncia-suspensao-de-varios-voos-internacionais]. Acesso em: 21 nov. 2020.
13. ASSOCIAÇÃO BRASILEIRA DE EMPRESAS AÉREAS (Brasil) (ed.). Associação Brasileira de Empresas Aéreas. In: ESTATÍSTICAS DA AVIAÇÃO BRASILEIRA. [S. l.], 1 abr. 2020. Disponível em: https://www.abear.com.br/imprensa/dados-e-fatos/#domestico. Acesso em: 21 nov. 2020.
14. BRASIL. Diário Oficial da União: Portaria nº 20.809. 2020. Disponível em: https://www.in.gov.br/en/web/dou/-/portaria-n-20.809-de-14-de-setembro-de-2020-277430324. Acesso em: 7 nov. 2020.
15. BRASIL. Lei nº 14.034, de 5 de agosto de 2020. Dispõe sobre medidas emergenciais para a aviação civil brasileira em razão da pandemia da Covid-19. [S. l.], 5 ago. 2020. Disponível em: http://www.planalto.gov.br/ccivil_03/_Ato2019-2022/2020/Lei/L14034.htm. Acesso em: 21 nov. 2020.

Para explicitar as mudanças, há de se analisar as mudanças principais em dois momentos: (i) do cancelamento do voo pela companhia e (ii) da desistência do passageiro. No primeiro caso, se houver cancelamento do voo originalmente programado para o período entre 19 de março e 31 de dezembro de 2020, é possível remarcar uma vez a passagem aérea, sem cobrança, desde que o passageiro mantenha as condições do primeiro contrato, isto é, mesma origem, mesmo destino, e mesma duração de viagem. Também é possível manter o valor da passagem em créditos para utilização futura na companhia aérea, disponibilizados no prazo máximo de 7 dias, ao invés de remarcar, sendo esses válidos por até 18 meses, a partir da data do recebimento do crédito. Nesse caso, também é possível solicitar reembolso do valor da passagem, em que a companhia tem até 12 meses contados da data do voo cancelado para devolver o dinheiro.

Já em casos de desistência do contrato aéreo por parte do passageiro, de viagens entre 19 de março e 31 de dezembro de 2020, também é possível a reversão do valor integral da passagem em créditos para utilização futura na empresa aérea. Porém, caso haja desistência e o contratante solicitar o reembolso, esse está sujeito ao pagamento de eventuais penalidades contratuais, caso a desistência não tenha ocorrido dentro de 24 (vinte e quatro) horas após a compra, feita com antecedência igual ou superior a sete dias em relação à data de embarque. Esse caso é, na verdade, uma manutenção do já disposto no artigo 11 da Resolução nº 400/2016 da ANAC[16].

A lei dispõe também, no *caput* do artigo 3º, que a assistência material aos passageiros, em casos de cancelamento, atraso ou interrupção de voo, ocorrerá apenas "quando cabível", diferente do que era previamente disciplinado pela Resolução 400/2016, anteriormente abordado neste artigo.

Logo, é perceptível a redução dos direitos dos passageiros pela lei nº 14.034, consequência da situação de emergência das empresas de aviação durante a pandemia. Apesar de reduzidos os direitos dos contratantes, as medidas de substituição dos

16. AGÊNCIA NACIONAL DE AVIAÇÃO CIVIL (Brasil). José Ricardo Pataro Botelho de Queiroz. Dispõe sobre as Condições Gerais de Transporte Aéreo. 400. Dispõe sobre as Condições Gerais de Transporte Aéreo. [S. l.], 13 dez. 2016. Disponível em: https://www.anac.gov.br/assuntos/legislacao/legislacao-1/resolucoes/resolucoes-2016/resolucao-no-400-13-12-2016. Acesso em: 2 dez. 2020.

contratos aéreos são plausíveis e um meio termo possível em meio à pandemia, uma intervenção que buscou reequilibrar a relação do consumidor com a empresa de aviação comercial no contexto pandêmico. Pelo diálogo entre fornecedor e consumidor, a nova lei permite que as empresas de transporte aéreo e seus passageiros estabeleçam uma relação equilibrada diante das frequentes remarcações e cancelamentos de passagens, acomodando a possibilidade de autocomposição na relação fornecedor-consumidor, para permitir esse diálogo pacífico e possível, a fim de evitar o colapso do sistema aéreo brasileiro.

## 5. A autocomposição como instrumento para equilíbrio fornecedor-consumidor

Diante dos conflitos e empecilhos presentes no contexto da pandemia, houve um aumento na procura por meios alternativos para a solução de conflitos, e os meios autocompositivos se demonstraram uma solução essencial para o equilíbrio da relação fornecedor-consumidor, um equivalente jurisdicional, isto é, uma ferramenta processual que não é a jurisdição. Esses são uma "forma de solução do conflito pelo consentimento espontâneo de um dos contendores em sacrificar o interesse próprio, no todo ou em parte, em favor do interesse alheio" (DIDIER, 2020).

São espécies da autocomposição a transação, em que há concessões mútuas para a solução do conflito, a submissão, que um dos conflitantes se submete ao interesse do outro voluntariamente, abdicando de seus próprios interesses e a renúncia, em que o detentor do direito se abstém do direito e extingue a relação jurídica.[17] É um método que tem sido incentivado, ratificado e reforçado pelo Código de Processo Civil, que dedica um capítulo inteiro para a regulação da mediação e da conciliação (arts. 165-175), disponibiliza a autocomposição como um ato primário, anterior à defesa do réu (arts. 334 e 695) e diversas outras permissões que demonstram ser essa uma opção estimulada pelo direito processual atual.

Reforçando esse estímulo, o rol de normas fundamentais do processo civil dispõe:

> Art. 3º. Não se excluirá da apreciação jurisdicional ameaça ou lesão a direito.

---

17. DIDIER, Fredie. Curso de Direito Processual Civil: Introdução ao Direito Processual Civil, Parte Geral e Processo do Conhecimento. 22. ed. atual. e aum. Salvador: JusPodivm, 2020. ISBN 978-85-442-3290-3.

> § 2º O Estado promoverá, sempre que possível, a solução consensual dos conflitos.
>
> § 3º A conciliação, a mediação e outros métodos de solução consensual de conflitos deverão ser estimulados por juízes, advogados, defensores públicos e membros do Ministério Público, inclusive no curso do processo judicial.[18]

Para Fredie Didier Jr., é possível, inclusive, defender a existência de um princípio do estímulo estatal à solução por autocomposição. Ademais, há uma linha teórica que afirma ser o meio autocompositivo não apenas um instrumento alternativo, mas sim um instrumento adequado para resolução de determinados conflitos, a depender da situação, conforme abordado por Marco Antônio Lorencini, que considera a autocomposição uma das portas do modelo atual de justiça[19], conceituado por Frank Sander, professor de Harvard, como "Justiça Multiportas"[20]. Segundo Lorencini:

> Pode-se pensar que uma pessoa, diante de um conflito, tem à sua disposição várias alternativas para tentar solucioná-lo. Pode procurar diretamente a outra parte envolvida e tentar negociar o impasse sem a interferência de ninguém. Mas pode também procurar um terceiro e este propor diferentes métodos de solução existentes (...). Pode ainda procurar um ente estatal que, dependendo do conflito, ainda que não seja o Poder Judiciário, tente intermediar o impasse. Pode, ainda, procurar o Estado-Juiz para ajuizar uma demanda. Cada uma das alternativas corresponde a uma *porta* que a pessoa se dispõe a abrir, descortinando-se a partir daí um caminho proposto pelo método escolhido.

Assim, analisando o trecho, pode-se afirmar que o direito processual civil sutilmente guia os indivíduos a optarem pela "porta" da autocomposição, quando esse

18. BRASIL. Lei nº 13105, de 16 de março de 2015. Código de Processo Civil. [S. l.], 2015. Disponível em: http://www.planalto.gov.br/ccivil_03/_ato2015-2018/2015/lei/l13105.htm. Acesso em: 21 nov. 2020.
19. LORENCINI, Marco Antônio Garcia Lopes. "Sistema Multiportas": opções para tratamento de conflitos de forma adequada. In: SALLES, Carlos Alberto et al, (coord.). Negociação, Mediação e Arbitragem: Curso básico para programas de graduação em Direito. [S. l.: s. n.], 2013. cap. 3, p. 57-85. Disponível em: https://repositorio.usp.br/item/002422240. Acesso em: 21 nov. 2020.
20. MUNIZ, Tânia Lobo; MOURA, Isabel Cristina de. O modelo de tribunal multiportas americano e o sistema brasileiro de solução de conflitos. REVISTA DA FACULDADE DE DIREITO DA UFRGS, Porto Alegre, v. 39, p. 289-311, 1 dez. 2018. Disponível em: https://seer.ufrgs.br/revfacdir/article/download/77524/51655. Acesso em: 21 nov. 2020.

for suficiente e adequado para a resolução do conflito.

Tendo isso em vista, percebe-se a relevância de tê-la como uma das 'portas' da justiça enquanto solução que exige apenas a vontade das partes em resolver um conflito, evitando o tribunal e, em casos que caiba sua utilização, atuando de forma a garantir a eficiência e a duração razoável do processo, dois princípios que norteiam o Código de Processo Civil de 2002. Também, conforme Frank Sander[21], é um meio que não só facilita a efetividade da resolução de conflitos em determinadas situações, como ameniza gastos, tempo e desgaste tanto das partes quanto dos tribunais.

E, apesar de não ser adequada a todos os conflitos jurídicos, esses entre consumidor e fornecedor em casos de contratos aéreos são circunstância que o instrumento é adequado. Toda a legislação e suporte jurídico estabelecidos ao longo do desenvolvimento da pandemia, em relação às formas de resolução e revisão contratuais dos contratos de transporte aéreo, foram no sentido de garantir que esses conflitos sejam resolvidos diretamente entre a parte contratante e a parte fornecedora do serviço - as companhias aéreas.

Dessa forma, a autocomposição é o meio que tem sido responsável por encontrar o equilíbrio não apenas nas diversas situações em que se aplica, mas, conforme este artigo tem como foco, dos conflitos entre passageiros e companhias aéreas. Assim, o instrumento de autocomposição apresenta-se como a 'porta' adequada de atuação nos casos dos contratos de transporte aéreo, reforçando o argumento de Lorencini de adequação e exemplificando a teoria da Justiça Multiportas.

## 6. Autocomposição na resolução dos conflitos com empresas de aviação

Com a publicação da Lei nº 14.034, os passageiros de voos cancelados e remarcados ou que desejavam o reembolso de sua compra passaram a buscar as empresas de transporte aéreo para atendimento. A plataforma "Reclame AQUI", que recebe reclamações de consumidores e avalia a reputação de empresas apontou um aumento de

21. HERNANDEZ-CRESPO, Mariana Gonstead. A Dialogue Between Professors Frank Sander and Mariana Hernandez Crespo Exploring the Evolution of the Multi-Door Courthouse (Part One). 2008. Disponível em: https://ssrn.com/abstract=1265221 e http://dx.doi.org/10.2139/ssrn.1265221. Acesso em: 16 dez. 2020.

até 200%[22] nas reclamações gerais de serviços comparado ao mesmo período do ano passado. Em março deste ano, ainda no início do contexto pandêmico, a mesma empresa apontou que a crise do coronavírus já influenciava 16%[23] das reclamações recebidas, sendo estas em sua maioria voltadas para o setor turístico (agências de viagens, companhias aéreas e programas de milhas).

À luz desse contexto, apesar das medidas facilitadoras para resolução do problema das passagens aéreas, percebe-se uma dificuldade na verdadeira efetivação das soluções estabelecidas, seja pela falta de disposição das companhias aéreas, seja pela necessidade por parte do consumidor de uma conclusão imediatista do conflito. Diante disso, este artigo apresenta um caso concreto que espelha diversos conflitos apresentados na plataforma "Reclame Aqui" sobre como a falta de comunicação é o empecilho na efetivação do disposto na lei em prol dessas situações:

> SERÁ QUE SOMENTE OS TRIBUNAIS RESOLVERÃO OU A LATAM VAI RESOLVER?
>
> Em janeiro de 2020 adquiri duas passagens aéreas através do site da DECOLAR com partida do Rio de Janeiro e destino Ilhéus (BA). A data de embarque estava prevista para o dia 18 de março de 2020 e o retorno para 23/03/2020. Justamente nesse período iniciamos o período da Pandemia e as viagens foram canceladas e hotéis e pousadas fechados.
>
> Entramos em contato com a Decolar que inicialmente informou que a LATAM estaria cobrando um valor superior ao que pagamos para alterar a data da viagem. Porém,

22. ROSA, Eduardo Garcia. Não está fácil se comunicar com o SAC da empresa? levantamento do reclame aqui aponta um aumento de maio a julho nas reclamações para os sacs das empresas durante a pandemia. Levantamento do Reclame AQUI aponta um aumento de maio a julho nas reclamações para os SACs das empresas durante a pandemia. 2020. Disponível em: https://noticias.reclameaqui.com.br/noticias/nao-esta-facil-se-comunicar-com-o-sac-da-empresa_4088/. Acesso em: 15 dez. 2020.
23. CARDOSO, Ana Paula. Crise do novo coronavírus já influencia 16% das reclamações no Reclame AQUI: registros são voltados ao setor turístico, liderado pelas agências de viagens, companhias aéreas, programas de milhas, bancos e telefonia celular. Registros são voltados ao setor turístico, liderado pelas agências de viagens, companhias aéreas, programas de milhas, bancos e telefonia celular. 2020. Disponível em:https://noticias.reclameaqui.com.br/noticias/crise-do-novo-coronavirus-ja-influencia-16-das-reclamacoes-n_3897/. Acesso em: 15 dez. 2020.

> depois de várias reclamações para a DECOLAR e LATAM, recebi da Decolar uma remarcação do voo para o dia 02/06/2020. Ao chegar no aeroporto, recebi a informação de que não havia nenhuma reserva para aquela data.
>
> Muito chateado por ter sido feito de palhaço, tentei em vão protocolar uma reclamação no balcão de atendimento LATAM e, de maneira grosseira, os atendentes informaram que não poderiam protocolar nenhum documento.
>
> Voltei a reclamar junto à Latam e também junto à DECOLAR que ficaram em um tremendo jogo de empurra, cada uma fugindo da responsabilidade de atendimento ao cliente que é a parte mais importante nesse processo.
>
> No mesmo dia, 02/06/2020, recebi da LATAM um email com alteração unilateral do nosso voo para o dia 09/07/2020. Porém, nos outros dois anexos constava recibo de bilhete eletrônico com data de embarque para 19/03/2020. Ou seja, uma tremenda desorganização.
>
> Nos dois últimos contatos que realizei com a DECOLAR, foram tácitos em informar que qualquer alteração teria que ser negociada diretamente com a LATAM e esta, sempre nos faz de palhaço.
>
> Assim sendo, já que não consigo ser atendido pela LATAM em remarcar a passagem e que a Acompanhante da viagem não mais tem interesse na viagem, solicito:
>
> Devolução do valor pago ou efetivamente gerar uma passagem com data em aberto para a pós pandemia (tenho mais de 64 anos), sendo uma em meu nome e outra com nome a confirmar.[24]

Esse, assim como diversos outros casos relativos às passagens de transporte aéreo[25], é um caso que demonstra um problema que não é consequência da pandemia, mas intensificado por essa - a falha de comunicação consumidor e fornecedor. Conforme previamente abordado, ainda que a circunstância da pandemia tenha aumentado consideravelmente os cancelamentos e adiamentos dos contratos de transporte aéreo, a Lei 14.034/2020 disponibiliza soluções efetivas para os desacordos

24. "JOGO DE EMPURRA". 2020. Disponível em: https://www.reclameaqui.com.br/latam-airlines-tam/jogo-de-empurra_T9iqV91bY63H9l-X/. Acesso em: 16 dez. 2020.
25. A exemplo de: reclamações da Empresa LATAM Airlines. 2020. Disponível em: https://www.reclameaqui.com.br/empresa/latam-airlines-tam/lista-reclamacoes/?produto=0000000000001065. Acesso em: 16 dez. 2020.

provenientes desses, cabendo apenas o diálogo eficiente entre o comprador e a companhia aérea para efetivar tais resoluções.

Enquanto equivalente jurisdicional, a autocomposição é uma das 'portas' da justiça e oferece soluções para consumidores desassistidos pela companhia aérea e possibilita a efetivação desse diálogo necessário sem a necessidade de intervenção judicial. Porém, a autocomposição apresenta como característica sua parcialidade, isto é, depende da vontade das partes para ser possível e viável.

Para casos referentes aos contratos de transporte aéreo, o mais adequado seria a transação, previamente abordada, em que se encontra uma solução pacífica por meio do diálogo entre as partes, por concessões recíprocas, visando um equilíbrio na relação contratual para a resolução do problema. Assim, as disposições normativas que visam a solução dos conflitos pelos contratos aéreos poderiam realmente ser aplicadas nos conflitos resultantes do cancelamento e adiamento de voos em razão da pandemia, em oposição às constantes reclamações e ineficiência que tem ocorrido.

Mas, para isso, torna-se necessário a disposição das companhias aéreas em resolver os conflitos, essencial para a efetividade da lei 14.034/2020, publicada em prol dessas, que sofreram uma queda brusca nos voos em razão da pandemia, conforme previamente abordado. E, deve-se considerar que a nova lei diminui consideravelmente o direito do consumidor em contraste ao direito das companhias aéreas, de forma a minimizar o impacto econômico, pelo período de sua vigência. Diante disso, dispõe o *caput* do artigo 4º do Código de Defesa do Consumidor:

> A Política Nacional das Relações de Consumo tem por objetivo o atendimento das necessidades dos consumidores, o respeito à sua dignidade, saúde e segurança, a proteção de seus interesses econômicos, a melhoria da sua qualidade de vida, bem como a transparência e harmonia das relações de consumo, atendidos os seguintes princípios: (Redação dada pela Lei nº 9.008, de 21.3.1995)

Portanto, cabe às companhias aéreas se prontificarem a dialogar com os passageiros que foram prejudicados por cancelamento de voos ou que precisaram remarcar passagens, de modo a buscar atender as necessidades do consumidor e a transparência das relações de consumo. Assim, por meio deste diálogo horizontal, haveria a garantia do equilíbrio da relação contratual, sem transgredir os direitos do consumidor e, ao mesmo tempo, oferecendo considerável proteção às empresas atingidas.

## 7. Conclusão

O setor de turismo foi um dos mais afetados pela pandemia do coronavírus e isso impactou seriamente no capital das empresas de transporte aéreo. Para amenizar tamanho impacto da pandemia nesse setor tão prejudicado pela quarentena, o principal amparo legal criado - a lei 14.034/2020 - buscou apresentar soluções para as resoluções dos contratos aéreos, de forma a delimitar o rol de direitos que tanto o consumidor quanto a empresa de aviação possuíam anteriormente. Desse modo, possibilitou a manutenção e continuidade dos serviços das empresas de aviação, mas ainda sem desamparar o consumidor, estabelecendo normativamente um equilíbrio.

Porém, para que o aparato legal seja verdadeiramente eficiente, é essencial que haja disponibilidade das companhias aéreas em dialogar com os passageiros a fim de alcançar o equilíbrio contratual que as leis do período da pandemia garantiram. Por meio da análise que este artigo trouxe, cabe à conclusão de que os meios compositivos, via prevista e incentivada pelo Código de Processo Civil Brasileiro, se apresentam como a melhor opção para efetivar esse diálogo, diante do rol de soluções fornecidos normativamente. Afinal, são os envolvidos nesse conflito os capazes de apontar suas verdadeiras dificuldades, tendo em vista que há a lei disciplinando essa relação e suas situações, e bastaria o diálogo para construir, em conjunto, a melhor e mais equilibrada solução diante das circunstâncias.

## Referências

"JOGO DE EMPURRA". 2020. Disponível em: https://www.reclameaqui.com.br/latam-airlines-tam/jogo-de-empurra_T9iqV91bY63H9l-X/. Acesso em: 16 dez. 2020.

ANAC (AGÊNCIA NACIONAL DE AVIAÇÃO CIVIL). Alteração de viagem. Disponível em: https://www.anac.gov.br/acesso-a-informacao/perguntas-frequentes/passageiros/f0a7-alteracao-da-viagem

ANAC (Agência Nacional de Aviação Civil). Resolução nº 400. Dispõe sobre as Condições Gerais de Transporte Aéreo. 13 dez. 2016. Disponível em: https://www.anac.gov.br/assuntos/legislacao/legislacao-

1/resolucoes/resolucoes-2016/resolucao-no-400-13-12-2016/@@display-file/arquivo_norma/RA2016-0400%20-%20Retificada.pdf. Acesso em: 7 nov. 2020.

ASSOCIAÇÃO BRASILEIRA DE EMPRESAS AÉREAS (Brasil) (ed.). Associação Brasileira de Empresas Aéreas. In: ESTATÍSTICAS DA AVIAÇÃO BRASILEIRA. [S. l.], 1 abr. 2020. Disponível em: https://www.abear.com.br/imprensa/dados-e-fatos/#domestico. Acesso em: 21 nov. 2020.

BRASIL Portaria nº 188, de 3 de fevereiro de 2020. Diário Oficial da União, 24-A, 4 de fevereiro de 2020. Declara Emergência em Saúde Pública de importância Nacional (ESPIN) em decorrência da Infecção Humana pelo novo Coronavírus (2019-nCoV). Diário Oficial da União: edição 24-A: Ministério da Saúde, Brasília, 3 fev. 2020. Disponível em: https://www.in.gov.br/en/web/dou/-/portaria-n-188-de-3-de-fevereiro-de-2020-241408388. Acesso em: 7 nov. 2020.

BRASIL. Código do Consumidor (Lei 8078/90). 1990. Disponível em: https://www2.senado.leg.br/bdsf/bitstream/handle/id/533814/cdc_e_normas_correlatas_2ed.pdf. Acesso em: 7 nov. 2020.

BRASIL. Constituição Federal da República. 1988. Disponível em: http://www.planalto.gov.br/ccivil_03/constituicao/constituicao.htm. Acesso em: 7 nov. 2020.

BRASIL. Diário Oficial da União: Portaria nº 20.809. 2020. Disponível em: https://www.in.gov.br/en/web/dou/-/portaria-n-20.809-de-14-de-setembro-de-2020-277430324. Acesso em: 7 nov. 2020.

BRASIL. Lei 7565: Dispõe sobre o Código Brasileiro de Aeronáutica. 1986. Disponível em: http://www.planalto.gov.br/ccivil_03/leis/l7565compilado.htm. Acesso em: 7 nov. 2020.

BRASIL. Lei nº 10.406, de 10 de janeiro de 2020. Institui o Código Civil. [S. l.], 10 jan. 2020. Disponível em: http://www.planalto.gov.br/ccivil_03/leis/2002/L10406compilada.htm. Acesso em: 7 nov. 2020.

BRASIL. Lei nº 13105, de 16 de março de 2015. Código de Processo Civil. [S. l.], 2015. Disponível em: http://www.planalto.gov.br/ccivil_03/_ato2015-2018/2015/lei/l13105.htm. Acesso em: 21 nov. 2020.

BRASIL. Lei nº 14.020, de 7 de julho de 2020. Institui o Programa Emergencial de Manutenção do Emprego e da Renda. LEI Nº 14.020, DE 6 DE JULHO DE 2020:

dispõe sobre medidas complementares para enfrentamento do estado de calamidade pública reconhecido pelo Decreto Legislativo nº 6, de 20 de março de 2020, e da emergência de saúde pública de importância internacional decorrente do coronavírus, de que trata a Lei nº 13.979, de 6 de fevereiro de 2020; altera as Leis nº 8.213, de 24 de julho de 1991, 10.101, de 19 de dezembro de 2000, 12.546, de 14 de dezembro de 2011, 10.865, de 30 de abril de 2004, e 8.177, de 1º de março de 1991; e dá outras providências., DIÁRIO OFICIAL DA UNIÃO, 7 jul. 2020. Disponível em: https://www.in.gov.br/en/web/dou/-/lei-n-14.020-de-6-de-julho-de-2020-265386938. Acesso em: 7 nov. 2020.

BRASIL. Lei nº 14.034, de 5 de agosto de 2020. Dispõe sobre medidas emergenciais para a aviação civil brasileira em razão da pandemia da Covid-19. [S. l.], 5 ago. 2020. Disponível em: http://www.planalto.gov.br/ccivil_03/_Ato2019-2022/2020/Lei/L14034.htm. Acesso em: 21 nov. 2020.

BRASIL. Portaria nº 454, de 19 de março de 2020. Diário Oficial da União, 55-F, 20 de março de 2020. Declara, em todo o território nacional, o estado de transmissão comunitária do coronavírus (covid-19). Diário Oficial da União: edição 55-F: Ministério da Saúde, Brasília, 20 mar. 2020. Disponível em: https://www.in.gov.br/en/web/dou/-/portaria-n-454-de-20-de-marco-de-2020-249091587.

CARDOSO, Ana Paula. Crise do novo coronavírus já influencia 16% das reclamações no Reclame AQUI: registros são voltados ao setor turístico, liderado pelas agências de viagens, companhias aéreas, programas de milhas, bancos e telefonia celular. Registros são voltados ao setor turístico, liderado pelas agências de viagens, companhias aéreas, programas de milhas, bancos e telefonia celular. 2020. Disponível em: https://noticias.reclameaqui.com.br/noticias/crise-do-novo-coronavirus-ja-influencia-16-das-reclamacoes-n_3897/. Acesso em: 15 dez. 2020.

DIDIER, Fredie. Curso de Direito Processual Civil: Introdução ao Direito Processual Civil, Parte Geral e Processo do Conhecimento. 22. ed. atual. e aum. Salvador: JusPodivm, 2020. ISBN 978-85-442-3290-3.

HERNANDEZ-CRESPO, Mariana Gonstead. A Dialogue Between Professors Frank Sander and Mariana Hernandez Crespo Exploring the Evolution of the Multi-Door Courthouse (Part One). 2008. Disponível em:

https://ssrn.com/abstract=1265221 e http://dx.doi.org/10.2139/ssrn.1265221. Acesso em: 16 dez. 2020.

LAIER, Paula À. Azul anuncia suspensão de vários voos internacionais. Agência Brasil, São Paulo, 16 mar. 2020. Disponível em: [https://agenciabrasil.ebc.com.br/internacional/noticia/2020-03/azul-anuncia-suspensao-de-varios-voos-internacionais]. Acesso em: 21.11.2020.

LEITE, Bruna Duarte. Impactos do coronavírus na alteração e no cancelamento de passagens aéreas. Migalhas, [s. l.], 1 abr. 2020. Disponível em: https://www.migalhas.com.br/arquivos/2020/4/7AF749E235D23D_artigobruna.pdf. Acesso em: 21 nov. 2020.

LORENCINI, Marco Antônio Garcia Lopes. "Sistema Multiportas": opções para tratamento de conflitos de forma adequada. In: SALLES, Carlos Alberto et al, (coord.). Negociação, Mediação e Arbitragem: Curso básico para programas de graduação em Direito. [S. l.: s. n.], 2013. cap. 3, p. 57-85. Disponível em: https://repositorio.usp.br/item/002422240. Acesso em: 21 nov. 2020.

MUNIZ, Tânia Lobo; MOURA, Isabel Cristina de. O modelo de tribunal multiportas americano e o sistema brasileiro de solução de conflitos. REVISTA DA FACULDADE DE DIREITO DA UFRGS, Porto Alegre, v. 39, p. 289-311, 1 dez. 2018. Disponível em: https://seer.ufrgs.br/revfacdir/article/download/77524/51655. Acesso em: 21 nov. 2020.

ORGANIZAÇÃO MUNDIAL DE SAÚDE DECLARA PANDEMIA DO NOVO CORONAVÍRUS: Mudança de classificação obriga países a tomarem atitudes preventivas. UNA-SUS: [s. n.], 2020- . Disponível em: https://www.unasus.gov.br/noticia/organizacao-mundial-de-saude-declara-pandemia-de-coronavirus. Acesso em: 7 nov. 2020.

ROSA, Eduardo Garcia. Não está fácil se comunicar com o SAC da empresa? Levantamento do reclame aqui aponta um aumento de maio a julho nas reclamações para os sacs das empresas durante a pandemia. Levantamento do Reclame AQUI aponta um aumento de maio a julho nas reclamações para os SACs das empresas durante a pandemia. 2020. Disponível em: https://noticias.reclameaqui.com.br/noticias/nao-esta-facil-se-comunicar-com-o-sac-da-empresa_4088/.

Acesso em: 15 dez. 2020.

TARGA, Maria Luiza Baillo; SQUEFF, Tatiana Cardoso. Os direitos dos passageiros-consumidores de transporte aéreo em tempos de pandemia. Revista de Direito do Consumidor, São Paulo, v. 129, p. 73-109, 9 jul. 2020. Disponível em: https://revistadedireitodoconsumidor.emnuvens.com.br/rdc/article/view/1313. Acesso em: 21 nov. 2020.

# O SISTEMA DE MILHAS AÉREAS DIANTE DO CANCELAMENTO DE VIAGENS EM DECORRÊNCIA DA PANDEMIA: NOTAS ACERCA DA RELAÇÃO JURÍDICO-CONTRATUAL

# 15

**Laura Alesxandra Moraes Marques Andrade**

**Lorrane Evangelista de Oliveira**

## 1. Introdução

Os precursores da ideia do programa de fidelidade foram varejistas no final do século XVIII, os mesmos distribuíam moedas a seus clientes que compravam seus produtos e isso fazia com que esses respectivos clientes voltassem após as suas compras para trocar as moedas que receberam por produtos oferecidos por estes varejistas.

Apenas em 1981 por meio da American Airlines que se de fato o primeiro programa de fidelidade, o programa beneficiava os clientes mais fiéis e frequentes e assim eles recebiam milhas aéreas que podiam ser trocadas por passagens aéreas. A partir daí outras empresas aéreas nos Estados Unidos foram criando seus próprios programas de fidelidade, a ideia obteve sucesso e se espalhou para o restante do mundo e no ano de 1990 a Europa lançou também seu programa,

Em 1994 a Varig lançou um dos primeiros programas de fidelidade aqui do Brasil denominado como Smiles, o programa foi lançado com o propósito de beneficiar seus clientes mais frequentes e também presenteá-los com milhas aéreas pelos voos realizados. Esse processo era realizado com cupons de papel, sempre que o passageiro realizava uma viagem recebia em troca um cupom e quando obtinha uma quantidade expressiva de cupons o cliente ganhava uma viagem.

Atualmente as milhas assim como no ano de 1994, seguem sendo uma pontuação gerada por seus programas de fidelidade, criadas para estabelecer um relacionamento entre empresas e clientes. As milhas podem ser adquiridas ao comprar produtos ou adquirir serviços das companhias. O programa de milhagens não serve apenas para voos o cliente pode tanto acumular ou resgatar suas milhas de várias formas.

Os programas de fidelidade são gratuitos e os cadastros são feitos pela internet, é necessário pagar uma taxa de anuidade para participar desta modalidade. Cada companhia possui seu próprio sistema de conversão, mas, em geral a cada dólar gasto é computado um ponto. Desta forma estes pontos acumulados podem tornar uma passagem mais barata e dependendo da quantidade de pontos a viagem sai gratuita. Os pontos podem ser utilizados em descontos em compras ou também poderão ser trocados por itens disponibilizados dentro do programa de fidelidade.

O contexto atual é bastante desafiador. Tendo em vista a presente crise sanitária em face do Covid 19, a pandemia dentro de um contexto geral é classificada como força maior, nesse sentido o coronavírus atingiu os mais diversos âmbitos, gerando assim dificuldades nas realizações contratuais entre pessoas físicas e empresas. No âmbito no transporte aéreo houve dúvidas por parte dos consumidores em relação aos contratos, ocorre que mesmo diante da impossibilidade de fornecedores prestarem os serviços os consumidores devem ser resguardados, tendo em vista que os direitos dos consumidores devem ser preservados, pois tais direitos consistem de forma natural na parte mais vulnerável da relação consumerista, diante disso os direitos dos consumidores não podem ser negligenciados por circunstancias alheias a seus controles.

Este trabalho abordará o sistema de milhas em face da pandemia, em caráter do cancelamento de viagens, tendo em vista que a chegada do novo coronavírus atingiu fortemente o mercado turístico, a quantidade de voos diários caiu em média de 2.700 para 700 quando o Brasil se viu de certa forma obrigado a parar atividades econômicas diante do coronavírus. O tráfego internacional sofreu grandes impactos paralisando viagens para outros territórios. A pandemia foi decretada em 11 de março de

2020 pela Organização Mundial da saúde, desta forma a maior parte dos voos nos continentes foi temporariamente suspensa, mesmo diante de um acordo realizado entre a Secretaria Nacional do Consumidor e as empresas aéreas.

O Brasil segue enfrentando o vírus e diante disso foi instaurado um projeto de lei 45888/20 que basicamente suspende por um ano após a instauração do decreto legislativo os prazos decadenciais de uso das milhas aéreas, este decreto entendeu por sua vez que a situação atual do Brasil é de calamidade, sendo assim o decreto vale até 31 de dezembro deste ano. O presente trabalho busca esclarecer como está o mercado aéreo e o sistema de milhas no Brasil atualmente, sendo que o mercado aéreo sem dúvida alguma foi um dos primeiros setores a apresentar sinais de uma crise que já alastrava pelo mundo. O coronavírus tomou uma proporção gigante e tem causado drásticas mudança em todos os setores, inclusive causando certa limitação as viagens. É necessário o presente estudo, pois é necessário resguardar e assegurar a proteção dos interesses dos consumidores que só tem perdido durante a pandemia.

## 2.Relação contratual das milhas aéreas

Antes de abordar o assunto sobre o sistema de milhas aéreas diante do cancelamento de viagens por conta da pandemia, é necessário apresentar algumas características contratuais em relação a esse negócio jurídico.

Primeiramente é necessário pontuar sobre os contratos de transporte e suas regras contratuais. O mesmo é caracterizado como um contrato de transporte de pessoas e de coisas, mediante pagamento de um preço. É considerado um contrato bilateral, consensual, oneroso e comutativo, onde se tem obrigações contratuais para ambas às partes deste negócio. O contrato de transporte foi perfeitamente citado no Art. 730 presente no Código Civil que diz o seguinte:

> "Art. 730- Pelo contrato de transporte alguém se obriga, mediante retribuição, a transportar, de um lugar para outro, pessoas ou coisas."

Para o autor, Flávio Tartuce, o contrato de transporte é o meio pelo qual o transportador se obriga, mediante uma determinada renumeração, a transportar de um local para outro pessoas ou coisas, por meio terrestre (rodoviário ou ferroviário), aquático, (marítimo, fluvial e lacustre) ou aéreo.

Já para o professor Cezar Fíuza, o contrato de transporte é, em poucas palavras, contrato pelo qual uma parte se obriga a levar coisas ou pessoas de um local a outro. O autor ainda ressalta que:

> "Aquele que recebe as coisas ou pessoas se denomina transportador. A pessoa transportada se denomina passageiro ou viajante e aquele que entrega as coisas para o transporte se chama expedido. Não é parte contrate o eventual destinatário das coisas transportadas, a não ser que seja ele o próprio expedidor, deve distinguir- se contrato de transporte propriamente dito, que é o ato negocial cujo objetivo principal é o traslado de uma coisa ou pessoa, da relação de transporte acessório de outro contrato, O contrato de transporte traduz-se pelo deslocamento de uma coisa ou pessoa como fundamento do negócio jurídico. No entanto, a relação de transporte pode estar presente em outros negócios, como acessório, tal como na venda na qual o vendedor não se qualifica como transportador, não se submetendo a seus riscos específicos; a sua responsabilidade restringe-se às normas que se aplicam à compra e venda."

De acordo com o autor Flávio Tartuce o contrato de transporte pode ser considerado um contrato de adesão, sobre isso assim ele expõe:

> "Na grande maioria das vezes, o contrato constitui- se um típico contrato de adesão, por não estar presente a plena discussão das cláusulas."

Ainda de acordo com Tartuce o transportador acaba por impor o conteúdo do negócio, restando a outra parte duas opções: aceitar ou não seus termos. Assumindo o contrato essa forma, deverão ser aplicadas as normas de proteção do aderente constantes do código civil que está em vigor nos artigos 423 e 424. Princípio da equivalência material e da função social dos contratos, em sua eficácia interna.

O contrato de transporte é um contrato cumulativo, ou seja, as partes envolvidas tem plena convicção de seus respectivos encargos, tem profundo entendimento a respeito das prestações presentes na relação contratual, o contrato de transporte em tese tem que ser consensual, pois depende de manifestação de vontade de ambas as partes.

O contrato de transporte além de ser um contrato consensual pode ser que também seja um contrato típico sempre que o mesmo estiver expresso em lei. Ademais o autor Flávio Tartuce ressalta a importante observação de destacar que contrato típico não é a mesma coisa de contrato nomeado. Assim o autor explana:

> "Na verdade, existem sim diferenças entre os conceitos expostos como sinônimos. As

expressões contratos nominados e inominados devem ser utilizados quando a figura negocial contar ou não em lei. Já a expressão contratos típicos e atípicos serve para apontar se o contrato ou não tem tratamento legal mínimo."

Destarte o contrato de transporte é um contrato de natureza jurídica bilateral, oneroso, cumulativo, consensual, típico e nomeado. O contrato de transporte é de suma importância, pois o mesmo possibilita o deslocamento de pessoas e atuação dos mercados. Porém é importante destacar que apesar de tamanha importância o contrato de transporte não foi regulamentado no Brasil até janeiro de 2002. A jurista Maria Helena Diniz acerca da problemática diz:

> "O contrato de transporte, apesar de ser um dos negócios jurídicos mais usuais, não foi regulamentado pelo Código Civil de 1916, e muito escassamente o disciplinava o Código comercial, referindo-se apenas nos artigos 99 a 118 aos condutores de gêneros e comissários de transporte. "

Por fim, depois de uma breve explicação a respeito do contrato de transporte é importante mais uma vez demonstrar a importância do mesmo, pois atravessa o tempo e espaço, tendo em vista que esteve presente na idade média, na idade moderna e nos tempos atuais. O contrato de transporte é sim de certa forma perigoso, pois sua execução pode provocar riscos, tendo em vista que a transportação envolve coisas, pessoas e além do mais pode haver inadimplemento da obrigação contratual, mesmo com esses apontamentos o contrato de transporte continua sendo uma grande fonte econômica na contemporaneidade.

Dado o exposto acima acerca do contrato de transporte se faz necessário abordar o contrato de adesão o qual o sistema de milhas está inserido e o impacto que a pandemia ocasionou no turismo.

De acordo Maria Helena Diniz o contrato de adesão é aquele em que a manifestação da vontade de uma das partes se reduz a mera anuência a uma proposta da outra. Opõe-se a ideia de contrato paritário, por inexistir a liberdade de convenção visto que exclui qualquer possibilidade de debate e transigência entre as partes, pois um dos contratantes se limita a aceitar as cláusulas e condições previamente redigidas e impressas pelo outro, aderindo a uma situação contratual já definida em todos os seus termos."

O contrato de adesão está tipificado nos artigos 423 e 424 da lei número 10.406

de 10 de janeiro de 2002, como no artigo 54 da lei número 8.078, de 11 de setembro de 1990.

> Art. 423 do Código Civil: "Quando houver no contrato de adesão cláusulas ambíguas ou contraditórias, dever-se-á adotar a interpretação mais favorável ao aderente."
>
> Art. 424 do Código Civil: "Nos contratos de adesão, são nulas as cláusulas que estipulem a renúncia antecipada do aderente a direito resultante da natureza do negócio."
>
> Artigo 54 da lei 8.078, de 11 de setembro de 1990 "Contrato de adesão é aquele cujas clausulas tenham sido aprovadas pela autoridade competente ou estabelecidas unilateralmente pelo fornecedor de produtos ou serviços, sem que o consumidor possa discutir substancialmente seu conteúdo.
>
> $ 1- A inserção de cláusulas no formulário não desfigura a natureza de adesão do contrato.
>
> $ 2- Nos contratos de adesão admitem-se clausula resolutória, desde que a alternativa, cabendo a escolha do consumidor, ressalvando- se o disposto no $ segundo o artigo anterior.
>
> $ 3- Os contratos de adesão escritos serão redigidos em termos claros e com caracteres ostensivos e legíveis, de modo a facilitar sua compreensão pelo consumidor.
>
> $ 4- As cláusulas que implicam limitação de direito do consumidor deverão ser redigidas com destaque, permitindo sua imediata e fácil compreensão."
>
> O contrato de adesão pode ser um contrato bilateral ou plurilateral, pois, o proponente ou estipulante decide, previamente, quais clausulas serão de fato inseridas no negócio jurídico, de modo que a parte aderente, apenas acata ou não aquilo que já foi estabelecido no contrato.

Por fim, retomando o que foi dito brevemente anteriormente na introdução foi de suma importância explicar acima a respeito dos contratos de adesão e sobre o contrato de transporte pois ambos foram um dos contratos mais afetados nesse período de pandemia, é impossível retratar sobre o sistema de milhas aéreas sem falar detalhadamente sobre os contratos os quais elas estão inseridas.

## 3. O impacto da pandemia no setor de milhas aéreas.

A proporção de contaminação pela doença do coronavírus (SARS-CoV-2) fez com que a Organização Mundial da Saúde (OMS) declarasse a ocorrência de uma pandemia global em razão do alastramento do vírus por todos os continentes do planeta. No Brasil, a Portaria nº 188, de 3 de fevereiro de 2020 do Ministério da Saúde, declarou estado de Emergência de saúde Pública de Importância Nacional, próprio para situações que exigem o emprego urgente de medidas de prevenção, controle e contenção de riscos, danos e agravos à saúde pública, nos termos do art. 2º do Decreto 7.616/2011 (LGL\2011\4577) em razão de situação epidemiológica.

O Poder Público também reconhece por meio do Decreto Legislativo nº 6/2020 a ocorrência do Estado de Calamidade Pública, esta declaração objetiva a prevenção, constituindo-se de medidas que permitem que o Estado contorne a crise momentânea provocada pelo desastre, uma vez que reconhecida a situação emergencial, a legislação permite a tomada de uma série de medidas para restaurar a normalidade.

Esse cenário trata-se de uma situação excepcional, inusitada, poucas vezes antes encontrada na história do mundo. Tem como resultado a adoção de comportamentos voluntários como a redução de circulação e aglomeração de pessoas, ampliando assim a permanência das mesmas em suas residências e retardando ou suspendendo decisões negociais em diversos âmbitos de sua atuação, visando prevenir e diminuir a velocidade de contaminação do vírus. Além de, adotar medidas político-administrativas que determinam restrições de funcionamento de diversas atividades em diferentes estabelecimentos e a suspensão temporária da prestação de serviços públicos e privados.

O impacto dessas medidas é visível em vários setores da economia, tanto nacional quanto internacional, como no transporte aéreo e consequentemente no turismo com a redução, cancelamento ou adiamento de viagens e eventos.

Segundo Bruno Miragem, Professor da Universidade Federal do Rio Grande do Sul, Advogado e parecerista:

> "Estes fatos geram impactos de toda ordem nas relações obrigacionais. No âmbito dos contratos já celebrados, de trato sucessivo ou diferido no tempo, há questões relativas às dificuldades do seu cumprimento, e danos que possam resultar, a exigir respostas do direito obrigacional, tanto na perspectiva do direito privado geral, quanto das

> situações especiais que podem ter lugar, tanto nas relações interempresariais, quanto nas relações de consumo."

Levando em consideração a situação atual em que se encontra o mundo, há situações em que se torna impossível o cumprimento de contratos celebrados entre as partes por conta das medidas adotadas pelo Poder Público que tem como forma diminuir o contágio do covid-19 e reduzir a exposição ao risco de contrair o vírus. Essas situações se caracterizam como caso fortuito ou de força maior, previsto no artigo 393, parágrafo único, do Código Civil.

> Art. 393 do Código Civil: "O devedor não responde pelos prejuízos resultantes de caso fortuito ou força maior, se expressamente não se houver por eles responsabilizado.
>
> Parágrafo único. O caso fortuito ou de força maior verifica-se no fato necessário, cujos efeitos não eram possíveis evitar ou impedir."

Esta impossibilidade de cumprimento pode ser definitiva ou temporária. Definitiva, quando há obstáculo em relação ao cumprimento da prestação que não deve desaparecer ou se atenuar com o decorrer do tempo. Temporária, quando a impossibilidade é contínua em determinado período de tempo, indicando que poderá ainda ser realizada, mas não no prazo previsto anteriormente. Ainda pode ser absoluta ou relativa, com relação a primeira, extingue-se a obrigação e assim se libera o devedor, já na segunda, há uma certa dificuldade ou onerosidade no cumprimento da prestação, o que faz com que o devedor fique vinculado e responsável pelo cumprimento da mesma.

Ainda sobre a incerteza do cumprimento da obrigação é interessante apresentar outra situação em que se tem o inadimplemento antecipado, este é geralmente tratado a partir da observação do comportamento do devedor, anteriormente ao prazo de vencimento da obrigação, permitindo ao credor concluir pela impossibilidade de adimplemento futuro da prestação. Ainda que esta hipótese seja invocada, normalmente, mediante a comprovação de comportamento culposo do devedor, nada impede que a partir destes fatos estranhos o credor passe a ter dúvidas em relação ao cumprimento ou não da obrigação, como é o caso de contratos feitos durante o período da pandemia, "deles resultando o direito de resolução, com retorno das partes, tanto quanto possível, ao estado anterior ao contrato."[1] Essa situação é muito utilizada em contratos civis e empresariais, nos quais a capacidade de cumprimento da prestação é incerta, é o caso dos contratos de consumo, como o de transporte aéreo, pacotes turísticos, locações ou contratação de serviços.

Como dito anteriormente a confirmação de que o mundo estava sob a ameaça de uma pandemia global fez com que as nações tomassem medidas cabíveis para que o impacto do SARS-Cov-2 fosse o mínimo possível, por conta destas medidas vários setores foram atingidos pelo vírus, e não seria diferente para o setor aéreo. Desde que a OMS, decretou a pandemia de coronavírus em 11 de março, a maior parte dos voos foi suspensa em cinco continentes. Por conta disso, vários consumidores se questionaram sobre como proceder nesse cenário, especialmente em relação as milhas aéreas, que é o tema abordado neste presente trabalho.

Vários países fecharam suas fronteiras para a entrada de estrangeiros e consequentemente seus aeroportos também. Por conta disso, muitos voos foram cancelados tanto para destinos internacionais quanto para os destinos nacionais. A malha aérea foi reduzida expressamente e a demanda por voos domésticos caiu 33% em março após a pandemia ter sido decretada e a de voo internacionais teve uma queda de 42%. A partir do dia 28 de março, uma malha aérea essencial foi construída a fim de evitar a paralisação completa do transporte aéreo no país. Houve assim, uma redução de mais de 90% dos voos, que passaram a se concentrar nas capitais dos estados, assim como informa a ANAC (Agência Nacional de Aviação Civil):

> "Após o risco de uma paralisação completa do transporte aéreo no Brasil, em decorrência da pandemia por coronavírus, a ANAC acompanhou a construção de uma malha essencial a partir de 28 de março. Com redução de 91,6% em relação a originalmente prevista pelas empresas para o período, o número de voos semanais previstos até o fim de abril passou de 14.781 para 1.241. A distribuição dos voos pelas capitais dos 26 estados atendeu a preocupação do Governo Federal de manter uma malha que continuasse integrando o país, com ajustes para que nenhum estado ficasse sem pelo

1. MIRAGEM, Bruno. Nota relativa à pandemia de coronavírus e suas repercussões sobre os contratos e a responsabilidade civil. Disponível em: https://www.thomsonreuters.com.br/content/dam/openweb/documents/pdf/Brazil/white-paper/covid-miragem.pdf. Acesso em: 09 Dez. 2020

menos uma ligação aérea."

Com a diminuição da demanda de voos, o mundo sofreu também com uma queda das possibilidades do uso dos pontos acumulados em milhas aéreas que estão vinculadas aos programas de fidelidade.

Os programas de milhas fazem parte dos programas de fidelidade, nesse sistema as companhias aéreas permitem que os clientes acumulem pontos por meio de suas viagens, e estes pontos depois podem ser trocados por passagens aéreas, ou por produtos oferecidos pela empresa. Cada companhia aérea possui seu próprio programa de milhagem, por fazerem parte dos programas de fidelidade, quanto mais o consumidor voar por uma determinada instituição mais pontos ele ganha.

Para fazer parte desse negócio jurídico é necessário se cadastrar por meio de um contrato de adesão, e em alguns casos pagar uma taxa de anuidade. Após a adesão, cada compra feita em estabelecimento da companhia ou por meio do cartão de crédito que integra o programa tem o valor convertido em pontos.

Os programas de fidelidade foram desenvolvidos por empresas para recompensar os seus clientes e incentivá-los a permanecer com a mesma empresa no lugar de procurar a concorrência. Dentre os mais conhecidos programas de fidelidade, as empresas aéreas se destacam em popularidade, nesses programas como já dito anteriormente, os passageiros acumulam créditos, toda vez que viajam por meio destas empresas ou quando compram produtos e serviços de lojas que fazem parceria com a mesma.

As regras estabelecidas sobre esta relação contratual variam de empresa para empresa, assim como a diversidade de produtos e serviços que estas empresas oferecem. As milhas podem ser trocadas por reservas em hotéis, aluguéis de carros, eletroeletrônicos e eletrodomésticos de empresas parceiras, no entanto, o principal direcionamento desse programa é o uso da pontuação em viagens aéreas.

Tratando sobre a validade dessas milhas, por conta destas empresas estabelecerem cada uma as próprias regras internas quanto a estes programas, o prazo de validade dessas milhas varia em diferentes empresas.

De acordo com o Artigo 23 do Código de Autorregulação da Associação Brasileira das Empresas do Mercado de Fidelização (ABEMF), o prazo é de no mínimo 2 anos, contados do registro da transação de acúmulo dos pontos.

> Art. 23 Código de Autorregulação da Associação Brasileira das Empresas do Mercado de Fidelização: "O prazo de validade dos Pontos/Milhas acumulados pelos Participantes será de, no mínimo, 02 (dois) anos, contados da data do registro da transação de acúmulo dos Pontos/Milhas em questão na Conta."[2]

Com a chegada do vírus no mundo algumas regras tiveram que ser mudadas por conta da situação em que se encontra a sociedade. Como dito antes, muitos consumidores passaram a se questionar em como lidar com a manutenção e uso das milhas durante este período, seja em caso de voos cancelados ou se o consumidor deseja remarcar sua passagem aérea.

Pensando nisso foi-se criada a Medida Provisória 925/2020 que depois teve seu texto modificado no Congresso e então se tornou a Lei 14.034/20, apesar de a lei não ser clara sobre o reembolso ou a remarcação de passagens aéreas adquiridas por meio dos programas de milhagem, assim explica Igor Britto, diretor do Instituto Brasileiro de Defesa do Consumidor (Idec):

> "Em relação à validade das milhas, entendo que as companhias devem, no mínimo, suspender durante o período em que a prestação do serviço está prejudicada pela pandemia. Isto é, não é justo que os pontos expirem se não há alternativa ou segurança para que o consumidor faça a emissão de sua passagem."

Em vista disso, o reembolso do valor pago em passagens aéreas seja por meio de milhas ou não, segundo a Lei 14.034/20 pode ser feito em até 12 meses, ainda é possível que o consumidor reagende a data da viagem ou receba créditos para adquirir nova passagem, mas dependendo da passagem adquirida pode-se haver necessidade de pagamento de diferença tarifária.

No Brasil, o mercado de milhas não é regulamentado pela ANAC ou por Lei Federal, então os contratos de programas de fidelidade não autorizam a cessão de pontos para terceiros, ação considerada como violação contratual, podendo levar o cliente ao descredenciamento do programa.

---

2. CÓDIGO DE AUTORREGULAÇÃO DA ASSOCIAÇÃO BRASILEIRA DAS EMPRESAS DO MERCADO DE FIDELIZAÇÃO -ABEMF. [s.l.: s.n., s.d.]. Disponível em: https://www.abemf.com.br/uploads/codigo_abemf.pdf. Acesso em: 09 Dez. 2020.

No entanto, também não existe lei que proíba a comercialização, e por conta disso, como forma de amenizar as perdas decorrente do vencimento destas milhas, algumas pessoas têm optado em vende-las em sites de compra e venda especificados neste tipo de produto. Outra forma de utilizar as milhas seria a troca das mesmas por produtos oferecidos pelas empresas que fazem parte da relação contratual.

No caso de desistência da viagem pela parte do consumidor, mesmo que o motivo seja o Covid-19, o reembolso do passageiro está sujeito às taxas de cancelamento do bilhete, conforme informado no momento da compra.

Antes de ser sancionada a Lei 14.034/20, a Secretária Nacional do Consumidor (Senacon), recomendou às empresas aéreas que prorrogassem o prazo de expiração dos pontos acumulados por meio de milhas. A nota técnica emitida pelo Departamento de Proteção e Defesa do Consumidor também recomendou o estorno dos pontos, sem nenhuma penalização, das passagens adquiridas e canceladas com milhas a expirar.

É relevante dizer que, com o intuito de estender, em razão da pandemia, o prazo para a utilização das milhas aéreas, o deputado Coronel Armando propôs o Projeto de Lei 4588/20 que suspende por um ano após a revogação do Decreto Legislativo 6/20 os prazos decadenciais de utilização de milhas aéreas. Foi por meio deste decreto que se reconheceu o estado de calamidade pública por conta do coronavírus e vale até o dia 31 de dezembro do ano 2020, como já citado anteriormente.

O texto do projeto de lei está em tramitação na Câmara dos Deputados e insere um novo dispositivo na Lei 14.034/20, que cria regras transitórias para as relações jurídicas privadas durante o período da pandemia.

Segundo o Artigo 2° do Projeto de Lei, a Lei n° 14.034 de 2020, passa a vigorar com a implementação do seguinte dispositivo:

> "Art. 20-A. Ficam suspensos os prazos decadenciais de utilização de crédito, na forma de milhas aéreas, em programa de fidelidade promovido por empresa de transporte aéreo, por um ano após a data de revogação do Decreto Legislativo nº 6, de 2020, que reconhece a ocorrência do estado de calamidade pública em decorrência da Covid-19."

Como justificativa o autor pontua que a medida é necessária para a proteção dos interesses dos consumidores, que por muitas vezes durante a pandemia perderam o direito de usar esses créditos acumulados nos programas de milhagem por conta da decadência do prazo que foi fixado nos contratos. Ainda complementa dizendo que, em vista da situação de emergência de saúde pública, os cidadãos são orientados a permanecer em suas casas e evitar as aglomeração e claro as viagens, e por conta disso, quer o mesmo tratamento que o legislador previu para as outras situações que envolvem relações jurídicas de direito privado na Lei 14.034/20, em casos de programas de milhagem, que seja preservado um tempo razoável até que voltem a valer por completo os efeitos decorrentes dos contratos entre as partes.3

Abaixo segue o posicionamento das maiores empresas aéreas nacionais sobre o cancelamento de milhas durante a pandemia:

- GOL: o cliente da Smiles quando for informado de que seu voo foi cancelado, pode solicitar de volta as milhas utilizadas na hora da aquisição da passagem, sem custo adicional.

- Azul: Tanto para voos nacionais ou internacionais com saídas até 30 de novembro, podem remarcar o voo, sem nenhum custo. Apenas se mantiverem a origem e o destino o mesmo e que seja feito a solicitação dentro do prazo de validade da passagem. Ainda diz que, caso não exista voo originalmente marcado, os pontos retornam para a conta do cliente e o valor pago em reais é convertido em créditos.

- Latam: Caso o cliente emita a passagem com pontos e o voo foi cancelado pela companhia, é possível solicitar a alteração da data da viagem sem cobrança de taxa ou diferença de tarifa, a remarcação deve ser feita até a data de validade do bilhete, até 12 meses após a compra do mesmo. Já caso o passageiro queira seus pontos de volta, eles serão devolvidos, e se tiver pontos expirados na devolução, os mesmos serão revalidados por 180 dias a partir da data do reembolso, durante o período da pandemia.

Apesar de estabelecerem todas essas medidas de resolução contratual, não é essa a situação que se encontra em prática. Com o cancelamento alto das passagens aéreas e com a diminuição dos voos os setores de atendimento ficaram lotados, e por conta da demanda grande, muitos clientes alegaram não conseguirem se comunicar com estas empresas, fazendo impossível o reembolso destas passagens.

---

3. Portal da Câmara dos Deputados, Camara.leg.br, disponível em: https://www.camara.leg.br/proposicoesWeb/fichadetramitacao?idProposicao=2262919. Acesso em: 12 Dez. 2020

Para exemplificar esta situação segue abaixo o relato de um consumidor:

No dia 13 de março, Lorenzoni recebeu uma cotação da empresa Hot Milhas de que poderia vender suas milhas e receber o valor correspondente entre 1 dia útil até 3º dias corridos. Quanto maior o tempo decidisse aguardar, maior seria o montante a receber. O cliente respondeu a empresa com a proposta de seu interesse e recebeu um e-mail confirmando a negociação. O pagamento foi agendado, mas pouco antes da data prometida, a empresa enviou uma nova mensagem informando que por conta de fatos ocorridos eles teriam que reagendar o pagamento, tendo como justificativa a situação da pandemia. A empresa então propõe pagar o mesmo valor já antes estabelecido, mas este seria parcelado em seis pagamentos mensais sem nenhum reajuste.

É necessário pontuar que o cliente já tinha escolhido esperar por um tempo maior (30 dias) para que assim recebesse um pagamento com valor mais alto, no entanto, agora teria que esperar mais seis meses para receber o mesmo valor sem acréscimos. O Consumidor alegou que não concordava com a proposta e que poderia até aceitar este parcelamento se em menor número de prestação e com acréscimo de 10% de juros. A empresa então o respondeu dizendo que não aceitava os termos da contraproposta. O cliente não concordou e vários ligações foram feitas sem realemnte resolver o conflito, até que uma das passagens emitidas com suas milhas foi devolvida e os pontos reestabelecidos em sua conta de novo, e com isso o cliente resolveu mudar a senha de sua conta, para que a empresa não conseguisse mais acessá-la, porque para que estas agências concretizem as negociações, os clientes precisam fornecer suas senhas de acesso aos programas de fidelidade.

Segundo Lorenzoni:

> "De uma forma quase surreal, passaram então a me telefonar e enviar e- mails cobrando minha nova senha. Informei a eles que só enviaria a senha novamente após o pagamento que já devia ter sido efetuado, conforme nosso acordo. A Hot Milhas fez ainda mais uma tentativa de obter minha nova senha em 26/05/2020, alegando que os dados de minha conta para depósito não correspondiam ao titular da conta LATAM Pass e por isso não haviam feito o depósito, o que não é verdade. A conta tinha o mesmo CPF da conta LATAM pass, que é o meu CPF, mesmo assim conferi os dados no site Hot Milhas, verificando que está tudo correto, e que não passava de uma tentativa para usarem os pontos que haviam sido devolvidos. Recebi ainda vários

> telefonemas cobrando a senha e afirmei que a senha só seria enviada após o pagamento do acordado. Após mais algumas tentativas de me cobrarem a senha pararam de me ligar e situação está na mesma até hoje"

Além do relato do Lorenzoni, várias outras pessoas reclamam de que mal conseguem entrar em contato com estas empresas, muito menos restaurar seus pontos de volta.

## 4. Uso da teoria da imprevisão na revisão ou na resolução contratual

A teoria da imprevisão adotada pelo Código Civil, estabelece a possibilidade de revisão ou rescisão contratual em hipóteses onde se tem a ocorrência de situações excepcionais, que não poderiam ser previstas ou reguladas pelas partes. É claro que a situação gerada pela pandemia pode ser enquadrada como um acontecimento extraordinário e imprevisível, isso porque, as relações contratuais estão suscetíveis à influência de fatos externos a relação contratual, fatos estes que independem da ação ou vontade das partes do contrato e que podem alterar as circunstâncias que existiam no tempo da formação do mesmo. Por isso, é importante dizer que, os contratos de um modo geral estão sujeitos às imprevisões no decorrer de seu cumprimento, como é o caso do não cumprimento obrigacional por meio do cancelamento de passagens aéreas, ou vencimento de milhas aéreas.

Segundo o artigo 478 do Código Civil:

> "Nos contratos de execução continuada ou diferida, se a prestação de uma das partes se tornar excessivamente onerosa, com extrema vantagem para a outra, em virtude de acontecimentos extraordinários e imprevisíveis, poderá o devedor pedir a resolução do contrato. Os efeitos da sentença que a decretar retroagirão à data da citação."

Por conta disso, tem se usado muito da teoria da imprevisão como forma de resolução de conflitos que foram advindos da pandemia de Covid-19, como é o caso de restituição dos pontos em milhas aéreas onde o cliente teve seu voo cancelado por conta do fechamento de aeroportos ou pelo aumento do prazo de validade dessas milhas aéreas.

A teoria da imprevisão não leva somente a revisão contratual, mas também propõe modificações que favorece ambas as partes contratuais, para que ambos possam se recuperar, de modo que consigam cumprir o que foi estabelecido.

## 5. O impacto do cancelamento de voos no setor do turismo nacional e internacional

É necessário destacar a importância do transporte aéreo para o fluxo de turistas tanto em território nacional quanto internacional, com o fechamento de fronteiras, cancelamentos ou remarcações de voos, já no primeiro semestre do ano de 2020 pode-se observar um impacto devastador no setor do turismo.

Segundo cáuculos feitos pela United Nations World Tourism Organization, os fluxos internacionais de turistas devem ter uma queda de 22% no ano de 2020, e a receita gerada no setor deve decair entre 20% a 30%.

As regiões mais dependentes do turismo observam de perto o impacto da pandemia neste setor, o desemprego assim como outros efeitos danosos decorrentes da interrupção repentina e prolongada do fluxo internacional de turistas. O setor de hotelaria, por exemplo, é formado por grandes empresas, com faturamentos bilionários anualmente. Já os serviços de hospedagem regionais e locais, são administrados muitas vezes, por grupos familiares, que em grande maioria não possuem nenhuma reserva financeira para se manter durante um período de crise, onde se tem que encerrar suas atividades com tempo indeterminado para reabertura.

Socialmente esse cenário não é o mais desejável, principalmente em países como o Brasil, onde os pequenos negócios locais e regionais são tão importantes, tanto para geração de empregos, quanto para geração de capital. Isso também é ruim para os consumidores desses serviços, com a diminuição da concorrência e com a falta de diversidade de serviços a serem oferecidos, e o controle concentrado apenas nas mãos de poucos.

## 6. Conclusão

O impacto da pandemia do coronavírus foi enorme em vários setores do turismo, mas principalmente, no setor aéreo. O fechamento de aeroportos e fronteiras fizeram com que consumidores não tivessem outra opção a não ser, remarcar ou cancelar suas passagens. O impacto deste momento também afetou nas relações contratuais estabelecidas em programas de fidelidades, deixando incerto o destino que teria as milhas aéreas de vários passageiros.

Visando contornar esta crise no sistema aéreo, o governo brasileiro institui Medidas Provisórias, Projetos de Lei e até mesmo Leis que regulem junto as normas contratuais de cada empresa as ações que devem ser tomadas no caso de adimplemento contratual. Essas medidas devem ser feitas seja por meio de restituição de milhas em razão do cancelamento das viagens, seja pela remarcação das mesmas, ou mesmo pela troca de milhas aéreas por outros serviços oferecidos pela empresa da relação contratual em si.

No presente trabalho ainda foi apresentado a relação contratual do sistema dos programas de fidelidade, os tipos contratuais dessa relação jurídica partindo desde a relação obrigacional dos contratos de transporte, passando pelos contratos de adesão e finalizando no uso da teoria da imprevisão na revisão de contratos. Este artigo ainda tratou sobre como as empresas aéreas agiram em relação ao cancelamento de passagem adquiridas pelos programas de fidelidade, mostrou as ações que as mesmas estão tomando, e ainda pontuou a falta de profissionalismo de algumas quanto ao não ressarcimento desses pontos.

O impacto do cancelamento de viagem por conta do SARS-CoV-2 não só prejudicou as férias ou viagens de passageiros que tinham comprado suas passagens por meio de milhas aéreas, mas também, afetou o setor de turismo de uma forma geral, consequentemente prejudicando a economia de muitas cidades e até mesmo países, que tem seu capital baseado nesta fonte de renda. Sem a circulação de turistas e com o risco de contrair o vírus, cidades inteiras tiveram que, fechar seus comércios, impedir a abertura de hotéis, proibir a aglomeração de pessoas em pontos turísticos e por conta disso, acabaram gerando uma onda de desemprego e uma crise econômica global.

## Referências

ALBERTO, Carlos. Teoria da imprevisão - Coronavírus - Migalhas. Uol.com.br. Disponível em: https://migalhas.uol.com.br/depeso/322291/teoria- da-imprevisao--coronavirus. Acesso em: 29 Nov. 2020.

CARDOSO, Victor. Os efeitos da teoria da imprevisão em meio à crise da Covid-19.

Consultor Jurídico. Disponível em: https://www.conjur.com.br/2020- set-21/victor-cardoso-teoria-imprevisao-crise-covid. Acesso em: 5 Dez. 2020.

CRUZ, Rita de Cassia Ariza da. Impactos da pandemia no setor de turismo. Jornal da USP. Disponível em: https://jornal.usp.br/artigos/impactos-da- pandemia-no-setor-de-turismo/#_ftn1 Acesso em: 12 Dez. 2020.

FIUZA, César. Direito Civil: curso completo. 11. Ed. Belo Horizonte: Del Rey, 2011.

TASINAFFO, Flávio. Comércio de milhas aéreas causa dor de cabeça a clientes durante a pandemia. Uol.com.br. Disponível em:

https://economia.uol.com.br/colunas/tudo-golpe/2020/06/26/comercio-de- milhas-aereas-causa-dor-de-cabeca-a-clientes-durante-a-pandemia.htm. Acesso em: 13 Dec. 2020.

Exame do contrato de transporte carreado no Código Civil à luz da Constituição Federal sob o enfoque do princípio da boa-fé objetivo - Âmbito Jurídico. Âmbito Jurídico. Disponível em: https://ambitojuridico.com.br/cadernos/direito-civil/exame-do-contrato-de- transporte-carreado-no-codigo-civil-a-luz-da-constituicao-federal-sob-o- enfoque-do-principio-da-boa-fe-objetivo/. Acesso em: 07 Dez. 2020.

CASEMIRO, Luciana. Tem milhas aéreas? Na pandemia, saiba o que fazer com elas e com as passagens emitidas. O Globo. Disponível em: https://oglobo.globo.com/economia/tem-milhas-aereas-na-pandemia-saiba-que- fazer-com-elas-com-as-passagens-emitidas-. Acesso em: 05 Dez. 2020.

MAIA, Raul. A Lei 14.034/2020 e as novas regras para reembolso de passagens. meloegalvaoadvogados.com.br. Disponível em: https://www.meloegalvaoadvogados.com.br/post/lei-14-034-e-as-novas-regras- para-reembolso-de-passagens. Acesso em: 05 Dez. 2020

MAUREN, Ospedal ritter. Reembolso das passagens aéreas durante a pandemia do Coronavírus conforme a Lei 14.034/2020. Jusbrasil. Disponível em: https://maurenpeppers.jusbrasil.com.br/artigos/896396226/reembolso-das- passagens-aereas-durante-a-pandemia-do-coronavirus-conforme-a-lei-14034- 2020. Acesso em: 29 Nov. 2020.

MENESES, Thaís. Contra cancelamento de milhas, Senacon faz recomendação a empresas aéreas. Defesadoconsumidor.gov.br. Disponível em:https://www.defesadoconsumidor.gov.br/portal/ultimas-noticias/1481-contra- cancelamento-de-milhas-senacon-faz-recomendacao-a-empresas-aereas.

Acesso em: 5 Dez. 2020.

MIRAGEM, Bruno. Nota relativa à pandemia de coronavírus e suas repercussões sobre os contratos e a responsabilidade civil. [s.l.: s.n., s.d.]. Disponível em: https://www.thomsonreuters.com.br/content/dam/openweb/documents/pdf/Brazi l/white-paper/covid-miragem.pdf. Acesso em: 09 Dez. 2020

Portal da Câmara dos Deputados. Camara.leg.br. Disponível em: https://www.camara.leg.br/proposicoesWeb/fichadetramitacao?idProposicao=2 262919. Acesso em: 12 Dez. 2020.

https://www.gov.br/mj/pt-br/assuntos/noticias/contra-cancelamento-de-milhas-senacon-faz-recomendacao-a-empresas-aereas/seimj-11576125-nota- tecnica.pdf . Acesso em: 5 Dez. 2020.

Viagens adiadas pela pandemia podem ser remarcadas novamente - Âmbito Jurídico. Âmbito Jurídico. Disponível em: https://ambitojuridico.com.br/noticias/viagens-adiadas-pela-pandemia-podem- ser-remarcadas-novamente/. Acesso em: 29 Nov. 2020.

TARTUCE, Flávio. Direito civil: teoria geral dos contratos e contratos em espécie. 12. ed. Rio de Janeiro, Brasil: Forense, 2017.

# O CONTRATOS DE PRESTAÇÃO DE SERVIÇO NO SETOR DE ACADEMIAS DE GINÁSTICA FRENTE À PANDEMIA DO COVID-19: OS PLANOS SEMESTRAIS E ANUAIS COM PAGAMENTO ANTECIPADO

# 16

**Izabelle Deon de Melo**

**Vinícius Soares Oliveira de Sousa Gervásio**

## 1. Introdução

Considere o seguinte caso hipotético para ilustrar a problemática abordada neste artigo.

Mariza,[1] bastante motivada para iniciar suas atividades físicas, matriculou-se na academia de ginástica próxima a sua residência. A promessa de começar a exercitar-se já estava em seus planos desde a festa de final de ano de anos anteriores. Então, em 2020 a promessa foi finalmente cumprida e, para garantir a frequência, Mariza logo optou por um plano anual, pois este plano concedia-lhe desconto na mensalidade. Estava tudo bem nos meses de janeiro e fevereiro. Mariza vinha obtendo bons resultados e já tinha conseguido atingir alguns objetivos. Ela estava orgulhosa de si mesma, cumprindo o cronograma assiduamente. Porém, o ano de 2020 traria uma situação nova que mudaria consideravelmente a rotina de vida não só de Mariza, como também de milhões de pessoas no mundo todo. A situação inesperada e

1. O nome Mariza foi aleatoriamente escolhido pelos autores.

imprevisível tratou-se de uma infecção respiratória altamente contagiosa.[2] A infecção foi identificada como uma doença causada pelo coronavírus[3] e denominada de Covid-19.

Segundo a Organização Mundial da Saúde (OMS) a Covid-19 foi inicialmente detectada em Wuhan, provincia de Hubei, na República Popular da China em dezembro de 2019. O vírus apresentou uma propagação tão rápida por todos os países do mundo que já em 30 de janeiro de 2020, a OMS declarou a doença como uma emergência de saúde pública de importância internacional. Após dois meses desta declaração, em 11 de março de 2020, a OMS rendeu-se totalmente à veloz disseminação do vírus, declarando situação de pandemia.[4]

em virtude da Covid-19.[5]

Diante da facilidade do contágio da doença e seu alto risco de mortalidade, vários países adotaram medidas excepcionais na tentativa de buscar por mecanismos eficientes e eficazes[6] para conter a disseminação do vírus. Entre essas medidas estavam a restrição de algumas atividades, que como resultado causaram um significativo impacto na sociedade e em suas respectivas economias.[7]

---

2. SILVA, Izabela Flávia da; GOETTENAUER, Sandra Gonçalves Santos. Legislação emergencial dos contratos vigentes frente a pandemia de covid-19. Direito em Revista. ISSN: 2178-0390. vol.5- jan./dez.2020
3. No dia 31 de dezembro de 2019, um novo integrante de uma família de vírus causadores de infecções respiratórias chamado Coronavírus foi descoberto. OMS, Publicações. Disponível em:<https://www.who.int/>. Acesso em 10 dez. 2020.
4. Pandemia é uma disseminação mundial de uma nova doença. Ocorre quando uma doença contagiosa ultrapassa os limites geográficos de onde surgiu e rapidamente toma proporção global. OMS, Publicações. Op. cit.
5. BRASIL, Agência. Organização Mundial da Saúde declara pandemia de coronavírus: Atualmente, ao menos 115 países têm casos da doença. Agência Brasil, Brasília, 11 mar. 2020. Disponível em: <https://agenciabrasil.ebc.com.br>. Acesso em: 14 dez. 2020
6. A eficiência consiste em fazer certo as coisas: geralmente está ligada ao nível operacional, como realizar as operações com menos recursos – menos tempo, menor orçamento, menos pessoas, menos matéria-prima. Já a eficácia consiste em fazer as coisas certas: geralmente está relacionada ao nível gerencial. ANDREASI, Diego. Entenda a diferença entre Eficiência e Eficácia de uma vez por todas. 2018. Disponível em: <https://administradores.com.br/>. Acesso em 16 dez. 2020.
7. ESTEVES, Diogo; ALVES, Cleber Francisco; SILVA, Franklyn Roger Alves; AZEVEDO, Júlio

No Brasil não foi diferente, houve uma intensa produção legislativa no período de janeiro a setembro de 2020.[8] Entre as normas aprovadas está o Decreto nº 10.282/2020 que regulamentou os serviços públicos e as atividades consideradas essenciais e ocasionou a paralisação de diversas atividades diárias. O Decreto determinou o fechamento de escolas, parques, clubes, restaurantes, bares, academias de ginástica, entre outros estabelecimentos considerados, à época, não essenciais.

Desse modo, o estado de crise instaurou-se e os reflexos das medidas de restrição de circulação de pessoas foram sentidos nos mais variados tipos contratuais.[9] As novas legislações que visavam a contenção do coronavírus trouxe às empresas de diversos setores, graves consequências, relacionadas aos pactos contratuais. Neste artigo abordaremos as consequências trazidas para os contratos pactuados estritamente com as academias de ginástica. Esta atividade foi diretamente impactada com o fechamento compulsório de seus estabelecimentos, solicitações para cancelamento de planos e uma profunda incerteza quanto ao futuro retorno das atividades.[10]

Neste cenário, os consumidores foram impedidos de frequentar as academias ou mesmo optaram por não as frequentar. Alguns por temerem sofrer os impactos econômicos da crise, com limitação da sua capacidade de honrar as prestações financeiras do pacto contratual, outros, por temerem o contágio do vírus diante das recomendações médicas. Fato é que esse comportamento desencadeou diversas solicitações para o cancelamento de planos e, consequentemente, solicitações para estorno de valores pagos antecipadamente.

---

Camargo. Acesso à justiça em tempos de pandemia: O impacto global do COVID-19 nas instituições político-jurídicas.Confluências | ISSN: 1678-7145 | E-ISSN: 2318-4558 | Niterói/RJ. V. 22, n.2, 2020 | ago./dez.2020 | pp. 147-170.

8. Conforme apresentado na seção "Produção Legislativa no Contexto da Pandemia".
9. NALIN, Paulo; PIMENTEL, Mariana Barsaglia; PAVAN, Vitor Ottoboni. Interpretação, integração e reequilíbrio dos contratos em tempos de pandemia: Análise das alterações promovidas pela Lei nº 13.874/2019 à luz da legalidade constitucional. Revista Brasileira de Direito Civil – RBDCivil | Belo Horizonte, v. 25, p. 329-352, jul./set. 2020
10. LIMA, Gregório Costa Luz de; CARVALHO, Gabriel Stumpf Duarte de; FIGUEIREDO, Miguel Zobaran. A incompletude dos contratos de ônibus nos tempos da COVID-19. Revista de Administração Pública. Rio de Janeiro 54(4):994-1009, jul. - ago. 2020. DOI: http://dx.doi.org/10.1590/0034-761220200292

É exatamente aqui que se pretende discutir a questão hipotética trazida no primeiro parágrafo deste trabalho. Durante a pandemia as academias de ginástica não estavam relacionadas às atividades consideradas essenciais e, portanto, foram impedidas de continuarem abertas.[11] Dessa forma, muitos clientes já vinculados às academias, com contratos semestrais ou anuais, viram-se numa situação em que não puderam utilizar o serviço, devido às restrições públicas de saúde e, por outro lado, não tiveram a suspensão da cobrança das mensalidades em sua fatura de cartão de crédito.

Nesse cenário real está o foco deste artigo que fez surgir a seguinte problemática de pesquisa relacionada ao caso hipotético narrado acima:

Pode a academia de ginástica em que Mariza matriculou-se por 12 meses, mas só frequentou 2, recusar o pedido de cancelamento do plano anual, com a devolução de valores referentes aos meses não utilizados, sob o argumento de evento de caso fortuito ou força maior[12] e a teoria da imprevisão, sem que para isso esteja ferindo os princípios contratuais presentes no CDC/90 e no Código Civil de 2002?

Pretende-se aqui conciliar o interesse de Mariza, que pagou antecipado pelo serviço, e a academia de ginástica que, também foi prejudicada com as medidas de isolamento social decretadas pelas autoridades públicas nacionais, estaduais e municipais.

O artigo está organizado em quatro seções, além desta introdução. A seção seguinte discute os contratos e os princípios contratuais à luz das teorias jurídicas específicas do Código de Defesa do Consumidor de 1990 e as teorias jurídicas gerais do

---

11. Em 11 de maio de 2020 foi publicado o Decreto nº 10.344, de 11 de maio de 2020, em edição extra, para incluir academias de ginástica, cabeleireiros, barbearias e salões de beleza como atividades essenciais durante a pandemia do novo coronavírus. BRASIL, Repórter da Agência. Política: Governo inclui academias e salões em atividades essenciais na pandemia.2020. Disponível em: https://agenciabrasil.ebc.com.br/>. Acesso em 16 dez. 2020

12. Embora exista na doutrina enorme esforço de alguns autores para demarcar uma diferenciação entre as figuras do caso fortuito e da força maior, a verdade é que, em termos práticos, essa diferenciação é irrelevante. Havendo inclusive doutrinadores que consideram os dois termos como sinônimos. MATHIAS, Guilherme Valdetaro. Consequências da Pandemia Criada pela COVID-19 nas Obrigações e nos Contratos–Uma Visão pelo Ângulo do Direito Civil. Revista EMERJ, Rio de Janeiro, v. 22, n. 1, p. 284 - 317, Janeiro-Março. 2020. pag. 287

Código Civil de 2002. A segunda seção aborda a produção legislativa aprovada no Brasil no período da pandemia, como resposta à disseminação do vírus. A seção de número três, por sua vez, trará uma discussão acerca das legislações utilizadas neste artigo para elucidar a problemática trazida para discussão, considerando os interesses do consumidor e, também do fornecedor, nos contratos pactuados em momento pretérito à pandemia. Retomou-se, portanto, à situação hipotética de Mariza mencionada na introdução buscando discutir os artigos do CDC e do Código Civil. Por fim, a quarta e última seção recomendou ações estratégicas para o reequilíbrio econômico-financeiro entre fornecedor e cliente, e apresentou as considerações finais do trabalho.

## 1. Dos contratos

### 1.1. Definição dos contratos

Na definição clássica de Clóvis Beviláqua o contrato é um "acordo de vontades para o fim de adquirir, resguardar, modificar ou extinguir direitos".[13] Já entre os contemporâneos, entre os quais cita-se aqui Maria Helena Diniz, ensina que "o contrato é o acordo de duas ou mais vontades, na conformidade da ordem jurídica, destinado a estabelecer uma regulamentação de interesses entre as partes, com o escopo de adquirir, modificar ou extinguir relações jurídicas de natureza patrimonial".[14]

O contrato está situado na esfera dos direitos pessoais, constituindo negócio jurídico bilateral e fonte principal do direito das obrigações pelo qual as partes procuram regular direitos patrimoniais com objetivos especificados pela vontade e pela composição de seus interesses. Assim, os contratos constituem a verdadeira fonte obrigacional, evidentemente, ao lado das declarações unilaterais e também dos atos ilícitos.[15]

Uma vez celebrado em conformidade com os requisitos legais, o contrato torna-

13. É aquela em que apenas um dos contratantes assume deveres em face do outro. TARTUCE, Flávio. Direito Civil. Teoria Geral dos Contratos e Contratos em Espécie. 14ª. edição. Editora Forense.2019. pag. 50.
14. DINIZ, Maria Helena. Curso de direito civil brasileiro. Teoria geral das obrigações contratuais e extracontratuais. 16. ed. São Paulo: Saraiva, 2001. v. 3. pag. 25.
15. TARTUCE, Flávio. Op. cit.

se perfeito e acabado, não dando lugar a arrependimento e ficando os contratantes adstritos a tudo quanto pactuado. Desse modo, o principal efeito do contrato consiste em criar obrigações recíprocas entre os contratantes, daí a sua força vinculante, capaz de desempenhar a função jurídico-econômica a que o contrato se destina. Nesse sentido, segundo ensina a doutrina de Flávio Tartuce, ninguém é obrigado a contratar, a não ser em virtude de lei.[16] Deste modo, quando as partes realizam um contrato em que existe a prevalência da autonomia da vontade[17], nasce entre os contratantes o princípio da obrigatoriedade contratual. Este princípio refere-se à força vinculante do contrato, que se relaciona com a expressão pacta sunt servanda, ou seja, uma vez contratado, o contrato faz lei entre as partes[18].

Feito estas primeiras considerações acerca da teoria dos contratos, fica fácil identificar que a relação contratual visa estabelecer uma segurança entre as partes contratantes na tentativa de dirimir incertezas. Porém, há que se considerar que os contratos são paradoxais. Isso ocorre, pois ao mesmo tempo em que se fazem pactos para diminuir as incertezas do que acontecerá no futuro, este mesmo ajuste faz-se presente em um mundo de contumaz imprecisão.[19]

Dito isto, passa-se na seção seguinte à análise dos princípios contratuais à luz do Código Civil, como norma geral, e do Código de Defesa do Consumidor, como norma especial. Os princípios representam o ponto de maior importância do direito

---

16. Caso de contratos com órgãos públicos, tais como fornecedoras de energia elétrica, água, esgoto, imposto de carros, em que o consumidor se vê obrigado a contratar. TARTUCE, Flávio. Direito Civil. op. cit.
17. A autonomia da vontade não é absoluta, mas para o caso, considerar-se-á que as partes eram capazes, estavam cientes e orientadas para a realização do pacto. TARTUCE, Flávio. Direito Civil. op. cit.
18. Expressão latina de princípio originário do Direito Canônico Medieval adotado nos dias atuais no Direito Brasileiro, que reluz a ideia de que a existência dos contratos está estritamente ligada ao seu efetivo adimplemento, sendo assim obrigatória a execução das cláusulas contratuais, tornando-se inadmissível sua relativização. Para isso, é necessário que se tenha uma reflexão se tamanha solidez é compatível ao que se vivencia hoje. SILVA, Izabela Flávia da; GOETTENAUER, Sandra Gonçalves Santos. op. cit. pag. 144.
19. HEINEN, Juliano. Afinal, qual a natureza jurídica da COVID19 (CORONAVÍRUS)? Qualificação jurídica do tema e efeitos nos contratos administrativos. Disponível em: ceri.fgv.br. Acesso em 13 dez. 2020

contratual contemporâneo brasileiro. São eles: i) princípio da autonomia privada; ii) princípio da função social dos contratos; iii) O princípio da força obrigatória dos contratos (pacta sunt servanda); iv) princípio da boa-fé objetiva e iv) princípio da relatividade dos efeitos contratuais.

### 1.2. Princípio da autonomia privada

Flávio Tartuce conceitua o princípio da autonomia privada como a liberdade que o indivíduo possui para regular os próprios interesses e, segundo sua doutrina é o mais importante princípio do Direito Civil, tendo aplicação no Direito das Coisas, no Direito de Família e no Direito das Sucessões. Ainda o princípio da autonomia privada é a possibilidade, oferecida e assegurada aos particulares, de regularem suas relações mútuas dentro de determinados limites, por meio de negócios jurídicos, em especial mediante contratos. Por fim, trata-se do poder de autorregulamentação dos próprios interesses e relações, exercido pelo titular do direito ou da obrigação.[20]

### 1.3. Princípio da função social dos contratos

Já o princípio da função social dos contratos encontrado no art. 421[21] do novel Código Civil de 2002, traz uma atenuação ao princípio da autonomia privada ou, em outras palavras, reduz o alcance desse princípio. Isso porque quando presentes interesses metaindividuais ou interesse individual relativo à dignidade da pessoa humana, o princípio da função social estabelece que os contratos devem ser interpretados de acordo com a concepção do meio social onde estão inseridos.[22] Assim, não

20. TARTUCE, Flávio. Direito Civil. Teoria Geral dos Contratos e Contratos em Espécie. 14ª. edição. Editora Forense.2019.
21. Art. 421. A liberdade contratual será exercida nos limites da função social do contrato. Parágrafo único. Nas relações contratuais privadas, prevalecerão o princípio da intervenção mínima e a excepcionalidade da revisão contratual. BRASIL. Lei nº 10.406, de 10 de janeiro de 2002. Institui o Código Civil. Diário Oficial da União: seção 1, Brasília, DF, ano 139, n. 8, p. 1-74, 11 jan. 2002.Disponível em: <http://www.planalto.gov.br>. Acesso em 15 dez. 2020.
22. A função social do contrato, prevista no art. 421 do novo Código Civil, não elimina o princípio da autonomia contratual, mas atenua ou reduz o alcance desse princípio quando presentes interesses metaindividuais ou interesse individual relativo à dignidade da pessoa humana. CJF/STJ. Enunciado nº. 23, aprovado na I Jornada de Direito Civil, em 2002.Disponível em:

permite tal princípio que no contrato celebrado esteja presente a onerosidade excessiva a uma das partes contratantes, garantindo que a igualdade entre elas seja respeitada, mantendo a justiça contratual e equilibrando a relação. Esse princípio busca pela equidade, a razoabilidade, o bom senso, afastando-se o enriquecimento sem causa. Deste modo, a função social dos contratos visa à proteção da parte vulnerável da relação contratual, como um princípio de cunho social.[23]

### 1.4. O princípio da força obrigatória dos contratos (pacta sunt servanda)

O princípio da força obrigatória, denominado classicamente pacta sunt servanda, traduz a natural cogência que deve emanar do contrato, a fim de que se lhe possa reconhecer utilidade econômica e social. Pois de nada valeria o negócio, se o acordo firmado entre os contraentes não tivesse força obrigatória. Seria mero protocolo de intenções, sem validade jurídica.

Nesse sentido, diz Orlando Gomes:

> "O princípio da força obrigatória consubstancia-se na regra de que o contrato é lei entre as partes. Celebrado que seja, com a observância de todos os pressupostos e requisitos necessários à sua validade, deve ser executado pelas partes como se suas cláusulas fossem preceitos legais imperativos. Essa força obrigatória, atribuída pela lei aos contratos, é a pedra angular da segurança do comércio jurídico."[24]

Sem o reconhecimento da obrigatoriedade dos contratos, a palavra dos homens faleceria de força jurídica, em franco prejuízo à segurança das relações negociais.

Por outro lado, esse princípio não pode ser levado às suas últimas consequências. Em outras palavras, não se pode levar o pacta sunt servanda com caráter absoluto. Sob pena de tornar esse princípio da força obrigatória, manifestado especialmente na imodificabilidade ou intangibilidade dos termos do contrato, um nefasto instrumento de opressão econômica. Ainda porque, em uma época como a atual, em que

---

<https://www.cjf.jus.br/>. Acesso em 15 dez. 2020.

23. GAGLIANO, Pablo Stolze; PAMPLONA FILHO, Rodolfo. Manual de Direito Civil. Volume único. São Paulo : Saraiva, 2017.

24. GOMES, Orlando. Direito das Obrigações. 15ª Edição. Orlando Gomes. Ano: 2000. Editora: forense.

os contratos paritários cedem lugar aos contratos de adesão, o pacta sunt servanda ganhou um matiz mais discreto, temperado por mecanismos jurídicos de regulação do equilíbrio contratual, a exemplo da teoria da imprevisão.[25]

### 1.5. Princípio da boa-fé objetiva

Outro princípio necessário para uma salutar relação contratual é a boa-fé objetiva. A previsão expressa deste princípio passou a estar positivada no Código Civil de 2002.[26] O sentido do princípio da boa-fé objetiva pode ser percebido na análise do art. 422 do Código Civil, pelo qual os contratantes são obrigados a guardar, assim na conclusão do contrato, como em sua execução, os princípios da probidade e da boa-fé. Trata-se de uma cláusula geral, a ser preenchida pelo aplicador do Direito caso a caso, de acordo com a ideia de senso comum.[27]

### 1.6. Princípio da relatividade dos efeitos contratuais

Por fim, o princípio da relatividade dos efeitos contratuais consiste na definição de que o negócio celebrado, em regra, somente atinge as partes contratantes, não prejudicando ou beneficiando terceiros estranhos a ele. Não sendo, portanto, cabível a cobrança de uma obrigação não pactuada por um terceiro, não presente na relação contratual originária.[28]

Os princípios contratuais, por consequência, normatizam as relações contratuais quanto a liberdade de contratar (autonomia privada), a obrigatoriedade no cumprimento das obrigações (o pacta sunt servanda), a relatividade de seus efeitos (relatividade dos contratos) e limitam os interesses individuais dos contratantes às noções de

---

25. GAGLIANO, Pablo Stolze. ob. cit., p. 394
26. O Código Civil de 2002 trouxe várias inovações na busca de atender a uma nova perspectiva para a sociedade do século XXI. VENOSA, Sílvio de Salvo. O novo Código Civil e as mudanças na sociedade atual. Disponível em: <https://www.conjur.com.br/>. Acesso em 11 dez. 2020.
27. TARTUCE, Flávio. Direito Civil. Teoria Geral dos Contratos e Contratos em Espécie. 14ª. edição. Editora Forense.2019.
28. Regra geral, os contratos só geram efeitos entre as próprias partes contratantes, razão por que se pode afirmar que a sua oponibilidade não é absoluta ou erga omnes, mas, tão somente, relativa. GAGLIANO, Pablo Stolze. ob. cit., p. 396.

boa-fé e equilíbrio contratual (função social dos contratos). São, portanto, imprescindíveis para a justiça e igualdade das relações contratuais regidas tanto pelo Código de Defesa do Consumidor de 1990 quanto pelo Código Civil de 2002.

### 1.7. Dos contratos no Código de Defesa do Consumidor - CDC (Lei nº 8.078, de 11 de setembro de 1990)

Inicialmente, é imprescindível esclarecer que, no caso hipotético da introdução, trata-se de uma relação de consumo marcada pela prestação de um serviço.[29] Presente de um lado o fornecedor[30] (a academia de ginástica) e do outro a consumidora[31] (Mariza). Nesse contexto, as normas a serem aplicadas ao caso serão as do CDC, uma vez que é uma legislação mais específica sobre a matéria.

Dito isto, passa-se a analisar alguns artigos do referido diploma legal que ajudarão a encontrar a solução da problemática que passou a existir entre Mariza e a academia de ginástica, proveniente do cenário pandêmico causado pelo coronavírus.

Para análise inicial tem-se como primeiro artigo, o dispositivo 4º do CDC que estabelece A Política Nacional das Relações de Consumo que tem por objetivo o atendimento às necessidades dos consumidores. Para atendimento a tais necessidades deverá o fornecedor de produtos ou serviços, quando da relação contratual com o consumidor, considerar: o respeito à sua dignidade, à saúde e segurança, à proteção de interesses econômicos, à melhoria da sua qualidade de vida, à transparência e harmonia das relações de consumo e o reconhecimento da vulnerabilidade do

29. Art. 3º § 2º Serviço é qualquer atividade fornecida no mercado de consumo, mediante remuneração, inclusive as de natureza bancária, financeira, de crédito e securitária, salvo as decorrentes das relações de caráter trabalhista. BRASIL. Lei nº. 8.078, de 11 de setembro de 1990. Código de Defesa do Consumidor. Disponível em: <http://www.planalto.gov.br/>. Acesso em 16 dez. 2020.
30. Art. 3º Fornecedor é toda pessoa física ou jurídica, pública ou privada, nacional ou estrangeira, bem como os entes despersonalizados, que desenvolvem atividade de produção, montagem, criação, construção, transformação, importação, exportação, distribuição ou comercialização de produtos ou prestação de serviços. BRASIL. Lei nº. 8.078, de 11 de setembro de 1990. Op. cit.
31. O CDC traz o conceito de consumidor já no artigo 2º: "toda pessoa física ou jurídica que adquire ou utiliza produto ou serviço como destinatário final". BRASIL. Lei nº. 8.078, de 11 de setembro de 1990. Op. cit.

consumidor.

Passando-se para o artigo sexto, encontra-se presente a teoria da imprevisão neste ordenamento jurídico.[32] O art. 6º, inciso V do CDC prevê, dentre os direitos básicos do consumidor:

> "a modificação das cláusulas contratuais que estabeleçam prestações desproporcionais ou sua revisão em razão de fatos supervenientes que as tornem excessivamente onerosas".

Já no artigo 14, § 3º normatiza que o fornecedor de serviços só não será responsabilizado quando provar a culpa exclusiva do consumidor ou de terceiro. Neste sentido encontra-se a teoria do risco da atividade, segundo a qual o fortuito externo apto a afastar a responsabilidade civil deve ser imprevisível e totalmente estranho ao risco da atividade desenvolvida pelo fornecedor. Apesar de não estarem expressamente previstos no CDC, o caso fortuito e a força maior são hipóteses de exclusão da responsabilidade civil. O nexo de causalidade pode ser atingido pela excludente de responsabilidade, elidindo, assim, o dever de indenizar, ante a imprevisibilidade dos efeitos do fato. Havendo comprovação de que os prejuízos foram resultantes de caso fortuito ou força maior, fica afastada a responsabilidade do devedor.

Por fim, o artigo 47 do referido Código estipula que caberá ao intérprete interpretar as cláusulas contratuais de maneira mais favorável ao consumidor. Isso ocorre porque o CDC tem como ponto de partida o princípio da vulnerabilidade do consumidor, mecanismo que visa garantir igualdade formal-material aos sujeitos (cliente e fornecedor) da relação jurídica de consumo. Considerando para isso que o consumidor é o não profissional que contrata, ou se relaciona com um profissional, comerciante, empresário, industrial ou profissional liberal que detém o conhecimento, técnica e melhor prática sobre o produto ou serviço vendido.[33]

---

32. O Código de Defesa do Consumidor (art. 6º, V) foi o primeiro diploma legal brasileiro a tratar expressamente do instituto da onerosidade excessiva do contrato. RODRIGUES, Madson Ottoni de Almeida. A cláusula rebus sic stantibus e a onerosidade excessiva do contrato no Código de Defesa do Consumidor e no Código Civil de 2002. Disponível em: <https://ambitojuridico.com.br/>. Acesso em 01 dez. 2020.
33. MARQUES, Claúdia Lima. Contratos no Código de Defesa do Consumidor: O Novo Regime das Relações Contratuais. Editora Revista dos Tribunais. 8ª Edição. 2016. pag. 304.

### 1.8. Dos contratos no Código Civil e o Diálogo das Fontes

O Enunciado nº 27 do Conselho da Justiça Federal do Superior Tribunal de Justiça (CJF/STJ)[34], normatiza que na interpretação da cláusula geral da boa-fé objetiva, deve-se levar em conta o sistema do Código Civil e as conexões sistemáticas com outros estatutos normativos e fatores metajurídicos. Esta interpretação feita de forma sistemática é o que a doutrina denominou de diálogo das fontes.

A teoria do diálogo das fontes discorre acerca da possibilidade de as leis serem aplicadas de forma integrada, devendo o intérprete buscar uma coexistência ou convivência entre elas.[35] Feito tal consideração o presente trabalho analisará em complemento e subsidiariamente ao CDC, as normas positivadas no Código Civil de 2002, sobretudo nas matérias de direito contratual e responsabilidade civil.

Além do Enunciado nº 27 do CJF/STJ, o próprio CDC em seu artigo 7º diz que "os direitos previstos neste código não excluem outros decorrentes de tratados

ou convenções internacionais de que o Brasil seja signatário, da legislação interna ordinária, de regulamentos expedidos pelas autoridades administrativas competentes, bem como dos que derivem dos princípios gerais do direito, analogia, costumes e eqüidade." Portanto, por meio do diálogo entre essas fontes buscar-se-á pela conciliação da aplicação das normas de ambos os diplomas jurídicos a fim de solucionar a problemática apresentada na introdução.

Para isso, assim como feito no Código de Defesa do Consumidor é importante também trazer alguns artigos do Código Civil que ajudarão no enfrentamento à situação problema discutida.

Dar-se-á início com o artigo 317 no qual identifica-se a teoria da imprevisão no CC/02. Segundo o artigo 317: "Quando, por motivos imprevisíveis, sobrevier desproporção manifesta entre o valor da prestação devida e o do momento de sua execução, poderá o juiz corrigi-lo, a pedido da parte, de modo que assegure, quanto possível, o valor real da prestação." A teoria da imprevisão consiste na possibilidade de

34. CJF. Enunciado nº.27. Jornada de Direito Civil. 2002. Disponível em: <https://www.cjf.jus.br/>. Acesso em 11 dez. 2020.

35. TARTUCE, Flávio. Op. cit.

se requerer o desfazimento ou a revisão forçada do contrato quando, em virtude de eventos imprevisíveis e extraordinários, a prestação de uma das partes tornar-se excessivamente onerosa, analisadas as condições de fato existentes no momento de sua formação, a cláusula rebus sic stantibus.[36]

A teoria da imprevisão é bastante antiga, manifestada inicialmente na Babilônia, por volta de 2700 A.C., no Código de Hamurabi, na lei 48, onde estabelecia que: se alguma pessoa tivesse um débito a juros, e porventura uma tempestade devastasse o campo ou destruísse a colheita, ou por falta d'água o trigo não crescesse, a pessoa não deveria naquele ano dar trigo ao credor. Logo, a teoria da imprevisão diz respeito à mudança extraordinária do cenário contratual durante seu exercício, que a parte não deu causa e que ocasione o desequilíbrio contratual, ficando uma das partes com vantagem excessiva a ponto de que a outra não consiga cumprir a sua obrigação em detrimento desse acontecimento.[37]

Há que se considerar que na vida quotidiana em sociedade a imprevisão é a regra e, as previsões confiáveis quanto ao que irá acontecer no minuto seguinte a que se escreve este artigo, ou que se faz um contrato, são as exceções. Fatos imprevisíveis acontecem a todo o momento, e quando esses acontecimentos ocasionam um desequilíbrio no contrato, pode-se fazer a revisão dele. É o que busca normatizar o artigo 317 do CC/02. Porém, não sendo possível, ocorre a resolução do contrato com a sua extinção.[38]

Contudo, importante mencionar que a resolução é uma das formas de extinção contratual atípica, pois a extinção normal se opera pelo cumprimento das cláusulas, pelo adimplemento das obrigações e satisfação das partes, ou seja, ela libera o devedor e satisfaz o credor, diferentemente da resolução que é o encerramento contratual pela inexecução obrigacional e, portanto, deve ser evitada.[39]

---

36. Quer dizer: "estando as coisas assim", que reforça a atenuação da aplicabilidade do pacta sunt servanda ''os pactos devem ser cumpridos". A cláusula rebus sic stantibus relativiza essa obrigatoriedade, uma vez que os contratos vão ser cumpridos dentro da normalidade, mas, se a realidade alterar de forma imprevista, os contratos deverão ser reajustados a essa nova realidade.
37. SILVA, Izabela Flávia da; GOETTENAUER, Sandra Gonçalves Santos. op. cit.
38. HEINEN, Juliano. Op. cit.
39. SILVA, Izabela Flávia da; GOETTENAUER, Sandra Gonçalves Santos. op. cit.

Outra hipótese a permitir a relativização do princípio da intangibilidade dos contratos está relacionada às justificativas de responsabilidade por caso fortuito ou força maior. De acordo com o artigo 393 do novel Código, o devedor não responde pelos prejuízos resultantes de caso fortuito ou força maior, se expressamente não se houver por eles responsabilizado. Assim, comprovada a relação de causa e efeito entre o inadimplemento e determinado evento cujos efeitos não era possível evitar ou impedir. Desse modo, configurada a existência do caso fortuito ou força maior sem que haja responsabilidade por parte do devedor, ou mesmo do prestador de serviço, restará a excludente de responsabilidade do devedor inadimplente.[40]

Importante considerar que para que o caso fortuito e a força maior possam se apresentar como circunstâncias excludentes de responsabilidade, devem eles estar gravados pelo requisito objetivo da inevitabilidade e pelo requisito subjetivo da total ausência de culpa na produção do acontecimento. Não é qualquer acontecimento, por mais grave, bastante para liberar o devedor, porém aquele acontecimento que impossibilita o real cumprimento da obrigação. Para que se ache exonerado, é indispensável que o obstáculo seja estranho ao seu poder, e a ele seja imposto pelo acontecimento natural ou pelo fato de terceiro, de modo a construir uma barreira intransponível à execução da obrigação.[41]

Passando-se ao artigo 421 do CC/02, em seu parágrafo único, encontra-se a normatização de que nas relações contratuais privadas prevalecerão os princípios da intervenção mínima e da excepcionalidade da revisão contratual. O parágrafo foi incluído pela recente Lei de nº 13.874/2019, que instituiu a declaração de direitos de liberdade econômica. Ainda o artigo 421-A, no inciso III, in verbis: "III - a revisão contratual somente ocorrerá de maneira excepcional e limitada". Diante da leitura dos dispositivos citados e considerando sua inteligência, fica evidente que uma vez celebrado um contrato, ele deve ser cumprido.[42] Dessa forma estes dispositivos são cristalinos quanto a possibilidade de revisão contratual somente em casos

40. GAGLIANO, Pablo Stolze. ob. cit.
41. LAUTENSCHLÄGER, Milton Flávio de A. C. A pandemia do COVID-19 e os limites da intervenção judicial nos contratos. Disponível em: <https://migalhas.uol.com.br/>. Acesso em 13 dez. 2020.
42. O pacta sunt servanda.

excepcionais e, que tenham como prerrogativa um comprovado desequilíbrio entre as partes contratantes.

Avançando ainda mais no CC/02 tem-se o princípio da boa-fé objetiva, encontrado na leitura do art. 422 do Código Civil pelo qual "os contratantes são obrigados a guardar, assim na conclusão do contrato, como em sua execução, os princípios da probidade e da boa-fé". O dispositivo em análise consagra a necessidade de as partes manterem, em todas as fases contratuais, sua conduta de probidade e lealdade.

Ainda o Código Civil de 2002 dedicou uma seção, composta de três artigos, à resolução dos contratos por onerosidade excessiva. São eles: o artigo 478:

> Nos contratos de execução continuada ou diferida, se a prestação de uma das partes se tornar excessivamente onerosa, com extrema vantagem para a outra, em virtude de acontecimentos extraordinários e imprevisíveis, poderá o devedor pedir a resolução do contrato. Os efeitos da sentença que a decretar retroagirão à data da citação. (grifos nossos)

O instituto da onerosidade excessiva está diretamente correlacionado com a teoria da imprevisão, que engloba basicamente os mesmos pressupostos, e como foi explanado anteriormente, são inquestionáveis a realidade que se vivencia, ou seja, há um fato externo súbito e extraordinário que impede a realização da parcela obrigacional de uma das partes, que em detrimento desse fato, sua obrigação se torna excessivamente onerosa, causando um desequilíbrio contratual que se perduram no tempo, aqueles cuja execução é contínua.[43]

Avançado um pouco mais, chega-se ao artigo 479 que discorre acerca da resolução contratual. Esta poderá ser evitada desde que se ofereça o réu a modificar equitativamente as condições do contrato. Nesse sentido o Enunciado nº. 367 CJF/STJ[44] tem a seguinte redação:

> "em observância ao princípio da conservação do contrato, nas ações que tenham por equitativamente, desde que ouvida a parte autora, respeitada a sua vontade e observado o contraditório".

43. SILVA, Izabela Flávia da; GOETTENAUER, Sandra Gonçalves Santos. op. cit.
44. CJF. Enunciado nº. 367. IV Jornada de Direito Civil. 2006. Direito das Obrigações e Responsabilidade Civil.Disponível em:<https://www.cjf.jus.br>. Acesso em 11 dez. 2020.

Por fim a resolução do pacto poderá ocorrer por excessiva onerosidade, quando então o juiz poderá ajustar a prestação onerosa, conforme normatiza o dispositivo 480: "Se no contrato as obrigações couberem a apenas uma das partes, poderá ela pleitear que a sua prestação seja reduzida, ou alterado o modo de executá-la, a fim de evitar a onerosidade excessiva". Assim, o comando legal refere-se àqueles negócios em que uma parte já cumpriu com a sua prestação, restando apenas à outra o dever jurídico obrigacional. O artigo 480 está diretamente ligado à problemática deste trabalho, pois uma das partes da relação contratual já cumpriu com a obrigação antecipada (o pagamento total do contrato), enquanto que a outra parte, está inadimplente, por motivos alheios à sua vontade.

Contudo, estes foram os dispositivos mais pertinentes, da atual legislação especial do Código de Defesa do Consumidor,[45] e de forma e geral do Código Civil,[46] que apresentam relevância na busca da solução do impasse contratual trazido neste trabalho.

Na próxima seção serão apresentadas de forma sucinta, as principais leis aprovadas pela União, que tiveram como intuito controlar o avanço do coronavírus e que impactaram diretamente nas relações contratuais.

## 2. A produção legislativa no contexto da pandemia

A entrada em vigor no ordenamento jurídico, de forma excepcional, de novas legislações no contexto da pandemia, não alterou, nem revogou nenhuma lei vigente, o que ocorreu foi apenas uma relativização jurídica temporária.[47] As principais leis que passam a viger e que impactaram na atividade dos estabelecimentos comerciais, foram: i) Lei nº 13.979, de 6 de fevereiro de 2020: esta Lei teve por objetivo estabelecer medidas emergenciais a serem opcionalmente adotadas pelos estados e municípios brasileiros mediante competência para a proteção da saúde pública nacional durante a pandemia, de forma a evitar a disseminação da doença pandêmica, estabelecendo dessa forma, o isolamento social, a quarentena, o uso obrigatório de máscaras, o

45. Os artigos analisados referentes ao CDC foram os arts. 4º, 6º, 14, § 3º e 47.

46. Os artigos analisados referentes ao Código Civil de 2020 foram os arts. 317, 393, 421, 421-A, 422, 478, 479 e 480.

47. SILVA, Izabela Flávia da; GOETTENAUER, Sandra Gonçalves Santos. op. cit.

estudo epidemiológico, a restrição singular e temporária de entrada e saída do país e de locomoção interestadual e intermunicipal, disposição de fechamento de aeroportos, rodovias, de shoppings, comércios, galerias, academias, clubes, casas de festas e noturnas, bares e similares, bem como igrejas e templos de qualquer culto, dentre outras disposições; ii) Decreto Legislativo nº 6, de 20 de março de 2020: teve como tema principal o estado de calamidade pública em virtude da pandemia de Covid-19. Com o decreto do estado de calamidade pública foi autorizado ao Poder Executivo exceder as suas metas de gastos previstos na Lei Orçamentária de 2019, ditadas pelo Poder Legislativo, no intuito de combater a pandemia vigente. Isso ocorre pois a pandemia não foi prevista no orçamento e desta forma foi possível oferecer subsídios financeiros à população, tal como o Auxílio Emergencial[48]; iii) Decreto nº 10.282, de 20 de março de 2020: Regulamentou a Lei nº 13.979, de 6 de fevereiro de 2020, para definir os serviços públicos e as atividades essenciais.

iv) Decreto nº 10.344, de 11 de maio de 2020: Alterou o Decreto nº 10.282, de 20 de março de 2020, que regulamenta a Lei nº 13.979, de 6 de fevereiro de 2020, para definir os serviços públicos e as atividades essenciais. Este decreto passou a considerar as academias de ginástica como atividades essenciais para a população conforme o "Art. 3º, §1º, LVII - "academias de esporte de todas as modalidades, obedecidas as determinações do Ministério da Saúde". Importante observar que entre o decreto Decreto nº 10.282, de 20 de março de 2020 e o Decreto nº 10.344, de 11 de maio de 2020, os estabelecimentos de ginástica ficaram obrigatoriamente fechados por 53 dias. Esse fato deve ser considerado para a análise do caso em discussão. v) Lei nº 14.010, de 10 de junho de 2020: esta Lei dispôs acerca do Regime Jurídico Emergencial e Transitório das relações jurídicas de Direito Privado (RJET) no período da pandemia do coronavírus. Esse cenário excepcional gerou, conforme o art. 6º da Lei do RJET, várias "consequências decorrentes da pandemia do Coronavírus (Covid-19) na execução dos contratos". Pode-se citar: a) a impossibilidade absoluta (fortuita) do cumprimento da obrigação, conduzindo à resolução contratual; b) desequilíbrio da base contratual, com onerosidade para uma das partes, conduzindo à resolução ou à revisão contratual (aplicação da teoria da imprevisão – art. 317 e arts. 478 a 480, CC

48. CAIXA. Auxílio Emergencial. O que é? Disponível em: <https://www.caixa.gov.br/>. Acesso em 16 dez. 2020

- ou a aplicação da teoria da onerosidade excessiva – art. 6º, V, do CDC); iii) a exceção de inseguridade (art. 477 do CC); iv) Projeto de Lei nº 3.985/2020:[49] Ainda, tramita no Congresso Nacional o Projeto de Lei nº 3.985/20 que tem por objetivo regulamentar o cancelamento dos contratos de prestação de serviços das academias de ginástica, em razão do estado de calamidade pública. O Projeto de Lei estabelece que, em caso de cancelamento de contratos com academias de ginástica ou personal trainers, o prestador de serviços poderá reembolsar os valores pagos e não usufruídos disponibilizando um crédito para uso dos serviços, no prazo de até 12 meses. Conforme o projeto, havendo recusa do consumidor, ou na impossibilidade de ser assegurado o crédito, o prestador de serviços deverá restituir o valor recebido, corrigido e parcelado em até 12 meses. O prazo de devolução inicia-se na data de encerramento do estado de calamidade pública.[50] O projeto também busca caracterizar o inadimplemento, por parte das academias e profissionais de ginástica, como caso fortuito ou de força maior e, desse modo, não sendo fato motivador para gerar danos morais, aplicação de multa ou outras penalidades contratuais em favor do consumidor. Em 16 de dezembro quando da finalização deste artigo o projeto ainda estava sujeito à apreciação do plenário da Câmara dos Deputados.

### 3. Discussão

Na introdução do artigo foi narrada a problemática de Mariza, personagem hipotética criada para ilustrar o caso a ser enfrentado. Mariza estava acima do peso e por isso buscou uma academia de ginástica no ano de 2020 para poder exercitar-se e, então, retomar a forma física de outrora. Como inicialmente relatado, ao chegar à academia e analisar os planos ofertados, percebeu que lhe seria mais vantajoso adquirir um plano anual, ao invés de um plano vinculado somente ao mês utilizado. No plano anual, Mariza teria um desconto importante no valor das mensalidades, porém, isso exigiria o pagamento antecipado do contrato, em outras palavras, o chamado pagamento à vista.[51]

---

49. ELIAS, Greyce. Projeto de Lei 3985/20.Disponível em: <https://www.camara.leg.br>. Acesso em 11 dez. 2020

50. Conforme o Decreto nº 6 de 2020 vigora até a data de 31 de dezembro de 2020.

51. SOUSA, Denise. Pagamento com cartão de crédito é considerado à vista, alerta Procon. 2010.

Como Mariza não dispunha do montante em espécie para pagamento, a academia ofereceu como alternativa o parcelamento em 12 vezes por meio do cartão de crédito. Mariza não contratou o serviço da academia de forma parcelada, a academia recebeu dias após[52] o valor total do contrato em sua conta corrente vinculada à operadora de cartão de crédito, com os respectivos descontos de taxas. Portanto, a partir da autorização do crédito parcelado em 12 vezes, Mariza passa a ter uma obrigação com a administradora de seu cartão e não com a academia.

Ocorre que devido a produção legislativa visando conter o avanço da disseminação da covid-19, Mariza foi impedida de continuar a exercitar-se, pois o estabelecimento foi fechado em virtude de decretos expedidos pela União, Estado e Município. Diante dessa situação, Mariza então sentiu-se lesada, pois ao receber sua fatura percebeu que mesmo impedida de frequentar a academia, a cobrança continuava ocorrendo no cartão de crédito. Neste momento, Mariza entra em contato com a academia de ginástica e solicita o estorno do valor cobrado em sua fatura, alegando para isso não ter utilizado o serviço.

Ao entrar em contato com a administração da academia, Mariza recebeu a informação por parte do financeiro, de que o valor ficaria como crédito, e o serviço estaria à sua disposição assim que as autoridades responsáveis autorizassem a abertura dos estabelecimentos de ginástica.[53] Sem concordar com o que fora proposto pela gerência da academia, Mariza entrou em contato com a administradora de seu cartão de crédito para então solicitar o cancelamento dos lançamentos vincendos.

Porém, o que Mariza não sabia, era que o valor do contrato já havia sido totalmente pago para a academia[54] e, neste momento ela estava pagando à administradora

---

Disponível em<http://www5.sefaz.mt.gov.br> Acesso em: 14 dez. 2020.

52. Compras realizadas no débito caem na conta do comerciante no dia seguinte, enquanto compras no crédito podem cair dois dias depois ou depois de 30 dias. Esse período para recebimento depende da bandeira do cartão e do acordo que é feito entre administradora de cartão e o comerciante. CIELO, Equipe. Entenda os benefícios de vender parcelado. Blog Cielo.2020. Disponível em: <https://blog.cielo.com.br/>. Acesso em: 14 dez. 2020

53. Compras realizadas na loja física o vendedor não é obrigado a cancelar a compra no cartão de crédito. MELLO, Isabella. Tem como cancelar compras no cartão de crédito? 2020. Disponível em: <https://blog.guiabolso.com.br/>. Acesso em: 14 dez. 2020.

54. Dependendo do contrato que o lojista possua com a administradora do cartão ele poderá receber

do cartão de crédito, que emprestou-lhe o dinheiro de modo parcelado, supostamente sem juros e, que nada tinha a haver com o desacordo comercial que ocorreu entre ela e a academia de ginástica, por conta da pandemia do coronavírus. E agora? O que Mariza deve fazer?

Diante desse cenário inicia-se o imbróglio tema deste trabalho e que ensejou a seguinte problemática de pesquisa: Pode a academia de ginástica em que Mariza matriculou-se por 12 meses, mas só frequentou 2, recusar o pedido de cancelamento do plano anual, com a devolução de valores referentes aos meses não utilizados, sob o argumento de evento de caso fortuito ou força maior e a teoria da imprevisão, sem que para isso esteja ferindo os princípios contratuais presentes no CDC/90 e no Código Civil de 2002?

Para enfrentar a problemática considerou-se os dispositivos trazidos nas

seções acima quanto ao Código de Defesa do Consumidor em seus artigos (4º, 6º, 14, § 3º e 47) e Código Civil em seus artigos (317, 393, 421, 421-A, 422, 478, 479 e 480). Ainda, recorreu-se às legislações propostas e aprovadas para o atual momento caracterizado como imprevisível e excepcional. Esse esclarecimento é importante, pois o resultado a ser aqui encontrado poderá ser outro em situação considerada de normalidade jurídica, social, econômica e de saúde pública.

Em primeiro momento, fazer-se-á uma análise quanto aos princípios contratuais no direito dos contratos, especificados na relação trazida para discussão. No direito dos contratos subsistem dois princípios originários de interpretação, que, por sua vez, dão origem a outros. O primeiro é a boa-fé, pelo qual o intérprete deve presumir a confiabilidade e a sinceridade dos contratantes, e o segundo é o princípio da conservação dos contratos, traduzido na prevalência da interpretação que possibilite a manutenção da relação negocial até o seu adimplemento regular.[55] Nesse sentido, considera-se aqui que tanto por parte de Mariza quanto da administração da academia não houve uma quebra dos princípios da autonomia privada, da boa-fé objetiva, da função social dos contratos e da relatividade dos efeitos contratuais.

---

seus recebíveis em 1, 2, 15, 120 ou mesmo parcelado. Geralmente os lojistas recebem o valor total em no máximo 30 dias. CIELO, Equipe. Entenda os benefícios de vender parcelado.Op. cit.

55. TARTUCE, Flávio. Direito Civil. Op. cit.

Porém, quanto à conservação dos contratos ou pacta sunt servanda, há um desacordo por parte de Mariza que, solicita o cancelamento do plano anual, alegando também, assim como a administração da academia, a justificativa do evento de caso fortuito e força maior. O que, portanto, autorizaria à aplicação da teoria da imprevisão, para a revisão ou resilição unilateral do contrato.[56] Nesse sentido houve um importante pronunciamento do Ministro e Presidente do Supremo Tribunal Federal (STF), Luiz Fux, que defendeu em uma live, junto a outras autoridades, que: ‘’só uma pessoa alheia ao momento vai impor a outra parte o pacta sunt servanda” (respeito aos pactos), defendendo a necessidade de renegociação dos contratos em meio à pandemia.[57]

Segundo a jurisprudência haverá a necessidade de comprovação da efetiva onerosidade, devendo ela estar relacionada diretamente à covid-19 ou de eventos que ela gerou e que causaram abalo no sinalagma[58] do contrato. Não há dúvidas que a covid-19 foi imprevisível para as partes, em outras palavras, é somente à luz da impossibilidade da prestação específica de um contrato que se pode cogitar, tecnicamente, de caso fortuito ou força maior para fins de liberação do devedor. E o mesmo vale para acontecimentos ditos extraordinários ou imprevisíveis, noção que somente faz sentido juridicamente diante da aferição específica de excessiva onerosidade para o cumprimento de um determinado contrato. Não se pode classificar acontecimentos – nem aqueles gravíssimos, como uma pandemia – de forma teórica e genérica para declarar que todos os contratos podem ser extintos ou devem ser revistos, sob pena de causar grande insegurança jurídica nos contratos.

No caso em tela verifica-se que ambas as partes possuem argumentos sólidos para manutenção de suas posições. Assim, caso recorram ao judiciário os dois lados poderão alegar o não cumprimento da obrigação pactuada por motivo de força maior e caso fortuito. A academia poderá dizer que não prestou o serviço por recomendações

---

56. Art. 473. A resilição unilateral, nos casos em que a lei expressa ou implicitamente o permita, opera mediante denúncia notificada à outra parte. Código Civil. 2002.
57. FUX, Luiz. Fux defende readequação de contratos durante pandemia. 2020. Disponível em: <https://valor.globo.com/>. Acesso em: 14 dez. 2020.
58. É a proporcionalidade das prestações, eis que as partes têm direitos e deveres entre si. TARTUCE, Flávio. Op. cit. pag. 51.

das autoridades e, por isso, não pode arcar com o prejuízo sozinha. A consumidora (Mariza), por sua parte, poderá justificar que só deixou de frequentar a academia pois esta, encontrava-se fechada e, portanto, não por vontade própria. Logo, considerando não haver culpa por nenhuma das partes, o devedor (academia), em regra, não responderá pelos possíveis prejuízos causados, salvo se houver assumido no contrato o dever de responder pelo inadimplemento, o que ocorre em raros casos. Assim, voltando a questão a ser enfrentada neste artigo com relação a utilização pela academia da justificativa do caso fortuito e força maior, como justificativa para não romper com o sinalagma do contrato realizado com Mariza, chega-se à conclusão que a Pandemia da covid-19, no ordenamento vigente analisado, encaixar-se no conceito de caso fortuito e de força maior, visto que inegavelmente constituem evento externo, inevitável e imprevisível,[59] sendo possível assim, a utilização da chamada teoria da imprevisão. Tal constatação faz romper o nexo causal e afastar a responsabilidade da academia de ginástica devido a suspensão de suas atividades, relacionadas diretamente com a atual crise de saúde pública.

Portanto, em resposta à questão problema trazida na introdução a academia deverá negociar com a consumidora as seguintes opções:

i) Que a consumidora continue pagando e ao final do contrato usufrua por todo período em que a academia não abriu, como visto acima tratou-se de 53 dias: Nesta opção é interessante que a gestão da academia faça o cliente refletir que ao realizar um contrato por um período maior, como seis ou doze meses, o cliente tinha a pretensão de frequentar assiduamente a academia de ginástica por um extenso período, pois caso contrário, teria feito o contrato mensal, em que o simples fato de não pagar a próxima mensalidade já é motivado para a rescisão contratual. O cliente deverá escolher a opção que, futuramente, poderá trazer-lhe os benefícios da continuidade da atividade física. Esta alternativa deverá ser considerada caso a manutenção do vínculo não tenha se tornado excessivamente onerosa para o consumidor.

ii) Cancelamento do plano, seja anual/semestral/trimestral, sem perdas e danos ou multas para ambas as partes e, solicitar a devolução dos valores pagos durante o período em que o estabelecimento estava fechado e também devolução dos valores

---

59. MATHIAS, Guilherme Valdetaro.op. cit.

referente ao serviço futuro não utilizado e já pagos. Entendeu-se após a discussão da temática neste artigo, que esta opção deverá ser a menos utilizada e, caberá ao cliente antes de acioná-la, o ônus de provar que dos fatos decorrentes da pandemia do covid-19, os 53 dias em que esteve fechada a academia de ginástica, foram suficientes para causaram-lhe diretamente a onerosidade excessiva para manutenção do contrato e, que por isso, não há condições de manter o vínculo contratual. Situações como perda do emprego, diminuição do salário, fechamento de negócios, não poder usufruir do serviço após a abertura dos estabelecimentos, por motivos de mudança de cidade ou outras situações que impossibilitem o usufruto conforme previsto no contrato, são exemplos de situações diretamente causadas pela pandemia que justificam o cancelamento do contrato e a devolução do dinheiro. Por outro lado, caso a consumidora não consiga comprovar a excessiva onerosidade, não há se falar em cancelamento do plano devido ao período de não utilização dos 53 dias, que poderá ser reposto pelo fornecedor, uma vez que o contrato fora pactuado por um período de tempo superior ao período em que esteve compulsoriamente fechada.

Ainda, quando abordado o tema da extinção de vínculos contratuais e revisão judicial de contratos, a doutrina discorre que são remédios extremos que as partes devem evitar, sempre que possível. O imperativo é a mútua cooperação e lealdade que deriva do artigo 422[60] do Código Civil brasileiro e do princípio constitucional da solidariedade social.[61] Desse modo, nem todos os fatores serão hábeis e suficientes, em um primeiro momento, para motivar a revisão dos contratos. Ainda, há que se considerar que os efeitos da Pandemia da covid-19, por si só, não autorizam os consumidores a pleitearem a resolução do contrato por inadimplemento por parte da academia.

## 4. Considerações finais

Após as reflexões acima, entende-se que a beligerância negocial na via

60. Art. 422. Os contratantes são obrigados a guardar, assim na conclusão do contrato, como em sua execução, os princípios de probidade e boa-fé.Código Civil. 2002.
61. "Art. 3º Constituem objetivos fundamentais da República Federativa do Brasil: I - construir uma sociedade livre, justa e solidária." BRASIL, Constituição Federal do. 1988. Disponível em:<http://www.planalto.gov.br>. Acesso em 14 dez. 2020.

extrajudicial e principalmente no judiciário, não é a melhor saída para a crise que se apresenta. É fato que a pandemia afetou todos os contratos de uma maneira ou de outra. Empresas foram prejudicadas, compromissos descumpridos e prazos não serão atendidos, tanto por fornecedores quanto por consumidores. Assim, a resolução das relações contratuais e pedidos reparatórios não podem ser encaradas como a melhor alternativa para tempos tão extraordinários. As partes contratantes precisam se comunicar e achar um ponto de convergência, de modo a acomodar pretensões e expectativas, na busca de preservação dos pactos contratuais em curso.

Por fim, evidencia-se que o desequilíbrio contratual trazido aqui para discussão, causado pela pandemia do covid-19 poderá ser superados de duas maneiras: através da livre negociação entre as partes - o que deve ser, sempre, a primeira opção entre os contratantes - ou, na sua impossibilidade, através de um processo judicial no qual se discutirá, inevitavelmente, as escusativas de responsabilidade, a onerosidade excessiva, a hipótese do artigo 317[62] do Código Civil, ou a aplicação dos princípios da função social, da boa-fé, da equivalência material das prestações contratuais e do equilíbrio contratual.[63] De maneira geral, a renegociação extrajudicial dos contratos, pautada sempre no bom senso das partes, é o caminho mais indicado a seguir, buscando garantir o equilíbrio econômico financeiro do contrato, ou seja, evitando que apenas uma das partes suporte integralmente os prejuízos decorrentes da Pandemia.

## Referências

ANDREASI, Diego. Entenda a diferença entre Eficiência e Eficácia de uma vez por todas. 2018. Disponível em: <https://administradores.com.br/>. Acesso em 16 dez. 2020.

BRASIL, Agência. Organização Mundial da Saúde declara pandemia de coronavírus: Atualmente, ao menos 115 países têm casos da doença. Agência Brasil, Brasília, 11 mar. 2020. Disponível em: <https://agenciabrasil.ebc.com.br>. Acesso em: 14

62. Art. 317. Quando, por motivos imprevisíveis, sobrevier desproporção manifesta entre o valor da prestação devida e o do momento de sua execução, poderá o juiz corrigi-lo, a pedido da parte, de modo que assegure, quanto possível, o valor real da prestação.
63. LAUTENSCHLÄGER, Milton Flávio de A. C.op. cit.

dez. 2020

BRASIL, Repórter da Agência. Política: Governo inclui academias e salões em atividades essenciais na pandemia.2020. Disponível em: https://agenciabrasil.ebc.com.br/>. Acesso em 16 dez. 2020.

BRASIL. Lei nº 10.406, de 10 de janeiro de 2002. Institui o Código Civil. Diário Oficial da União: seção 1, Brasília, DF, ano 139, n. 8, p. 1-74, 11 jan. 2002. Disponível em: <http://www.planalto.gov.br>. Acesso em 15 dez. 2020.

BRASIL. Lei nº. 8.078, de 11 de setembro de 1990. Código de Defesa do Consumidor. Disponível em: <http://www.planalto.gov.br/>. Acesso em 16 dez. 2020.

CAIXA. Auxílio Emergencial. O que é? Disponível em: <https://www.caixa.gov.br/>. Acesso em 16 dez. 2020.

CIELO, Equipe. Entenda os benefícios de vender parcelado. Blog Cielo.2020. Disponível em: <https://blog.cielo.com.br/>. Acesso em: 14 dez. 2020.

CJF. Enunciado nº. 367. IV Jornada de Direito Civil. 2006. Direito das Obrigações e Responsabilidade Civil.Disponível em:<https://www.cjf.jus.br>. Acesso em 11 dez.2020.

CJF. Enunciado nº.27. Jornada de Direito Civil. 2002. Disponível em: <https://www.cjf.jus.br/>. Acesso em 11 dez. 2020.

CJF/STJ. Enunciado nº. 23, aprovado na I Jornada de Direito Civil, em 2002.Disponível em: <https://www.cjf.jus.br/>. Acesso em 15 dez. 2020.

DINIZ, Maria Helena. Curso de direito civil brasileiro. Teoria geral das obrigações contratuais e extracontratuais. 16. ed. São Paulo: Saraiva, 2001. v. 3.

ELIAS, Greyce. Projeto de Lei 3985/20.Disponível em: <https://www.camara.leg.br>. Acesso em 11 dez. 2020

ESTEVES, Diogo; ALVES, Cleber Francisco; SILVA, Franklyn Roger Alves; AZEVEDO, Júlio Camargo. Acesso à justiça em tempos de pandemia: O impacto global do COVID-19 nas instituições político-jurídicas. Confluências | ISSN:1678-7145 | E-ISSN: 2318-4558 | Niterói/RJ. V. 22, n.2, 2020 | ago./dez.2020 | pp.147-170.

FUX, Luiz. Fux defende readequação de contratos durante pandemia. 2020.

Disponível em: <https://valor.globo.com/>. Acesso em: 14 dez. 2020

GAGLIANO, Pablo Stolze; PAMPLONA FILHO, Rodolfo. Manual de Direito Civil. Volume único. São Paulo: Saraiva, 2017.

GOMES, Orlando. Direito das Obrigações. 15ª Edição. Orlando Gomes. Ano: 2000. Editora: forense.

HEINEN, Juliano. Afinal, qual a natureza jurídica da COVID19 (CORONAVÍRUS)?

LAUTENSCHLÄGER, Milton Flávio de A. C. A pandemia do COVID-19 e os limites da intervenção judicial nos contratos. Disponível em: <https://migalhas.uol.com.br/>. Acesso em 13 dez. 2020.

LIMA, Gregório Costa Luz de; CARVALHO, Gabriel Stumpf Duarte de; FIGUEIREDO, Miguel Zobaran. A incompletude dos contratos de ônibus nos tempos da COVID-19. Revista de Administração Pública. Rio de Janeiro 54(4):994-1009, jul. - ago. 2020. DOI: http://dx.doi.org/10.1590/0034-761220200292

MARQUES, Claúdia Lima. Contratos no Código de Defesa do Consumidor: O Novo Regime das Relações Contratuais. Editora Revista dos Tribunais. 8ª Edição. 2016. pag. 304.

MATHIAS, Guilherme Valdetaro. Consequências da Pandemia Criada pela COVID-19 nas Obrigações e nos Contratos–Uma Visão pelo Ângulo do Direito Civil. Revista EMERJ, Rio de Janeiro, v. 22, n. 1, p. 284 - 317, Janeiro-Março. 2020. pag. 287.

MELLO, Isabella. Tem como cancelar compras no cartão de crédito? 2020. Disponível em: <https://blog.guiabolso.com.br/>. Acesso em: 14 dez. 2020.

NALIN, Paulo; PIMENTEL, Mariana Barsaglia; PAVAN, Vitor Ottoboni. Interpretação, integração e reequilíbrio dos contratos em tempos de pandemia: Análise das alterações promovidas pela Lei nº 13.874/2019 à luz da legalidade constitucional. Revista Brasileira de Direito Civil – RBDCivil | Belo Horizonte, v. 25, p. 329-352, jul./set. 2020

VENOSA, Sílvio de Salvo. O novo Código Civil e as mudanças na sociedade atual. Disponível em: <https://www.conjur.com.br/>. Acesso em 11 dez. 2020.

OMS, Publicações. Disponível em: <https://www.who.int/>. Acesso em 10 dez. 2020.

RODRIGUES, Madson Ottoni de Almeida. A cláusula rebus sic stantibus e a onerosidade excessiva do contrato no Código de Defesa do Consumidor e no Código Civil de 2002. Disponível em: <https://ambitojuridico.com.br/>. Acesso em 01 dez. 2020.

SILVA, Izabela Flávia da; GOETTENAUER, Sandra Gonçalves Santos. Legislação emergencial dos contratos vigentes frente a pandemia de covid-19. Direito em Revista. ISSN: 2178-0390. vol. 5-jan./dez.2020.

SOUSA, Denise. Pagamento com cartão de crédito é considerado à vista, alerta Procon. 2010. Disponível em<http://www5.sefaz.mt.gov.br> Acesso em: 14 dez. 2020.

TARTUCE, Flávio. Direito Civil. Teoria Geral dos Contratos e Contratos em Espécie. 14ª. edição. Editora Forense.2019.

# OS CONTRATOS DE PRESTAÇÃO DE SERVIÇOS PELAS AUTOESCOLAS PARA PROCESSO DE HABILITAÇÃO DE TRÂNSITO NA PANDEMIA DO VÍRUS COVID-19: UMA ANÁLISE SOBRE OS IMPACTOS SOFRIDOS E PONDERAÇÕES NECESSÁRIAS PARA OBTER SOLUÇÕES

# 17

**Amanda Terumi Souza Takata**

**Carlos José Cordeiro**

## 1. Introdução

Considerando que o Direito se forma e se modifica, criando normas que se adequem à realidade da sociedade em determinado momento, o negócio jurídico, instituto abrangido e tutelado pelo ordenamento jurídico brasileiro, é, portanto, diretamente influenciável pelo contexto social atual – tanto é verdade que o art. 113 do Código Civil condiciona a interpretação dos negócios jurídicos à boa-fé e aos usos do lugar de sua celebração.

Assim, não é surpresa que acontecimentos imprevisíveis e drásticos, como a pandemia do vírus COVID-19, viessem a afetar os negócios jurídicos em escala mundial: a nova realidade imposta exigiu novas formas de celebrar contratos, bem assim a busca por soluções que visassem assegurar o adimplemento ou eventual resolução contratual de pactos já celebrados, mas que não mais se cumprem diante do contexto atual – é neste cenário que discute-se acerca dos contratos de execução diferida, mais especificamente, de prestação de serviços por autoescolas, denominadas Centros de Formação de Condutores (CFC), para obtenção da Carteira Nacional de Habilitação

(CNH).

Os contratos de execução diferida possuem seu cumprimento condicionado a "etapas", que se perduram por determinado espaço de tempo para que seja adimplida a obrigação em sua totalidade. Neste sentido, o pacto a ser analisado estabelece que tais prestações são cumpridas por instituições de ensino, as CFCs, mediante aulas, teóricas e práticas, de forma a capacitar o contratante a conduzir determinado(s) veículo(s) de acordo com as normas e diretrizes do Código de Trânsito Brasileiro[1] (CTB), bem assim para que possa ser aprovado no processo de habilitação de condutores oferecido pelo órgão de trânsito responsável; obedecendo, para tal, o prazo de 12 meses de curso.

Ressalva-se, ainda, que o contrato em questão obedece os princípios contratuais essenciais consagrados em nosso ordenamento jurídico, quais sejam, a boa-fé, a função social, o equilíbrio contratual e a vedação ao enriquecimento sem causa; bem assim que possuem a peculiaridade de estarem diretamente subordinados às diretrizes traçadas pelos órgãos de trânsito brasileiros, de modo que a execução de serviços pela instituição prestadora altera-se conforme portaria ou norma vigente.

Todavia, a realidade atípica imposta pela pandemia exigiu medidas de segurança para evitar a propagação do vírus COVID-19 – entre elas, o isolamento social, que impossibilita a execução dos serviços a serem prestados pela instituição de ensino. Alia-se, ainda, a crise econômica imposta, constituindo-se dois polos a serem considerados: o da prestadora de serviços e sua necessidade de cumprimento da obrigação sem prejuízo, e o da parte contratante que, eventualmente, venha a se tornar inadimplente.

Desta forma, questiona-se: será a autoescola capaz de cumprir e preservar o acordado perante seus alunos, ora também consumidores? Como agir em caso de inadimplemento de serviço a ser prestado, ou, ainda, em caso de mora do pagamento de tais serviços? Seria a resolução a única alternativa para as partes? Se não, como preservar o contrato por elas celebrado?

A partir da análise empreendida neste capítulo, buscar-se-á esclarecer tais questões, bem como possíveis soluções a elas.

---

1. BRASIL, Lei nº 9.503, de 23 de setembro de 1997. Institui o Código de Trânsito Brasileiro.

## 2. Os contratos de prestação de serviço

### 2.1 Natureza jurídica

Os contratos de prestação de serviços constituem-se, de maneira geral, como "*toda espécie de serviço ou trabalho lícito, material ou imaterial, pode ser contratada mediante retribuição*" (art. 594, CC/2002), não fazendo distinção entre o trabalho braçal ou intelectual a ser prestado[2], bem como possuem o prazo máximo de duração da obrigação de 4 anos (art. 598, CC/2002) e podem ser especificados como uma relação trabalhista (regida, portanto, pela Consolidação das Leis Trabalhistas, CLT) ou um consumerista (disciplinado, assim, pelas normas do Código de Defesa do Consumidor, CDC), sendo o restante das possibilidade abrangidas pelas normas do Código Civil, que possui natureza residual[3].

Caracteriza-se, portanto, como contrato consensual, pois celebrado pela livre vontade das partes; de caráter sinalagmático, haja vista geração de deveres e direitos recíprocos; é oneroso[4], pois exige-se contraprestação, pagamento, pelo serviço a ser realizado; bem como não solene, de forma que a ausência de instrumento contratual não configura, por si só, inexistência da relação jurídica – neste sentido, o art. 595 do Código Civil somente ressalva procedimento em caso de uma das partes não souber ler, situação em que o instrumento contratual poderá ser assinado a rogo e subscrito por duas testemunhas. É, ainda, via de regra, individual em relação à pessoa do contratante, sendo possível a substituição do prestador de serviço em caso de anuência do tomador[5].

---

2. GONÇALVES, Carlos Roberto. Direito civil brasileiro, volume 3: contratos e atos unilaterais. 14. ed. São Paulo: Saraiva, 2017. p. 397-398.
3. Neste sentido, leciona o art. 593 do Código Civil: "A prestação de serviço, que não estiver sujeita às leis trabalhistas ou a lei especial, reger-se-á pelas disposições deste Capítulo"
4. Em que pese seu caráter oneroso, este presume-se, devendo a gratuidade, caso presente, ser estipulada expressamente em contrato. Caso ausente tal estipulação, a legislação do Código Civil, em seu art. 596, assim estabelece: "Não se tendo estipulado, nem chegado a acordo as partes, fixar-se-á por arbitramento a retribuição, segundo o costume do lugar, o tempo de serviço e sua qualidade" (art. 596, CC/2002).
5. GAGLIANO, Pablo Stolze; PAMPLONA FILHO, Rodolfo. Novo curso de direito civil, volume 4: tomo II: contratos em espécie. 7. ed. rev. e atual. São Paulo: Saraiva, 2014. p. 197.

No caso em questão, o contrato de prestação de serviços por instituições de ensino relacionadas ao trânsito, quais sejam, as autoescolas, constitui-se como relação de consumo (e portanto regido pelo CDC), haja vista enquadramento das partes nas figuras de consumidor (art. 2°, CDC)[6] e prestador de serviços (art. 3°, CDC)[7], onde o contratado (autoescola) assume determinada obrigação de fazer (qual seja, oferecer curso de formação de condutores conforme as normas vigentes de trânsito) e o contratante (aluno da autoescola) compromete-se a remunerá-lo pela atividade empreendida, sendo este o destinatário final do serviço empreendido, pois usufrui do curso oferecido pela contratada.

Desta forma, rege-se pela Lei n° 8.078/1990, utilizando-se, subsidiariamente, as normas do Código Civil, não olvidando-se da prima necessidade de todo contrato em respeitar os princípios da boa-fé e da função social, bem como os bons costumes, sob pena de nulidade. Veda-se, ainda, o enriquecimento sem causa e a onerosidade excessiva.

## 2.2 Da extinção do contrato de prestação de serviços.

A extinção de um contrato pode se realizar de diversas formas, sendo o seu total cumprimento o meio "perfeito" e esperado pelos pactuantes quando da contratação. Contudo, para o contexto em questão, importa explanar acerca da extinção do contrato por descumprimento de determinada obrigação, seja ele voluntário ou involuntário, bem assim das possibilidades de promoção e manutenção do adimplemento da obrigação, bem como, diante da impossibilidade de satisfação das obrigações estabelecidas contratualmente ou do desequilíbrio de obrigações entre as partes, quais seriam as alternativas disponíveis às partes para resolver ou solucionar adversidade do pacto estabelecido entre elas.

Deste modo, acerca da extinção dos contratos de prestação de serviço, além da

6. Art. 2° da Lei n° 8.078/1990 (CDC): "Consumidor é toda pessoa física ou jurídica que adquire ou utiliza produto ou serviço como destinatário final."
7. Art. 3° da Lei n° 8.078/1990 (CDC): "Fornecedor é toda pessoa física ou jurídica, pública ou privada, nacional ou estrangeira, bem como os entes despersonalizados, que desenvolvem atividade de produção, montagem, criação, construção, transformação, importação, exportação, distribuição ou comercialização de produtos ou prestação de serviços."

extinção do contrato por seu total adimplemento, o art. 607 do Código Civil assim dispõe acerca das outras hipóteses para tal fenômeno:

> Art. 607. O contrato de prestação de serviço acaba com a morte de qualquer das partes. Termina, ainda, pelo escoamento do prazo, pela conclusão da obra, pela rescisão do contrato mediante aviso prévio, por inadimplemento de qualquer das partes ou pela impossibilidade da continuação do contrato, motivada por força maior.

Já no caso de rescisão contratual, o art. 602 do Código Civil estabelece que o prestador de serviços não deve se despedir (ausentar), sem justa causa, antes de concluir as prestações estabelecidas ou antes do tempo determinado em contrato. Assim, em caso de despedida sem justa causa, o prestador tem direito à retribuição vencida, mas deve pagar perdas e danos ao tomador de serviços. Da mesma forma, opera-se pelo art. 603 do mesmo *códex* que, caso o tomador de serviços despeça o prestador sem justa causa, pagar-lhe-á por inteiro a retribuição vencida, bem como metade da que lhe tocaria de então até o termo legal do contrato[8].

No caso em questão, adiciona-se também as estipulações do Código de Defesa do Consumidor em caso de resolução contratual: imputa-se ao prestador ou fornecedor de serviços a responsabilidade objetiva pelos atos praticados. Desta forma, a prestadora de serviços, qual seja, o Centro de Formação de Condutores, responde, "(...) independentemente de culpa, pela reparação dos danos causados aos consumidores por defeitos relativos à prestação dos serviços, bem como por informações insuficientes ou inadequadas sobre sua fruição e riscos" (art. 14, CDC, 1990), desde de que comprovado nexo de causalidade necessário.

#### 2.2.1. Da extinção do contrato por força maior.

Tecidas as devidas considerações, dita-se que importa, especialmente, a estipulação de impossibilidade da continuação do contrato diante de motivação por força maior, fator que deve ser analisado cuidadosamente quando se observa o contexto atípico da pandemia do vírus COVID-19, conforme será explanado adiante.

Adianta-se, no entanto, que, quando da extinção do contrato por força maior, as

8. TARTUCE, Flávio. Direito Civil: teoria geral dos contratos e contratos em espécie – v. 3. 14.ed. Rio de Janeiro: Forense, 2019. p.720-721.

partes são obrigadas a resolver o contrato (resolução involuntária), haja vista ação de terceiro ou fato imprevisível, inevitável, alheio à vontade dos contraentes, que torna impossibilitam o adimplemento da obrigação. Neste caso, a parte que não pôde cumprir com o ônus a ela incumbido em razão de tal acontecimento, exime-se da responsabilidade de reparar os danos causados, salvo se expressamente se obrigou a tal[9].

Desta forma, se impossível o cumprimento da obrigação mediante caso fortuito ou força maior, o efeito da resolução será retroativo, devendo as partes restituírem o que eventualmente tenha sido recebido, retornando, assim, ao *status quo ante.*

Ressalta-se também que, quando de inexecução involuntária, ela deve ser objetiva (não concerne à pessoa do devedor), total (pois caso o inadimplemento seja parcial, há a possibilidade do credor ainda exigir o cumprimento do contrato) e definitiva[10], sendo diferente da impossibilidade temporária, que, via de regra, gera somente a suspensão do contrato[11].

### 2.2.2. A resolução do contrato por onerosidade excessiva.

Se a resolução contratual por força maior compromete como um todo o cumprimento da obrigação estabelecida, a resolução por onerosidade excessiva não necessariamente prejudica o negócio jurídico ao ponto de se tornar inexequível, pois ainda se faz possível a satisfação dos deveres estabelecidos, mas com quebra do equilíbrio entre as partes, gerando encargo ou ônus em excesso a um dos pactuantes.

Assim, tal modalidade resolutiva relativiza o princípio do *pacta sunt servanda*, sob a justificativa de reestabelecer o equilíbrio contratual entre as partes, visto acontecimento externo que gerou situação diversa da existente no momento da

9. Conforme dita o art. 393 do Código Civil de 2002, in verbis: "Art. 393. O devedor não responde pelos prejuízos resultantes de caso fortuito ou força maior, se expressamente não se houver por eles responsabilizado."
10. GONÇALVES, Carlos Roberto. Direito civil brasileiro, volume 3: contratos e atos unilaterais. 14. ed. São Paulo: Saraiva, 2017. p. 207-208.
11. Sobre o tema, Carlos Roberto Gonçalves, em seu livro "Direito civil brasileiro, volume 3: contratos e atos unilaterais" (14 ed., 2017) destaca que "(...) somente se justifica a resolução, neste caso, se a impossibilidade persistir por tanto tempo que o cumprimento da obrigação deixa de interessar ao credor. (...)". (p. 208).

celebração ou completamente diferente da esperada pelos contratantes.

Para os contratos comutativos, de trato sucessivo e de execução diferida, como é o caso da prestação de serviço oferecida pelos CFCs, destaca-se, ainda, a utilização da teoria do *rebus sic standibus*, que consiste na presunção de que o contrato segue seu cumprimento conforme as condições existentes de sua celebração, permanecendo-se imutável. Todavia, caso ocorra alteração na realidade fática, sendo ela extraordinária e que onere uma das partes em demasia, o Poder Judiciário pode intervir, modificando o pactuado entre os contratantes para reestabelecer o equilíbrio contratual[12].

### 2.2.3 Dos danos morais.

Por fim, ressalva-se que a reparação do dano comprovado é prevista normalmente, pois inerente quando da resolução do contrato de prestação de serviços.

Contudo, via de regra, o mesmo não se constata dos danos morais que, caso pleiteados, necessitam de comprovação em Juízo[13], ainda que presumida a condição de vulnerável, como é o caso do contrato de prestação de serviços por autoescolas, haja vista seu caráter consumerista. Neste sentido:

> APELAÇÃO CÍVEL - AUTO ESCOLA - FALHA NA PRESTAÇÃO DO SERVIÇO - TAXAS GOVERNAMENTAIS NÃO INCLUÍDAS -RESTITUIÇAO INTEGRAL DA QUANTIA PAGA - DANOS MORAIS NÃO CONFIGURADOS - MERO INADIMPLEMENTO CONTRATUAL. Restando demonstrado nos autos que as taxas governamentais seriam pagas pela contratante na ocasião de cada etapa, a Autora deve ser restituída na quantia integral que pagou à autoescola. O descumprimento contratual, por si só, não ocasiona violação a direitos da personalidade e, por conseguinte, não gera direito à indenização por danos morais, exigindo-se para acolhimento do pleito

12. PEREIRA, Caio Mário da Silva. Intituições de direito civil – vol. III. Atual. Caitlin Mulholland. 21. ed. Rio de Janeiro: Forense, 2017. p. 67- 70.
13. Neste sentido, Pablo Stolze, em seu livro "Novo curso de direito civil, volume 4: tomo II: contratos em espécie" (7. ed. rev. e atual., 2014) ainda ressalta que "*(...) No tocante aos danos morais, lembre-se que podem ser pleiteados independentemente do que consta do dispositivo, eis que os danos materiais não admitem qualquer tipo de tarifação ou tabelamento, o que é consagração do princípio da reparação integral dos danos, que pode ser retirado do art. 5º, incs. V e X, da CF-1988*". (p. 720-721).

indenizatório comprovação de que o não cumprimento da avença ocasionou mais do que meros aborrecimentos decorrentes do próprio inadimplemento. (TJMG – APL: 1.0517.17.001930-4/001 MG 0019304-56.2017.8.13.0702, Relator: Des. Marcos Henrique Caldeira Brant, Data de julgamento: 14/11/2018, 16ª Câmara Cível, Data de publicação: 23/11/2018) (Grifei).

Em suma, ainda que se trate de relação consumerista ou que a obrigação, prejudicada pela pandemia, venha a causar dano extrapatrimonial como este, dada à sua natureza subjetiva e as peculiaridades do caso concreto, faz-se necessário apresentar prova do alegado dano moral para que este se configure.

## 3. Considerações acerca da pandemia nas relações contratuais.

Tecidas as devidas elucidações acercas dos contratos de prestação de serviços, necessário se faz, antes de analisar o contrato objeto do presente capítulo, explanar sobre os impactos da pandemia do coronavírus (COVID-19) perante os contratos de maneira geral.

Assim, expõe-se que a Lei nº 14.010/2020 trata sobre as disposições gerais a serem seguidas pelo ordenamento jurídico em relação à pandemia. Esta norma, que possuía o caráter transitório[14], rege-se como geral (salvo disposições específicas contidas em seu texto), sendo subsidiária aos demais dispositivos que disciplinem determinado assunto específico relacionado à pandemia.

É o que ocorre com o contrato de prestação de serviços por autoescolas, que obedece, além das normas básicas de estabelecimento de contratos, as normas de trânsito e demais disposições administrativas sobre o tema. Desta forma, a Lei nº 14.010/2020 dispõe sobre a pandemia como um todo e coube ao órgão de trânsito responsável, mais especificamente, do Conselho Nacional de Trânsito (CONTRAN), editar medidas específicas acerca do tema.

14. Porém tal transitoriedade também é discutível, haja vista que os efeitos, tanto da lei quando do próprio evento que esta leciona, não são adstritos somente ao período de vigência da norma, compreendido entre 20 de março de 2020 até 30 de outubro do mesmo ano, conforme art. 3º do dispositivo em questão.

### 3.1. A pandemia do coronavírus (COVID-19) como caso fortuito ou de força maior

Explana-se também sobre como a pandemia, sendo esta evento atípico e extraordinário, é interpretado perante os negócios jurídicos, dito que, às primeiras impressões, a definição de força maior ou caso fortuito[15] parecem adequadas à situação. Todavia, nos parece precipitado julgar tal acontecimento desta forma, visto que impõe generalidade à questão, o que pode ser prejudicial às situações juridicamente diversas afetadas pela epidemia do COVID-19. Assim, faz-se necessário cautela quando da análise dos impactos de tal epidemia frente às relações contratuais [16].

Neste espeque, destaca-se posicionamento jurisprudencial e doutrinário que vem sendo estabelecido (embora ainda controverso, haja vista que toda pesquisa, debate e literatura são recentes), o qual estabelece que a definição de força maior ou de caso fortuito à pandemia do coronavírus encontra óbice quanto aos requisitos ensejadores para tal, o que descaracterizaria os institutos a serem usado perante a pandemia, conforme explana os mestres Silvio de Salvo Venosa e Roberta Densa:

> Sendo assim, havendo caso fortuito ou força maior, não há que se falar na configuração da culpa, logo, não há que se falar em configuração de mora do devedor. Sem

15. Explana-se que, não obstante diferença entre os institutos da força maior (fatos humanos ou naturais que podem ser previstos, mas não impedidos) e do caso fortuito (evento que, além de inevitável, é também imprevisível), para o presente estudo, em concordância ao professor José Fernando Simão, em seu artigo "O contrato nos tempos da covid-19", publicado em 2020 pelo site Migalhas.com, tal diferença se faz irrelevante, haja vista que os efeitos previstos (excusabilidade do devedor de indenizar o credor pelos prejuízos auferidos e a resolução contratual com efeitos ex nunc) serão empregados em ambos os institutos, bem como que estes não são aplicáveis, ao menos não de forma imediata, à pandemia do vírus COVID-19.
16. Neste sentido, o professor Anderson Schreiber, em seu artigo "Devagar com o andor: coronavírus e contratos? Importância da boa-fé e do dever de renegociar antes de cogitar de qualquer medida terminativa ou revisional", publicado em 2020 no site Migalhas.com assim elucida: "(...) é somente à luz da impossibilidade da prestação específica de um contrato que se pode cogitar, tecnicamente, de caso fortuito ou força maior para fins de liberação do devedor. E o mesmo vale para acontecimentos ditos extraordinários ou imprevisíveis, noção que somente faz sentido juridicamente diante da aferição específica de excessiva onerosidade para o cumprimento de um determinado contrato 3. Não se pode classificar acontecimentos – nem aqueles gravíssimos, como uma pandemia – de forma teórica e genérica para, de uma tacada só, declarar que, pronto, de agora em diante, todos os contratos podem ser extintos ou devem ser revistos" (grifei).

dúvidas, a pandemia pode ser considerada uma situação de força maior, **mas o nexo de causalidade entre o inadimplemento e a pandemia deve ser analisado**, sendo no caso concreto que se verificará o quanto a crise afetou o cumprimento da obrigação em específico. Lembre-se que há setores que se mantiveram operando, em princípio incólumes à pandemia, como por exemplo, postos de combustível, padarias e congêneres, clínicas. (VENOSA, Silvio de Salvo; DENSA, Roberta. 2020. p. 02)

Cabe também ressaltar que a pandemia afeta cada tipo contratual de forma diversa, de modo que, mesmo que seja fato notório sua prejudicialidade às relações comerciais e sociais como um todo, suas consequências divergem de acordo com as peculiaridades do caso concreto. A este respeito foi o Agravo Interno Cível 2126936-41.2020.8.26.0000, proferido pela 1ª Câmara de Direito Privado do Tribunal de Justiça de São Paulo[17], conforme destaca-se trecho do acórdão a seguir:

> A pandemia do novo Coronavírus foi o fundamento utilizado na exordial para requerer a concessão de tutela provisória. Não acolhe o argumento, à vista dos elementos concretos dos autos. 4. Não desconheço que o país atravessa a pandemia de COVID-19, a mais grave crise do sistema de saúde do último século. Sucede que a pandemia não pode ser utilizada genericamente, ou em abstrato, como eximente de responsabilidade de força maior, ou de desequilíbrio para todo e qualquer tipo contratual. Não há, por assim dizer, um salvo conduto ao não cumprimento das prestações em razão da pandemia. A pandemia é fato notório, mas não os seus efeitos em cada tipo contratual, e mais, em cada contrato em concreto.

Assim, para o presente estudo, adota-se o referido entendimento, destacando-se a necessidade de análise prévia e cautelosa do caso concreto diante dos contratos alegadamente afetados pela pandemia.

---

17. Ementa: AGRAVO INTERNO. REVISÃO CONTRATUAL. Impossibilidade de pagamento das parcelas pelo comprador não comprovada. Ausência de desequilíbrio contratual por força da pandemia. Inaplicabilidade da teoria da imprevisão. Fatos previsíveis à época da celebração do contrato. Ausência de elementos probatórios da absoluta incapacidade financeira do comprador. Manutenção da liminar. Recurso improvido." (TJSP, Agravo Interno Cível 2126936-41.2020.8.26.0000; Relator: FRANCISCO LOUREIRO; 1ª Câmara de Direito Privado; Data do Julgamento: 15/07/2020.

## 4. A pandemia do vírus COVID-19 e seus efeitos sob o contrato celebrado junto aos Centros de Formação de Condutores para obtenção da Carteira Nacional de Habilitação (CNH)

Antes as considerações tecidas, insta salientar que as autoescolas, no Brasil, são consideradas instituições de ensino, autorizadas pelo Departamento Estadual de Trânsito (DETRAN) responsável, cujo objetivo é a formação ou correção de condutores, tornando-os capazes de acordo com as normas estabelecidas pela Lei nº 9.503/97, qual seja, o Código de Trânsito Brasileiro (CTB), e as portarias e resoluções dos demais órgãos componentes do Sistema Nacional de Trânsito (SNT).

Os alunos destes estabelecimentos, no caso de procedimento para obtenção da habilitação de trânsito, serão submetidos a processo probatório (comumente conhecido como processo de habilitação) para obtenção da Carteira Nacional de Trânsito (CNH) – ressalva-se, todavia, que a atividade empreendida pela autoescola não classifica-se pelo resultado, e sim pelo meio, de forma que sua responsabilização se dá pela qualidade do serviço a ser fornecido no prazo correto, e não pelo êxito do aluno em conseguir ou não sua aprovação no processo de habilitação.

Conforme já mencionado anteriormente, todo o processo mencionado sofre influência direta das normas dispostas no CTB, bem como de eventuais portarias e resoluções proferidas pelos órgãos de trânsito competentes. Assim, em que pese o caráter geral da Lei 14.010/2020, necessário se faz explanar quais disposições foram realizadas até o presente momento para, posteriormente, deliberar acerca de seus impactos perante o contrato de prestação de serviço por autoescolas.

### 4.1. Da normatização recente, em razão da pandemia, pelo CONTRAN

O Conselho Nacional de Trânsito (CONTRAN) publicou, em 20 de março de 2020, a Deliberação de nº 185, que dispunha sobre a ampliação e interrupção dos prazos de processos e procedimentos relacionados ao Sistema Nacional de Trânsito (SNT). Entre os vários assuntos por ela abordados, o que interessa ao presente estudo encontra-se em seu art. 2º, que assim elucida:

> Art. 2º O prazo para que o processo de habilitação do candidato permaneça ativo no órgão ou entidade executivo de trânsito dos Estados e do Distrito Federal, previsto no art. 2º, § 3º, da Resolução CONTRAN nº 168, de 14 de dezembro de 2004, fica

ampliado para 18 (dezoito) meses, inclusive para os processos administrativos em trâmite.

Deste modo, todos os contratos de prestação de serviços celebrados com os Centros de Formação de Condutores (CFCs) a partir do dia 20 de março teriam o prazo para concluir o processo ampliado em mais dois meses, findos, portanto, em setembro de 2021.

Posteriormente, em 18 de junho de 2020, editou-se Resolução nº 789, na qual derrogou-se novamente o prazo para conclusão do processo de habilitação para 12 meses (art. 2º, §3º do referido dispositivo). Veja-se:

> Art. 2º: O candidato à obtenção da Autorização para Conduzir Ciclomotor (ACC) e da Carteira Nacional de Habilitação (CNH) solicitará ao órgão ou entidade executivo de trânsito do Estado ou do Distrito Federal, do seu domicílio ou residência, ou na sede estadual ou distrital do próprio órgão ou entidade, a abertura do processo de habilitação para o qual deverá preencher os seguintes requisitos:
>
> § 3º O processo do candidato à habilitação ficará ativo no órgão ou entidade executivo de trânsito do Estado ou do Distrito Federal, pelo prazo de doze meses, contados da data do requerimento do candidato.

Excepciona-se, todavia, o estado de calamidade pública, qual seja, a pandemia do coronavírus, conforme disposto em seu art. 86, *in verbis*:

> Art. 86. Durante o estado de calamidade pública reconhecido pelo Decreto Legislativo nº 6, de 2020, o prazo a que se refere o § 3º do art. 2º será de dezoito meses, inclusive para os processos administrativos em trâmite.

Desta forma, observa-se que o prazo de 18 meses se manteve como regra, ainda que excepcional. A referida resolução ainda tratou dos requisitos básicos estruturais para funcionamento das CFCs (Centros de Formação de Condutores) quanto à sua estrutura, em seu art. 46 - destaca-se, neste sentido, o seu §1º, que estabelece a obrigatoriedade da instituição de ensino em oferecer conforto, higiene e adequação às eventuais disposições municipais vigentes[18].

---

18. O Art. 46, § 1º, da Resolução 789/2020 do CONTRAN assim dispõe: "Art. 46. São exigências mínimas para o credenciamento de CFC, quanto a: §1º As dependências do CFC devem possuir meios que atendam aos requisitos de segurança, conforto e higiene, às exigências didático-

Todavia, a Portaria nº 195 de 21 de setembro de 2020 (posteriormente referendada pela Resolução nº 800 de 22 de outubro de 2020) determinou a revogação do referido artigo (art. 2º, Resolução nº 195/2020) e suspendeu, por tempo indeterminado, o prazo exarado no art. 2º, §3º, da Resolução 789/2020[19].

Apresenta-se, assim, a disposição de resoluções proferidas pelo COTRAN a respeito do procedimento de habilitação para obtenção da CNH.

### 4.2 Dos efeitos práticos em face dos contratos de prestação de serviço por autoescolas

Em que pese todas as considerações e elucidações realizadas, evidente que, em meio a situação atípica e calamitosa, os contratos, de forma geral, sofreram graves impactos que prejudicaram seu devido adimplemento.

No caso dos contratos de prestação de serviços por autoescolas para obtenção da CNH, o primeiro impasse a se notar é quanto à extensão de sua obrigação: observa-se que o limite para o término do processo de habilitação perante o DETRAN sofreu extensões – de 12 meses para 18 meses e, atualmente, encontra-se suspenso por tempo indeterminado.

Há, ainda, que se considerar as medidas de segurança empreendidas a nível estadual e, principalmente, municipal, visto que muitas cidades, ante a necessidade de evitar aglomerações para conter o avanço do vírus COVID-19, decretaram o fechamento temporário de comércios ou restringiram seu horário de funcionamento.

Assim, de maneira geral, discute-se quanto ao cumprimento das obrigações pelas partes que, diante de impossibilidade do adimplemento perfeito, devem buscar

---

pedagógicas, assim como às posturas municipais vigentes."

19. O referido dispositivo assim foi disposto: "Art. 1º Esta Portaria interrompe, por tempo indeterminado, o prazo a que se refere o § 3º do art. 2º da Resolução CONTRAN nº 789, de 18 de junho de 2020, que trata do período em que o processo do candidato à habilitação ficará ativo no órgão ou entidade executivo de trânsito do Estado ou do Distrito Federal. § 1º O disposto no caput se aplica aos processos de habilitação: I - em trâmite junto ao órgão ou entidade executivo de trânsito do Estado ou do Distrito Federal; e II - a serem instaurados. § 2º Ficam reativados os processos de habilitação com prazo encerrado desde o dia 20 de setembro de 2020. Art. 2º Fica revogado o art. 86 da Resolução CONTRAN nº 789, de 2020."

alternativas para preservar o contrato celebrado ou, ainda, sua resolução justa – em ambas as hipóteses, muitos cenários são possíveis, bem como ressalva-se a necessidade de sempre presar pela boa-fé contratual.

Deste modo, destaca-se que a flexibilização das obrigações e efeitos contratuais estabelecidos é necessária, ainda que seja para promover a rescisão ou resolução do contrato, sem seu adimplemento total pelas partes – o que se apresentará é que, conforme considerações tecidas anteriormente, diante do contexto anormal criado em razão da pandemia do coronavírus, o que se busca é sua manutenção ou extinção, seja ela por inadimplemento, seja pelo cumprimento de suas obrigações, de modo a satisfazer as partes envolvidas de modo equânime e justo.

### 4.2.1 Da manutenção ou resolução do contrato.

Discute-se, portanto, como irá se desenvolver o cumprimento e a duração do pacto celebrado, presando, sempre, pelo equilíbrio entre as partes. Para isso, é preciso, primeiramente considerar que todas as instituições de ensino tiveram mudanças em seu orçamento em razão da pandemia, haja vista tanto da impossibilidade temporária de exercer certas atividades, em razão do fechamento de suas instalações físicas, bem como do próprio remanejamento de despesas como a manutenção dos espaços físicos e implementação de alternativas para oferecimento de seus serviços, como plataformas e soluções tecnológicas que permitam o ensino a distância.

A este respeito, ressalva-se que a jurisprudência já vem se manifestando acerca de instituições educacionais de nível médio, básico e superior. Ressalva-se, contudo, que as circunstâncias destas não se aplicam totalmente àquela: ainda que em ambos os casos tratar-se-á de empresas prestadoras de serviços de ensino, as escolas, faculdades ou cursos educacionais são regidos por órgão federal, qual seja, o Ministério da Educação (MEC), enquanto os Centros de Formação de Condutores são regidos pelos órgãos compostos do Sistema de Trânsito Brasileiro (SNT) e pelo Código de Trânsito Brasileiro (CTB). Assim, considera-se temerária a analogia de casos entre as instituições retromencionadas.

Em relação aos Centros de Formação de Condutores, pode-se suscitar que os cursos oferecidos para obtenção da CNH são constituídos por duas etapas: a teórica (composta por aulas que podem ser ministradas remotamente) e a prática (que necessariamente necessita ser presencial, com acompanhamento de instrutor responsável e veículo adequado para sua execução). Assim, necessário se faz analisar o caso concreto a ser discutido, visto que, se constatado lucro indevido por parte da instituição de ensino, possível se faz a alteração de preço estabelecido em contrato.

Quanto à possibilidade de extensão do prazo contratual, observa-se que, em primeiro momento, a manutenção do negócio jurídico é viável[20], pois a prorrogação de 12 para 18 meses de duração não nos parece fator que promova desequilíbrio entre as partes.

Para tal conclusão, observa-se que a referida alternativa preserva, *a priori*, o equilíbrio entre as partes. Considera-se fatores como a obrigatoriedade de estar inscrito em Centro de Formação de Condutores quando do processo de habilitação perante o órgão de trânsito responsável[21] - e, portanto, da indispensabilidade do contrato celebrado para consumidor (ora também aluno); o dispêndio empreendido por este quando do cumprimento de suas obrigações, quais sejam, o pagamento de taxas, mensalidades e outras eventuais despesas; bem assim da correta prestação de serviços pela autoescola, haja vista, em razão das restrições de segurança proferidas, a execução de seus serviços há de ter sido prejudicada. Assim, *a priori*, o prazo estipulado para prorrogação mostra-se razoável e possível de ser seguido pelos CFCs.

Contudo, tal situação não necessariamente se aplica sempre: a determinação atual estabelece que o prazo para conclusão do processo de habilitação encontra-se suspenso por tempo indeterminado – o que, dependendo do caso concreto, pode configurar onerosidade excessiva para a prestadora de serviços.

Suponha-se, em outra hipótese, que, ao invés da direta extensão do prazo contratual de 12 para 18 meses, a autoescola implementa-se, por exemplo, uma taxa de

---

20. Neste sentido, Silvio de Salvo Venosa e Roberta Densa, no artigo "Mora em tempos de pandemia" (2020), lecionam: "Nas obrigações de trato sucessivo, a suspensão do pagamento em razão da não configuração da mora pode observar o tempo que durar o Decreto que reconhece a existência do estado de calamidade em território brasileiro (Decreto legislativo nº 6/2020)." (p. 10).
21. Quanto à obrigatoriedade dos Centros de Formação de Condutores no processo de habilitação, assim dita o art. 140 da lei nº 9.503/97: "art. 140. A habilitação para conduzir veículo automotor e elétrico será apurada por meio de exames que deverão ser realizados junto ao órgão ou entidade executivos do Estado ou do Distrito Federal, do domicílio ou residência do candidato, ou na sede estadual ou distrital do próprio órgão, (...)".

renovação contratual ao aluno para, assim, realizar a referida prorrogação – esta cobrança é lícita?

Em que pese o contrato em questão, este versa sobre obrigações certas e determinadas, de forma que, se não expressa em contrato tal previsão, entendemos por ilícita e abusiva, haja vista extrapolar os limites contratuais estabelecidos de forma demasiadamente onerosa, bem como contrária à boa-fé, pois, costumeiramente, os contratos de prestação de serviço por autoescolas para obtenção da CNH são datados em 12 meses, em conformidade com a resolução correspondente ao CONTRAN, de forma que, se há prorrogação deste prazo pelo órgão ao qual os CFCs se subordinam, seu efeito deve ser imediato, e não condicionado a taxas[22].

Veja-se ainda que, neste caso, não ocorreu flexibilização dos efeitos ou do prazo de vigência contratual, e sim novação obrigacional a ser imposta a uma das partes.

Em circunstâncias normais, ou seja, anteriores à pandemia, caso ação contra a autoescola seja levada ao Poder Judiciário, sendo esta regida pelo Código de Defesa do Consumidor, o prestador de serviços é responsável pela reparação dos danos causados aos consumidores por defeitos relativos à prestação dos serviços e informações insuficientes ou inadequadas, independentemente de culpa – contudo, excepciona-se tal regra quando provado que o serviço foi prestado corretamente (art. 14, §3°, inciso I, CDC/1997) ou que a culpa é exclusiva do consumidor ou de terceiro (art. 14, §3°, inciso II, CDC/1997). Assim, o correto cumprimento das prestações pela autoescola se faz ponto crucial para julgar a questão[23].

---

22. Como exemplo, cita-se o Acórdão proferido em sede de Recurso Inominado, nos autos de n° 0001185-43.2015.8.16.0029, Relator: Fernando Swain Ganem, DJe: 08/08/2018, no qual o magistrado julga ilícita cláusula contratual estipulada por autoescola que estabelecia a validade do pacto em 120 dias, com prorrogação para 12 meses condicionada à taxa de R$ 80,00. Cita-se trecho "(...) não obstante, referida cláusula se mostra abusiva diante dos direitos da parte consumidora, isto porque, é contrária ao artigo 2°, § 3° da Resolução 168 do CONTRAN (...) taxa de prorrogação dos serviços após 120 (cento e vinte dias) estabelece uma obrigação abusiva (artigo 6°, inciso IV do CDC), uma ves que o aluno tem o prazo de doze meses para concluir seu processo de habilitação perante o DETRAN.
23. Cita-se como exemplo o Acórdão 1235196, do TJ-DF, processo de n° 07098963320198070020, Relator: Arnaldo Corrêa Silva, DJe:16/03/2020, que, ao analisar as circunstâncias do caso concreto, constatou que o CFC cumpriu corretamente com o agendamento de aulas e provas para

Desta forma, de suma importância se faz que o magistrado se atente às circunstâncias do caso concreto, pois, diante da pandemia do coronavírus, poderia haver exclusão da responsabilidade do CFC se, mediante provas contundentes, configurar impossibilidade de cumprimento da obrigação. De igual maneira, há a possibilidade de abuso de direito, como é o caso de eventuais taxas de prorrogação, as quais devem ser vetadas e devidamente indenizadas ao contratante, ora também aluno da referida instituição.

Há ainda que se considerar cenário oposto: em caso de inadimplemento promovido pela parte contratante, qual seja, o aluno matriculado em determinada autoescola, haja vista os impactos econômicos no país em razão da pandemia. Todavia, para esta situação, conforme explicado anteriormente, necessário se faz provar eventual prejuízo (seja pelo consumidor, seja pela prestadora de serviços) em razão da epidemia atual - mera alegação de hipossuficiência e impossibilidade de arcar com os custos pactuados contratualmente não constitui, por si só, motivo de exclusão da responsabilidade assumida pela parte.

De toda forma, a revisão contratual mostra-se possível em ambos os cenários apresentados e, caso apresentada à justiça, o magistrado deve atentar-se ao caso concreto para que, em análise e julgamento, decida os termos necessários para que seja reestalebecido o equilíbrio entre as partes – o que pode ocorrer mediante renegociação da obrigação, estipulando-se novos deveres que promovam o equilíbrio contratual e o adimplemento da obrigação; ou, ainda, pela rescisão contratual, estabelecendo-se eventuais valores a serem restituídos às partes e, assim, dando por finda a relação contratual.

#### 4.2.2. Da autocomposição como medida viável

Em ambos os cenários apresentados anteriormente, quais sejam, o adimplemento tanto da instituição de ensino autoescola, quanto de seu eventual aluno, a judicialização pode não ser a opção mais viável e satisfatória, haja vista as custas processuais, o estresse da litigiosidade, a demora para solucionar o problema e etc.

Desta forma, elucida-se que o art. 334 do Código de Processo Civil dispõe da

com o consumidor, eximindo-o de pagar-lhe indenização material e moral.

necessidade de audiência de conciliação após a citação do réu, como um dos ritos iniciais para prosseguimento do processo – tal dispositivo explana, para além do procedimento a ser empreendido para realização da audiência, acerca da importância da autocomposição entre as partes. Assim, explana-se que os métodos autocompositivos, como a conciliação e a mediação (seja ela judicial ou extrajudicial), há tempos ganham espaço como alternativa viável e satisfatória à solução de conflitos. O Poder Judiciário, inclusive, é um dos maiores fomentadores de tais práticas – a criação dos centros de solução de conflitos, que atuam como câmaras mediadoras internas dentro dos tribunais, é um dos inúmeros exemplos acerca do tema.

Ocorre que, em suma, a celebração de acordo entre os envolvidos em determinado embate promove a desjudicialização de problemas e, consequentemente, a independência das pessoas em resolver contratempos e dessabores eventualmente ocorridos – decaindo, assim, o número de processos a serem levados ao Judiciário.

No caso em questão, fomenta-se da necessidade de autocomposição extrajudicial – ou seja, antes mesmo que haja provocação do Poder Judiciário competente, os sujeitos envolvidos, por si só e, obviamente, respeitando a boa-fé (especialmente no que se refere ao dever de cooperação mútua entre as partes), reúnem-se para tentar encontrar solução satisfatória para o problema por eles vivenciado.

Neste sentido, considerando o contexto atípico proporcionado pela pandemia, em razão da necessidade de solução célere dos eventuais problemas que venham a surgir, tal alternativa se mostra ainda mais promissória, pois, além de ser mais rápida e possuir mais chances de manutenção do contrato, permite a possibilidade de ocorrer novamente se necessário, visto que as normas restritivas criadas em razão da epidemia pelo COVID-19 alteram-se conforme o tempo.

Assim, para além da tentativa de renegociação por espontânea vontade das partes, há que se mencionar as chamadas cláusulas *hardship*, que, de maneira suscinta, seriam um instrumento que garantisse o equilíbrio[24] explanadas brilhantemente pelo

---

24. Neste sentido, o professor e magistrado Alexandre Guerra, em seu artigo "Solidariedade, autorresponsabilidade e contrato: lições de protagonismo nas relações contratuais de Direito Privado em tempos de pandemia de Covid-19. Paradigmas jurídicos no pós-pandemia" brilhantemente explana: "*É de conhecimento geral que em certas relações contratuais, as próprias partes expressamente fixam o dever de renegociar os termos da contratação em virtude de*

professor e magistrado Alexandre Guerra, seriam, basicamente:

> Deste modo, demonstra-se que a autocomposição é um método viável e menos custoso em face do inadimplemento contratual. As peculiaridades - como o cumprimento das aulas oferecidas, as custas para tal e outras eventuais obrigações são dispostas para que as partes, com o devido auxílio de advogados ou mediadores, encontrem uma solução menos danosa para o caso.

## 5. Conclusão

O estado pandêmico ocasionado pelo vírus COVID-19 alterou os contratos de prestação de serviços pelos Centros de Formação de Condutores (CFCs) para realizar o processo de habilitação de trânsito, visto que, ante as restrições de segurança para contenção da doença, dentre elas as que determinaram o fechamento do comércio e instituições de ensino, houve a impossibilidade de cumprimento das aulas, especialmente das práticas, ofertadas – desta forma, pretendeu-se analisar como tais mudanças ocorreram, bem como quais seriam seus impactos e possíveis soluções.

Para tal, adotou-se entendimento de que a pandemia do coronavírus constitui-se como fato notório, mas não se pode dizer o mesmo de seus efeitos, de forma que, em face de alegada prejudicialidade em razão dos efeitos da referida enfermidade,

---

*determinados acontecimentos que alterem as bases que foram consideradas no momento de nascimento do vínculo jurídico. Algo deve ser dito a respeito da chamada cláusula hardship, portanto. Hardship significa dificuldade, adversidade, infortúnio etc. Se cada contrato traz em si uma promessa (um comprometimento) no presente do que virá a ocorrer no futuro, a cláusula hardship assegura o equilíbrio e a sobrevida das obrigações contratuais interdependentes. É um instrumento de adaptação do contrato à alteração das circunstâncias estabelecido expressamente pelos próprios contratantes. Diante das cláusulas de adaptação (hardship clauses) há uma obrigação (dever) de renegociar os termos do contrato afetado pelo tempo. Incita o alcance de uma revisão tal que permita às partes reencontrar o (re)equilíbrio ferido pelas circunstâncias supervenientes afetaram sinalagma inicial. O que importa vincar é que o sistema jurídico permite que as próprias partes criem mecanismos que lhes permitam reservar a si o poder de determinar qual regime será observado na incidência de circunstâncias supervenientes ao nascimento do contrato (e que o afetam no plano do equilíbrio). Trata-se de disposição consensual nesse sentido, que é admitida (e estimulada) em respeito ao Princípio da autonomia privada.*" (GUERRA, Alexandre. 2020. p. 103-104).

necessário se faz apresentar provas contundentes para tal, não constituindo mera alegação razão suficiente para validação do dano alegado.

Considerou-se ainda que cada tipo contratual foi afetado de forma diferente pela pandemia, considerando seus efeitos típicos, quais normas são aplicadas ao instrumento a ser analisado, bem como em qual local este fora celebrado e praticado, pois cada região do país constituiu normas próprias de segurança para a contaminação da população pelo coronavírus (COVID-19), de forma que se faz de extrema importância analisar o contexto onde cada contrato foi celebrado.

Assim, esclarece-se que os Centros de Formação de Condutores (CFCs) operam-se de acordo com as regras dispostas pelos órgãos integrantes do Sistema Nacional de Trânsito (SNT) e, consequentemente, às normas dispostas na Lei de nº 9.503/1997, comumente conhecida como Código de Trânsito Brasileiro (CTB), bem como celebram contratos de acordo com as disposições da Lei nº 8.078/1990, qual seja, o Código de Defesa do Consumidor (CDC), e, subsidiariamente, aplica-se a Lei nº 10.406/2002 (Código Civil).

Observou-se também que a Lei nº 14.010/2020 traça diretrizes gerais (ou seja, tal norma possui natureza subsidiária) sobre o regime jurídico emergencial durante a pandemia, sendo necessária criação de normas específicas para cada seguimento jurídico obrigacional. Deste modo, foram expostas deliberações, portarias e resoluções proferidas pelo Conselho Nacional de Trânsito (CONTRAN) acerca do tema, as quais são seguidas pelas autoescolas.

Discutiu-se, assim, que a prorrogação de prazo de vigência do contrato de prestação de serviços para obtenção da carteira de habilitação (CNH) de 12 para 18 meses mostrava-se viável, bem como que a cobrança de taxas extras para prorrogação para tal mostra-se abusiva e ilícita. Destaca-se, também, a necessidade de avaliar o equilíbrio contratual das partes diante do inadimplemento, considerando que tanto a prestadora de serviços (autoescola) quanto o contratante (aluno) sofreram impactos durante este período atípico.

Ademais, suscita-se questionamentos quanto da durabilidade do contrato, haja vista que, dada última resolução do órgão de trânsito competente, o prazo para conclusão do processo de habilitação prorroga-se, ao invés de 12 para 18 meses, por tempo indeterminado, enquanto durar a pandemia do coronavírus – todavia, o referido instrumento contratual não pode ser condicionado à incerteza, devendo considerar-se, conjuntamente, as despesas da prestadora de serviços e do aluno, bem como do cumprimento das obrigações das partes para tal.

Por fim, destaca-se a importância da renegociação e da flexibilização dos efeitos contratuais, de forma a ser possível estabelecer condições favoráveis para que possa-se manter o pacto celebrado ou, ainda, rescindi-lo, desde de que de forma justa de equânime, observando, sempre, os princípios da boa-fé e da função social do contrato – sugere-se, assim, para além da judicialização da questão, a autocomposição (mediação) entre as partes, sendo esta medida mais rápida e, talvez, mais satisfatória para solucionar as questões em discussão pelos envolvidos.

## Referências

BRASIL. Lei n.º 10.406/2002. Código Civil. (2002). Disponível em: <http://www.planalto.gov.br/ccivil_ 03/leis/2002/L10406.htm>.

BRASIL. Lei nº 8.078/1990. Código de Defesa do Consumidor. Disponível em: < http://www.planalto.gov.br/ccivil_03/leis/l8078.htm>.

BRASIL. Lei nº 14.010/2020. Dispõe sobre o Regime Jurídico Emergencial e Transitório das relações jurídicas de Direito Privado (RJET) no período da pandemia do coronavírus (Covid-19). Disponível em: <http://www.planalto.gov.br/ccivil_03/_ato2019-2022/2020/lei/L14010.htm#:~:text=L14010&text=Disp%C3%B5e%20sobre%20o%20Regime%20Jur%C3%ADdico,coronav%C3%ADrus%20(Covid%2D19).&text=Art.&text=3%C2%BA%20Os%20prazos%20prescricionais%20consideram,30%20de%20outubro%20de%202020.>

CONSELHO NACIONAL DE TRÂNSITO (CONTRAN). Deliberação nº 185 de março de 2020. Dispõe sobre a ampliação e a interrupção de prazos de processos e de procedimentos afetos aos órgãos e entidades do Sistema Nacional de Trânsito e às entidades públicas e privadas prestadoras de serviços relacionados ao trânsito. Disponível em:< https://www.in.gov.br/en/web/dou/-/deliberacao-n-185-de-19-de-marco-de-2020-249022932>.

CONSELHO NACIONAL DE TRÂNSITO (CONTRAN). Portaria CONTRAN nº

168 de 14 de dezembro de 2004. Estabelece Normas e Procedimentos para a formação de condutores de veículos automotores e elétricos, a realização dos exames, a expedição de documentos de habilitação, os cursos de formação, especializados, de reciclagem e dá outras providências.. Disponível em:<https://www.gov.br/infraestrutura/pt-br/assuntos/transito/conteudo-contran/resolucoes/resolucao_contran_168_04_compilada.pdf>.

CONSELHO NACIONAL DE TRÂNSITO (CONTRAN). Portaria CONTRAN nº 195 de 21 de setembro de 2021. Interrompe o prazo a que se refere o § 3º do art. 2º da Resolução CONTRAN nº 789, de 18 de junho de 2020, que trata do período em que o processo do candidato à habilitação ficará ativo no órgão ou entidade executivo de trânsito do Estado ou do Distrito Federal. Disponível em:<https://www.gov.br/infraestrutura/pt-br/assuntos/transito/conteudo-contran/deliberacoes/portaria1952020.pdf>.

CONSELHO NACIONAL DE TRÂNSITO (CONTRAN). Resolução nº 789 de 18 de junho de 2020. Consolida normas sobre o processo de formação de condutores de veículos automotores e elétricos. Disponível em:< https://www.in.gov.br/en/web/dou/-/resolucao-n-789-de-18-de-junho-de-2020-263185648>.

CONSELHO NACIONAL DE TRÂNSITO (CONTRAN). Resolução nº 800 de 22 de outubro de 2020. Referenda a Portaria CONTRAN nº 195, de 21 de setembro de 2020, que interrompe o prazo a que se refere § 3º do art. 2º da Resolução CONTRAN nº 789, de 18 de junho de 2020, que trata do período em que o processo do candidato à habilitação ficará ativo no órgão ou entidade executivo de trânsito do Estado ou do Distrito Federal. Disponível em: https://www.gov.br/infraestrutura/pt-br/assuntos/transito/conteudo-contran/resolucoes/resolucao8002020.pdf.

GAGLIANO, Pablo Stolze; PAMPLONA FILHO, Rodolfo. Novo curso de direito civil, volume 4: tomo II: contratos em espécie. 7. ed. rev. e atual. São Paulo: Saraiva, 2014.

GONÇALVES, Carlos Roberto. Direito civil brasileiro, volume 3: contratos e atos unilaterais. 14. ed. São Paulo: Saraiva, 2017.

GUERRA, Alexandre. Solidariedade, autorresponsabilidade e contrato: lições de protagonismo nas relações contratuais de Direito Privado em tempos de pandemia de Covid-19. Paradigmas jurídicos no pós-pandemia. São Paulo, EPM, 2020. Disponível em: <http://www.tjsp.jus.br/download/EPM/Publicacoes/CadernosJuridicos/cj_n55_3.1_solidariedade,%20autorresponsabilidade%20e%20contrato.pdf?d=637364812347728478>. Acesso em 28 de dez. 2020.

PEREIRA, Caio Mário da Silva. Intituições de direito civil – vol. III. Atual. Caitlin Mulholland. 21. ed. Rio de Janeiro: Forense, 2017.

SIMÃO, José Fernando. O contrato nos tempos da covid-19". Esqueçam a força maior e pensem na base do negócio. Disponível em: <https://www.migalhas.com.br/coluna/migalhas-contratuais/323599/o-contratonos-tempos-da-covid-19--esquecam-a-forca-maior-e-pensem-na-base-do-negocio>. Acesso em: 03 dez. 2020.

SCHREIBER, Anderson. Devagar com o andor: coronavírus e contratos? Importância da boa-fé e do dever de renegociar antes de cogitar de qualquer medida terminativa ou revisional. Disponível em: <https://www.migalhas.com.br/coluna/migalhas-contratuais/322357/devagar-com-o-andorcoronavirus-e-contratos-importancia-da-boa-fe-e-do-dever-de-renegociar-antes-de-cogitar-dequalquer-medida-terminativa-ou-revisional>. Acesso em: 01 de jan. 2021.

TARTUCE, Flávio. Direito Civil: teoria geral dos contratos e contratos em espécie – v. 3. 14.ed. Rio de Janeiro: Forense, 2019.

Tribunal de Justiça de Minas Gerais (TJ-MG) – APL: 1.0517.17.001930-4/001 MG 0019304-56.2017.8.13.0702. Relator: Des. Marcos Henrique Caldeira Brant. 16ª Câmara Cível. data de julgamento: 14/11/2018. data de publicação: 23/11/2018. Disponível em: <https://www5.tjmg.jus.br/jurisprudencia/pesquisaPalavrasEspelhoAcordao.do?&numeroRegistro=4&totalLinhas=32&paginaNumero=4&linhasPorPagina=1&palavras=presta%E7%E3o%20servi%E7o%20auto%20escola&pesquisarPor=ementa&orderByData=2&referenciaLegislativa=Clique%20na%20lupa%20para%20pesquisar%20as%20refer%EAncias%20cadastradas...&pesquisaPalavras=Pesquisar&>.

Tribunal de Justiça do Paraná (TJ-PR) – RI 00011854320158160029 PR. Relator: Juiz

Fernando Swain Ganem. 3ª Turma Recursal. data de julgamento: 06/08/2018. data de publicação: 08/08/2018. Disponível em: < https://tj-pr.jusbrasil.com.br/jurisprudencia/923326448/processo-civel-e-do-trabalho-recursos-recurso-inominado-ri-11854320158160029-pr-0001185-4320158160029-acordao>. Acesso em: 15 de nov. 2020.

Tribunal de Justiça de São Paulo (TJ-SP) - APL: 00201312420138260007 SP 0020131-24.2013.8.26.0007. Relator: Marcondes D'Angelo. 25ª Câmara de Direito Privado. data de julgamento: 20/08/2015. data de publicação: 20/08/2015. Disponível em: <https://tj-sp.jusbrasil.com.br/jurisprudencia/222705880/apelacao-apl-201312420138260007-sp-0020131-2420138260007>.

Tribunal de Justiça de São Paulo. Boletim 4 Grupo de Apoio ao Direito Privado Covid-19 4ª ed. São Paulo, setembro de 2020. Disponível em: https://www.tjsp.jus.br/Download/Portal/Coronavirus/material/Boletim-Covid-Gapri-04.pdf?637419231581836659 Acesso: 20 de nov. 2020.

# OS CONTRATOS DE LOCAÇÃO NA PANDEMIA: ANÁLISE DE JULGADOS À LUZ DA TEORIA DA IMPREVISIBILIDADE E DO EQUILÍBRIO CONTRATUAL

# 18

**Jéssica Cristina Coutinho Dias**

## 1. Introdução

O advento da pandemia da Covid-19 incitou diversos debates em razão das implicações nas áreas da saúde e da economia. O âmbito jurídico, por sua vez, não se eximiu de tais problemáticas, inclusive, tem sido área de muitos desdobramentos. Dentro dessa esfera, destacam-se as relações jurídicas privadas, as quais não estiveram imunes aos efeitos da crise sanitária.

No tocante às relações privadas, evidenciam-se os contratos, que sofreram alterações. É certo que as circunstâncias durante a pandemia, se comparadas àquelas vigentes à época da celebração do negócio jurídico, cuja execução se deu no ano de 2020, são certamente diferentes. Tomando por base os contratos de locação, verifica-se que eles têm sido objeto que, recorrentemente, passam pela análise do Judiciário, em razão das dificuldades quanto ao cumprimento pelas mudanças do momento.

Essas modificações, todavia, não configuram uma inovação para o Código Civil brasileiro. Nosso ordenamento já contempla institutos como a imprevisibilidade, a resolução ou revisão por onerosidade excessiva e o equilíbrio contratual. Entretanto, essa previsão legal não foi suficiente para conter as apelações aos magistrados a fim de se solucionar ou, pelo menos, mitigar os efeitos advindos do atual contexto.

Para fins de análise neste trabalho, serão focados os contratos locatícios envolvendo academias de esportes, haja vista que as medidas restritivas impostas pelo poder público a essas empresas obstaram o adimplemento da obrigação pecuniária contraída por elas para uso do imóvel. Portanto, com o intuito de verificar a incidência daqueles institutos mencionados sobre as relações entre particulares na pandemia, neste trabalho verificar-se-á três casos julgados pelo Tribunal de Justiça de São Paulo (TJSP), em que as academias integraram um dos polos da lide.

Para tanto, será feita uma breve exposição acerca das restrições de funcionamento impostas às academias; em seguida, serão analisados e explanados os instrumentos do Código Civil, tomando por base o contexto atual. Feitas tais considerações, a análise dos casos ocorrerá à luz da imprevisibilidade, do equilíbrio e da revisão contratual.

## 2. A restrição ao funcionamento das academias

Em 20 de março de 2020, por intermédio do Decreto Legislativo Federal nº 6, foi declarada a calamidade pública em decorrência da propagação do SARS-CoV-2,[1] cujo início ocorreu ainda em 2019, na China, e se dissipou pelo mundo, afetando não apenas a saúde, como também o cotidiano; a economia e o sistema financeiro dos países.[2]

Conquanto os efeitos tenham sido demasiados, a problemática relevante para o presente trabalho é aquela que acometeu o âmbito do Direito Civil. "Praticamente todos os ramos do Direito Civil foram atingidos sem que a legislação estivesse adequadamente preparada para esse momento de caos causado pela pandemia".[3] Dentro

1. BRASIL, Decreto Legislativo nº 6, de 2020. Reconhece, para fins do art. 65 da Lei Complementar nº 101, de 4 de maio de 2000, a ocorrência do estado de calamidade públicas, nos termos da solicitação do Presidente da República encaminhada por meio da Mensagem nº 93, de 18 de março de 2020. Disponível em: <http://www.planalto.gov.br/ccivil_03/portaria/DLG6-2020.htm> Acesso em 12 dez. 2020.
2. GAGLIANO, P. S.; OLIVEIRA, C. E.E. Comentários à "Lei da Pandemia" (Lei nº 14.010, de 10 de junho de 2020 - RJET): Análise Detalhada das Questões de Direito Civil e Direito Processual Civil, 2020. Disponível em: <https://irirgs.org.br/wp-content/uploads/2020/06/Artigo-Ine%CC%81dito-RJET-Pablo-Stolze-e-Carlos-Elias.RJET_.pdf> Acesso em 09 dez. 2020.
3. Ibid., p. 3.

do campo das relações privadas, este estudo abordou as modificações oriundas desse fato sobre os contratos locatícios em cuja posição de locatário estejam as academias de esportes.

Nesse sentido, sabe-se que, em razão do quadro pandêmico, academias foram impedidas de abrir no estado de São Paulo:

> Art. 2º - Para o fim de que cuida o artigo 1º deste decreto, fica suspenso:
>
> I – o atendimento presencial ao público em estabelecimentos comerciais e prestadores de serviços, especialmente em casas noturnas, "shoppings centers", galerias e estabelecimentos congêneres, academias e centros de ginástica, ressalvadas as atividades internas.[4]

Ressalte-se que esse decreto de São Paulo é apenas um exemplo dentre uma extensão de estados os quais, a despeito do Governo Federal ter considerado academias enquanto atividade de cunho essencial[5] optaram por mantê-las fechadas.[6]

O fato é que as restrições de funcionamento implicaram conflitos no tocante ao adimplemento da obrigação pecuniária assumida pelas academias nos contratos de locação. Tais lides, quando restou ausente o consenso, foram levadas à apreciação do Judiciário, o que inevitavelmente desperta debates e análises expostos adiante.

---

4. SÃO PAULO. Decreto nº 64.881, de 22 de março de 2020. Decreta quarenta no Estado de São Paulo, no contexto da pandemia do COVID-19 (Novo Coronavírus), e dá providências complementares. Disponível em: <https://www.al.sp.gov.br/repositorio/legislacao/decreto/2020/decreto-64881-22.03.2020.html> Acesso em 13 dez. 2020.
5. BRASIL, Decreto nº 10.344, de 11 maio de 2020. Altera o Decreto nº 10.282, de 20 de março de 2020, que regulamenta a Lei nº 13.979, de 6 de fevereiro de 2020, para definir os serviços públicos e as atividades essenciais. Disponível em: <https://www.in.gov.br/web/dou/-/decreto-n-10.344-de-11-de-maio-de-2020-256165816> Acesso em 13 dez. 2020.
6. VILELA, P. R.; VALENTE, J. Maioria dos governadores manterá academias e salões fechados: decreto de ontem definiu essas atividades como essenciais. Agência Brasil, Brasília, 12 de maio de 2020. Disponível em: <https://agenciabrasil.ebc.com.br/politica/noticia/2020-05/maioria-dos-governadores-mantera-academias-e-saloes-fechados> Acesso em 13 dez. 2020.

## 3. Institutos do direito civil

Antes de abordar os julgados do TJSP, é relevante explicar alguns institutos do Código Civil pertinentes à análise das alterações nos contratos de locação, são eles: a onerosidade excessiva; teoria da imprevisão; o equilíbrio contratual. É forçoso antecipar que os três elementos citados não são independentes, mas se encontram vinculados entre si.

### 3.1 A onerosidade excessiva

Quando um contrato é celebrado, ele pode suscitar um ônus a uma ou a ambas as partes. Essa incumbência imposta aos contratantes é critério, inclusive, de classificação do pacto firmado: será considerado gratuito aquele que impõe dispêndio apenas a um contratante, ao passo que será oneroso aquele em que ambos restam incumbidos de uma prestação, insta salientar que o contrato locatício é oneroso.[7]

Ocorre que, por força de um evento estranho à vontade das partes, o ônus a que uma delas, ou ainda, ambas, ficam incumbidas pode tornar-se exagerado. Ele, contudo, deve seguir uma linha de proporcionalidade, no sentido de não atribuir a uma parte vantagem extrema em detrimento da outra que restaria encarregada de um exacerbado esforço perante à obrigação assumida.[8] Acerca disso, Flávio Tartuce cita: "rompido o ponto de equilíbrio do contrato, o ponto estrutural da proporcionalidade ou sinalagma, a base do negócio jurídico, justifica-se a sua revisão, à luz da função social dos contratos e da boa-fé objetiva".[9]

### 3.2 Teoria da imprevisão

Proveniente do Código de Hamurabi, a teoria da imprevisão é aplicável, no direito brasileiro, às hipóteses de contratos cujo cumprimento se prolongue num lapso

---

7. FARIAS, C.C.; NETTO, F. B.; ROSENVALD, N. Manual de Direito Civil: volume único. 5. ed. Salvador: Editora Juspodivm, 2020.
8. TARTUCE, F. Direito civil, v. 3: teoria geral dos contratos e contratos em espécie. 12. ed. rev., atual. e ampl. Rio de Janeiro: Forense, 2017.
9. Ibid., p. 42.

temporal.[10] Ressalte-se que os acordos locatícios, no tocante à fase executiva, são de trato sucessivo.[11] Essa teoria consiste, resumidamente, em presumir, nos contratos comutativos, uma cláusula, que não se lê expressa, mas figura implícita, segundo a qual os contratantes estão adstritos ao seu cumprimento rigoroso, no pressuposto de que as circunstâncias ambientes se conservem inalteradas no momento da execução, idênticas às que vigoravam no da celebração.[12]

Insta salientar que a imprevisão, "traz a revisão contratual por fato superveniente diante de uma imprevisibilidade somada a uma onerosidade excessiva".[13] Desse modo, é evidente que a teoria se associa à onerosidade excessiva explanada anteriormente.

Outrossim, amparado pelos artigos 478 a 480 do Código Civil, tal instituto enseja uma mitigação da máxima *pacta sunt servanda*[14], haja vista que se exige a semelhança dos fatores externos quando da firmação do contrato bem como da sua execução. A respeito da obrigatoriedade dos contratos, observe-se que não pode omitir-se o homem do direito, e deixar que em nome da ordem jurídica e por amor ao princípio da obrigatoriedade do contrato um dos contratantes leve o outro à ruína completa, e extraia para si o máximo benefício. [15]

Entretanto, não se pode esquecer os requisitos inerentes à imprevisão a que os doutrinadores fazem alusão, segundo o texto do art. 478 do Código Civil de 2002: execução do contrato ao longo do tempo; fato imprevisível; ausência de culpa;

10. REZENDE, E. N.; ANDRADADE, R. T. D. A influência da covid-19 nas relações contratuais. Revista do Programa de Pós-Graduação em Direito da UFBA, v. 30, n. 02, p.110 - 122, jul-dez, 2020. Disponível em: <https://cienciasmedicasbiologicas.ufba.br/index.php/rppgd/article/view/42306/23355> Acesso em 12 dez. 2020.
11. VENOSA, S. S. Lei do Inquilinato Comentada: Doutrina e Prática. 15 ed. São Paulo: Atlas, 2015.
12. PEREIRA, C. M. S. Instituições de direito civil – volume III: contratos. 21 ed. Rio de Janeiro: Forense, 2017, p. 66 – 67.
13. TARTUCE, op. cit., p. 230.
14. FARIAS, C. C.; NETTO, F. B.; ROSENVALD, N. Manual de Direito Civil: volume único. 5. ed. Salvador: Editora Juspodivm, 2020.
15. PEREIRA, op.cit., p. 66.

imputação de dispêndio exagerado a uma das partes.[16] Preenchido o suporte fático presente no referido dispositivo, há que se falar na possibilidade de resolução ou revisão contratual; todavia, seguindo o princípio da conservação dos contratos,[17] esta é preferível àquela.[18]

No que concerne ao caráter imprevisível, Rezende e Andrade afirmam que:

> é indubitável que podemos considerar a pandemia da Covid-19 como evento imprevisível, mas também como previsível com efeitos imprevisíveis, caso tomemos como exemplo a situação ocorrida na China, já no final de 2019, quando algumas cidades passaram a encarar um severo lockdown, impactando diretamente nas relações contratuais realizadas naquela região.[19]

É indispensável ainda citar a declaração do Ministro Alexandre de Moraes que, ao tratar da ADI 6357, em matéria orçamentária, declarou que "o surgimento da pandemia de COVID-19 representa uma condição superveniente absolutamente imprevisível e de consequências gravíssimas".[20]

### 3.3 Equilíbrio contratual

---

16. FARIAS, C. C.; FIGUEIREDO, L.; DIAS, W. I. Código Civil para concursos. 9 ed. rev., atual. e ampl. Salvador: Editora Juspodivm, 2020.
17. GONÇALVES, C. R. Direito civil brasileiro, volume 3: contratos e atos unilaterais. 16. ed. São Paulo: Saraiva Educação. 2019.
18. MATTIETTO, L. O princípio do equilíbrio contratual. Revista de Direito da Procuradoria Geral, Rio de Janeiro, v. 64, p. 183 – 191, 2009. Disponível em: <https://pge.rj.gov.br/comum/code/MostrarArquivo.php?C=MTIwOA%2C%2C> Acesso em 12 dez. 2020.
19. REZENDE, E. N.; ANDRADADE, R. T. D. A influência da covid-19 nas relações contratuais. Revista do Programa de Pós-Graduação em Direito da UFBA, v. 30, n. 02, p.110 - 122, jul-dez, 2020, p. 118. Disponível em: <https://cienciasmedicasbiologicas.ufba.br/index.php/rppgd/article/view/42306/23355> Acesso em 12 dez. 2020.
20. BRASIL. Supremo Tribunal Federal. Medida Cautelar na ADI 6.375/DF, Relator: Min. Alexandre de Moraes, DJ: 29/03/2020. p. 10. Disponível em: <http://www.stf.jus.br/arquivo/cms/noticiaNoticiaStf/anexo/ADI6357MC.pdf> Acesso em 14 dez. 2020.

Conforme destacou Tartuce:

> os contratos devem ser interpretados de acordo com a concepção do meio social onde estão inseridos, não trazendo onerosidade excessiva às partes contratantes, garantindo que a igualdade entre elas seja respeitada, mantendo a justiça contratual e equilibrando a relação onde houver a preponderância da situação de um dos contratantes sobre a do outro.[21]

Por força do mandamento constitucional – art., 3º, III/ CF - que institui a igualdade, a paridade e o equilíbrio entre as partes são objetivos almejados na negociação bem como na execução do contrato. Essa meta deve alcançar, inclusive, o campo material, no sentido de evitar extrema vantagem de um perante outro.[22] Conquanto não possua um dispositivo legal expresso o contemplando, o equilíbrio contratual resta positivado "seja através da vedação da lesão, seja ao se permitir a resolução do contrato por excessiva onerosidade superveniente".[23]

Não se pode esquecer ainda que tal instituto guarda relação direta com a boa-fé e a função social do contrato. Em uma hipótese na qual se faça necessária uma negociação, o dever de cooperação, anexo à boa-fé, deve estar presente[24], desde os momentos prévios quanto depois de celebrado o contrato – na fase executiva, [25] visto que "cada contratante terá moderação em seus pleitos, deixando ao outro aquilo que lhe corresponde".[26] Contudo, tal objetivo, por vezes, pode ser difícil de ser alcançado, pois, a partir de uma Análise Econômica do Direito, evidencia-se que os indivíduos costumeiramente buscam obter resultados vantajosos para si, fato esse que é

21. TARTUCE, F. Direito civil, v. 3: teoria geral dos contratos e contratos em espécie. 12. ed. rev., atual. e ampl. Rio de Janeiro: Forense, 2017, p. 84.
22. FARIAS, C. C.; NETTO, F. B.; ROSENVALD, N. Manual de Direito Civil: volume único. 5. ed. Salvador: Editora Juspodivm, 2020.
23. MATTIETTO, L. O princípio do equilíbrio contratual. Revista de Direito da Procuradoria Geral, Rio de Janeiro, v. 64, p. 183 - 191, 2009, p. 187. Disponível em: <https://pge.rj.gov.br/comum/code/MostrarArquivo.php?C=MTIwOA%2C%2C> Acesso em 12 dez. 2020.
24. Ibid.
25. FARIAS, C. C.; NETTO, F. B.; ROSENVALD, N. Manual de Direito Civil: volume único. 5. ed. Salvador: Editora Juspodivm, 2020.
26. Ibid., p. 758.

perceptível, por exemplo, na Teoria dos Jogos.[27]

Nesse sentido, na hipótese da ocorrência de fato inesperado e ulterior à celebração contratual, tal como se sucedeu com a pandemia, é possível que ocorra um desequilíbrio no pacto ensejando as devidas alterações. Essas modificações encontram suporte fático nos artigos 478 e 479 do Código Civil de 2002:

> Art. 478. Nos contratos de execução continuada ou diferida, se a prestação de uma das partes se tornar excessivamente onerosa, com extrema vantagem para a outra, em virtude de acontecimentos extraordinários e imprevisíveis, poderá o devedor pedir a resolução do contrato. Os efeitos da sentença que a decretar retroagirão à data da citação.
>
> Art. 479. A resolução poderá ser evitada, oferecendo-se o réu a modificar equitativamente as condições do contrato.[28]

Insta frisar ainda outra disposição presente também no Código Civil, que será relevante para análise dos julgados. Em 2019, a Lei nº 13.874/2019 modificou o Código Civil, o que implicou certos acréscimos, tal como o parágrafo único do art. 421:

> Art. 421. A liberdade contratual será exercida nos limites da função social do contrato.
>
> Parágrafo único. Nas relações contratuais privadas, prevalecerão o princípio da intervenção mínima e a excepcionalidade da revisão contratual.[29]

Entretanto, como bem ressaltaram Farias, Figueiredo e Dias: "a revisão é mecanismo oriundo de uma necessidade de uma ou de ambas as partes, em contratos bilaterais, provocando a reconstrução parcial do acordo de forma a impedir o desencadeamento do inadimplemento ou a resolução contratual"[30]. Os autores destacam que, visando evitar o inadimplemento ou a extinção do contrato, a revisão não deve

---

27. PIMENTA, E. G.; LANA. H. A. R. P. Análise Econômica do Direito e sua relação com o Direito Civil brasileiro. Rev. Fac. Direito UFMG, Belo Horizonte, n. 57, p. 85-138, jul./dez. 2010. Disponível em: <https://www.direito.ufmg.br/revista/index.php/revista/article/view/126/0> Acesso em 13 dez. 2020.
28. BRASIL, Lei nº 10.406, de 10 de janeiro de 2002. Institui o Código Civil. Disponível em: <http://www.planalto.gov.br/ccivil_03/leis/2002/l10406compilada.htm> Acesso em 15 dez. 2020.
29. Ibid.
30. FARIAS, C. C.; FIGUEIREDO, L.; DIAS, W.I. Código Civil para concursos. 9 ed. rev., atual. e ampl. Salvador: Editora Juspodivm, 2020, p. 569.

ser vislumbrada enquanto exceção, salvo quando se tratar de mera análise e de alocação de riscos é que a excepcionalidade será compatível com tal instituto.[31]

Contudo, a busca pelo equilíbrio, enquanto efetivação do próprio texto constitucional, nem sempre é alcançada pela via consensual[32], o que inevitavelmente motivou a provocação do Judiciário para solução dos conflitos, sobre os quais será feita análise daqueles decorrentes das consequências da Covid-19.

## 4. Casos

Feitas as conceituações, nesta etapa serão apresentados casos levados à apreciação judicial em cujo polo de locatário figuravam as academias. Serão avaliadas as decisões judiciais bem como o comportamento das partes à luz dos institutos supracitados.

### 4.1 Caso 1

Como já aludido anteriormente, por fato alheio à vontade, as academias restaram impossibilitadas de atuarem, em razão de decretos, principalmente. Essa proibição alcançou o judiciário brasileiro à medida que o fechamento impôs obstáculos no cumprimento da obrigação assumida por elas em contratos locatícios – pagamento de aluguel.

Neste Agravo de Instrumento percebe-se que o colegiado do TJSP assentiu que o fechamento compulsório das academias ensejou consequências graves, as quais afetaram até a paridade que deve estar presente no contrato:

> LOCAÇÃO NÃO RESIDENCIAL. ACADEMIA DE ESPORTES. AÇÃO DE REVISÃO DE VALORES LOCATÍCIOS EM RAZÃO DO ESTADO DE CALAMIDADE PÚBLICA. PLEITO DE INEXIGIBILIDADE DO PAGAMENTO DO ALUGUEL A

31. Ibid.
32. SANTOS, C. S. A; SANTOS, M.V. G; DINIZ; A.P.S.M. Impactos da pandemia da COVID-19 nas relações contratuais à luz dos institutos da força maior e da onerosidade excessiva. In: HIRSCH, F.P. A. (org.) Covid-19 e o direito na Bahia: Estudos da comunidade da UNEB em homenagem à memória de Ruivaldo Macedo Costa. Salvador: Direito levado a sério, 2020, p. 56 - 86. Disponível em: <https://portal.uneb.br/noticias/wp-content/uploads/sites/2/2020/07/Covid-19-e-o-Direito-na-Bahia-ISBN-Covid-19-e-o-Direito-na-Bahia-ISBN-978-65-87020-01-3.pdf#page=56> Acesso em 20 nov. 2020.

> PARTIR DA ORDEM DE INTERRUPÇÃO DAS ATIVIDADES ATÉ ENQUANTO DURAR A SUSPENSÃO OU REDUÇÃO DO ALUGUEL. NOTÓRIA AFETAÇÃO DAS CONDIÇÕES FINANCEIRAS DA AUTORA, COMO CONSEQUÊNCIA DAS MEDIDAS RESTRITIVAS IMPOSTAS PELAS AUTORIDADES SANITÁRIAS, COM VISTAS AO ENFRENTAMENTO DA PANDEMIA DE COVID-19. PRESENÇA DOS REQUISITOS LEGAIS AUTORIZADORES DA MEDIDA DE URGÊNCIA. NECESSIDADE, PORÉM, DE ASSEGURAR MELHOR EQUILÍBRIO NO RELACIONAMENTO DAS PARTES. RECURSO PROVIDO EM PARTE. 1. Houve o reconhecimento do estado de calamidade pública e é notório que, em razão da adoção de medidas restritivas de emergência, voltadas ao enfrentamento da pandemia da covid-19, em especial o isolamento social, geraram graves consequências às empresas, o que propiciou sérias dificuldades para o seu funcionamento. 2. É inegável que o fato provocou o desequilíbrio no relacionamento das partes, tornando necessária a revisão, e essa providência não pode tardar, de modo que se faz necessária a pronta atuação jurisdicional, para assegurar resultado efetivo. 2. Assim, estando presentes os requisitos legais, impõe-se reduzir o valor locativo em 40% do valor fixado no contrato, como forma de restabelecer o equilíbrio no relacionamento das partes.[33]

Conquanto não tenha ocorrido óbice quanto ao entendimento do colegiado frente à superveniência de um fato que ensejou desequilíbrio, as partes não obtiveram êxito ao buscar soluções por vias extrajudiciais, conforme alegou o autor – locatário – na inicial.[34] O que se pode perceber, nesse conflito, é que não necessariamente as partes buscaram o dever anexo de cooperação, proveniente da boa-fé que exige das partes empenho no cumprimento do contrato,[35] pois, uma vez que não se busca uma revisão, o adimplemento resta dificultado na hipótese de um desequilíbrio.

---

33. SÃO PAULO. Tribunal de Justiça. Agravo de Instrumento: AI 21402237120208260000 SP 2140223 – 71.2020.8.26.0000. 31ª Câmara de Direito Privado. Relator: Des. Antonio Rigolin. DJ: 06/07/2020. JusBrasil, 2020. Disponível em: <https://tj-sp.jusbrasil.com.br/jurisprudencia/892902101/agravo-de-instrumento-ai-21402237120208260000-sp-2140223-7120208260000/inteiro-teor-892902152> Acesso em 13 dez. 2020.

34. Ibid.

35. GAGLIANO, P. S.; PAMPLONA FILHO, R. Manual de direito civil, volume único. 4. ed. São Paulo: Saraiva Educação, 2020.

### 4.2 Caso 2

Em caso análogo, cujo relator foi o mesmo do agravo antecedente, o entendimento quanto ao equilíbrio contratual foi semelhante:

> LOCAÇÃO NÃO RESIDENCIAL. ACADEMIA DE ESPORTES. AÇÃO DE REVISÃO DE CLÁUSULA CONTRATUAL EM RAZÃO DO ESTADO DE CALAMIDADE PÚBLICA. PLEITO DE INEXIGIBILIDADE DO PAGAMENTO DO ALUGUEL A PARTIR DA ORDEM DE INTERRUPÇÃO DAS ATIVIDADES OU REDUÇÃO DO ALUGUEL. NOTÓRIA AFETAÇÃO DAS CONDIÇÕES FINANCEIRAS DA PARTE AUTORA, COMO CONSEQUÊNCIA DAS MEDIDAS RESTRITIVAS IMPOSTAS PELAS AUTORIDADES SANITÁRIAS, COM VISTAS AO ENFRENTAMENTO DA PANDEMIA DE COVID-19. PRESENÇA DOS REQUISITOS LEGAIS AUTORIZADORES DA MEDIDA DE URGÊNCIA. NECESSIDADE, PORÉM, DE ASSEGURAR MELHOR EQUILÍBRIO NO RELACIONAMENTO DAS PARTES. RECURSO PROVIDO EM PARTE. 1. Houve o reconhecimento do estado de calamidade pública e é notório que, em razão da adoção de medidas restritivas de emergência, voltadas ao enfrentamento da pandemia da covid-19, em especial o isolamento social, geraram graves consequências às empresas, o que propiciou sérias dificuldades para o seu funcionamento. 2. É inegável que o fato provocou o desequilíbrio no relacionamento das partes, tornando necessária a revisão, e essa providência não pode tardar, de modo que se faz necessária a pronta atuação jurisdicional, para assegurar resultado efetivo. 3. Assim, estando presentes os requisitos legais, impõe-se reduzir o valor locativo em 50% do montante fixado no contrato, como forma de restabelecer o equilíbrio no relacionamento das partes.[36]

Contudo, repetiu-se nessa lide, a ausência de consensualismo entre as partes em momento anterior ao ajuizamento da ação. Conforme alegado na inicial, o locador não buscou uma solução pelo consenso, assim como o locatário pediu a suspensão completa do pagamento, o que inevitavelmente prejudica o demandado. Percebe-se,

---

36. SÃO PAULO. Tribunal de Justiça. Agravo de Instrumento: AI: 22235328720208260000 SP 2223532-87.2020.8.26.0000. 31ª Câmara de Direito Privado. Relator: Des. Antonio Rigolin, DJ: 28/10/2020. JusBrasil, 2020. Disponível em: <https://tj-sp.jusbrasil.com.br/jurisprudencia/1113464189/agravo-de-instrumento-ai-22235328720208260000-sp-2223532-8720208260000/inteiro-teor-1113464208> Acesso em 13 dez. 2020.

portanto, que se reproduziu a falta de cooperação entre os contratantes.[37]

### 4.3. Caso 3

Se nos dois casos anteriores a dificuldade da restauração do equilíbrio se deu entre as partes envolvidas na lide, neste conflito, o relator lançou entendimento diferente frente às dificuldades da academia esportiva de adimplir a obrigação:

> LOCAÇÃO – Academia – Pretensão revisional para redução do aluguel durante a pandemia – Tutela de urgência indeferida – Efeitos da pandemia da COVID-19 que afetam ambos os contratantes – Necessidade da instauração do contraditório – Intervenção mínima do Judiciário nos contratos – Agravo de instrumento não provido.[38]

O agravo proposto pela academia – locatária – como se verifica na ementa supracitada, não foi provido. Entretanto, a fim de se compreender as razões que ensejaram o indeferimento insta destacar as fundamentações expostas pelo relator:

> não incide a regra do art. 137 do CC, porquanto não sobreveio desproporção manifesta entre o valor da prestação devida e o do momento de sua execução. A parte ré continua a ser credora de parcela de valor igual àquele vigente antes da crise sanitária. Ressalto igualmente que não é o caso de se afastarem os efeitos da mora (arts. 393 e 399 do CC), haja vista que o pagamento de prestação pecuniária não se torna impossível a priori em virtude da pandemia. A parte autoria se obrigou a dar à parte ré quantia certa em dinheiro, que não deixou de existir ou circular por causa da retração econômica (...). Quanto à obtenção do dinheiro do pagamento, também não é fato teoricamente impossível, já que notório (art. 374 do CPC) que o sistema financeiro continua operando. Assim, àquele que teve redução de rendas ou receitas é dado, pelo menos em tese, obter empréstimos, de modo a permitir satisfação da dívida. Deve-se destacar que a situação de pandemia não gera, por si só presunção de impossibilidade

---

37. Ibid.

38. SÃO PAULO. Tribunal de Justiça. Agravo de Instrumento: AI: :22029125420208260000 SP 2202912-54.2020.8.26.0000. 33ª Câmara de Direito Privado. Relator: Des. Sá Duarte. DJ: 21/09/2020. JusBrasil, 2020. Disponível em: <https://tj-sp.jusbrasil.com.br/jurisprudencia/933973996/agravo-de-instrumento-ai-22029125420208260000-sp-2202912-5420208260000/inteiro-teor-933974130> Acesso em 12 dez. 2020.

de adimplemento, demandando-se prova concreta.[39]

É forçoso mencionar que, neste caso, foi afastada a hipótese de ônus excessivo que obstasse o equilíbrio e o adimplemento contratual em face da superveniência da pandemia juntamente das medidas restritivas. Um dos motivos para que se alcançasse esse entendimento foi a continuidade do funcionamento do sistema financeiro bem como a possibilidade de obtenção de empréstimo.[40]

Contudo, essa fundamentação pautada no funcionamento do sistema financeiro bem como da possibilidade de se realizar um empréstimo pode atentar contra o princípio do equilíbrio contratual bem como esvaziar a possibilidade revisão contratual em virtude da onerosidade excessiva. A respeito disso, tenha-se presente que:

> Depois da conclusão do negócio, na fase em que se trata de lhe dar efetiva execução, podem surgir acontecimentos novos, da mais variada natureza, que revolucionam o programa contratual de uma das partes, impedindo-a de retirar da operação as vantagens esperadas ou, até transformando-as em fonte de prejuízos.[41]

Outrossim, é imprescindível salientar "a justiça contratual diz respeito a proporcionalidades na valoração do conteúdo do negócio jurídico, com ênfase na paridade e na distribuição equitativa de riscos"[42].

Dadas essas duas concepções doutrinárias utilizar-se de argumentos tal como o empréstimo, pode ocasionar um enfraquecimento da revisão por onerosidade excessiva, mencionada no artigo 478. O empréstimo é uma opção, entretanto, não seria viável financeira e economicamente sustentar um aluguel por intermédio dessa via, o qual poderia acarretar prejuízos ao devedor do valor pecuniário. É certo que não receber o aluguel deixa também o credor deste valor aquém da quantia que lhe é devida e esperada por ele quando foi celebrado o contrato. Reforça-se, portanto, a busca pelo equilíbrio.

---

39. Ibid.
40. Ibid.
41. ROPPO, E. O contrato. Coimbra: Almedina, 1998, p. 251 – 252 apud FARIAS, C. C.; NETTO, F. B.; ROSENVALD, N. Manual de Direito Civil: volume único. 5. ed. Salvador: Editora Juspodivm, 2020, p. 759.
42. FARIAS, C. C.; NETTO, F. B.; ROSENVALD, N. Manual de Direito Civil: volume único. 5. ed. Salvador: Editora Juspodivm, 2020, p. 758.

Nesse sentido, tal argumento, caso se repita em forma de precedente em julgamentos ulteriores, poderá dar causa a uma mitigação do instituto da revisão contratual que nasceu de uma busca pela adequação frente às alterações circunstanciais e consequente óbice à pretensão que se tem quando da gênese do contrato: o seu adimplemento.[43]

Outro ponto que é relevante salientar é a seguinte afirmação presente no acórdão:

> a intervenção do Judiciário deve ser a mínima possível, com o viso de, naqueles casos em que se justificar, não acarretar maior danos a quaisquer dos contratantes (...) não é possível descartar que com a vinda da agravada aos autos, possa ela propor alguma solução, de modo a evitar a intervenção judicial que nem sempre é a melhor.[44]

Conforme já mencionado anteriormente, o consenso nem sempre resta presente quanto à revisão contratual[45], haja vista que a lide foi levada ao conhecimento do juiz, é certo que, por força da via negocial não foi possível alcançar um acordo, ensejando que um terceiro a resolvesse. Conquanto tenha declarado o relator que o meio jurisdicional não necessariamente atingirá um resultado satisfatório – o que de fato é recorrente – uma vez levado o conflito ao Judiciário, esse deve ser solucionado por força do art. 140 do Código Processual Civil.[46]

---

43. FARIAS, C. C.; FIGUEIREDO, L.; DIAS, W. I. Código Civil para concursos. 9 ed. rev., atual. e ampl. Salvador: Editora Juspodivm, 2020.
44. SÃO PAULO. Tribunal de Justiça. Agravo de Instrumento: AI: :22029125420208260000 SP 2202912-54.2020.8.26.0000. 33ª Câmara de Direito Privado. Relator: Des. Sá Duarte. DJ: 21/09/2020. JusBrasil, 2020. Disponível em: <https://tj-sp.jusbrasil.com.br/jurisprudencia/933973996/agravo-de-instrumento-ai-22029125420208260000-sp-2202912-5420208260000/inteiro-teor-933974130> Acesso em 12 dez. 2020.
45. SANTOS, C. S. A.; SANTOS, M.V. G; DINIZ; A.P.S.M. Impactos da pandemia da COVID-19 nas relações contratuais à luz dos institutos da força maior e da onerosidade excessiva. In: HIRSCH, F.P. A. (org.) Covid-19 e o direito na Bahia: Estudos da comunidade da UNEB em homenagem à memória de Ruivaldo Macedo Costa. Salvador: Direito levado a sério, 2020, p. 56 - 86. Disponível em: <https://portal.uneb.br/noticias/wp-content/uploads/sites/2/2020/07/Covid-19-e-o-Direito-na-Bahia-ISBN-Covid-19-e-o-Direito-na-Bahia-ISBN-978-65-87020-01-3.pdf#page=56> Acesso em 20 nov. 2020.
46. BRASIL, Lei nº 13.105, de 16 de março de 2015. Código de Processo Civil. Disponível em: <http://www.planalto.gov.br/ccivil_03/_ato2015-2018/2015/lei/l13105.htm> Acesso em 15 dez.

Quanto ao fundamento de que a intervenção deve ser mínima, é inegável que ele resta amparado. A Declaração de Direitos de Liberdade Econômica (Lei nº 13.874/19) concedeu maior protagonismo ao ato volitivo das partes, mitigando a intervenção estatal no âmbito das relações privadas,[47] o que é bem perceptível, a exemplo, no inciso III do art. 421-A no Código Civil/2002:

> Art. 421- A: Os contratos civis e empresariais presumem-se paritários e simétricos até a presença de elementos concretos que justifiquem o afastamento dessa presunção, ressalvados os regimes jurídicos previstos em leis especiais, garantido também que:
>
> III – a revisão contratual somente ocorrerá de maneira excepcional e limitada.48

Entretanto, considerando o preceito fundamental da igualdade[49] e a superveniência de um fato imprevisível – pandemia - que pode acarretar uma onerosidade excessiva e desequilíbrio, a intervenção judicial no sentido de evitar o inadimplemento, não deve ser impedida, a fim de se garantir o princípio da conservação dos contratos.[50] A respeito da preservação, tenha-se presente que:

> A revisão, como medida de sobrevivência permanece se sobrepondo à simples extinção, não deve ser tratada como exceção (...) cada acordo que se vê frustrado contribui para o descrédito dos contratos e minora a chance de novas adoções contratuais no sentido apontado.[51]

---

2020.

47. SANTOS, C. S. A; SANTOS, M.V. G; DINIZ; A.P.S.M. Impactos da pandemia da COVID-19 nas relações contratuais à luz dos institutos da força maior e da onerosidade excessiva. In: HIRSCH, F.P. A. (org.) Covid-19 e o direito na Bahia: Estudos da comunidade da UNEB em homenagem à memória de Ruivaldo Macedo Costa. Salvador: Direito levado a sério, 2020, p. 56 - 86. Disponível em: <https://portal.uneb.br/noticias/wp-content/uploads/sites/2/2020/07/Covid-19-e-o-Direito-na-Bahia-ISBN-Covid-19-e-o-Direito-na-Bahia-ISBN-978-65-87020-01-3.pdf#page=56> Acesso em 20 nov. 2020.
48. BRASIL, Lei nº 10.406, de 10 de janeiro de 2002. Institui o Código Civil. Disponível em: <http://www.planalto.gov.br/ccivil_03/leis/2002/l10406compilada.htm> Acesso em 15 dez. 2020.
49. FARIAS, C. C.; NETTO, F. B.; ROSENVALD, N. Manual de Direito Civil: volume único. 5. ed. Salvador: Editora Juspodivm, 2020.
50. GONÇALVES, C. R. Direito civil brasileiro, volume 3: contratos e atos unilaterais. 16. ed. São Paulo: Saraiva Educação. 2019.
51. FARIAS, C. C.; FIGUEIREDO, L.; DIAS, W. I. Código Civil para concursos. 9 ed. rev., atual. e

Por conseguinte, num contexto de pandemia e suas consequentes alterações nos pactos firmados, as demandas judiciais que ensejam uma revisão, são primordiais para que se evite a extinção ou o inadimplemento do contrato. A revisão não deve ser, portanto, afastada por mero argumento de intervenção mínima pois há fins maiores a serem perseguidos: a conservação do contrato e a igualdade.

## 4. Conclusão

Mediante o exposto, é notório que os desdobramentos jurídicos no tocante às alterações contratuais são extensos, a despeito da postura preventiva adotada pelo Código Civil. Um fato explícito e recorrente é a alteração do equilíbrio nos contratos pelo fato imprevisível (pandemia). Tendo como base a busca pela igualdade enquanto mandamento constitucional, as revisões tornam-se imprescindíveis quando há um desbalanceamento.

A revisão é um elemento fundamental quando se busca a conservação do contrato – é preferível a manutenção do contrato quando necessário em detrimento à extinção dele ou ao inadimplemento, pois tais hipóteses reduzem a credibilidade perante o meio social desse instrumento de circulação de bens.[52]

Nesse sentido, a utilização da teoria da imprevisibilidade e do princípio do equilíbrio contratual são inevitáveis quando travados os debates em face de casos práticos. Entretanto, o que se verifica, conforme demonstrado, é a presença de dificuldades nas tentativas de revisões satisfatórias pela via negocial, o que demandou a atuação judicial de modo a resolver a lide.

A respeito disso, são notórios os problemas na concretização dos direitos anexos à boa-fé, tal como a cooperação. O que se verifica é que, de um lado está o locatário – academia – buscando a suspensão completa do pagamento, sem pensar, portanto, na figura credora, a qual possuía expectativas financeiras quando celebrado o negócio jurídico. No polo ativo, por sua vez, percebe-se a presença de credores pouco maleáveis, que não admitiram uma revisão contratual de modo a tentar buscar um meio, que não a resolução do contrato. Portanto, é perceptível nos conflitos a busca

---

ampl. Salvador: Editora Juspodivm, 2020, p. 569.

52. Ibid.

pelos interesses individuais quase que de forma total.

Outrossim, o advento da pandemia se deu num contexto imediatamente após a vigência da Declaração de Direitos de Liberdade Econômica, em que pesa uma preferência pelas soluções via consenso à intervenção judicial, ou seja, a revisão figura enquanto instrumento excepcional – argumento esse presente nas palavras do relator do terceiro caso. Entretanto, conforme destacaram Farias, Figueiredo e Dias, num contexto em que as revisões sejam cruciais para a manutenção do contrato[53], elas não devem ser vistas sob o manto da excepcionalidade.

Por conseguinte, a Covid-19 ocasionou efeitos de grandes proporções no âmbito das relações privadas, que por certo, se estenderão nos próximos meses. Conquanto seja evidente a previsão do Código Civil quanto as possíveis soluções para tais imprevistos, a sua aplicação, por diversas vezes, não é simples, ensejando, pois, uma análise minuciosa dos juízes. É essencial que, quando provocados, os magistrados apurem os problemas de execução e seu vínculo com o fato imprevisível, analisando as relações privadas à luz do preceito fundamental da igualdade e da preservação contratual, na máxima medida possível não olvidando, contudo, o interesse das partes quanto a manutenção do negócio.[54]

## Referências

BRASIL, Decreto Legislativo nº 6, de 2020. Reconhece, para fins do art. 65 da Lei Complementar nº 101, de 4 de maio de 2000, a ocorrência do estado de calamidade públicas, nos termos da solicitação do Presidente da República encaminhada por meio da Mensagem nº 93, de 18 de março de 2020. Disponível em: <http://www.planalto.gov.br/ccivil_03/portaria/DLG6-2020.htm> Acesso em 12

53. Ibid.
54. SANTOS, C. S. A; SANTOS, M.V. G; DINIZ; A.P.S.M. Impactos da pandemia da COVID-19 nas relações contratuais à luz dos institutos da força maior e da onerosidade excessiva. In: HIRSCH, F.P. A. (org.) Covid-19 e o direito na Bahia: Estudos da comunidade da UNEB em homenagem à memória de Ruivaldo Macedo Costa. Salvador: Direito levado a sério, 2020, p. 56 - 86. Disponível em: <https://portal.uneb.br/noticias/wp-content/uploads/sites/2/2020/07/Covid-19-e-o-Direito-na-Bahia-ISBN-Covid-19-e-o-Direito-na-Bahia-ISBN-978-65-87020-01-3.pdf#page=56> Acesso em 20 nov. 2020.

dez. 2020.

BRASIL, Lei nº 10.406, de 10 de janeiro de 2002. Institui o Código Civil. Disponível em: <http://www.planalto.gov.br/ccivil_03/leis/2002/l10406compilada.htm> Acesso em 15 dez. 2020.

BRASIL, Lei nº 13.105, de 16 de março de 2015. Código de Processo Civil. Disponível em: <http://www.planalto.gov.br/ccivil_03/_ato2015-2018/2015/lei/l13105.htm> Acesso em 15 dez. 2020.

BRASIL. Decreto nº 10.344, de 11 de maio de 2020. Altera o Decreto nº 10.282, de 20 de março de 2020, que regulamenta a Lei nº 13.979, de 6 de fevereiro de 2020, para definir os serviços públicos e as atividades essenciais. Disponível em: <https://www.in.gov.br/web/dou/-/decreto-n-10.344-de-11-de-maio-de-2020-256165816> Acesso em 13 dez. 2020.

BRASIL. Supremo Tribunal Federal. Medida Cautelar na ADI 6.375/DF. Relator: Min. Alexandre de Moraes. DJ: 29/03/2020 Disponível em: <http://www.stf.jus.br/arquivo/cms/noticiaNoticiaStf/anexo/ADI6357MC.pdf> Acesso em 14 dez. 2020.

FARIAS, C. C.; FIGUEIREDO, L.; DIAS, W. I. Código Civil para concursos. 9 ed. rev., atual. e ampl. Salvador: Editora Juspodivm, 2020.

FARIAS, C. C.; NETTO, F.B.; ROSENVALD, N. Manual de Direito Civil: volume único. 5. ed. Salvador: Editora Juspodivm, 2020.

GAGLIANO, P. S.; OLIVEIRA, C. E. E. Comentários à "Lei da Pandemia" (Lei nº 14.010, de 10 de junho de 2020 - RJET): Análise Detalhada das Questões de Direito Civil e Direito Processual Civil, 2020. Disponível em: <https://iri-rgs.org.br/wp-content/uploads/2020/06/Artigo-Ine%CC%81dito-RJET-Pablo-Stolze-e-Carlos-Elias.RJET_.pdf> Acesso em 09 dez. 2020.

GAGLIANO, P. S.; PAMPLONA FILHO, R. Manual de direito civil, volume único. 4. ed. São Paulo: Saraiva Educação, 2020.

GONÇALVES, C. R. Direito civil brasileiro, volume 3: contratos e atos unilaterais.16. ed. São Paulo: Saraiva Educação. 2019.

MATTIETTO, L. O princípio do equilíbrio contratual. Revista de Direito da

Procuradoria Geral, Rio de Janeiro, v. 64, p. 183 – 191, 2009. Disponível em: <https://pge.rj.gov.br/comum/code/MostrarArquivo.php?C=MTI-wOA%2C%2C> Acesso em 12 dez. 2020.

PEREIRA, C. M. S. Instituições de direito civil – volume III: contratos. 21 ed. Rio de Janeiro: Forense, 2017.

PIMENTA, E. G.; LANA. H. A. R. P. Análise Econômica do Direito e sua relação com o Direito Civil brasileiro. Rev. Fac. Direito UFMG, Belo Horizonte, n. 57, p. 85-138, jul./dez. 2010. Disponível em: <https://www.direito.ufmg.br/revista/index.php/revista/article/view/126/0> Acesso em 13 dez. 2020.

REZENDE, E. N.; ANDRADADE, R. T. D. A influência da covid-19 nas relações contratuais. Revista do Programa de Pós-Graduação em Direito da UFBA, v. 30, n. 02, p.110 - 122, jul-dez, 2020. Disponível em: <https://cienciasmedicasbiologicas.ufba.br/index.php/rppgd/article/view/42306/23355> Acesso em 12 dez. 2020.

SANTOS, C. S. A.; SANTOS, M. V. G.; DINIZ; A. P. S. M. Impactos da pandemia da COVID-19 nas relações contratuais à luz dos institutos da força maior e da onerosidade excessiva. In: HIRSCH, F.P. A. (org.) Covid-19 e o direito na Bahia: Estudos da comunidade da UNEB em homenagem à memória de Ruivaldo Macedo Costa. Salvador: Direito levado a sério, 2020, p. 56 - 86. Disponível em: <https://portal.uneb.br/noticias/wp-content/uploads/sites/2/2020/07/Covid-19-e-o-Direito-na-Bahia-ISBN-Covid-19-e-o-Direito-na-Bahia-ISBN-978-65-87020-01-3.pdf#page=56> Acesso em 20 nov. 2020.

SÃO PAULO. Decreto nº 64.881, de 22 de março de 2020. Decreta quarenta no Estado de São Paulo, no contexto da pandemia do COVID-19 (Novo Coronavírus), e dá providências complementares. Disponível em: <https://www.al.sp.gov.br/repositorio/legislacao/decreto/2020/decreto-64881-22.03.2020.html> Acesso em 13 dez. 2020.

SÃO PAULO. Tribunal de Justiça. Agravo de Instrumento: AI 21402237120208260000 SP 2140223 – 71.2020.8.26.0000. 31ª Câmara de Direito Privado. Relator: Des. Antonio Rigolin. DJ: 06/07/2020. JusBrasil, 2020. Disponível em: <https://tj-sp.jusbrasil.com.br/jurisprudencia/892902101/agravo-de-instrumento-ai-21402237120208260000-sp-2140223-7120208260000/inteiro-teor-

892902152> Acesso em 13 dez. 2020.

SÃO PAULO. Tribunal de Justiça. Agravo de Instrumento: AI: :22029125420208260000 SP 2202912-54.2020.8.26.0000. 33ª Câmara de Direito Privado. Relator: Des. Sá Duarte. DJ: 21/09/2020. JusBrasil, 2020. Disponível em: <https://tj-sp.jusbrasil.com.br/jurisprudencia/933973996/agravo-de-instrumento-ai-22029125420208260000-sp-2202912-5420208260000/inteiro-teor-933974130> Acesso em 12 dez. 2020.

SÃO PAULO. Tribunal de Justiça. Agravo de Instrumento: AI: 22235328720208260000 SP 2223532-87.2020.8.26.0000. 31ª Câmara de Direito Privado. Relator: Des. Antonio Rigolin, DJ: 28/10/2020. JusBrasil, 2020. Disponível em: <https://tj-sp.jusbrasil.com.br/jurisprudencia/1113464189/agravo-de-instrumento-ai-22235328720208260000-sp-2223532-8720208260000/inteiro-teor-1113464208> Acesso em 13 dez. 2020.

TARTUCE, F. Direito civil, v. 3: teoria geral dos contratos e contratos em espécie. 12. ed. rev., atual. e ampl. Rio de Janeiro: Forense, 2017.

VENOSA, S. S. Lei do Inquilinato Comentada: Doutrina e Prática. 15 ed. São Paulo: Atlas, 2015.

VILELA, P. R; VALENTE, J. Maioria dos governadores manterá academias e salões fechados. Agência Brasil, Brasília, 12 de maio de 2020. Disponível em: <https://agenciabrasil.ebc.com.br/politica/noticia/2020-05/maioria-dos-governadores-mantera-academias-e-saloes-fechados> Acesso em 13 dez. 2020.

# CONTRATOS DE SEGURO DE VIDA, A CLÁUSULA DE EXCLUSÃO SECURITÁRIA E SUAS REPERCUSSÕES FACE À PANDEMIA DO NOVO CORONAVÍRUS

# 19

**Laís Ribeiro Almeida Manna**

**Magale Lemos Paim**

## 1. Introdução

A Organização Mundial da Saúde (OMS) declarou no dia 11 de março de 2020 que a velocidade e a dimensão de contaminação do novo coronavírus (Sars-Cov-2) representava uma pandemia, ou seja, o cenário e abrangência geográfica de contaminação simultânea de pessoas pelo mundo inteiro atingiu um patamar responsável por alertar autoridades de todo o planeta. Dentre os diversos problemas, impasses e incertezas enfrentados por todos os ramos da sociedade em decorrência disso, o âmbito jurídico e as relações privadas se transformaram, talvez, irreversivelmente. Nessa perspectiva, a intenção da presente pesquisa é abordar o impacto que esse novo cenário trouxe aos contratos de seguro de vida, levando-se em consideração algumas cláusulas que excluem a cobertura do risco nos casos de epidemias e pandemias declaradas por órgãos competentes.

Sendo assim, realizar-se-á, primordialmente, uma análise voltada para o entendimento da natureza jurídica dos contratos de seguro de vida; da cláusula de exclusão securitária com suas razões que justifiquem respaldo legal, nos termos das normas da SUSEP; e do princípio da boa-fé objetiva e do Código de Defesa do Consumidor, para se abstrair a existência (ou não) de abusividade e nulidade em tal cláusula.

Ainda, através de uma interpretação histórica e internacionalmente contextualizada, este artigo objetiva esclarecer o aumento da procura para a contratação de seguros de vida ao mesmo tempo que se propõe a apresentar teorias concernentes à cláusula de exclusão do risco, como a teoria da imprevisibilidade.

Por fim, mediante a exposição do Projeto de Lei nº 2.113/20, o qual impede as seguradoras de vida de restringirem a cobertura de qualquer doença ou lesão decorrente da pandemia do Covid-19, de forma a concluir o estudo, ter-se-á por construída a proposta argumentativa e pesquisa efetuada para atender o objetivo de responder questionamento já proposto: A cláusula de exclusão de risco em contextos pandêmicos é necessária ou abusiva?

## 2. Os contratos de seguro de vida e a pandemia ocasionada pelo covid-19

Dentre os diversos ramos do direito afetados pela pandemia do novo coronavírus, algumas espécies contratuais receberam destaque nas discussões e incertezas por versarem e tutelarem especificamente acerca do bem ameaçado com maior intensidade no contexto de crise sanitária: a vida.

Nesse viés, os contratos de seguro de vida rapidamente se ressaltaram não somente pela procura para contratação, mas também, em decorrência de incertezas quanto à cobertura prometida diante das cláusulas de exclusão securitária em contextos pandêmicos.

### 2.1 Natureza jurídica dos contratos de seguro de vida

Primordialmente, antes de construir um nexo temático entre os contratos de seguro de vida propriamente ditos com a cláusula de exclusão no contexto pandêmico, é imprescindível elucidar o que são esses contratos, no sentido técnico, bem como, qual é sua classificação e natureza jurídica.

Assim sendo, afirma-se que os contratos de seguro a pessoa, de forma ampla, versam acerca de obrigações especiais e preventivas sobre violações eventuais aos direitos de personalidade. Trata-se de uma modalidade negocial criada com o intuito de cobrir riscos de transgressões a bens extrapatrimoniais impassíveis de valoração. Dessa forma, levando-se em consideração a natureza personalíssima do direito que o seguro de pessoa protege, o Código Civil prevê a possibilidade da criação de mais de um contrato em garantia do mesmo interesse, sem que haja limitação de valor, nos termos do art. 789 do Código Civil, "Nos seguros de pessoas, o capital segurado é livremente estipulado pelo proponente, que pode contratar mais de um seguro sobre o mesmo interesse, com o mesmo ou diversos seguradores."[1]

Ultrapassadas tais informações, passemos-nos a dispor as informações técnicas concernentes ao seguro de vida: cuida-se de espécie negocial de contrato de estipulação em favor de terceiro, ou seja, um indivíduo atua como estipulante de determinada prestação em benefício de um terceiro por meio da garantia de um promitente. Assim, o estipulante é aquele que contrata uma obrigação do promitente/devedor em favor do terceiro, que se beneficia como destinatário final da obrigação pactuada. Fatalmente, é por meio da consumação do risco previsto na apólice de seguro, que a seguradora (promitente) deve adimplir sua obrigação pagando ao beneficiário o valor devido a título de indenização, nos termos pactuados com o segurado.

Nesse sentido, têm-se um contrato bilateral, já que há a determinação de obrigações para duas partes: segurado e segurador com regimento por meio de cláusulas e condições pactuadas na apólice de seguro, caracterizando um negócio jurídico dotado de segurança; Figura-se como contrato oneroso, tendo em vista a implicação em pagamento por ambas as partes de forma que o segurado, mediante o pagamento de um custo de risco à seguradora, certifica-se do direito à indenização nas situações cobertas pela apólice pactuada; Ainda, trata-se de contrato aleatório, já que não existe equivalência entre as prestações de serviço em função da sua vinculação a um risco, podendo gerar ao segurador lucro ou prejuízo, a depender da ocorrência de eventos incertos e futuros. Ademais, o contrato de seguro tem caráter formal e nominado, uma vez que está previsto legalmente e, nos termos da lei, depende de documentação (apólice) para que seja vinculativo.

Dessa forma, a Lei nº 10.406/02 prevê entre seus artigos 757 e 777, as disposições gerais acerca dos seguros e, entre os artigos 789 e 802, as disposições específicas acerca do seguro de pessoa. Nessa perspectiva, transcrevemos-nos alguns dispositivos relevantes à temática desenvolvida no presente artigo:

> Art. 757. Pelo contrato de seguro, o segurador se obriga, mediante o pagamento do prêmio, a garantir interesse legítimo do segurado, relativo a pessoa ou a coisa, contra

1. BRASIL. Lei nº 10.406, de 10 de janeiro de 2002. Institui o Código Civil.

riscos predeterminados.

Parágrafo único. Somente pode ser parte, no contrato de seguro, como segurador, entidade para tal fim legalmente autorizada.

Art. 758. O contrato de seguro prova-se com a exibição da apólice ou do bilhete do seguro, e, na falta deles, por documento comprobatório do pagamento do respectivo prêmio.

Art. 759. A emissão da apólice deverá ser precedida de proposta escrita com a declaração dos elementos essenciais do interesse a ser garantido e do risco.

Art. 760. A apólice ou o bilhete de seguro serão nominativos, à ordem ou ao portador, e mencionarão os riscos assumidos, o início e o fim de sua validade, o limite da garantia e o prêmio devido, e, quando for o caso, o nome do segurado e o do beneficiário.

(...)

Art. 789. Nos seguros de pessoas, o capital segurado é livremente estipulado pelo proponente, que pode contratar mais de um seguro sobre o mesmo interesse, com o mesmo ou diversos seguradores.

(...)

Art. 799. O segurador não pode eximir-se ao pagamento do seguro, ainda que da apólice conste a restrição, se a morte ou a incapacidade do segurado provier da utilização de meio de transporte mais arriscado, da prestação de serviço militar, da prática de esporte, ou de atos de humanidade em auxílio de outrem.[2]

Por fim, é coerente mencionar a forma que os contratos de seguro de vida se extinguem a fim de produzir um raciocínio completo. Destarte, as causas de extinção dessas espécies contratuais ocorrem: (1) mediante o distrato, ou seja, quando ambas as partes acordarem em dissolver os vínculos que os sujeitaram, nos termos do art. 13 do Decreto-Lei nº 73-66; (2) através da superveniência do risco, uma vez que o negócio deixará de possuir um objeto; (3) em virtude da cessação do risco, nos casos de seguro de sobrevivência; (4) em face da nulidade, que torna o contrato ineficaz; (5) conforme a resolução causada por inadimplemento da obrigação legal ou de

2. BRASIL. Lei nº 10.406, de 10 de janeiro de 2002. Institui o Código Civil.

alguma cláusula contratual.

### 2.2 A cláusula de exclusão securitária em contextos pandêmicos

A disseminação do vírus com consequente aumento no número de óbitos colocou em pauta importante reflexão acerca da validade das cláusulas de exclusão utilizadas nesses contratos. A intenção das partes que atuam como seguradoras, é proteger o mercado excluindo do risco segurado eventos que se relacionam ou decorram de epidemias e pandemias declaradas por órgãos competentes. Por outro lado, se o intuito desse tipo de contratação é de fato garantir um aparo financeiro frente às situações imprevisíveis, é coerente atribuir validade a tais cláusulas no atual contexto?

Com o propósito de atribuir sentido à criação da cláusula, Bruno Miragem salienta que o "seu fundamento legítimo é evitar que eventos cuja extensão imprevista supere de modo expressivo o cálculo do risco originalmente definido pela técnica atuarial, comprometa a solvência do segurador"[3]. Ainda, imperioso é acrescentar que se cuida de estratégia de contingência elaborada para lidar com a taxa de sinistralidade da carteira de clientes em momentos atípicos – como a circunstância atual – em função da impossibilidade de se prever quantitativamente os possíveis danos que uma pandemia é capaz de acarretar aos segurados.

Nesse diapasão, veja-se exemplo do contrato de seguro de vida fornecido pelo Banco do Brasil S/A[4], que estabelece em sua quarta cláusula a seguinte condição:

> CLÁUSULA 4 - RISCOS EXCLUÍDOS
>
> 4.1. ESTÃO EXPRESSAMENTE EXCLUÍDOS DE TODAS AS COBERTURAS, DESTE SEGURO OS EVENTOS RELACIONADOS OU OCORRIDOS EM CONSEQUÊNCIA:
>
> (...)

---

3. MIRAGEM, Bruno. Nota relativa à pandemia de coronavírus e suas repercussões sobre os contratos e a responsabilidade civil. Revista dos Tribunais, Rio de Janeiro, vl. 1015, p. 4, maio de 2020 (no prelo).
4. Cláusula 4.1, Das Condições Gerais do Seguro de Vida em Grupo oferecido pelo Banco do Brasil S/A, disponível aqui, acessado em 10/12/20.

H) EPIDEMIAS E PANDEMIAS, DECLARADAS POR ÓRGÃO COMPETENTE.

Apesar de ser causa geradora de desconforto e insegurança aos contratantes, a cláusula de exclusão da cobertura em pandemias está regularmente prevista pelos dispositivos normativos e medidas administrativas da SUSEP, nos termos do art. 12, I, d, da Circular SUSEP nº 440:

> Art. 12º. As exclusões específicas relativas a cada cobertura deverão estar relacionadas logo após a descrição dos riscos cobertos em todos os documentos contratuais, inclusive nos bilhetes, apólices e certificados individuais, e estão limitadas a:
>
> I - Nas coberturas classificadas como microsseguro de pessoas:
>
> (...)
>
> d) epidemia ou pandemia declarada por órgão competente

Outrora, é indispensável ponderar algumas questões acerca da forma que o conteúdo da cláusula se relaciona com o risco abrangido pela validação securitária. Embora nos contratos a expressão utilizada para excluir a cobertura de riscos seja "pandemia e epidemia", essas são, na realidade, condições de agravamento que incidem sobre o risco em si. Por outro lado, sustenta-se que na realidade, a pandemia atua como agente qualificador do risco de morte, tornando substancial a gravidade da condição, de forma a justificar a exclusão, em virtude da relação causa-consequência.

Nessa análise, percebe-se que as cláusulas de exclusão de risco possuem papel expressivo nos contratos de seguro, já que, asseguram a disjunção do risco garantindo o tipo contratual e a base econômica. Ainda, em atenção ao raciocínio estabelecido por Thiago Junqueira[5], além dos dispêndios com a liquidação dos sinistros, o contexto pandêmico é fator responsável pela intensa desvalorização das bolsas de valores, com forte tendência a atingir as reservas técnicas dos seguradores, reduzindo expressivamente o resultado dos investimentos realizados com os prêmios dos segurados. Sob outro ângulo, Ernesto Tzirulnik leciona[6]:

---

5. JUNQUEIRA, Tiago. Os seguros privados cobrem eventos associados a pandemias? Conjur: Direito Civil Atual. Disponível em: <https://www.conjur.com.br/2020-abr-01/direitocivil-atual-seguros-privados-cobrem-eventos-associados-pandemias>. Acesso em: 11 de dez. de 2020.
6. TZIRULNIK, Ernesto. Reflexões sobre o coronavírus e os seguros privados. pg. 19. Disponível em: <https:// www.conjur.com.br/dl/covid19-seguros.pdf>. Acesso em: 11 de dez. de 2020.

> No plano dos contratos de seguro, não existe um 'risco de pandemia ou epidemia'. Se eu morro por causa de uma doença, a causa do sinistro, o risco, é a possibilidade de morrer por essa doença, e não o fato de essa doença vir a ocorrer com maior frequência ou numa amplitude territorial ampla. A pandemia é uma circunstância, uma condição, e não propriamente uma causa. Se a pandemia for de hepatite, a causa da morte poderá ser a hepatite, nunca a sua ocorrência em condição endêmica ou pandêmica.

Dito isso, não obstante elucidada a importância designada à cláusula, é imprescindível se estabelecer uma perquirição acerca dos impactos sofridos pela outra parte do negócio jurídico: o segurado. Embora se trate de situação excepcional para ambas as figuras do contrato, existem princípios, como o da boa-fé, ou tutelas jurídicas, como as previstas no CDC em proteção aos consumidores, que não podem ser transgredidas em nome da manutenção da validade de um dispositivo contratual. Portanto, os próximos tópicos servirão de substrato para esclarecer qual a posição do contratante e explanar quais direitos estão tutelados pelo ordenamento no caso estudado.

### 2.3 O princípio da boa fé frente à cláusula de exclusão

A fim de se proporcionar uma análise equitativa, após a exposição das características positivas e razões que justificam e atribuem coerência à cláusula de exclusão, é momento de dar destaque aos pontos negativos e opiniões contrárias.

Dessa maneira, diversos autores e juristas do direito afirmam que se trata de cláusula abusiva, já que ao ser inserida nos contratos de seguro de vida, atua limitando o risco do segurador a fim de suspender sua responsabilidade pelo pagamento da indenização quando o evento morte ocorrer em razão da COVID 19, durante a pandemia, conforme destaca Heloísa Carpena[7]. Nessa perspectiva, trata-se de violação direta ao princípio da boa-fé.

Nesse viés, o princípio da boa-fé, originado no direito romano e compreendido pelo aspecto objetivo e subjetivo, serviu como base estrutural/consecutiva ao Código

---

7. CARPENA, Heloisa. Pandemia e seguro de vida: notas sobre a abusividade da cláusula limitadora do risco. Migalhas UOL, 2020. Disponível em: <https://migalhas.uol.com.br/depeso/331132/pandemia-e-seguro-de-vida--notas-sobre-a-abusividade-da-clausula-limitadora-do-risco> Acesso em 15 de dez. de 2020.

Civil de 2002 e rege o direito das obrigações e contratos, conforme Cristiano Chaves de Farias e Nelson Rosenvald explicam:

> A boa-fé subjetiva não é um princípio, e sim um estado psicológico em que a pessoa possui a crença de ser titular de um direito que em verdade só existe na aparência. O indivíduo se encontra em escusável situação de ignorância sobre a realidade dos fatos e da lesão a direito alheio. A boa-fé subjetiva prossegue a sua trajetória no Código Civil de 2002, principalmente nos arts. 1.201, 1.214 e 1.219, como exata dimensão da convicção interna do possuidor sobre a ausência de defeitos em sua posse.
>
> (...)
>
> Em sentido diverso, o princípio da boa-fé objetiva – localizado no campo dos direitos das obrigações – é o objeto de nosso enfoque. Trata-se da "confiança adjetivada", uma crença efetiva no comportamento alheio. O princípio compreende um modelo de eticização de conduta social, verdadeiro standard jurídico ou regra de comportamento, caracterizado por uma atuação de acordo com determinados padrões sociais de lisura, honestidade e correção, de modo a não frustrar a legítima confiança da outra parte.
>
> A boa-fé objetiva pressupõe: (a) uma relação jurídica que ligue duas pessoas, impondo-lhes especiais deveres mútuos de conduta; (b) padrões de comportamento exigíveis do profissional competente, naquilo que se traduz como bonus pater familias; (c) reunião de condições suficiente para ensejar na outra parte um estado de confiança no negócio celebrado.[8]

Por conseguinte, o Código Civil de 2002 trouxe o princípio da boa-fé como um padrão capaz de direcionar a substância geral da cooperação intersubjetiva, com coordenação às outras normas que perfazem o ordenamento, a fim de relacionar a boa-fé às expectativas e valores transmitidos na sociedade, através da ponderação entre os objetivos sociais e os interesses privados contratuais. Assim, tem-se na boa-fé a criação de uma válvula de controle ao direito contratual, por meio da limitação de vontades individuais para que parâmetros de integridade sejam alcançados.

Posto isto, os contratos de seguro estão normativamente restringidos e norteados por tal princípio, nos termos do art. 765 do Código Civil, ao dispor que "O segurado e o segurador são obrigados a guardar na conclusão e na execução do contrato, a mais

---

8. FARIAS, Cristiano Chaves de e ROSENVALD Nelson. Curso de direito civil: contratos – teoria geral e contratos em espécie. 5. ed. – São Paulo: Atlas, 2015.

estrita boa-fé e veracidade, tanto a respeito do objeto como das circunstâncias e declarações a ele concernentes."[9]

Além disso, a jurisprudência e as decisões dos tribunais superiores são pacíficas em dispor o destaque que o princípio em questão possui nos contratos de seguro, senão vejamos:

> STJ. "1. O contrato de seguro é baseado no risco, na mutualidade e na boa-fé, que constituem seus elementos essenciais. Além disso, nesta espécie de contrato, a boa-fé assume maior relevo, pois tanto o risco quanto o mutualismo são dependentes das afirmações das próprias partes contratantes. 2. A seguradora, utilizando-se das informações prestadas pelo segurado, como na cláusula de perfil, chega a um valor de prêmio conforme o risco garantido e a classe tarifária enquadrada, de modo que qualquer risco não previsto no contrato desequilibra economicamente o seguro, dado que não foi incluído no cálculo atuarial nem na mutualidade contratual (base econômica do seguro). 3. A má-fé ou a fraude são penalizadas severamente no contrato de seguro. Com efeito, a fraude, cujo princípio é contrário à boa-fé, inviabiliza o seguro justamente porque altera a relação de proporcionalidade que deve existir entre o risco e a mutualidade, rompendo, assim, o equilíbrio econômico do contrato, em prejuízo aos demais segurados. 4. A penalidade para o segurado que agir de má-fé, ao fazer declarações inexatas ou omitir circunstâncias que possam influir na aceitação da proposta pela seguradora ou na taxa do prêmio, é a perda do direito à garantia na ocorrência do sinistro (art. 766 do CC). E assim é porque o segurado e o segurador são obrigados a guardar, na conclusão e na execução do contrato, a mais estrita boa-fé e veracidade, tanto a respeito do objeto como das circunstâncias e declarações a ele concernentes (art. 765 do CC). 6. Retirar a penalidade de perda da garantia securitária nas fraudes tarifárias (inexatidão ou omissão dolosas em informação que possa influenciar na taxa do prêmio) serviria de estímulo à prática desse comportamento desleal pelo segurado, agravando, de modo sistêmico, ainda mais, o problema em seguros de automóveis, em prejuízo da mutualidade e do grupo de exposição que iria subsidiar esse risco individual por meio do fundo comum" (REsp 1419731/PR, Rel. p/ Acórdão Min. Ricardo Villas Bôas Cueva, 3 – Turma, DJe 9.9.2014).[10]

---

9. BRASIL. Lei nº 10.406, de 10 de janeiro de 2002. Institui o Código Civil.
10. BRASIL. Supremo Tribunal de Justiça – REsp: 1419731 PR 2013/0386418-5. Rel. Min. Nancy Andrighi. Data do julgamento: 07/08/2014, T3 – Terceira turma, Data da publicação: DJe 09/09/2014.

Nessa análise, levando-se em consideração que os contratos de seguro em maioria figuram como contratos de adesão, as cláusulas contratuais exoneratórias e abusivas são expressamente proibidas, ainda que não seja o caso de aplicação do CDC. Isso ocorre, em virtude dos artigos 421, 422, 423 e 424 do CC:

> **Art. 421.** A liberdade contratual será exercida nos limites da função social do contrato. (Redação dada pela Lei nº 13.874, de 2019)
>
> **Parágrafo único.** Nas relações contratuais privadas, prevalecerão o princípio da intervenção mínima e a excepcionalidade da revisão contratual. (Incluído pela Lei nº 13.874, de 2019)
>
> **Art. 422.** Os contratantes são obrigados a guardar, assim na conclusão do contrato, como em sua execução, os princípios de probidade e boa-fé.
>
> **Art. 423.** Quando houver no contrato de adesão cláusulas ambíguas ou contraditórias, dever-se-á adotar a interpretação mais favorável ao aderente.
>
> **Art. 424.** Nos contratos de adesão, são nulas as cláusulas que estipulem a renúncia antecipada do aderente a direito resultante da natureza do negócio.[11]

Portanto, é inteligível que a cláusula de exclusão de riscos em circunstâncias de pandemias e epidemias, configura não somente cláusula limitativa, mas também, exoneratória, já que suscita o esgotamento do âmago do contrato de seguro. Além disso, pode-se afirmar que produz lesão ao próprio negócio jurídico, posto que caracteriza renúncia antecipada à garantia securitária, com transgressão direta ao art. 424 acima transcrito.

Dito isso, é inevitável se reconhecer que a cláusula versada viola substancialmente o princípio basilar, na medida em que o desejo de segurança e proteção projetado pelos beneficiários do seguro, com base na confiança do respaldo pela boa-fé objetiva, torna-se nulo frente a uma promessa vazia.

### 2.4 A cláusula de exclusão e o Código de Defesa do Consumidor

Concordante à análise desenvolvida até aqui, apesar de relevante porquanto assegura a disjunção do risco a fim de garantir o tipo contratual e a base econômica, a

11. BRASIL. Lei nº 10.406, de 10 de janeiro de 2002. Institui o Código Civil.

cláusula de exclusão securitária viola não apenas o princípio da boa-fé, mas também, as normas dispostas no Código de de Defesa do Consumidor.

Isso ocorre, segundo Heloísa Carpena[12], porque os contratos de seguro de vida estão submetidos à disciplina da proteção contratual contida no Capítulo VI da lei consumerista, sendo o CDC a base legal para análise dos conflitos envolvendo esses contratos, nos quais a presença da pessoa física como segurado afasta qualquer dúvida sobre a sua incidência, como regulamento de proteção do vulnerável.

Assim, sabe-se que o CDC é o aparato legislativo responsável por consagrar a intervenção na autonomia privada por meio do controle ao contrato de consumo antes mesmo da contratação/adesão. Tal situação decorre da criação de dispositivos que regulam a atuação dos fornecedores de serviço, conforme o art. 31 do CDC[13], e preveem a ineficácia das cláusulas que não forem passíveis de prévia compreensão pelo consumidor, nos termos do art. 46 da Lei nº 8.078/90.

Consequentemente, quando nos deparamos com uma cláusula caracterizada pelo ordenamento como abusiva, o resultado é a nulidade de pleno direito, insanável, absoluta e incapaz de produzir qualquer efeito desde o seu início. Para tanto, o artigo 51 do CDC dispõe exemplos de cláusulas abusivas, dentre elas a que consagra a boa fé: São nulas de pleno direito, entre outras, as cláusulas contratuais relativas ao fornecimento de produtos e serviços que: IV - estabeleçam obrigações consideradas iníquas, abusivas, que coloquem o consumidor em desvantagem exagerada, ou sejam incompatíveis com a boa-fé ou a eqüidade.

Destarte, é do âmago do contrato de seguro a ocorrência de limitação de risco e, consequentemente, que primeiramente, as cláusulas de limitação mostrem-se válidas. Todavia, a atribuição de validade depende do trabalho interpretativo e incidente das diversas normas do ordenamento capazes de refletir sobre a relação securitária.

---

12. CARPENA, Heloisa. Pandemia e seguro de vida: notas sobre a abusividade da cláusula limitadora do risco. Migalhas UOL, 2020. Disponível em: <https://migalhas.uol.com.br/depeso/331132/pandemia-e-seguro-de-vida--notas-sobre-a-abusividade-da-clausula-limitadora-do-risco> Acesso em 15 de dez. de 2020.
13. BRASIL. Lei nº. 8.078, de 11 de setembro de 1990. Código de Defesa do Consumidor. Dispõe sobre a proteção do consumidor e dá outras providências. Disponível em: <http://www.planalto.gov.br/ccivil_03/Leis/L8078.htm> Acesso em 16 de dez. de 2020.

Nessa toada, em observância ao art. 757 do Código Civil, depreende-se que apesar de tolerável a limitação do risco assumido pelo segurador, não é permitido que haja conflito direto com o interesse do consumidor.

No caso em análise, conclui-se que a exclusão tratada não é válida, já que gera desvantagem exagerada ao contratante/aderente, à luz do art. 51 §1º, inciso II do CDC, que ordena:

> Art. 51. São nulas de pleno direito, entre outras, as cláusulas contratuais relativas ao fornecimento de produtos e serviços que:
>
> § 1º Presume-se exagerada, entre outros casos, a vantagem que:
>
> I - ofende os princípios fundamentais do sistema jurídico a que pertence;
>
> II - restringe direitos ou obrigações fundamentais inerentes à natureza do contrato, de tal modo a ameaçar seu objeto ou equilíbrio contratual;
>
> III - se mostra excessivamente onerosa para o consumidor, considerando-se a natureza e conteúdo do contrato, o interesse das partes e outras circunstâncias peculiares ao caso.[14]

Consonante ao conteúdo anteriormente exposto, o agravo do risco que decorre da rápida contaminação e ocorrência global da doença não pode ser atribuído ao segurado, ademais, a pandemia sequer é fatídica causa da morte, sendo somente a ocasião.

Portanto, constata-se violação ao Código de Defesa do Consumidor, dado que, a exclusão da cobertura do seguro de vida nesse contexto traduz o esvaziamento total da finalidade do contrato, perfazendo-se abusiva e incompatível com a boa-fé objetiva.

## 3. Análise histórica e normativa do proceder das seguradoras em situações epidêmicas

Os inegáveis impactos do vírus, Covid-19, em seu avassalador alcance global, se

14. BRASIL. Lei nº. 8.078, de 11 de setembro de 1990. Código de Defesa do Consumidor. Dispõe sobre a proteção do consumidor e dá outras providências. Disponível em: <http://www.planalto.gov.br/ccivil_03/Leis/L8078.htm> Acesso em 16 de dez. de 2020.

estendem desde as atividades econômicas até as sociais de uma maneira como, possivelmente, nunca ocorreu antes, posto a realidade de internacionalização potencializada vivida na presente década. Por essa razão, qualquer comparação, seja com a pandemia de gripe espanhola em 1918, com o surto de SARS de 2003, seja com outra situação, seria obsoleta para transmitir a magnitude do que está ocorrendo.

Nesse contexto, fica nítido a essencialidade e importância dos seguros, pois, por trás de toda atividade humana, seja de natureza econômica ou pessoal, deve existir um seguro que a resguarde, que previna e seja útil a todas as pessoas como respaldo diante de infortúnios. Somado a isso, o seguro é um contrato global, no sentido de que seus efeitos transcendem as fronteiras territoriais, pois as empresas seguradoras em sua operação utilizam um respaldo internacional de seguro, isso porque o próprio seguro se baseia em fundamentos técnicos de estudos estatísticos de riscos, com critério de homogeneidade qualitativa- referindo a um mesmo risco- e qualitativa em uma determinada população, com comparações internacionais.

Os riscos e recompensas não são distribuídos apenas a uma seguradora, mas em todo o sistema de seguros de um país e também fora dele, quando for o caso de seguradoras que integrem grupos econômicos internacionais. Os seguradores são sócios, partilham conjuntamente riscos e contribuem para o fundo de prémios geridos pela seguradora, pertencem à mútua seguradora, que é aquela que justifica o interesse geral amparado pelas leis seguradoras obrigatórias, e deve estar sob o controle estatal. O contrato de seguro é, portanto, baseado em um equilíbrio que ultrapassa o mero equilíbrio contratual entre os benefícios das partes, uma vez que o seu desequilíbrio produz consequências que afetam não só as partes do contrato, mas afetam até a mutualidade dos segurados. Se este desequilíbrio não for resolvido, se o equilíbrio não for restaurado, a solvência da seguradora e, portanto, de todo o sistema segurador nacional e mesmo internacional, ficam em perigo, em "efeito dominó". Diante dessa realidade técnico-jurídica do seguro, um imprevisto como o surgimento da pandemia COVID-19 pode alterar muito o equilíbrio contratual.

Os institutos clássicos do direito privado, a teoria da imprevisão da força maior não respondem por si só às questões envolvendo o contrato de seguro nesse tempo de pandemia, visto que é preciso levar em conta a sua especificidade. Portanto, os institutos jurídicos existentes podem fornecer algumas soluções, caso contrário, é claro que o contrato de segurança e as leis imperativas que o regulam, estabelecem um mínimo de cobertura e segurança jurídica para o consumidor segurado, em contrato padrão de adesão, o que não poderia ser comprometido por meio de argumentos contratuais abusivos ou restritivos sem o débito técnico e jurídico.

### 3.1 Teoria da Imprevisibilidade e Força Maior[15]

Normalmente, parte-se do pressuposto de que os contratos são celebrados com a cláusula "pacta sunt servanda" pela qual os contratos devem, impreterivelmente, serem cumpridos; no entanto, percebe-se um afastamento desse sentido, visto que as novas funções sociais dos contratos provocaram uma atenuação significativa do princípio geral derivado da supracitada cláusula pacta sunt servanda. Isso é notável principalmente nos países ocidentais, em que foi admitida uma revisão das condições dos contratos, essencialmente através intervenção judicial, invocada pelo contratante em situação de desvantagem, derivada de circunstâncias externas geradoras de um desequilíbrio ou falta de equidade nas relações jurídicas, no qual há o enriquecimento excessivo de uma das partes contratantes em detrimento da outra. Em outras palavras, há encargos excessivos que ultrapassam o limite razoável, o que a doutrina alemã chama de *obergrenze*.[16]

Originalmente, na Idade Média já era admitida a possibilidade de alteração do contrato, se as condições originais, na qual as vontade das partes estavam fundamentadas, fossem substancialmente modificadas, mediante a consagração da cláusula de sucessão *contractus qui habent tractum et* dependia de um futuro *rebus suc stantibus* inteligente, posteriormente disseminado de forma resumida como *rebus sic stantibus*- isto é, a presunção, nos contratos comutativos, de trato sucessivo e de execução diferida, da existência implícita de cláusula na qual a obrigatoriedade do cumprimento do contrato pressupõe inalterabilidade da situação de fato. Em caso de modificação da situação de fato, em virtude de acontecimento extraordinário, leia-se

15. Gamarra Jorge, Imprevisibilidad y equivalência contractual, Cuadernos del Anuario de Derecho Uruguayo, Fundación de Cultura Universitaria, Montevideo, 2006.
16. Durán Méndez, S.. Imprevisión en contratos aleatorios: una revisión analítica a la teoría de la imprevisión bajo el artículo 868 del Código de Comercio. Revista de Derecho Privado, (55). Universidad de los Andes (Colombia). http://dx.doi.org/10.15425/redepriv.55.2016.04, 2016.

imprevisível, que torne excessivamente oneroso para o devedor o seu adimplemento, poderá este requerer ao juiz a isenção da obrigação, parcial ou totalmente. Esta cláusula adquiriu grande força após a Primeira Guerra Mundial (1914-1918), em virtude do desequilíbrio causado nos contratos de longo prazo, e deu ensejo a "Teoria da Imprevisibilidade"[17], a qual serve de argumento para uma revisão judicial do contrato-cláusula considerada implícita em qualquer contrato de execução continuada ou trato sucessivo, como o contrato de seguro[18].

Mediante a extrema dificuldade de cumprimento satisfatório das obrigações assumidas, os juristas do pós-guerra invocaram e aperfeiçoaram a antiga figura da cláusula *rebus sic stantibus*, agora denominada "Teoria da Imprevisibilidade", hoje reforçada pelos conceitos mais amplos e abrangentes derivados da "Teoria da base jurídica empresarial", o que deu oportunidade para o surgimento, no atual Código Civil Alemão, do chamado "Direito de perturbação dos benefícios".[19]

Portanto, a chamada Teoria da Imprevisibilidade, é o resultado concreto dos princípios da boa-fé e da sempre necessária equidade contratual, buscando em última instância o respeito pela real intenção das partes. Porém, a Teoria da Imprevisibilidade é um instituto repleto de dificuldades, tanto de maneira prática quanto teórica, principalmente no plano da doutrina e da jurisprudência. Existem diferentes opiniões sobre sua aplicação e localização, no difícil contexto dos processos judiciais, com todos os problemas já conhecidos.

Assim, diante do novo vírus, invoca-se a Teoria da Imprevisibilidade e Força Maior, nos termos já aludidos. Afirma-se que o COVID-19 é um evento novo e imprevisível, que pode justificar à seguradora o não pagamento de indenizações ou benefícios. É um evento que tornaria os benefícios das seguradoras excessivamente onerosos, em seu detrimento.

Contudo, é relevante pensar que o negócio da seguradora é justamente assumir

---

17. Fernández, De Almeida, Tesis doctoral Universidad de Salamanca Alteración de las circunstancias y Revisión contractual, 2011
18. COELHO, Fábio Ulhoa. Curso de Direito Civil vol. 3 - Contratos. São Paulo: Saraiva, 2001; GONÇALVES, Carlos Roberto. Direito Civil vol. 3 - Contratos e Atos Unilaterais. São Paulo: Saraiva, 2012.
19. Fernández, De Almeida, op.cit.

riscos externos e, portanto, a referida teoria deve ser relativizada ou analisada à luz das especificidades do contrato de seguro, pois ao passo que a seguradora é poupada, a outra parte, o segurado, sofre danos excessivos. Na realidade, se o risco de pandemia for um risco não coberto, a seguradora não cobriria diretamente esta cláusula contratual exclusiva. Porém, sabe-se que nenhum agravamento do risco permite à seguradora não ressarcir o sinistro, mas sim a não indenização, ou o descumprimento do benefício, o que poderia se aplicar ao seguro de vida- só ocorre se o incidente foi "causado" pelo agravamento. Mas é claro que a seguradora deve ser capaz de comprovar que o referido vírus constitui um agravamento daquele risco específico que ocorre, e que tal agravamento causa a perda - com análise cobertura por cobertura e caso a caso, tidas as complexidades lógicas que isso implica.

## 4. Repercussões internacionais da pandemia nos seguros de vida e influência sobre a conjuntura nacional

No mês de abril de 2020, Emmanuel Macron, o presidente da França, e Donald Trump, dos Estados Unidos, deram um ultimato público às seguradoras, para que essas pagassem pelos lucros cessantes advindos da paralisação dos negócios causados pela situação pandêmica do vírus COVID-19. Dessa forma, Emmanuel Macron frisou a importância que há em o setor segurador "se fazer presente" para que a economia se estabilize[20], posicionamento consonante ao expresso por Donald Trump em uma entrevista à FOX Business, na qual observou ser essa uma área cinzenta, pois, comumente os seguros não mencionam pandemias, embora às vezes as incluam como uma exclusão, afirmou Trump:

> Existem pessoas que nunca utilizaram o seguro de lucro cessante e mesmo assim pagam há muitos anos as suas apólices. E quando finalmente precisam, a seguradora diz "nós não vamos pagar", [...] Não podemos deixar isso acontecer. [...] Eu gostaria que as seguradoras pagassem o que precisam pagar, se for justo.[21]

Para além de ser um assunto que interessa somente quem está envolvido em de

20. Disponível em: https://insurancejournal.com/news/international/2020/04 /28/566595.htm. Acessado 20/11/2020

21. Tradução livre, grifos nossos. Disponível: https://www.foxbusiness.com/lifestyle/trump-insurers-coronavirus-business-coverage-gray-area. Acessado 20/11/2020.

alguma forma com os contratos de seguro, de acordo com o estudo internacional "Allianz Risk Barometer 2020", fundamentado em entrevistas feitas com 3 mil executivos do setor de seguros de 102 países[22], a interrupção de negócios é tida como o segundo maior risco para empresas no contexto mundial, e o maior risco para as empresas brasileiras. Concomitantemente, a Organização para a Cooperação e Desenvolvimento Econômico (OCDE) afirmou ser esta a perda financeira mais significativa decorrente da pandemia de COVID-19:

> As perdas mais significativas serão decorrentes dos fechamentos de negócios e interrupções na cadeia de suprimentos - e muitas dessas perdas provavelmente não estarão seguradas. Será necessária a intervenção do governo para preencher essa lacuna de proteção.[23]

Isso é relevante quanto ao seguro de vida pois, uma vez que a imprensa internacional noticia a deflagração de demandas judiciais a respeito, como no caso do restaurante French Laundry, na Califórnia, dentre outras situações,[24] a perspectiva sobre o assunto muda, é alterada, e os ordenamentos jurídicos de diversos países passam a considerar se o momento hodierno se enquadra na cláusula de exclusão securitária ou se seria um dever cobrir os afetados. Dessa forma, tem-se diversos projetos de lei para tornar compulsórias determinadas coberturas relacionadas a pandemias, com incidência, inclusive, sobre os contratos em vigor. O Senado Federal brasileiro, por votação unânime, aprovou o aprovou o PL n° 2.113/2020 para inclusão das

---

22. Allianz Global Corporate & Specialty SE. Allianz Risk Barometer Results Appendix 2020: Based on the insight of 2,718 risk management experts from 102 countries and territories. Janeiro, 2020. Munich, Germany. Disponível em: https://www.agcs.allianz.com/content/dam/onemarketing/agcs/agcs/reports/Allianz-Risk-Barometer-2020-Appendix.pdf . Acessado 05/11/2020. pp. 2,14.
23. OECD Directorate for Financial and Enterprise Affairs. Initial assessment of insurance coverage and gaps for tackling COVID-19 impacts. Abril, 2020. p. 2. Disponível em: https://www.oecd.org/finance/Initial-assessment-of-insurance-coverage-and-gaps-for-tackling-COVID-19-impacts.pdf. Acesso em: 20/11/2020.
24. Disponíveis em: https://edition.cnn.com/2020/03/27/business/thomas-keller-lawsuit-coronavirus-losses/index.html ; https://www.wsj.com/articles/pressure-mounts-on-insurance-companies-to-pay-out-for-coronavirus-11585573938; https://www.wsj.com/articles/new-orleans-restaurant-kicks-off-coronavirus-insurance-coverage-litigation-11584631384. Acesso em: 10/11/2020.

mortes decorrentes da pandemia de coronavírus na cobertura de todos os seguros de vida e invalidez permanente, assim como para os seguros e planos de saúde.

Os contratos não poderão conter restrição a qualquer doença ou lesão decorrente de emergência de saúde pública (Lei 13.979, de 2020). Especificamente sobre os seguros patrimoniais com cobertura de lucros cessantes, os Estados de Nova Jersey (Bill A3844 de 16/03/2020)[25] e de Massachusetts (Bill S.2655 de 06/04/2020)[26] estão discutindo legislações locais que obrigam as seguradoras a cobrir perdas relacionadas ao COVID-19.

Em resposta aos movimentos estatais e legislativos, a Global Federation of Insurance Associations (GFIA) publicou uma declaração sobre como os governos deveriam implementar medidas de urgência em resposta ao COVID-19, dentre os pontos suscitados, destaca-se:

> Garantir a estabilidade financeira do setor de seguros é vital. Sem ela, as seguradoras não poderão continuar a responder à crise ou honrar suas obrigações com os segurados de acordo com as apólices existentes. Nossa indústria está comprometida em ajudar os governos a atender às necessidades financeiras de cidadãos e empresas. No entanto, quando a cobertura de pandemias e outras causas de perdas não forem incluídas nas apólices existentes ou refletida nos prêmios pagos, exigir que as seguradoras cobrem essas perdas retroativamente poderia ameaçar seriamente a estabilidade do setor de seguros global.[27]

As declarações de ameaça à solvabilidade do sistema de seguros podem ou não ser verdadeiras ou, simplesmente, comprováveis. Isso com maior ênfase em países, como o nosso, que têm custos comerciais tão elevados que se, algumas vezes, fossem reduzidos, permitiriam absorver os excedentes de sinistralidade. Em razão da relevância do tema, serão tecidas considerações preliminares sobre os seguros que cobrem lucros cessantes e outros prejuízos (melhor: necessidades econômicas) causados pela redução ou interrupção de negócios para, em seguida, apresentar-se

---

25. Disponível em: https://www.whiteandwilliams.com/pp/alert-5415.pdf?25840. Acesso em: 18/11/2020.
26. Disponível em: https://malegislature.gov/Bills/191/SD2888 . Acesso em: 18/11/2020.
27. Tradução livre, grifos nossos. Disponível em: <https://gfiainsurance.org/news/320/gfia-statement-on-covid-19>. Acesso em: 28/11/2020.

considerações sobre o alcance semântico de termos chaves e possíveis impactos na cobertura vinculada ao COVID-19.

### 4.1 O aumento da procura por seguros de vida durante a pandemia em 2020

A crise gerada pelo surto mundial de coronavírus levou diversas seguradoras a uma alteração de política interna, e, como resultado, aderiram a cobertura de mortes pelo vírus, covid-19, em seus seguros de vida e prestamista- o qual assegura o pagamento de financiamentos e dívidas em caso de morte e invalidez. Diante da comoção causada, no Brasil e no mundo, várias seguradoras já anunciaram que vão desconsiderar a tradicional cláusula de exclusão de pandemias das apólices, mesmo arcando com maiores riscos e necessidade de mais fiscalização.

Com isso, em países como os Estados Unidos, apesar de, há anos, existir uma diminuição na venda de seguros, em 2020, com o advento da pandemia, o seguro de vida teve um renascimento. De acordo com os dados do Limra, grupo da indústria de seguros, pouco mais da metade dos adultos norte-americanos relatou ter uma apólice de seguro de vida, contra 63% na década anterior.

Além disso, segundo Jennifer Fitzgerald, CEO e cofundadora da Policy Genius, um mercado online de seguro de vida, o tráfego da Pesquisa Google para "seguro de vida" aumentou 50% entre março e maio deste ano, em comparação com o mesmo período de 2019. "Isso forçou a ideia de proteção financeira e mortalidade para o topo da mente dos consumidores de uma forma que poucos eventos fizeram", disse ela. Esse resultado é lógico, dizem os especialistas, dado o uso básico do seguro de vida: como uma barreira financeira em caso de morte. 12 milhões de pessoas pediram ao IRS mais tempo para entrar com o processo.

Analisando o número de apólices de seguro de vida vendidas na mesma época em 2019 e em 2020, verifica-se, dentre as empresas seguradoras, mais relevantes dos Estados Unidos: um aumento de 15% na Northwestern Mutual, entre abril e setembro; um crescimento de 30% na Accio; e um aumento de 34% na Haven, propriedade da MassMutual, no segundo e no terceiro trimestres de 2020.

De acordo com Byron Udell, o fundador, presidente e CEO da empresa Accio, de seguros online, esse fenômeno pode ser equiparado ao tipo de "compra de pânico" visto pela última vez após os ataques terroristas de 11 de setembro. De forma geral, em todo o setor, houve um salto de 2% no segundo trimestre em relação ao número total de apólices de seguro de vida vendidas de 2019, de acordo com Limra. No entanto, são esperados aumentos ainda mais significativos nos relatórios da segunda metade do ano, de acordo com Manoj Upreti, analista sênior de seguro de vida da consultoria Aite Group.

Na maioria dos países as seguradoras de vida não negam as reivindicações de seguro devido à Covid-19, dizem os especialistas, mas restringem a subscrição para alguns grupos que correm maior risco de morte se contraírem o vírus.

> "Aqueles com mais de 60 anos, e especialmente com mais de 70, foram afetados em termos de sua capacidade de comprar qualquer coisa se tiverem problemas cardíacos e pulmonares, diabetes, obesidade, etc.", disse Udell, da Accio Quote.
>
> "A implicação mais imediata que o coronavírus têm no seguro de vida está nos requerentes. Se você está se inscrevendo para um seguro de vida agora e planejando uma viagem para um país que está fortemente afetado pela doença, provavelmente precisará esperar até depois de seu retorno para preencher o seu pedido", explica Nicholas Mancuso, gerente de deficiência e avançado equipe de planejamento da Policy Genius. "Mas se você já tem seguro de vida e morre de coronavírus, seu beneficiário ainda receberá o benefício de sobrevivência.".

Outrossim, nos Estados Unidos, apesar de haver inclusão de morte por covid-19, há uma série de burocracias. Por exemplo: a aprovação do pedido de seguro de vida pode ser adiado em casos de o requerente ter retornado de uma viagem exterior em até 30 dias antes, ou, ainda, se tiver um membro da família que tenha retornado recentemente de uma viagem. Há, também, o caso daqueles que planejam viajar para o exterior, sendo possível cobertura tanto quanto adiamento, a depender de cada seguradora, de suas especificações, de como eles subscrevem os avisos de viagens e quais países são aprovados para obter uma nova apólice de seguro de vida. Quando houver contração do coronavírus, irá depender de como cada empresa escolheu proceder diante disso. As seguradoras podem adiar por até 90 dias ou aguardar uma recuperação total. Se o requerente tiver tido contato próximo com alguém com teste positivo para COVID-19, também há possibilidade de adiar inscrição ou fornecer uma declaração de boa saúde para uma inscrição de seguro de vida nova ou pendente.

No Brasil, de acordo com Guilherme Bini, presidente do Sindicato das Seguradoras no Rio Grande do Sul (Sindsegrs), em abril de 2020, pelo menos 12 empresas anunciaram o pagamento de indenização no caso de morte por coronavírus, conforme os valores previstos nas apólices de seguros de vida. "Estou há 21 anos nesse mercado e nunca precisamos cogitar essa ação, o que demonstra a seriedade da situação e a adaptação rápida das seguradoras", afirmou.

Dentre as seguradoras que mudaram sua política está a BB Seguros, a qual afirmou que a definição se sobrepõe à cláusula contratual de exclusão de pandemia, em caráter excepcional, visando minimizar os impactos à sociedade. A Mapfre também se pronunciou, dizendo:

> "Precisamos nos unir em torno de iniciativas que garantam a saúde e o bem-estar de toda a população. Como seguradora, entre outras iniciativas que tivemos, realizamos uma cláusula importante para contribuirmos com o cuidado da sociedade neste momento.". Luis Gutiérrez, CEO de Seguros da Mapfre Brasil.

A Zurich Santander, disse que os sinistros serão analisados de acordo com os procedimentos já existentes, observando as regulações do setor e também o momento atípico. Já a empresa gaúcha Previsul ressaltou que a preexistência da doença é fator excludente das contratações que demandam Declaração Pessoal de Saúde (DPS). "Não será realizada alteração nas condições gerais, pois trata-se de uma situação que será tratada caso a caso, frente ao problema mundial que estamos vivendo com a pandemia", informa a Previsul, entretanto, poderá haver flexibilização.

Por sua vez, a seguradora Sabemi afirma que seu plano de previdência privada (Pecúlio) está apto a cobrir morte por pandemias, inclusive a do Covid-19. "O momento é de solidariedade, e a Sabemi visa sempre à proteção e ao amparo dos seus clientes em todos os momentos", destaca a empresa, em nota.

O banco digital Agribank, em parceria com a seguradora Generali, destaca que lançou um seguro de vida que contempla morte natural e acidental, incluindo ocorrências de óbito por Covid-19, e que subsidia a compra de medicamentos.

Dessa forma, a SUSEP e 80% das seguradoras, representadas pela Confederação Nacional das Empresas de Seguros chegaram a um acordo no final de abril para flexibilizar as condições contratuais para que, mesmo não havendo a obrigatoriedade, as indenizações fossem honradas para os casos de falecimento por COVID-19, porém, naquele momento, não houve nenhuma alteração legislativa ou sequer um ato normativo da SUSEP sobre o acordado.

Porém, convém salientar que, se, por um lado, a manifestação e colaboração por parte das seguradoras é de suma importância para manter o equilíbrio contratual, bem como estabilizar as relações sócio-econômicas, por outro, com elevado número de óbitos no Brasil em decorrência do COVID-19, os valores a serem suportados pelas seguradoras são maiores do que sua previsão orçamentária na questão dos seguros de vida. Portanto, há um risco concreto de que os custos com as indenizações desestabilizem financeiramente as seguradoras, inclusive com possibilidade de falência para algumas delas, o que pode resultar em inadimplemento e desguarnecimento financeiro de muitas famílias.

Logo, independentemente de algumas seguradoras terem declarado que irão realizar o pagamento integral das indenizações, em caso de morte ou invalidez permanente do segurado por infecção de Covid-19, isso decorria de ato de mera liberalidade, o que, por si só, não confere segurança jurídica e não abrangeria todas as seguradoras. A despeito da indagação acerca de qual será a fonte de retirada das quantias indenizatórias, haja vista o papel da seguradora de gestora de um fundo mutual coletivo ao qual não tem plena ingerência.

## 5. Projeto de leis e jurisprudências brasileiras frente ao impasse da exclusão securitária

Em 20 de maio de 2020 foi aprovado, pelo Senado Federal, o Projeto de Lei 2113/20, o qual impede as seguradoras de seguros de vida de restringirem a cobertura de qualquer doença ou lesão decorrente da pandemia da Covid-19. A proposta teve ação legislativa na Câmara dos Deputados em 04 (quatro) de setembro de 2020 e aguarda despacho do então Presidente da Câmara, Rodrigo Maia. O objetivo da Lei, é proteger os segurados, calcado nos princípios da boa-fé e na defesa do consumidor.

Anteriormente, transcorridos quatro meses de COVID-19, com mais de 77 mil mortes, o Senado Federal havia aprovado o Projeto de Lei nº 890/2020 para incluir o artigo 798-A no Código Civil vigente:

> Art. 798-A. O segurador não pode eximir-se ao pagamento do seguro, ainda que da

apólice conste a restrição, se a morte ou a incapacidade do segurado provier da infecção por epidemias ou pandemias, ainda que declaradas por órgão competente.

Todavia, o referido Projeto de lei 2.113 teve o seu texto inicial modificado e, a partir disso, tornou prejudicado o Projeto de Lei nº 890/2020. Por sua vez, esse último projeto consiste em norma temporária, isto é, para situação transitória do Covid-19, não sendo contemplados, dessa forma, eventos pandêmicos futuros, diferentemente do que estava proposto no PL 890/2020.

Além disso, acrescentou-se o artigo 6º-E na lei 13.979, de 6 de fevereiro de 2020, que dispõe sobre as medidas para enfrentamento da emergência de saúde pública de importância internacional decorrente do coronavírus responsável pelo surto de 2019, para determinar que o seguro de assistência médica ou hospitalar, bem como o seguro de vida ou de invalidez permanente, inclusive o já celebrado, não pode conter restrição de cobertura a qualquer doença ou lesão decorrente da emergência de saúde pública de que trata a lei. O projeto já se aplica a contratos em vigor e proíbe ainda a suspensão da cobertura por falta de pagamento e o aumento da mensalidade paga pelo segurado.

Em suma, a mudança implica nas seguintes proibições às seguradoras:

> i) restringir a cobertura de qualquer doença ou lesão decorrente da pandemia da Covid-19; ii) restringir a exclusão dos riscos decorrentes da pandemia da Covid-19 no seguro de vida ou de invalidez permanente; iii) realizar o aumento do prêmio pago pelo segurado; e iv) suspender e/ou cancelar os contratos por falta de pagamento durante a Covid-19 (estado de emergência pública) em virtude de mora do segurado no pagamento do prêmio.

Ademais, o projeto em pauta estabelece o dever das seguradoras de:

> i) efetuar o pagamento da indenização no prazo de 10 (dez) dias corridos contados a partir da data de protocolo da documentação comprobatória na sociedade seguradora; e ii) permitir o parcelamento do débito do consumidor após o fim do período da calamidade pública antes de proceder à suspensão e/ou o cancelamento do contrato em razão da inadimplência.

No que tange à obrigatoriedade da cobertura do risco em virtude do covid-19, é válido ponderar o que está previsto nas apólices de cada seguro. Como exemplificado por Thiago Junqueira, a Circular SUSEP nº 440, de 27 de junho de 2012, que regula os planos de microsseguro de pessoas (seguro de valor baixo, prêmio mais barato, proteção mais baixa), prevê, no art. 12, inc. I, alínea d, a possibilidade de exclusão de riscos causados por "epidemia ou pandemia declarada por órgão competente"[28].

Além disso, o item 69 da designada "Lista de verificação" (versão de setembro/2012), que traz requisitos para o envio de novos planos de seguro de pessoas à SUSEP (em busca da aprovação de sua comercialização), prevê: "Riscos excluídos - Epidemias e Pandemias" (Orientação da Procuradoria Federal junto à SUSEP)[29]. Portanto, é possível que a seguradora exclua a morte ou invalidez permanente do segurado decorrente de epidemias ou pandemias da cobertura, devendo, in casu, prever de forma expressa e clara a respectiva exclusão.

Posto isso, é perceptível que existe permissibilidade da exclusão da cobertura de riscos em casos de pandemia. Além disso, o Código Civil estabelece, no artigo 757: "Pelo contrato de seguro, o segurador se obriga, mediante o pagamento do prêmio, a garantir interesse legítimo do segurado, relativo a pessoa ou a coisa, contra riscos predeterminados". Portanto, não há ilegalidade na restrição, na liberdade da seguradora de delimitar os riscos cobertos. Ainda assim, nada impede de ser alegado que se trata de uma cláusula abusiva por limitar o direito do consumidor, limitar a responsabilidade do fornecedor, atraindo uma interpretação mais favorável ao segurado/consumidor (arts. 6º, III, 30, 51, I, §, 1º, 54, § 4).

No que diz respeito à impossibilidade de aumento do prêmio por parte da seguradora durante o curso da relação contratual, cabe apontar que o reajuste do prêmio decorre da essência do contrato de seguro. Mas para isso é preciso que haja uma circunstância que agrava o risco, tendo em vista o disposto no Código Civil, arts. 757, 760, 768 e 769. A possibilidade de ajustes se dá pela base do contrato, pois, como já dito, o seguro é baseado no mutualismo, de conteúdo técnico e econômico, apesar de jurídico. O fundo mutual tem de ter exata correspondência entre a garantia que ela está prestando e o prêmio que vai ser pago pelos segurados. Logo, não adianta a seguradora cobrar um prêmio baixo, pois isso compromete a sua solvência e ainda

---

28. https://www.legisweb.com.br/legislacao/?id=242756. Acesso em: 14/12/2020
29. http://www.susep.gov.br/setores-susep/cgpro/copep/LISTA%20DE%20VERIFICACaO_SegurosdePessoas_v10_09_12.pdf. Acesso em: 14/12/2020

pode ser multada pela SUSEP[30]. Quanto à impossibilidade de as seguradoras suspenderem e/ou cancelarem os contratos em razão do inadimplemento, é uma forte intervenção, pois a lei assegura à seguradora o não pagamento de indenização em caso de mora no pagamento do prêmio pelo segurado (art. 763 e 796 do Código Civil).

A interferência dos contratos de seguro, os quais costumam ser ancorados na mutualidade, na sinistralidade, e no equilíbrio entre o prêmio pago e a cobertura dos riscos previstos, é um dos maiores impasses do PL 2.113. A intervenção legislativa na cobertura de risco, inicialmente não previsto, que não teve a sua cobertura considerada para fins de cálculos atuariais, para definição do prêmio, pode colocar em xeque o equilíbrio econômico-financeiro dos contratos, afetando a base atuarial dos seguros. Isso porque mitiga a correspectividade entre o prêmio pago pelo segurado e a garantia que deve ser prestada pela seguradora, já que o projeto não permite nem o aumento do prêmio, nem a suspensão e/ou cancelamento do seguro pelo não pagamento pelo segurado.

Por fim, quanto ao prazo de 10 dias para pagamento da indenização, o Projeto de lei se pautou na Circular nº 440, de 2012, citada anteriormente, que, no caput do art. 63, prevê que o prazo máximo para o pagamento da indenização ou do benefício é de dez dias corridos contados a partir da data de protocolo de entrega da documentação comprobatória, requerida nos documentos contratuais, junto à sociedade seguradora ou entidade aberta de previdência complementar ou seu representante. Entretanto, esse prazo se refere apenas aos microsseguros, o que não é a regra geral, já que, pelo disposto no na Circular nº 302 da SUSEP, aplicável para seguros de pessoas, o prazo é de 30 dias (art. 72)[31].

Por um viés, o projeto de Lei esteja pautado no princípio da solidariedade de valor ético e jurídico e favoreça os segurados/ consumidores, devido a garantia de que mesmo com a inadimplência no pagamento do prêmio, a cobertura e o seguro serão mantidos durante a pandemia; bem como pelo direito de, após o período, parcelar o débito antes de ter suspenso e/ou cancelado o contrato. Todavia, por outro lado,

---

30. http://www.susep.gov.br/menu/informacoes-ao-mercado/solvencia/afericao-de-solvencia
31. MINISTÉRIO DA FAZENDA. Superintendência de Seguros Privados- CIRCULAR SUSEP Nº 302, de 19 de setembro de 2005. Disponível em: <http://www.susep.gov.br/textos/circ302.pdf> Acesso em: 14 de dezembro de 2020.

interfere na relação contratual, o que pode impactar de forma direta o setor securitário, haja vista a inclusão de cobertura de sinistro não considerado para fins de cálculo atuarial necessário para manter o fundo mutual e o equilíbrio econômico do contrato. Além de afetar o próprio fundo quando permite que haja um inadimplemento sem que isso afete a manutenção do contrato.

A aprovação do projeto de lei seria um facilitador para o desafogamento das demandas do Poder Judiciário, uma vez que, enquanto não há proteção normativa, a possibilidade de ingresso no Judiciário, visando resolução do impasse com os seguros de vida, somente aumenta. Ademais, evitaria a insegurança jurídica em virtude da possibilidade de decisões divergentes pelos diversos órgãos julgadores, seja em razão das regras que regulam o contrato de seguro ou das normas regulatórias, desde que observada a legislação consumerista. Além disso, o processo judicial é demorado, com recursos e longas discussões jurídicas o que postergaria o recebimento da indenização, com o desamparo, por um longo intervalo de tempo, de pessoas que contavam com um importe financeiro que pode tardar sensivelmente a chegar, ser protelado, ou após anos de conflitos, se concluir que nada será recebido, o que pode implicar em dificuldades econômicas para os beneficiários do segurado. Com isso, temse alguns processos que constam como jurisprudências e entendimentos no assunto ao longo do ano de 2020, conforme posto:

> Direito Civil. Seguro de vida com previsão de benefício denominado "renda hospitalar". Agravante que alega fazer jus ao benefício, por estar alegadamente impossibilitado de exercer sua atividade profissional durante a pandemia do vírus Sars-cov-2. Decisão agravada que indeferiu tutela antecipada. Pandemia que não vem impedindo o desenvolvimento da atividade profissional dos advogados, categoria a que pertence o agravante. Possibilidade de realização de reuniões, audiências e sustentações orais remotamente, por videoconferência. Cláusula do contrato de seguro que, ademais, exclui da cobertura a internação domiciliar, condição em que alega estar o agravante. Ausência de probabilidade do direito afirmado. Recurso ao qual se nega provimento. (TJ-RJ - AI: 00315268220208190000, Relator: Des(a). ALEXANDRE ANTONIO FRANCO FREITAS CÂMARA, Data de Julgamento: 14/09/2020, SEGUNDA CÂMARA CÍVEL, Data de Publicação: 16/09/2020)

> Seguro de vida – Ação declaratória – Decisão que indeferiu tutela de urgência para suspensão temporária da cobrança do prêmio mensal, em razão da pandemia por

Covid 19, ou de compensação com eventual crédito a ser reconhecido em favor do autor em outra demanda – Manutenção – Cabimento – Ausência dos requisitos constantes no art. 300, do CPC. Recurso do autor desprovido. (TJ-SP - AI: 21275816620208260000 SP 2127581-66.2020.8.26.0000, Relator: Marcos Ramos, Data de Julgamento: 14/10/2020, 30ª Câmara de Direito Privado, Data de Publicação: 15/10/2020)

APELAÇÃO. AÇÃO INDENIZATÓRIA. SEGURO DE VIDA. COBERTURA POR MORTE. PRESCRIÇÃO. Inocorrência. Juiz de primeiro grau que reconheceu a prescrição trienal e extinguiu o feito, com resolução do mérito. Descabimento. Aplicação da prescrição decenal prevista no artigo 205 do Código Civil. Precedentes jurisprudenciais. PRAZO. Indeferimento de pedido de prazo suplementar para cumprimento de ato ordinatório para juntada de documentos relacionados com a morte do segurado. Inconformismo. Acolhimento. Situação verificada entre março e junho de 2020, no auge da pandemia causada pelo COVID-19, pressupondo a dificuldade da beneficiária em cumprir a determinação, junto a repartições públicas. Necessidade de concessão de prazo suplementar, dada a peculiaridade da situação. Sentença anulada. RECURSO PROVIDO. (TJ-SP - AC: 10033253920198260506 SP 1003325-39.2019.8.26.0506, Relator: Rosangela Telles, Data de Julgamento: 10/11/2020, 27ª Câmara de Direito Privado, Data de Publicação: 10/11/2020)

Assim, a prudência, a previsão legal e a adequação aos tempos excepcionais são essenciais para que nenhuma das partes seja lesada e para que não sejam necessários desgastes jurídicos.

## 6. Conclusão

Diante do exposto, foi possível compreender em que se ampara a natureza jurídica dos seguros de vida; a intencionalidade de sua existência e da cláusula de exclusão securitária acompanhada da teoria da imprevisibilidade. Ademais, explorou-se a maneira como a internacionalização tornou esse momento de pandemia peculiar diante de outras situações históricas semelhantes. Posteriormente, foi analisada a influência da pressão estatal perante o setor de seguros e como as seguradoras reagem, de certa maneira, com um padrão, embora em países diferentes. Além disso, observou-se pela perspectiva do consumidor, o significativo aumento, por parte deste, na busca por uma garantia de vida; a forma como é afetado e como esse esperava ser indenizado e segurado em contextos como o hodierno, também foi explorado. Em outro viés, notou-se que, caso as seguradoras de fato aderissem ao seguro de vida por COVID-19, isso poderia gerar a elas sobrecarga com os custos das indenizações, falência, bem como inadimplemento e desguarnecimento financeiro de muitas famílias. Por fim, ponderou-se acerca do Projeto de Lei n° 2113/20, o qual beneficia o segurado; além de que, caso a Lei seja aprovada pela Câmara, os Tribunais receberiam menos demandas no sentido de resolver os empecilhos gerados pela cláusula de exclusão securitária frente a pandemia do coronavírus.

## Referências

BRANDÃO, Luciano Correia Bueno. **Seguro de vida cobre pandemia?** Jusbrasil, 2020. Disponível em: <https://lucianobrandao.jusbrasil.com.br/artigos/827596703/seguro-de-vida-cobre-pandemia> Acesso em: 15 de dez. de 2020.

BRASIL. **Lei nº. 8.078, de 11 de setembro de 1990.** Código de Defesa do Consumidor. Dispõe sobre a proteção do consumidor e dá outras providências. Disponível em: <http://www.planalto.gov.br/ccivil_03/Leis/L8078.htm> Acesso em 16 de dez. de 2020.

BRASIL. **Lei nº 10.406, de 10 de janeiro de 2002**. Institui o Código Civil.

CÂMARA DOS DEPUTADOS. **Projeto inclui mortes por Covid-19 na cobertura de seguros de vida.** Agência Câmara de Notícias, Brasília, 09 de setembro de 2020. Disponível em: <https://www.camara.leg.br/noticias/690715-projeto-inclui-mortes-por-covid-19-na-cobertura-de-seguros-de-vida/> Acesso em: 07 de dezembro de /2020.

CARPENA, Heloisa. **Pandemia e seguro de vida: notas sobre a abusividade da cláusula limitadora do risco**. Migalhas UOL, 2020. Disponível em: <https://migalhas.uol.com.br/depeso/331132/pandemia-e-seguro-de-vida--notas-sobre-a-abusividade-da-clausula-limitadora-do-risco> Acesso em 15 de dez. de 2020.

COHN, C; BARLYN, S; HUSSAIN, N.Z. **Analysis: Insurers Feel Rising Legal Heat for COVID-19 Business Interruption Exclusions.** Insurance Journal, Estados Unidos, 28 de abril de 2020. <https://www.insurancejournal.com/news/international/2020/04/28/566595.htm> Acesso em: 13 de dezembro de 2020.

DA REDAÇÃO. **Senado aprova inclusão de covid-19 na cobertura de seguros para doença e morte.** Senado Federal, Brasília, 20 de maio de 2020. Disponível em: <https://www12.senado.leg.br/noticias/materias/2020/05/20/aprovada-cobertura-obrigatoria-de-seguradoras-para-doenca-e-morte-por-coronvirus> Acesso em: 07 de dezembro de 2020.

DE ALMEIDA, Fernández, **Tesis doctoral Universidad de Salamanca "Alteración de las circunstancias y Revisión contractual"**, España, 2011.

DIAS, Paula Cruz. **É considerada abusiva a publicidade que coloque a saúde de consumidores em risco: ações de marketing não podem se sobrepor às imposições sanitárias decorrentes da pandemia do COVID-19.** Migalhas, 2020. Disponível em: <https://migalhas.uol.com.br/depeso/336293/e-considerada-abusiva-a-publicidade-que-coloque-a-saude-de-consumidores-em-risco>. Acesso em: 02/12/2020.

DINIZ, Maria Helena. **Tratado Teórico e Prático dos Contratos. 5. ed.** São Paulo: Saraiva, 2003.

DURÁN, M. S. **Imprevisión en contratos aleatorios: una revisión analítica a la teoría de la imprevisión bajo el artículo 868 del Código de Comercio.** Revista de Derecho Privado, (55). Universidad de los Andes, 04, Colombia, 2016. Disponível em: <http://dx.doi.org/10.15425/redepriv.55.2016> Acesso em: 02 de dezembro de 2020.

GAGLIANO, Pablo Stolze e FILHO Rodolfo Pamplona. **Manual de direito civil; volume único** – São Paulo: Saraiva: 2017.

GAMARRA, Jorge. **Imprevisión y equivalencia contractual, Cuadernos del Anuario de Derecho Civil Uruguayo**, Fundación de Cultura Universitaria, Uruguay, 2006.

GONÇALVES, A.B; RIBEIRO C. S. **Covid-19 e os seguros de vida.** Estadão, 27 de julho de 2020. Disponível em: https://www.cqcs.com.br/noticia/covid-19-e-os-seguros-de-vida/ Acesso em: 11 de dezembro de 2020.

IACURCI, Greg. **Americans are 'panic buying' life insurance due to coronavírus pandemic (Tradução: Os americanos estão "comprando em pânico" seguro de vida devido à pandemia de coronavírus.).** CNBC, Estados Unidos, 10 de Novembro de 2020. Disponível em: <https://www.cnbc.com/2020/10/14/life-insurance-

sales-increase-due-to-coronavirus-pandemic.html#:~:text=Americans%20are%20'panic%20buying'%20life%20insurance%20due%20to%20coronavirus%20pandemic&text=In%202020%2C%20just%20over%20half,decade%20earlier%2C%20according%20to%20Limra> Acesso em: 14 de dezembro de 2020.

JUNQUEIRA, Tiago. **Os seguros privados cobrem eventos associados a pandemias?** Conjur: Direito Civil Atual. Disponível em: <https://www.conjur.com.br/2020-abr-01/direitocivil-atual-seguros-privados-cobrem-eventos-associados-pandemias>. Acesso em: 11 de dez. de 2020.

MINISTÉRIO DA FAZENDA. **Superintendência de Seguros Privados- CIRCULAR SUSEP N° 302**, de 19 de setembro de 2005. Disponível em: <http://www.susep.gov.br/textos/circ302.pdf> Acesso em: 14 de dezembro de 2020.

MIRAGEM, Bruno. **Nota relativa à pandemia de coronavírus e suas repercussões sobre os contratos e a responsabilidade civil.** Revista dos Tribunais, Rio de Janeiro, vl. 1015, p. 4, maio de 2020 (no prelo).

ORGANIZAÇÃO PAN-AMERICANA DA SAÚDE. **Considerações para eventos com aglomeração de pessoas no contexto da doença causada pelo novo coronavírus (COVID-19).** Disponível em: <https://iris.paho.org/handle/10665.2/52455>. Acesso em: 03 de dezembro de 2020.

PEREIRA, Caio Mário da Silva. **Instituições de direito civil: Vol. III** - 21. ed. Atual Caitlin Mulholland. Rio de Janeiro: Forense, 2017.

REVISTA COBERTURA. **Cresce a procura por seguros no Brasil durante a pandemia.** 19 de maio de 2020. Disponível em: <https://www.revistacobertura.com.br/2020/05/19/cresce-a-procura-por-seguros-no-brasil-durante-a-pandemia/> Acesso em: 10 de dezembro de 2020.

ROCHA, Aparecido Mendes. **Natureza Jurídica do contrato de seguro.** LegisCor, 2014. Disponível em: <https://www.legiscor.com.br/noticias/natureza-juridica-do-contrato-de-

seguro#:~:text=Pela%20interpreta%C3%A7%C3%A3o%20do%20Direito%20Civil,ades%C3%A3o%20e%20de%20boa%2Df%C3%A9.&text=A%20Companhia%20de%20Seguros%20assume,que%20pode%20ou%20n%C3%A3o%20ocorrer>. Acesso em: 10 de dez. de 2020.

ROSENVALD, Nelson e FARIAS, Cristiano Chaves de. **Curso de direito civil: contratos – teoria geral e contratos em espécie: vol.** 4 - 5. ed. São Paulo: Atlas, 2015.

SIGNORINO, B; Andrea "**Derecho de Seguros. Ley No 19.678 de Contrato de Seguros. Comentada y Anotada**" Thomson-Reuters- La Ley Uruguay- Uruguay, 2019.

SILVA, Angeline. **O que é relação de consumo, seus elementos e como funciona no CDC**. Aurum, 2020. Disponível em: <https://www.aurum.com.br/blog/relacao-de-consumo/>. Acesso em: 02/12/2020.

TARTUCE, Flávio. **Direito civil, v. 3: teoria geral dos contratos e contratos em espécie**. 12. ed. rev., atual. e ampl. – Rio de Janeiro: Forense, 2017.

WALD, Arnoldo. **Curso de Direito Civil Brasileiro** — 12. ed. São Paulo: RT, 1995. v. II: Obrigações e Contratos.

TZIRULNIK, Ernesto. **Reflexões sobre o coronavírus e os seguros privados**. pg. 19. Disponível em: <https:// www.conjur.com.br/dl/covid19-seguros.pdf>. Acesso em: 11 de dez. de 2020.

VALESCA, Rafaela Pereira Cortez. **Dano moral e relações de consumo: um estudo acerca das ações propostas no juizado especial cível da zona sul de Natal**. Monografia, 2009, p. 1-133. Disponível em: <http://www.natal.rn.gov.br/bvn/publicacoes/Rafaela_VPCor_uern.pdf>. Acesso em: 02/12/2020.

WORLD HEALTH ORGANIZATION. **How to use WHO risk assessment and mitigation checklist for mass gatherings in the context of COVID-19**. Disponível em: <https://www.who.int/publications/i/item/how-to-use-who-risk-assessment-and-mitigation-checklist-for-mass-gatherings-in-the-context-of-covid-19>. Acesso em: 03/12/2020.

LAECC
Laboratório Americano de Estudos
Constitucionais Comparados

www.ingramcontent.com/pod-product-compliance
Lightning Source LLC
LaVergne TN
LVHW080845170826
845678LV00006B/1711

* 9 7 8 6 5 8 8 5 6 3 2 8 1 *